普通高等教育经管类专业系列教材

货币银行学

（第六版）（微课版）

王晓光　主编

清华大学出版社

北　京

内 容 简 介

目前，国内尚缺少适用于应用型本科的货币银行学教材，本书致力于进行这方面的有益探索。全书主要介绍货币与货币制度、信用、利息与利率、金融市场、商业银行、中央银行、其他金融机构、货币供求与均衡、通货膨胀与通货紧缩、货币政策、外汇与国际收支、金融与经济发展等内容，体现了应用型本科教学特点。本书基础理论知识阐述简明清楚，同时将理论与实际有机结合，配合大量案例分析，充分锻炼学生分析问题和解决问题的能力。书中融入了经济发展与金融改革的最新成果，截至2022年本书出版前金融实践中的很多新问题、新规定、新案例、新数据等都在本书中得到了体现。

本书主要适用于我国高等院校应用型本科经济管理类专业的学生，也可以用作非经济管理类专业硕士研究生的教材，还可以用作在职中高级管理人员培训或自学的教材，高职高专学校也可选用。

本书配套的教学资源极其丰富，在国内率先推出的微课视频，连同在既往各版次基础上不断完善的电子课件、习题及答案、模拟试题及答案、案例素材，能够充分满足线下和线上教学的需要。其中教学视频可以通过扫描前言中的二维码观看，其他教学资源可以到 http://www.tupwk.com.cn/downpage 网站下载，也可以通过扫描前言中的二维码获取。

图书在版编目(CIP)数据

货币银行学：微课版 / 王晓光主编. —6 版. —北京：清华大学出版社，2022.1

普通高等教育经管类专业系列教材

ISBN 978-7-302-59043-9

Ⅰ．①货…　Ⅱ．①王…　Ⅲ．①货币银行学—高等学校—教材　Ⅳ．①F820

中国版本图书馆 CIP 数据核字(2021)第 178832 号

责任编辑：胡辰浩
封面设计：周晓亮
版式设计：孔祥峰
责任校对：成凤进
责任印制：曹婉颖

出版发行：清华大学出版社
　　　　网　　　址：http://www.tup.com.cn，http://www.wqbook.com
　　　　地　　　址：北京清华大学学研大厦 A 座　　　　邮　　编：100084
　　　　社 总 机：010-62770175　　　　　　　　　　　邮　　购：010-62786544
　　　　投稿与读者服务：010-62776969，c-service@tup.tsinghua.edu.cn
　　　　质 量 反 馈：010-62772015，zhiliang@tup.tsinghua.edu.cn
印 装 者：三河市金元印装有限公司
经　　销：全国新华书店
开　　本：185mm×260mm　　　印　　张：24　　　字　　数：660 千字
版　　次：2010 年 8 月第 1 版　　2022 年 1 月第 6 版　　印　　次：2022 年 1 月第 1 次印刷
定　　价：79.00 元

产品编号：090996-01

本书编委会

主　编：王晓光

副主编：方　旸　　孙会敏　　耿飞菲

　　　　胡东兴　　朴松美　　刘　刚

前　言

"货币银行学"是经济和管理类金融学和非金融学专业学生必修的一门重要基础理论课程，同时也是很多经济类专业的核心课，所以各高等院校都非常重视它的教学。

尽管目前货币银行学教材种类不少，但大多是从理论研究的角度编著的，而且很多教材没有充分体现实际生活中金融业日新月异的变化，本书的很多数据和案例等素材截止时间为2022年本书出版前。

根据教育部改革精神，全国多数院校定位为培养应用型人才，但是现有货币银行学教材难以体现应用型本科教学的特点。为了提高教师的教学质量和学生的学习质量，我们依据多年的教学实践经验，紧扣应用型人才培养目标，突出就业导向和能力培养，编写了这本适应经济和管理类金融学和非金融学专业学生需要的货币银行学教材。

本教材具有如下特点。

一是配合应用型人才培养目标定位准确。注重培养学生分析问题和解决问题的能力，以就业为导向，全面锻炼学生的职业能力，利用题库和案例等，做到学习和训练相结合。

二是容量适度。经济和管理类金融学和非金融学专业的"货币银行学"课程学时具有伸缩空间，所以本教材在容量上保持适度。根据教学整体需要，保持理论知识广度适度。重要的内容详写，次要的内容略写。覆盖面广，信息量大。

三是深度适度。由于使用者主要是经济和管理类金融学和非金融学专业的本科阶段的学生，所以教材理论深度适中。摒弃那些艰深而松散的理论，侧重做好金融基础知识的铺垫。

四是前沿适度。适度介绍金融前沿理论和实践知识，内容新颖。

五是理论联系实际及课程思政融入适度。基础知识及案例分析，均尽量结合我国金融改革实践加以阐述，注重宣传中国金融支持经济发展及取得的调控效果。

本书由王晓光担任主编，方旸、孙会敏、耿飞菲、胡东兴、朴松美、刘刚担任副主编。全书共计12章，由王晓光教授总体策划，编写人员分工如下：佟元琪编写第一章；李新编写第二章；胡东兴编写第三章；王晓光编写第四、九、十章、各章习题及答案和各章案例；方旸编写第五章；刘刚编写第六章；张佳慧编写第七章；朴松美编写第八章；耿飞菲编写第十一章；孙会敏编写第十二章。全书最后由王晓光教授总纂。

本书在编写过程中，参考了很多同类教材、著作和期刊等。限于篇幅，恕不一一列出，特此说明并致谢。同时，对清华大学出版社编辑们的辛勤工作深表感谢！

由于受资料、编者水平及其他条件的限制,书中难免存在一些缺憾,恳请同行专家及读者指正。我们的邮箱是 992116@qq.com,电话是 010-62796045。

本书配套的电子课件、习题及答案、模拟试题及答案、案例素材可以到 http://www.tupwk.com.cn/downpage 网站下载,也可通过扫描下方的二维码获取,教学视频可以通过扫描下方的二维码观看。

配套资源,扫描下载

扫一扫,看视频

编　者

2021 年 12 月

目　录

第一章

货币与货币制度

经济活动和日常生活离不开货币，当代经济实质上是货币经济，但人们对货币的认识多数是比较片面的，究竟什么是货币？它以什么形式在经济生活中发挥作用？作为基础的货币制度又是由哪些要素组成的？这些问题是学习货币银行学方面的知识时首先要解决的问题。本章从货币的起源入手，探讨分析货币的概念，阐述货币的职能以及货币制度。

第一节　货币的起源

货币问世已经有几千年的历史。从历史资料的记载中可以看出，货币的出现是与交换联系在一起的。然而，货币和交换是怎样联系在一起的呢？人们的看法有分歧，由此产生了不同的货币起源说。

一、中国古代货币起源说

关于中国古代货币起源主要有以下两种观点。

第一种是先王制币说。这种观点认为，货币是圣王先贤为解决民间交换困难而创造出来的。传说周景王21年(公元前524年)欲废小钱铸大钱，单穆公劝谏景王说："不可。古者天灾降戾，于是乎量资币，权轻重，以振(赈)救民。"先王制币说在先秦时代十分盛行，以后的许多思想家大都继承了这一观点。如唐朝的陆贽认为："先王惧物之贵贱失平，而人之交易难准，又立货币之法，以节轻重之宜。"北宋的李觏认为："昔日神农，日中为市，致民聚货，以有易无，然轻重之数无所主宰(衡量标准)，故后世圣人造币以权(权衡)之。"

第二种是自然产生说。司马迁认为，货币是用来进行产品交换的手段，即"维币之行，以通农商"。货币是为适应商品交换的需要而自然产生的，随着农、工、商三业的交换和在流通渠道中的流通，货币和货币流通应运而生，随之兴盛。即"农工商交易之流通，而龟贝金钱刀布之币兴焉。所来久远，自高辛氏之前尚矣，靡(不)得而记云。"

二、西方货币起源说

在马克思之前，西方关于货币起源的学说大致有以下3种。

第一种是创造发明说。这种观点认为，货币是由国家或先哲创造出来的。如早期的古罗马法学家鲍鲁斯认为，买卖源于物物交换，早期并无货币，也无所谓商品与价格，每个人只是根据他的机缘与需要以对他无用的东西交换有用的东西，因为通常是一个富余而另一个不足。但是，由于对方所有的正是自己所愿得的或者自己所有的正是对方所愿接受的这种偶合的情况不是经常出现，于是一种由国家赋予永久价值的物品被选出来，作为统一的尺度以解决物物交换的困难。这种物品经铸造成为一种公共的形式后，可以代表有用性和有效性，而不必考虑其内在的价值和其数量的关系。

法国经济学家奥雷斯姆认为，物品常常表现为在一地很缺乏而在别处却很丰富，于是产生物物交换方式。又因物物交换常常产生纠纷和争议，聪明的人发明了货币，因此货币不是直接用来满足人类生活的自然财富，而是被发明出来的便于交换的人为工具。

第二种是便于交换说。这种观点认为，货币是为解决直接物物交换困难而产生的。如英国经济学家斯密认为，货币是随着商品交换发展逐渐从诸多物品中分离出来的，是为解决相对价值太多而不易记忆、直接物物交换不便而产生的。他说，如果进入交换过程的有100种物品，那么每种物品都会有99个相对价值，由于这么多价值不易记忆，人们自然会想到把其中之一作为共同的衡量标准，通过它来对其他货物进行比较，解决直接物物交换的困难。

第三种是保存财富说。这种观点认为，货币是为保存财富而产生的。如法国经济学家西斯蒙第认为，货币本身不是财富，但随着财富的增加，人们要保存财富、交换财富、计算财富的量，便产生了对货币的需要，货币因此而成为保存财富的一种工具。

三、马克思货币起源说

马克思认为，商品的价值形式经历了由低级到高级的发展过程，即由简单的偶然的价值形式、扩大的价值形式、一般价值形式，最后达到货币价值形式。

(一) 简单的偶然的价值形式

最初的交换带有偶然的性质，一种商品的价值偶然地、简单地由另一种商品来表示。

在原始社会末期，随着社会生产力的发展，产品逐渐有了剩余，生活需要有所扩大，交换行为出现。但交换只是偶然发生，一种商品的价值，只是偶然表现在另一种商品上。比如，10尺[1]布换1张兽皮，10尺布的价值就偶然地在1张兽皮上表现出来，或1张兽皮的价值就偶然地在10尺布上表现出来。由于价值形式表现纯属偶然，所以称为简单的偶然的价值形式。

例如：1只绵羊=2把石斧。绵羊的价值通过石斧表现出来。绵羊处于相对价值形式地位，石斧处于等价形式地位，成为等价物。处于相对价值形式的商品价值量是通过和等价物交换所形成的量的比例表现出来的。

---

[1] 1尺=0.33米。

(二) 扩大的价值形式

商品交换逐渐经常化使得商品(如绵羊)可以同其他许多商品交换，如图1-1所示。

随着社会生产力的进一步发展，出现了第一次社会大分工，即农业和畜牧业分离。产品交换逐渐成为一种经常现象。这时，一种商品已经不是偶然地和另一种商品交换，而是经常地和许多商品交换。于是一种商品的价值也就不是简单地、偶然地在另一种商品上表现出来，而是经常地表现在许多种商品上面。例如，10尺布的价值可由1张兽皮，或2把斧子，或3张弓表现出来，这1张兽皮、2把斧子、3张弓都可以成为10尺布的等价物。这种

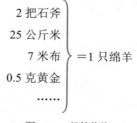

$$1\text{只绵羊}=\begin{cases}2\text{把石斧}\\25\text{公斤米}\\7\text{米布}\\0.5\text{克黄金}\\\cdots\cdots\end{cases}$$

图1-1 商品与商品交换

价值的表现形式称为"扩大的价值形式"。在扩大的价值形式中，处于等价形式的商品不再是一种，而是许多种商品。

扩大的价值形式虽然相对于简单的偶然的价值形式有了进一步的发展，但仅仅是规模和量上的进步，而并没有质的飞跃。因为就商品的全体来说，它们的价值仍然没有一个共同的、统一的表现，仍然是物物交换，交换仍然有局限性。例如，甲拥有斧子，需要绵羊；乙拥有绵羊，但不需要斧子，交换难以进行。因此，扩大的价值形式仍然难以满足交换需要。

在扩大的价值形式中，绵羊的价值真正表现为无差别的人类劳动的凝结。扩大的价值形式的缺点是：商品价值未能获得共同的、统一的表现形式。

(三) 一般价值形式

为了克服扩大的价值形式的缺点，人们首先把自己的商品换成一种大家都愿意接受的商品，然后再去交换自己所需要的其他商品，其结果就是一般等价物的出现。商品交换的发展，迫切要求冲破物物交换的制约。在长期、频繁的交换过程中，人们自发地从无数的商品中，分离出一种共同喜欢的、经常在交换中出现的商品。人们先把自己的商品同它进行交换，然后再用它换取需要的商品。于是，许多商品的价值一般都由这种特殊的起媒介作用的商品来表现了。这种特殊商品，由于用来表现其他一切商品的价值，起着一般等价形式的作用，被称为"一般等价物"。此时，"扩大的价值形式"也就演变为"一般价值形式"，如图1-2所示。

$$\left.\begin{matrix}2\text{把石斧}\\25\text{公斤米}\\7\text{米布}\\0.5\text{克黄金}\\\cdots\cdots\end{matrix}\right\}=1\text{只绵羊}$$

图1-2 一般等价物

一般等价物实质上就是货币的雏形，它离货币只有一步之遥。一般价值形式下的一般等价物，并不是固定地由某一种商品充当。比如在一个时期，一般等价物可以由布来充当，而在另一个时期，又可能由兽皮来充当；在一个地区，可以由贝作为一般等价物，而在另一个地区，又可能是将农具当作一般等价物。一般等价物的不固定，阻碍了商品经济的进一步发展。因此，人们自然地要求把不同的一般等价物统一起来，固定在某一种特殊商品上，这种商品就成为货币商品。这种用货币来表现商品价值的形式，称为"货币价值形式"，货币在这个阶段才具备产生的条件。

(四) 货币价值形式

在货币真正出现之前，一般等价物虽然已成了商品交换的媒介，但它又是不固定的。一般等价物在不同时期、不同地区是不相同的。由于许多充当一般等价物的商品具有难以分割、价值不统一、难以保存等缺点，使得贵金属最终成为最适合充当一般等价物的商品。当人们选择贵金属做一般等价物时，货币就产生了。

由此可以看出，货币是随着商品的产生和交换的发展而产生的，它是商品内在矛盾的产物，是价值表现形式发展的必然结果。

综上所述，货币的产生过程如表1-1所示。

表1-1　货币的产生过程

简单的偶然的 价值形式	扩大的 价值形式	一般 价值形式	货币 价值形式
1只羊=2把斧头	1只羊=$\begin{cases}2把斧头\\5千克大米\\15尺布\\2克黄金\\……\end{cases}$	$\left.\begin{array}{l}2把斧头\\5千克大米\\15尺布\\2克黄金\\……\end{array}\right\}$=1只羊	$W=G=W$ 固定
价值量不稳，交换困难	一=多 W—W 价值相同，价值量相对稳定	多=一 W—等价物—W ↓ 不固定	金银天然不是货币，货币天然是金银

第二节　货币的本质和职能

一、货币的本质

马克思通过对价值形式发展历史的考察，揭示了货币的起源，同时也使人们清楚地看到了货币的本质，即货币是固定地充当一般等价物的特殊商品，它体现了一定的社会生产关系。

(1) 货币是商品，具有商品的共性，即同一切商品一样，具有商品的两个基本属性——价值和使用价值。价值形式发展的历史表明，货币是在商品交换过程中，从普通商品中分离出来的。比如黄金，它一方面是和其他商品一样，是用来交换的劳动产品，都是价值的凝结体；另一方面也能满足人们某些方面的需要，如做装饰品等，具有使用价值。

(2) 货币不是普通商品，而是特殊商品。其之所以特殊，是因为它在商品交换中取得了一般等价物的独占权，只有它才能起着一般等价物的作用。具体的表现有以下两点。①货币能够表现一切商品的价值。在交换中，普通商品是以各种各样的使用价值出现的。②货币对于一切商品具有直接交换的能力。用它可以购买一切商品，从而货币就获得了一般的、社会的使用价值，即拥有货币就可以得到任何一种使用价值。

(3) 货币在充当一般等价物的过程中，体现着不定期的社会生产关系。商品生产者互相交换商品，实际上是互相交换各自的劳动，只不过因为他们的劳动不能直接表现出来，所以才采取了商品的形式来进行交换。因此，货币作为商品的一般等价物，也就使商品的不同所有者，通过等价交换，实现了他们之间的社会联系。这种联系就是人和人之间的一定的社会生产关系。

马克思在对货币起源的分析中，将货币定义为"固定地充当一般等价物的特殊商品"，是深刻的、准确的，同时也是符合马克思写作《资本论》的时代——19世纪中下叶的现实的，那时西欧各国普遍实行金本位制度，黄金正行使着货币的职能。

因此，马克思将黄金视为货币的最高阶段，得出"货币天然是金银"的论断。但今天人们分析"货币是固定地充当一般等价物的特殊商品"这一表述时，应该认识到"一般等价物"是货币的本质，"特殊商品"是一定历史条件下的"一般等价物"的载体，是货币的形式。之所以这样讲，是基于以下几个方面的理由。

第一，货币商品两种使用价值相互排斥。货币商品作为普通商品，具有以其自然属性所决定的特定的使用价值，而作为货币，除了具有特殊使用价值以外，还具有以其社会属性所决定的一般的使用价值，即具有和其他一切商品相交换的能力。当货币商品发挥其特定的普通商品的使用价值时，它并不发挥货币的作用。如黄金，当它被制成某种首饰时，其能满足人们装饰的特殊需要，但此时的黄金还只是一种普通商品而不是货币，这时它被称为非货币用黄金。当黄金被投入流通并与其他商品相交换时，它才是货币，这时被称为货币用黄金，但此时的黄金并不能作为普通商品来使用和消费。两种使用价值的排斥性隐示着一般等价物与商品性能分离的可能性。

第二，特殊商品是一般等价物信用基础未建立时的载体。一般等价物在商品交换过程中起着商品价值的表现和实现作用，用于传导不同商品的价值比例关系。此时，作为一般等价物，它不再是消费的对象，而是转瞬即逝的交易中介。对一般等价物的接受者而言，他需要的是以自己的劳动换取别人的劳动，从而获得另一种商品的使用价值。因此，他必须建立一个信念，即别人也同样接受一般等价物，据此可以换取自己所需要的商品。而在这种普遍信念未建立之前，人们只能将一般等价物同商品相联系。因为一般等价物具有普通商品的使用价值，便于人们普遍接受，即使暂时无人接受该一般等价物，该一般等价物也有普通商品的使用价值，自己也不会吃亏。这里，"货币表现为抵押品，一个人为从别人那里获得商品，他就必须把这种抵押品留在别人手里。在这种场合，人们信赖的是物(货币)，而不是作为人的自身"。

第三，当"人们都有会像我一样接受一般等价物"这种普遍信心建立以后，货币作为一般等价物，不再要求一定是具体商品，它可以摆脱商品的躯壳。"金货币在流通中升华为它自身的象征，最初采取磨损的金属铸币的形式，之后采取金属辅币的形式，最后采取无价值记号、纸片、单纯的价值符号等的形式。"

了解了货币本质是一般等价物，并在一定条件下可以摆脱商品躯壳对其的束缚之后，再来了解我国人民币的性质就比较容易了。我国人民币作为一种价值符号，它仍然是一般等价物，虽然它本身没有价值，但它可以代表一定的价值量，并以一定价值量的代表去衡量一切商品的价值量的大小，同一切商品相交换，发挥其货币职能。

二、货币的职能

货币的职能就是货币本身所具有的功能，是货币本质的具体表现。关于货币的职能，许多经济学家都认为货币具有4种职能，但是他们对货币职能的具体表述和排列顺序却有着不同的看法。马克思认为货币具有5种职能，它们的表述和排列顺序是：价值尺度、流通手段、贮藏手段、支付手段和世界货币。马克思在分析货币职能时,假定黄金是唯一的货币商品,下面按照马克思的表述来介绍货币的职能,如图1-3所示。

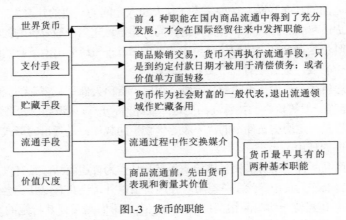

图1-3 货币的职能

(一) 价值尺度

货币在表现和衡量其他一切商品价值时执行着价值尺度职能,这是货币的基本职能。货币发挥价值尺度职能,把商品的价值表现为同名的量,使它们在质上相同,在量上可以相互比较。货币的这个职能克服了在物物直接交换条件下,由于价值表现不同而给商品流通造成的困难。在物物直接交换的情况下,物物交换的比例随交换物品的增多而增加,交换的物品越多,交换比例越高,价值表现形式也越多,而这些众多的交换比例都是由不同商品的不同的使用价值的量来表现的。因此,不同商品之间很难通过这些不同形式的交换比例来比较、衡量、表现它们价值量的大小。货币出现后,一切商品的价值都通过货币来表现,货币成为商品价值的唯一表现形式。通过货币,不同商品的价值就可以很容易地进行比较了。

货币为什么能成为价值尺度?马克思认为货币之所以能充当价值尺度,是因为货币(金)自身有价值,与其他商品一样都是人类劳动的结晶,具有相同的质,即价值。正因为如此,其他一切商品作为价值实体就可以通过货币商品来比较、计算自身的价值,货币就成为其他商品共同的价值尺度。

货币通过与商品相交换,把商品的价值表现为一定的货币量,这一定的货币量就是商品的价格。价格就是商品价值的货币表现。在货币价值不变的条件下,商品价值的大小是通过货币量即价格的变化来表现的。商品价值量大,表现的货币量就多,价格就高;商品价值量小,表现的货币量就少,价格就低。所以,商品价值量的大小是通过价格的高低变化来区分的。然而,价格是商品价值的货币表现并不是说价格在任何时候都能和商品价值保持一致,价格常常围绕价值上下波动,有时高于价值,有时低于价值,这是由于商品供求因素的影响,商品供大于求,价格就下跌,商品供小于求,价格就上涨,因此价格是由商品价值决定,在供求影响下形成的。

货币表现商品的价值就是给商品标价,这时不需要现实的货币,只是观念上的或想象中的货币。也就是说,货币在给商品标价的时候,并不需要在商品的旁边真摆上若干数量的货币,只要在观念上进行比较就可以了。

商品的价值有大有小,各不相同,表现为货币的数量也就有多有少。要比较不同的货币量,就需要确定货币本身的计算单位。各种商品货币本就分别具有衡量各自使用价值的单位,最初的价格单位同衡量商品货币使用价值的自然单位是一致的。如中国曾以两(16两为1斤)、铢(24铢为1两)作为货币单位，它们既是自然单位(重量)，又是价格单位。后来，货币单位与自然单位逐渐分离了。其主要原因如下。

(1) 外国货币的输入。如中国的白银很长时间以两为单位流通。明末外国货币流入中国，外国货币单位是"元"。通过"废两改元"以后，中国货币的单位正式改称"元"，而不再使用重量单位"两"，使重量单位与价格单位分离。

(2) 由于币材的改变，原来货币单位名称不变，但它实际所包含的重量已经变化了。币材从贱金属改变为贵金属，但货币单位名称仍保留原贱金属的货币单位名称。如英国18世纪以前主要是白银流通，当时的价格标准"镑"就是指白银的重量单位名称，当1816年英国正式采用金本位制时，货币单位名称未作变更，沿用至今。

(3) 国家铸造重量不足的货币，也使货币单位与自然单位脱离。中国历史上曾有过一种铜币"五铢钱"，最初其重量就是五铢，后来曾出现过含铜不足二铢的"五铢钱"。

(二) 流通手段

流通手段是货币的基本职能之一，即货币在商品流通中充当交换的媒介。在货币出现以前，商品交换采用直接物物交换的形式。此时，商品生产者进行商品交换时，既是买者，又是卖者，在卖出自己生产的商品的同时又买进了别人的商品。货币出现以后，商品交换方式发生了变化：每个商品生产者都要先把商品换成货币，即先把商品卖出去换回货币，然后用货币去换取所需要的商品，即买进商品。此时，商品的交换分离成了买和卖两个阶段，货币在商品买与卖之间充当了交易的媒介。

执行流通手段的货币，不能是想象中的或观念上的货币，必须是现实的货币。商品购买者不能凭着观念上的货币就能买到商品，商品销售者也不会拿自己的商品去和观念上的货币交换。在商品买卖时，必须有实实在在的货币去和商品交换，那么作为商品交易媒介的货币就有一个现实需要量的问题。

作为流通手段的货币量应该是多少呢？在流通领域，商品和货币总是有一方处在卖的一极，另一方处在买的一极上，彼此对立着。要购买这些商品，就要付出与这些商品价格总额相等的货币量，所以作为流通手段的货币的量，首先是由商品价格总额决定的。

商品价格总额由两个因素决定：一是商品总量；二是商品的价格水平。在货币价值不变的情况下，如果每种商品的价格不变，则商品的价格总额显然是由流通领域里的商品量决定的；如果商品总量不变，则商品价格总额由流通领域里的商品价格水平决定。货币量的大小与流通中商品的价格和数量成正比例增减变化。但是作为流通手段的货币的量也并不需要同商品价格总额相等同。因为作为流通手段，在一定的时间里的货币是可以为多次的商品交易作媒介的。如工厂产品销售出去后获得货币，再用货币去支付工人工资，工人领取工资后用它去购买生活用品，这样一枚货币可以在流通中为数倍于它的商品作媒介。在一定的时间内，货币实现的交易次数，也称货币流通速度或货币流通次数。货币在一定时间内流通的次数越多，可以实现的商品价格总额就越大，流通中需要的货币量也就越小。所以，货币流通速度同流通领域中所需要的货币量成反比例变化。

若用 Q 代表商品数量，P 代表商品价格，V 代表货币流通次数，执行流通手段的货币需要量用 M 表示，则

$$M = PQ/V$$

执行流通手段职能的货币，不能是想象中的或观念上的货币，但可以用货币符号来代替。因为

货币在交换中是转瞬即逝的,是交换手段而不是交换的目的。所以只要有一种符号就可以代替或满足这种需要。作为货币符号的纸币,就是从货币的流通手段职能中产生的。实际上,流通中一直有不足值的铸币或其他货币符号执行流通手段职能,如磨损后的铸币仍能像足值铸币一样流通。然而,货币符号充当交易媒介后,货币与商品价格的关系就发生了变化。在足值的货币充当交易媒介时,商品价格决定了进入流通领域的货币量,而在货币符号充当流通手段职能时,进入流通领域的货币量决定商品价格。在其他条件不变的情况下,货币量增加,商品价格上涨;货币量减少,商品价格下跌。

(三) 贮藏手段

贮藏手段是货币退出流通领域被人们当作独立的价值形态和社会财富的一般代表保存起来的职能。贮藏手段职能是在价值尺度和流通手段职能的基础上产生的。价值尺度功能使货币成为其他一切商品的价值代表,流通手段职能使人们可以用货币购买其他一切商品,因此货币才能作为社会财富的一般代表,才具有了贮藏的价值。世界上财富的形式多种多样,财富贮藏和积累的形式也多种多样,货币作为一种贮藏形式,贮藏费用最低,因此货币产生以后,人们便开始利用货币进行贮藏。

货币贮藏的最初阶段是马克思所说的"朴素的货币贮藏形式",这时,人们贮藏货币的目的是利用货币来保存自己的剩余产品。随着商品经济的发展,货币贮藏变成了商品生产顺利进行的必要条件。因为厂家不一定在它的商品卖出去以后,马上就用这笔货款支付别的费用,同样,它也不能保证每当它需要购买或支付时,都有相当的商品能卖出去,从而得到需要的货款。因此,商品生产者就必须贮藏一定量的货币,以便在需要时使用。商品经济越发展,货币发挥的作用范围越广,货币的权力也就越大,货币不仅能够使人得到各种物质财富,还能影响人们的社会地位、信誉乃至命运。货币似乎"无所不能",于是一些人就开始贪婪地积累货币,为贮藏而贮藏货币。

货币产生至今,其形式已发生了不少变化,从足值货币发展到现在的信用货币,货币贮藏的形式也在变化,从以足值货币金银的形式贮藏价值到现今以信用货币——价值符号的替身作为价值贮藏的典型形态。金银的价值高,性质稳定,不会因贮藏时间长而减少价值,因此即使现在金银已经不再是货币了,人们仍用贮藏金银的形式贮藏价值。马克思认为,在金属货币与货币符号同时流通的情况下,货币符号没有贮藏的职能,因为货币符号只有作为流通手段才有价值,一旦退出流通就一文不值了。现在的情况和马克思当时所描述的时代背景不同,流通中已经没有金属货币,而是以银行券、存款货币为主的信用货币作为一般等价物的代表,发挥货币的各种作用。因此,人们便以银行券和存款货币的形式来贮藏价值,这也是货币形式发展的结果。当然,信用货币执行这一职能是有条件的,即必须以币值稳定或急需的物品顶替它,继续充当价值贮藏的载体。

(四) 支付手段

当货币不是用作交换的媒介,而是作为价值的独立运动形式进行单方面转移时,就执行支付手段职能。货币这一职能的产生及发展是和信用关系的产生和发展密切相关的。随着商品流通的发展,在现金交易基础上往往产生商品的让渡与价格的实现相脱节的情况,于是买卖关系变成了债权债务关系。货币的这个职能直接产生于以延期付款方式买卖商品的活动之中。在商品以赊销方式买卖时,买卖行为完成后,经过若干时间,购买者才向销售者支付货币。在支付之前,卖者变成了债权人,买者变成了债务人。随着信用交易方式的出现,货币在偿还债务或做其他支付时,执行支付手段职能。

货币作为支付手段时，等值的商品和货币在交换过程的两极不再同时出现，货币不再是交换的媒介，而是作为补充交换行为的一个环节，作为交换价值的绝对存在，独立地结束商品交换的整个过程，是价值的单方面转移。

货币支付手段职能出现后，一定时期流通中需要的货币也发生了相应的变化，因此作为支付手段的货币也是现实的货币。在流通过程中，货币的流通手段和支付手段职能不是截然分开的，而是交替地发挥这两个作用。因此，流通中需要的货币量不仅包括流通手段的量，还包括支付手段的量。货币借助其拥有的支付手段职能，使信用关系得以形成。债权债务到期可以相互抵消和清算，债务人只需要支付债务余额，这样可大大减少现金需要量，具体公式为

$$
\text{一定时期内流通中所必需的货币量} = \frac{\text{商品价格总额} - \text{赊销价格总额} + \text{到期支付总额} - \text{相互抵消的支付总额}}{\text{单位货币(作为流通手段和支付手段)的流通速度}}
$$

在现代商品经济中，货币作为支付手段发挥的作用越来越大。首先是由于大额交易的增多，而大额交易大部分是采取延期付款方式进行的。其次是在财政、银行方面的运用，财政的收入和支出、银行的存款和贷款都是货币在发挥支付手段职能。此外，在支付工资和各种劳务报酬时，货币也在发挥支付手段职能。

(五) 世界货币

当商品流通越出国界，扩大到世界范围时，货币的职能作用也随之发展。货币超越国内流通领域，在国际市场上充当一般等价物，就执行着世界货币的职能。

马克思对世界货币的论述是在金属货币条件下进行的。

马克思认为，在贵金属流通的条件下，作为世界货币，要求货币本身要以金银原始条块形式并按实际重量发挥职能，不能采取国内流通的铸币或纸币形态，因为它们一越出国界，就丧失了原定的法定意义。货币在世界市场发挥作用要脱去其国家制服。

世界货币职能具体表现为：①作为国家间的支付手段，用于平衡国际收支差额；②作为国家间的流通手段，用于购买外国商品；③作为社会财富的代表，由一国转移到另一国，如支付战争赔款、对外援助等。

在金属铸币退出流通、黄金非货币化的条件下，关于世界货币的问题就成了国际货币制度研究中的重要课题。近年来，关于人民币国际化问题也日益受到关注。

第三节　货币的形式

货币自产生以来已有几千年的历史。在这几千年的历史中，货币的形式随着商品交换和商品经济的发展也在不断地变化和发展着。这种形式的变化，是不断地适应经济社会发展变化而产生的，同时也消除了前一种货币形式无法克服的缺点。货币形式的演变如图1-4所示。

图1-4　货币形式的演变

一、实物货币

实物货币是指以自然界存在的某种物品或人们生产的某种物品来充当货币,是最早的货币形态。在中国历史上,实物货币种类很多,如贝币、谷物、布帛、牲畜、烟草、可可豆等都充当过实物货币,如图1-5所示。其中,时间较长、影响较大的有两类:一类是贝类;一类是谷帛。

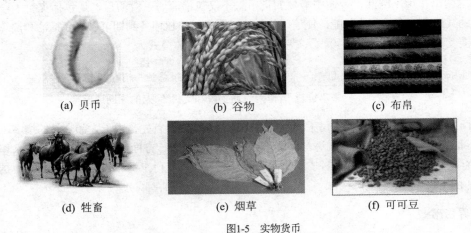

(a) 贝币   (b) 谷物   (c) 布帛

(d) 牲畜   (e) 烟草   (f) 可可豆

图1-5 实物货币

贝币是中国最早的货币之一。它以产于南洋海域的海贝为材料。这种海贝原来是用作饰物的,由于它坚固耐用,价值很高,携带方便,有天然单位,而被当作货币使用。贝的货币单位为"朋",通常十贝为一朋。中国使用贝币的时间很长,从殷商时代开始,至秦始皇统一中国货币后废除贝币,使用了近千余年时间,在中国云南一带,贝币一直使用到清初。在亚洲、非洲、美洲和欧洲的许多国家和地区,也都曾使用过贝币。谷帛也是中国历史上影响较大的实物货币。中国历史上用作货币的谷帛情况不同。谷只是用于零星交易,成匹的布帛则适用于大额支付,以弥补铜钱之不便。即使在金属货币广泛流通以后,谷帛的货币性亦未完全丧失,特别是在魏晋隋唐时期表现得尤为明显,宋代以后,银钱日益发展,谷帛的货币作用亦未完全消失。

然而以实物形式存在的货币,并不能很好地满足交换对货币的要求。因为许多实物货币都形体不一,不易分割、保存,不便携带,而且价值不稳定,所以不是理想的交易媒介。

二、金属货币

以金属如铜、银、金等作为材料的货币称为金属货币。历史上出现过的部分铜币与银币如图1-6所示。与实物货币相比,金属货币具有价值稳定、易于分割、易于储藏等优势,更适宜充当货币。中国是最早使用金属货币的国家,从殷商时期开始,金属货币就成为中国货币的主要形式。就金属货币本身而言,以贵金属黄金作为货币材料是金属货币发展的鼎盛时期。黄金作为货币材料的历史比较长,如英国早在13世纪中叶就有了金币铸造,但是以黄金作为本位货币,则是在资本主义经济有了较大发展以后,历史上最早实行金本位制的国家是英国,开始于1816年。

金属充当货币材料采取过两种形式:一种是称量货币;另一种是铸币。

(a) 铜币(1)　　　　　(b) 铜币(2)　　　　　(c) 银币(1)　　　　　(d) 银币(2)

图1-6　金属货币

称量货币是指以金属条块的形式发挥货币作用的金属货币。金属货币出现后，最开始是以金属条块形式流通，这种金属条块在使用时每次都要称重量，鉴定成色，所以称为称量货币。称量货币在中国历史上使用时间很长，典型的形态是白银。从汉代开始使用的白银，一直是以两为计算单位，以银锭为主要形式。银锭分为4种形式：一是元宝，也称马蹄银、宝银，每枚重量约50两；二是中锭，也称小元宝；三是小锭，重约一二两到三五两；四是碎银，重量在1两以下。白银在使用时，每次都要验成色、称重量，很不方便。清朝中叶以后，为了便利商品交易，各地都建立了公估局，专门负责鉴定银元宝的成色和重量，宝银经过鉴定后，即可按批定的重量和成色流通，交易时不必再随时称重和鉴定成色。但是公估局的鉴定只在当地有效，到了外地，仍要铸成当地通行的宝银重新鉴定，不能从根本上改变银两制度的落后性。一直到1933年，国民党政府废止了这种落后的货币制度。

铸币是铸成一定形状并由国家印记证明其重量和成色的金属货币。铸币的出现克服了称量货币使用时的种种不便，便利了商品交易。铸币最初形态各异，如中国历史上铸币的形状有仿造的铜贝、银贝、金贝，有仿造刀状而铸造的刀币，有仿造铲状而铸造的布币等。最后铸币的形态逐渐过渡统一成圆形，因为圆形便于携带，不易磨损。中国最早的圆形铸币是战国中期的圜钱(亦称环钱)，流通全国的则是秦始皇为统一中国货币而铸造的秦半两，这种铸币为圆形，中间有方孔，一直沿用到清末。因为钱有方孔，所以历史上称为"孔方兄"，如图1-7所示。

西方国家金属铸币采用的是圆形无孔的形式，币面通常铸有统治者的头像。清朝末年，受流入我国的外国硬币的影响，方孔铸币被圆形无孔铸币所代替。

图1-7　"孔方兄"

三、信用货币

经过短暂的代用货币后，开启信用货币形式。信用货币是由国家法律规定的，强制流通不以任何贵金属为基础的独立发挥货币职能的货币。信用货币不但本身的价值远远低于其货币价值，而且也和代用货币不同，不再代表任何贵金属。信用货币是货币进一步发展的产物，目前世界上几乎所有的国家都采用这一货币状态。从历史的观点看，信用货币是金属货币制崩溃的直接结果。20世纪30年代，由于世界性的经济危机接踵而至，各主要经济国家先后被迫脱离金本位和银本位，所发行的纸币不能再兑换金属货币，因此信用货币便应运而生。如图1-8所示为纸币的一种(美元)。

图1-8　纸币

一般来说，信用货币作为一般的交换媒介须有两个条件：一是人们对此货币的信心；二是货币发行的立法保障，两者缺一不可。例如，在一国的恶性通货膨胀时期，人们往往拒绝接受纸币。但如果只有信心，没有立法保障，这种货币也会由于缺乏有效的监督管理，造成交换使用中的混乱。

一般来说，只要一国政府或金融管理机构能将货币发行量控制在适应经济发展的需要范围之内，仍会使公众对纸币保持信心。大体上观察一下，一般大多数采用信用货币制度的国家，虽然在中央银行的资产负债表中有黄金一项作为准备金，但那往往是名义上的。信用货币的发行，既不受黄金数量上的制约，同时也不能兑换黄金。

目前人们所熟悉的信用货币，如果更详细地加以区别的话，又可以分为以下几种主要形态。

(一) 辅币

辅币的主要功能是充当小额或零星交易中的媒介手段。多以贱金属制造，如铜、镍、铝等，目前我国的辅币主要是以含铝等成分的金属铸造的。目前在世界各国，铸币权几乎毫无例外地完全由政府独占。我国是由中国人民银行下属的铸币厂专门铸造。

(二) 现金或纸币

现金或纸币的主要功能亦是充当人们日常生活用品的购买手段。一般具有流通手段职能的纸币，其发行权或为政府或为金融机构专有。发行机构因各国的货币信用管理体制而异，多数为各国中央银行、财政部或政府专门成立的货币管理机构。

(三) 银行存款

目前的银行制度产生了多种多样的存款，但作为货币执行一般媒介手段的主要是以银行活期存款形式存在。这些银行活期存款实质上是存款人提出要求即可支付的银行债务，是存款人对银行的债权，所以这种货币又可称为债务货币，存款人可借助支票或其他支付指示，将本人的存款支付给他人，作为商品交换的媒介。这种存款人对银行的债权，或者说银行对存款人的负债，在经济交易中已被人们普遍接受，用以支付债务和支付商品与劳务。在整个交易中，用银行存款作为支付手段的比重几乎占绝大部分，目前在小额的交易中也开始广泛使用这种货币，如顾客对零售商的支付，以及劳动者工资或薪水的支付等。

这里应该注意分清作为支付指示的支票本身与银行存款的区别。支票是一种票据，是存款人向银行发出支付指示的载体，本身并不是货币，银行的活期存款才是真正的交易媒介和支付手段。所以在交易双方并不互相熟识的情况下，支票未必能为对方所接受。不过在信用制度高度发达的社会中，这些技术的困难已被种种信用工具，如保付支票、银行支票、旅行支票、信用卡等所克服。

(四) 电子货币

计算机的广泛应用对传统货币交易和支付方式提出了挑战，电子货币在众多国家的试验就是最有影响的例证之一。

电子货币是以金融电子化网络为基础，以商用电子化机具和各类交易卡为媒介，以电子计算机技术和通信技术为手段，以电子数据形式存储在银行的计算机系统中，并通过计算机网络系统以电子信息传递形式实现流通和支付功能的货币。

就现阶段而言，大多数电子货币是以既有的实体货币(现金或存款)为基础存在的，具备"价值尺度"和"流通手段"的基本职能，还有 "储藏手段" "支付手段" "世界货币" 等职能。且电子货币与实体货币之间能以1：1比率交换这一前提条件是成立的。而作为支付手段，大多数电子货币又不能脱离现金或存款，是用电子化方法传递、转移，以清偿债权债务实现结算。因此，现阶段电子货币的职能及其影响，实质是电子货币与现金和存款之间的关系。

电子货币的特点：①以电子计算机技术为依托，进行储存、支付和流通；②可广泛应用于生产、交换、分配和消费领域；③融储蓄、信贷和非现金结算等多种功能为一体；④电子货币具有使用简便、安全、迅速、可靠的特征；⑤现阶段电子货币的使用通常以银行卡(磁卡、智能卡)为媒体。

电子货币可分为4种类型：储值卡型电子货币、信用卡应用型电子货币、存款利用型电子货币、现金模拟型电子货币。

电子货币的使用通常是利用电脑网络或储值卡进行。持有这种储值卡就像持有现金一样，每次消费支出可以从卡片的存储金额里扣除。而一些国家新出现的电子钱包则是由金融机构发行的金融卡，不仅可以在自动提款机上提取现金、完成转账，而且还能从银行账户内的存款金额中拨出部分金额转入随身的卡片上存储。如图1-9所示为中银电子钱包。当电子钱包中的现金余额全部用完时，可以随时从上网的计算机、自动柜员机或通过电话操作来对货币存储额进行补充。在日常使用时，消费者只要将卡片插入小型的读卡机就可以得知卡片的现金余额。

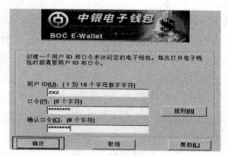

图1-9 中银电子钱包

电子货币说到底不过是观念化的货币信息，它实际上是由一组含有用户的身份、密码、金额、使用范围等内容的数据构成的特殊信息。电子货币实际上是法币的电子化，包括我们常见的银行卡、网银、电子现金等；还有近年来发展起来的第三方支付，如支付宝、微信支付等。这些电子货币最初的源头都是中央银行发行的法币。

虚拟货币与电子货币最重要的区别就是发行者的不同。虚拟货币是非法币的电子化，可以简单理解为是一些虚拟世界中流通的货币，是互联网社区发展的产物。这些虚拟货币往往可以通过完成虚拟世界的任务，或者用现实的法币购买获得，限于特定的虚拟环境中流通，比如，大家熟悉的游戏币；门户网站或者即时通信工具服务商发行的专用货币，用于购买本网站内的服务；互联网上的虚拟货币。

数字货币是价值的数字化表示，是电子货币形式的替代货币。现阶段我们说数字货币，更多是指加密数字货币，其核心特点在于，能够实现类似现金的可控匿名的点对点支付。近年来，各国政府纷纷着手研究和发行由政府主导的数字货币，被民间称为法定数字货币。与非法定的加密数字货币不同，法定数字货币只是现电子货币的升级形态，虽引入计算机代码运行等新技术，但又保持对货币运行的适度掌控力。目前，由我国央行发行的法定数字货币已在数字票据交易平台试运行，其旗下的数字货币研究所也已挂牌成立。目前中国试点的法定数字货币是指数字化人民币，是由央行发行的、加密的、有国家信用支撑的法定货币，缩写为DC/EP，即 "数字货币/电子支付"，其本身是货币而不仅仅是支付工具。

第四节　货币制度

一、货币制度的构成要素

货币制度简称"币制",是国家用法律形式规定的货币流通组织形式。它是保证一个国家货币流通规范、统一运行的重要制度。货币制度主要包括以下几个要素。

(一) 货币材料

币材是指充当货币的材料或物品。一般来说,充当商品货币的材料应具备以下一些条件:一是价值较高;二是易于分割;三是易于保存;四是便于携带。充当货币的材料价值较高,就可以用少量的货币完成大量的交易;易于分割是指货币材料可以自由分割,且分割后不影响其价值,以便为价值量不等的商品交易服务;易于保存是指货币材料不会因保存而减少价值,不需要支付费用;便于携带可以使货币在较大区域内媒介商品交换。但对某一种货币材料来说,上述4个要求也不是在任何时期都是同等重要的。从货币的发展史来看,历史上曾经有过许多种不同的物品充当过货币。大致而论,货币材料的演变是从实物货币开始,发展到金属货币,再发展到货币商品的代表——纸币和信用货币形式。这个货币材料的演变过程,反映出商品生产、商品交换的发展对货币材料的要求。但是,需要说明的是,虽然币材是沿着实物货币—金属货币—信用货币这样的历史顺序而发展演变的,但这并不说明它们之间有严格的此生彼亡的界限。如金属货币产生后,在某些历史时期,仍有实物货币同时使用,如中国唐朝的钱帛兼行,就是金属货币和实物货币同时使用的。

确定货币材料是建立一个国家货币制度的基础。确定不同的货币材料,就构成不同的货币制度。例如,确定白银为货币材料,就称为银本位制;确定黄金为货币材料,就称为金本位制;确定金银同时作为货币材料,就称为金银复本位制。因此,确立以何种金属作为货币材料,是建立一种货币制度的首要步骤。究竟选择哪一种金属作为币材,虽然是由国家确定的,但是这种选择不是以国家的意志为转移,而是受客观经济条件的制约。在资本主义发展初期,一方面由于白银生产量较大,而黄金生产量较小,另一方面由于资本主义大工业尚未得到很大发展,在商品流通中小额零星交易较多,因此广泛流通着白银,就把白银规定为货币金属。后来,随着黄金生产量的增加和资本主义大工业的发展以及批发商业的出现,黄金开始进入流通,流通中兼有白银和黄金,就把金银两种金属规定为货币金属。当黄金生产进一步发展,在流通中黄金最终独占了货币的地位,此时就把黄金规定为货币金属。

(二) 货币单位

货币材料确定以后,就要规定货币单位。这包括规定货币单位的名称和规定货币单位所含有的货币金属量。例如,英国的货币单位定名为英镑,1870年规定每英镑的含金量为7.97克;美国的货币单位定名为美元,1934年以前1美元的含金量为1.504 632克,1934年1月减为0.888 671克,1971年12月又减为0.818 513克;中国在1914年曾规定货币单位的名称为"圆",并规定每个银圆的含银量为0.648两。世界上绝大多数国家选择镑、元、法郎等作为货币单位名称。

(三) 本位币的铸造与流通

本位币亦称主币。它是按照国家确定的币材和货币单位制作的法定货币，国家法律规定的作为价格标准的基本货币。本位币具有以下特点。

(1) 本位币是一国唯一合法的用于计价、结算的货币。

(2) 本位币名义价值(面值)与实际价值(金属价值)相一致，是足值的货币。

(3) 本位币具有无限法偿的效力，即本位币为无限法偿货币。所谓无限法偿的效力，就是国家法律规定本位币有无限制的支付能力，不论每次支付的数额多大，卖者和债权人都不得或者不会拒绝接受。

(4) 在金属货币制度下，本位币可以自由铸造。就是说，本位币一方面由国家按货币单位铸造，另一方面每个公民都有权把货币金属送到国家造币厂请求铸成本位币，其数额没有限制，并且不收或只收取少量的费用。同时，国家也允许公民将本位币熔化成金属条块。

(四) 辅币的铸造和流通

辅币是本位币以下的小额通货，供日常零星交易之用。它通过法律形式与主币建立起固定的兑换比例。如美国的辅币为"分"，1美元等于100美分；中国的辅币为"角""分"。

辅币具有如下特点。

(1) 辅币是用贱金属铸造的不足值货币，其实际价值低于名义价值，故铸造辅币可以得到一部分收入。

(2) 辅币是有限法偿货币。

(3) 辅币不能自由铸造，只能由国家垄断铸造，以保证辅币收入归国家所有，同时还可以避免辅币排挤主币。

(五) 银行券和纸币的发行与流通

银行券是在商业票据流通的基础上由银行发行的，用于替代商业票据的银行票据。最早的银行券出现于17世纪，当一些持有商业票据的人因急需现金到银行要求贴现时，银行付给他们银行券。于是，银行券就通过银行贷款程序投入了流通。

银行券的发行分为两个阶段：从17世纪中叶到19世纪中叶实行分散发行，即一般商业银行都可发行各自的银行券。19世纪中叶以后，逐渐改由中央银行集中统一发行。中央银行发行的银行券通常被国家法律规定为法定的支付手段，拒绝接受被视为违法。自1929—1933年世界经济危机以后，各国中央银行的银行券都不能在国内自由兑现，它的流通已不能再依靠银行信用，而是单纯依靠国家政权的强制力量，从而使银行券纸币化了。

纸币是由国家财政发行并依靠国家政权的力量强制流通的价值符号。如图1-10所示为世界首张纸币——交子。纸币通常是在战争时期或特殊困难时期，为弥补财政赤字而发行的。纸币本身没有价值，而且不能兑换金属货币，如果它得不到社会的公认，就只不过是一文不值的废纸，根本不能起到货币符号的作用。很明显，绝对不是任何人发行一张货币符号都能在市场上流通。纸币之所以能够成为代替真实货币流通的价值符号，国家的强制力起着关键的作用。国家发行纸币，并凭借自己的权力，强制居民必须接受它，这才使纸币得到了社会的公认，成了大家都能接受的货币符号。

图1-10　世界首张纸币——交子

(六) 准备制度

准备制度又称黄金储备制度。它是一国货币稳定的基础，也是一个国家经济实力强弱的重要标志之一。世界上大多数国家的黄金储备由中央银行或财政部门掌握。在金属货币流通的条件下，黄金准备的用途有以下3个方面。

(1) 作为国际支付的准备金，也就是作为世界货币的准备金。

(2) 国内金属货币流通的准备金，以备流通扩大和收缩对金属货币的不同需要。

(3) 支付存款和兑换银行券的准备金。

在当今世界各国不兑现的信用货币流通条件下，黄金准备只作为国际支付的准备金，其余两个用途不复存在。为强化国际支付准备金，各国建立了外汇储备，即以特定的世界货币(如美元、欧元、日元、英镑、人民币等)作为准备。

二、货币制度的演变

在货币制度发展史上曾存在4种不同的货币制度，依次为银本位制、金银复本位制、金本位制和不兑现信用货币制度。

货币制度的分类如图1-11所示。

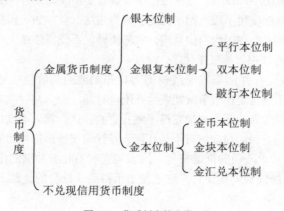

图1-11　货币制度的分类

(一) 银本位制

银本位制是指以白银作为本位币的一种货币制度。银本位制又分为银两本位制和银币本位制两种形式。银两本位制度是以白银的重量单位——"两"作为价格标准，实行银块流通的货币制度。银币本位制度则是以一定重量和成色的白银铸币流通的货币制度。银本位制的基本特征有以下几点。

(1) 银币可以自由铸造和自由熔化。

(2) 银币为无限法偿货币。

(3) 辅币和其他各种货币可以自由兑换银币或等量白银。

(4) 白银和银币可以自由输出输入。

银本位制是历史上最早的货币制度之一。它是与经济不够发达，商品交易主要是以小额交易为主的商品经济相适应的货币制度。银本位制最大的缺点是白银价值不稳定。而作为一种货币金属，只有当价值能保持相对稳定的时候，才适合作为货币材料，才能保证货币价值的稳定性。银本位制度从16世纪后开始盛行，至19世纪末除少数经济落后国家外，各国纷纷放弃，大致经历了200多年。

(二) 金银复本位制

金银复本位制是指以金、银两种金属同时作为本位货币的一种货币制度。其特征是：金、银两种本位币都可以自由铸造、自由熔化；都具有无限法偿的效力；金、银两种金属及其铸币可以自由输出输入；两种本位币可自由兑换。在金银复本位制下，法律规定金银两种贵金属都是铸造本位币的材料。

复本位制又分为平行本位制和双本位制两类。所谓"平行本位制"，就是指金银两种货币按其各自所含的金银的实际价值流通的本位制度。如英国在1663年铸造的金币"基尼"与原来的银币"先令"按照市场比价同时流通。由于两种不同金属的货币同时充当价值尺度，商品就具有双重价格——金币表现的价格和银币表现的价格。而两种价格又会随着金银市场比价的变动而波动，因而使商品价格和交易处于紊乱状态，给商品交易带来了困难。为了克服这种困难，产生了"双本位制"。所谓"双本位制"，是指金银两种货币按法定比价1∶15流通。但是这种法律规定与价值规律的自发作用和货币的排他性、独占性的要求发生矛盾，出现了"劣币驱逐良币"的现象，即"格雷欣法则"的作用。

所谓"劣币驱逐良币"，就是指两种实际价值不同而名义价值相同的货币同时流通时，实际价值较高的货币(良币)必然会被收藏、熔化、输出而退出流通界；而实际价值较低的货币(劣币)则会充斥市场。故有人称这种"双本位制"为"跛行本位制"。

可见，在复本位制下，虽然法律上规定金银两种金属的铸币可以同时流通，但实际上在某一时期的市场上主要只有一种金属的铸币在流通。银贱则银币充斥市场，金贱则金币充斥市场，很难保持两种铸币同时并行流通。这说明，价值尺度的二重化是同价值尺度的职能相矛盾的。

18世纪末19世纪初，西方资本主义国家的货币制度都逐渐地从复本位制向金本位制过渡。至20世纪初，多数资本主义国家都已实行金本位制。

(三) 金本位制

金本位制是以黄金作为本位货币的一种货币制度。金本位制又可分为金币本位制、金块本位制和金汇兑本位制。

1. 金币本位制

金币本位制是早期的金本位制度。在这一制度下，发行并流通于市场的货币是金币，单位货币规定为一定数量一定成色的黄金。

1) 金币本位制的特点

其特点主要表现在以下4个方面。

(1) 金币可以自由铸造。这就保证了黄金在货币制度中的主导地位，并克服了复本位制下金银频繁交替地执行价值尺度职能的混乱现象。同时，金币实行自由铸造，能使金币数量自发地适应商品流通的需要，使金币名义价值与实际价值保持一致。

(2) 价值符号(辅币与银行券)可以自由兑换金币。辅币和银行券可按其面额价值自由兑换金币，就能稳定地代表一定数量的黄金进行流通，从而避免了价值符号对黄金的贬值现象。

(3) 黄金可以自由输出输入。在金本位制度下各国货币单位之间按其所包含的黄金重量而有一定的比价，同时黄金又可在各国之间自由转移，这就保证了世界市场有统一的价值尺度和外汇行市的相对稳定。

(4) 国家的金属准备全部是黄金。

2) 金币本位制度的作用

从上述金币本位制度的特点可见，金币本位制是一种具有相对稳定性的货币制度，它对资本主义经济发展起到了积极的作用。

(1) 金币的"自由铸造"和"自由熔化"，使得金本位货币与其所含的一定量的黄金的价值保持了等值关系，从而起到了对一国的物价水平与国际收支进行自动调节的作用，维持了物价稳定和国际收支平衡。先看物价水平，在金币本位制度下，当物价水平上涨时，单位货币所能购买到的商品数量减少了，单位货币所能买到的黄金数量也就减少了，这表明币值下跌，黄金价格上涨，此时人们就会将金币熔化成为黄金而出售，于是流通中的金币数量减少，物价水平就相应地降低下来，币值回升最终达到与黄金平价。相反，当物价水平下跌时，币值上升，民间又会将黄金铸造成为金币，造成流通中的金币数量增加，物价上涨和币值下跌，最终达到金币与黄金平价。再看国际收支，当一国的国际收支出现逆差时，说明该国的出口小于进口，造成金币流向国外，从而减少了国内的金币数量，造成国内物价水平下降，而物价水平的下降就会使进口减少，出口增加，从而使国际收支逆差得到调整并逐渐消失。相反，当出现国际收支顺差时，出口大于进口，金币从国外流入国内，导致国内金币数量增加，物价上涨，而物价上涨又会使出口减少，进口增加，从而使国际收支顺差得到调整并逐渐消失。总之，金币本位制度具有维持物价稳定和国际收支平衡的作用。

(2) 黄金与金币的自由输出和输入，使得金本位货币的对外汇率保持了稳定。在国际金本位制度下，汇率是以各国货币的含金量为基础的。比如1914年以前，一英镑含金113.006格令，一美元含金23.22格令，于是英镑对美元的基本汇率为：一英镑等于4.866 5美元，但是，实际汇率是由外汇供求决定的，不一定与基本汇率相一致。一旦实际汇率发生变动，偏离了基本汇率，那么通过黄金的输出与输入，便可对汇率进行自动调节，使实际汇率偏离基本汇率的程度不会超过输出或输入黄金所需的费用，从而维持了汇率的稳定。比如在纽约与伦敦之间输送一英镑黄金需花费两美分(0.02美元)，那么在纽约，英镑的实际汇率应不会超过4.886 5美元，因为如果汇率超过这一数字，美国债务人与其高价买入英镑用以清偿债务，不如向伦敦直接输出黄金(即把黄金从纽约运往伦敦)以清偿债务。这种汇率上涨的限度，称为黄金输出点。同时，纽约的英镑汇率也不应低于4.846 5美元，因为如果汇率低于这一数字：美国债权人与其低价出售英镑购买美元，不如直接从伦敦输入黄金(即把黄金从伦敦运往纽约)来收回债权。这种实际下跌限度，称为黄金输入点。正是由于黄金和金币可以自由输出与输入，才使得本位货币的对外汇率得以稳定。

3) 金币本位制的缺点

其缺点表现在以下3个方面。

(1) 金币自由铸造与自由流通的基础受到削弱。在帝国主义阶段，资本主义各国发展不平衡性的加剧，引起世界黄金存量的分配极端不平衡。到1913年年末，美、英、法、德、俄五国占有世界黄金存量的2/3。世界黄金存量的大部分既然掌握在少数几个强国手中，其他许多国家的黄金储备和流通中的金币量自然就相应减少，因而就动摇了这些国家的金本位制的基础。同时，就是在少数强大的资本主义国家中，金币流通也相对地缩减了，大量黄金集中于中央银行和国库。如在1913年，世界黄金储备已有60%集中于中央银行和国库。所以这些国家一方面加强对外掠夺黄金，另一方面在国内又设法从流通界吸收黄金。当黄金从主要由民间分散储存转为中央银行与国库集中储存的时候，金币自由铸造与自由流通的基础就被严重地削弱了，从而金币流通规模和范围大大缩小，金本位制的稳定性受到威胁。

(2) 价值符号(主要是银行券)对金币的自由兑换受到削弱。要保证价值符号能够自由兑换黄金或金币，不仅需要有充足的黄金准备，而且价值符号的发行数量也不能过多地超过流通中对于货币的需要量。到了19世纪末20世纪初，中小国家因黄金准备不足，所发行的银行券难以自由兑换金币。少数帝国主义列强为瓜分世界，准备战争，大量增加军费开支，引起国家财政支出急剧增长，为了解决财政上的困难，这些国家都开动印钞机，大肆增加价值符号的发行，从而导致价值符号难以保持自由兑换。

(3) 黄金在国家间的自由转移受到很大限制。在帝国主义阶段，资本主义国家为了本国垄断资本的利益，经常通过很高的关税来限制外国商品的输入，遭受限制的国家由于难以出口商品换取外汇收入，有时就被迫输出大量黄金以支付对外债务。但是黄金大量外流又会削弱黄金准备，影响价值符号随时兑换的可能性，于是，这些国家就采取措施，阻止黄金的自由输出。另外，在危机时期，商品输出困难以及货币资本外逃等，也会引起黄金大量流出，这也会迫使资本主义国家限制黄金自由输出，甚至完全禁止输出。

2. 金块本位制

金块本位制是第一次世界大战以后的产物，主要是由于战后的黄金供给不足，但又要维持金本位制，而出现的一种有限使用黄金的方式。

金块本位制亦称生金本位制，是指在国内不铸造、不流通金币，只发行代替一定重量黄金的银行券来流通，而银行券又不能自由兑换黄金和金币，只能按一定条件向发行银行兑换金块的一种金本位制。金块本位制的特点有以下4点：

(1) 金币虽然是本位货币，但是在国内不流通，只有纸币流通；

(2) 黄金集中存储于政府，金币不能自由铸造；

(3) 规定纸币含金量，纸币具有无限法偿效力；

(4) 纸币兑换黄金有数量限制。

金块本位制的这些特点减少了黄金向国外的流出，同时又加强了货币当局管理货币的力量。

3. 金汇兑本位制

金汇兑本位制实际上是一种虚金本位制。它虽然规定金币为本位货币，但却不铸造和流通金币，而是发行和流通纸币，并将本国货币与另一金本位制国家的货币保持固定的比价关系。在纸币的发行上，还要以存入本国或外国的中央银行的黄金及外汇作为发行准备，以供国际支付中的兑换之用。在兑换时，或者给以黄金，或者给以外汇，公众无权选择。一般来说，本国货币不能直接兑换黄金，只有先兑换成外汇，然后才能用外汇在国外兑换黄金。

金汇兑本位制比金块本位制更能节省黄金，但金汇兑本位制对经济的自动调节作用较小，必须通过较大程度的人为管理才能促进国际收支及国内货币供应量的平衡。

金块本位制和金汇兑本位制是残缺不全的、极不稳定的货币制度，原因包括3个方面。

(1) 金块本位制和金汇兑本位制都没有金币流通，金本位制所具备的自发调节货币流通量，保持币值相对稳定的机制不复存在。

(2) 银行券不能自由兑换黄金，多种限制削弱了货币制度的基础。

(3) 采用金汇兑本位制的国家，使本国货币依附与之相联系国家的货币，一旦被依附国家币制混乱，其本国币制也必然受到严重影响，无法独立自主地保持本国货币币值的稳定。反之，如果实行金汇兑本位制的国家大量提取外汇储备兑换黄金，则又会威胁挂钩国家币值的稳定。

这两种货币制度由于本身的不稳定性，实行以后没几年就暴露出了它们的缺点。1929—1933年，资本主义世界性的经济危机和金融危机很快地摧毁了这种残缺不全的金本位制，使资本主义国家先后转向不兑现的信用货币制度。

(四) 不兑现信用货币制度

纸币是由国家强制发行、不兑换金银的货币符号。金本位制崩溃后，流通中的银行券丧失了直接地或间接地与黄金兑换的条件，从而蜕化为不兑现的纸币。纸币的发行权属于国家，国家授权中央银行发行纸币。黄金不再是确定货币币值和各国汇率的标准。货币制度进入了不兑现信用货币制度阶段。

不兑现信用货币制度取代黄金本位制度，是货币制度演进的质的飞跃，它突破了商品形态的桎梏，而以本身没有价值的信用货币成为流通中的一般等价物。当然，透过历史演变的表现，也能看到其深刻的历史必然性。

从黄金充当本位货币来看，它在第一次世界大战及20世纪30年代的经济危机中受到巨大的冲击。①随着社会生产力的发展，生产规模不断扩大，商品交换的规模也相应扩大，迫切要求有一个灵活的有弹性的货币供给制度。但这种货币需求受到黄金开采能力的制约，从而限制了生产力的扩张。②黄金充当货币，执行一般等价物职能，是社会财富的极大浪费，特别是黄金广泛运用于高科技工业中，情况就更是如此。正如马克思所说："金币和银币本身也有价值，但是这些价值充当流通手段，就是对现有财富的扣除。"③由于资本主义政治经济发展的不平衡，在第一次世界大战的冲击下，黄金分配极不平衡，黄金多数集中于美国，多数国家黄金不足，使其难于维持黄金对外的自由铸造、自由熔化以满足流通的需要，也难于维持黄金对外的自由输出量，从而保证固定汇率制。金本位制逐步地走到了它的尽头，货币实体非商品化就成为现代社会的必然要求。

从信用货币的角度看，货币商品自身的使用价值和价值同货币的一般使用价值和社会价值的排斥与分离，为信用货币代替商品货币，发挥货币职能提供了可能。银行券和早期的纸币便是这方面的表现。而信用关系的深化，国家职能的扩充，为信用货币完全取代商品货币提供了条件。特别是经过战争的洗礼，纸币在战争期间一般变为不可兑现，检验了政府的信用，也培植了人们对政府的信心。加上人们对货币与经济关系理解的深化，都促进了信用货币逐步地取代黄金的过程，最终取得独立行使货币职能的地位。

信用货币制度具有如下特点。

(1) 国家授权中央银行垄断发行纸币，且其具有无限法偿能力。

(2) 货币由现钞与银行存款构成。

(3) 货币主要通过银行信贷渠道投放。

(4) 货币供应在客观上受国民经济发展水平的制约。供应过多，必然危及国民经济正常运行，所以，一方面，现金发行数量由国家法律规定发行最高限额或建立以金、银、外汇与有价证券作为发行准备；另一方面，国家授权中央银行或货币管理当局，通过货币政策对货币供应实施管理。

(5) 货币供应量不受贵金属量的约束，具有一定的伸缩弹性。通过货币供应管理，可以使货币流通数量与经济发展需要相适应。

三、我国的人民币制度

人民币制度是我国于1948年12月在合并与收兑当时各个革命根据地和解放区的货币的基础上建立起来的，人民币是我国现行的唯一合法货币，人民币制度属于不兑现信用货币制度，即纸币本位制。

1948年12月1日，华北银行、北海银行和西北农民银行合并成立了中国人民银行，同时正式发行人民币作为全国统一的货币。人民币发行后，在逐步收兑、统一解放区货币的基础上，又迅速收兑了原国民党政府发行的伪法币、金圆券乃至银行券，并排除了当时尚有流通的金银外币等，从而建立了以人民币为唯一合法货币的、统一的货币制度。

人民币主币的单位为"元"，辅币的单位为"角"和"分"。1元分为10角，1角分为10分。

我国的人民币是信用货币，没有含金量的规定。从发行程序看，它是通过收购金银、外汇或通过信贷程序进行的，是经济发行，人民币流通数量随着生产和流通规模而伸缩。从信用关系看，人民币的发行是中国人民银行的负债，社会公众得到人民币也就是得到了价值符号，即索取价值物的凭证，人民币持有者是债权人，这种信用关系的消除是通过特殊的兑现方式实现的，即国家保证以相对稳定的价格供应商品和劳务，人民币持有人以稳定的价格得到相应价格的商品和劳务而得以"兑现"。当然，倘若人民币过量发行，导致币值下跌，发生通货膨胀，也可能成为马克思讲过的不兑现纸币。因而，保证人民币信用货币的性质，维持人民币币值稳定，就成为中国人民银行货币政策和金融监管的基本目标。

人民币的发行原则有3点。①集中统一发行原则。人民币发行权高度集中统一，由国家授权于中国人民银行，除中国人民银行外，任何地区、任何单位或个人，都无权动用发行基金，无权发行货币。②经济发行原则。人民币的发行必须根据国民经济发展和适应商品流通的需要，由中国人民银行提出货币发行的增长量，并按批准量发行。③计划发行原则。中国人民银行根据国家批准的货币发行量，编制人民币发行计划，按计划发行，调节货币流通。

人民币发行的准备是商品保证。人民币是一种不兑现的信用货币，没有法定的含金量。国家所掌握的能按照稳定价格投入市场的商品是人民币发行的准备资产。人民币发行量增加，意味着国家掌握的商品物资增加；人民币回笼增加，意味着国家掌握的商品物资相应减少，中国人民银行的负债减少。同时，国家掌握的大量的黄金、外汇储备也是人民币发行的准备。

人民币的发行权属于国家，国家授权中国人民银行具体组织实施货币发行业务。在中国人民银行内部，又由其总行按照统一的政策集中统一管理，贯彻落实发行库管理制度，调拨货币发行基金，调剂市场上各种票币的流通比例。没有总行的出库命令，中国人民银行所属分支行无权发行人民币。

人民币对外国货币的汇率，由国家外汇管理局统一制定，每日公布，一切外汇买卖和国际结算都据此执行。人民币汇率采用直接标价法。

由上述可知,我国的人民币制度具有独立自主、集中统一与计划管理的特点,这些特点正是人民币相对稳定的基础和条件。

根据《中华人民共和国中国人民银行法》第三章第十六条的规定和2000年2月颁布的《中华人民共和国人民币管理条例》第三条的规定,中华人民共和国的法定货币是人民币。以人民币支付中华人民共和国境内的一切公共和私人的债务,任何单位和个人不得拒收。中国香港地区、中国澳门地区虽然已经回归祖国,但是根据《中华人民共和国香港特别行政区基本法》和《中华人民共和国澳门特别行政区基本法》,港币和澳门元分别是中国香港特别行政区和澳门特别行政区的法定货币。中国台湾地区由于历史原因,流通新台币。人民币和港币、澳门元、新台币,是在一个国家的不同社会经济制度区域内流通的4种货币,它们所隶属的货币管理当局各按自己的货币管理方法发行和管理货币。当然,一旦人民币实现了资本项目的完全可兑换,"一国四币"的特殊历史现象就会逐步消失。

四、欧元对传统货币制度的挑战

1999年1月1日,欧洲货币同盟中的11个国家开始使用欧盟单一货币——"欧元EURO"。2002年年初,欧元纸币和硬币进入流通,半年后,成员国流通的各自通货逐步收回。欧元由欧洲中央银行和各欧元区国家的中央银行组成的欧洲中央银行系统负责管理。随着欧盟东扩,已经有25个国家接受欧元流通。欧元是自罗马帝国以来欧洲货币改革最为重大的成果。欧元不仅仅使欧洲单一市场得以完善,欧元区国家间自由贸易更加方便,而且更是欧盟一体化进程的重要组成部分。

从经济利益的角度讲,实行统一货币会给欧盟各国带来以下好处:①增强自身经济实力,提高竞争力;②减少内部矛盾,防范和化解金融风险;③简化流通手续,降低成本;④增加社会消费,刺激企业投资。

欧元硬币有1分、2分、5分、10分、20分、50分、1元、2元共计8种面值。所有的欧元硬币的正面都是相同的,标有硬币的面值,称为"共同面",而硬币背面的图案则是由发行国自行设计的。硬币由欧元区各国铸造。君主立宪制国家常常使用他们君主的头像,其他的国家通常用他们国家的象征。所有不同的硬币都可以在所有欧元区使用,比如铸有西班牙国王头像的硬币在西班牙以外的其他使用欧元的国家也是法定货币。虽然1欧分和2欧分的硬币一般不在芬兰和荷兰使用,但仍然是法定货币。

欧元纸币共分为5、10、20、50、100、200、500欧元7种面值,尺寸和颜色各不相同。每种面值的欧元纸币的设计在各国都是一样的。尽管大面值的纸币在某些国家并不发行,但仍然是法定货币。泛欧自动实时清算系统是一个在欧元发行以前就已经设立的欧洲范围内大额交易清算系统。对于小额支付的一般规则是:在欧元区之内的转账视为国内转账,欧元区内信用卡支付和ATM取款的费用与国内费用相同,票据支付,例如支票等,也与国内相同。

欧元图案是由欧洲货币局公开征集而于1996年12月13日最终确定的。奥地利纸币设计家罗伯特·卡利纳的方案被采用。按照卡利纳的方案,面值越大,纸币面积越大。各种纸币正面图案的主要组成部分是门和窗,象征着合作和坦诚精神。12颗星围成一个圆圈,象征欧盟各国和谐地生活在欧洲。纸币的反面是桥梁的图案,象征欧洲各国联系紧密。各种门、窗、桥梁图案分别代表欧洲各时期的建筑风格,币值从小到大依次为古典派、浪漫派、哥特式、文艺复兴式、巴洛克式和洛可可式、铁式和玻璃式、现代派建筑风格,颜色分别为灰色、红色、蓝色、橘色、绿色、黄褐色、淡紫色。区内各国印制的欧元纸币，正面、背面图案均相同，纸币上没有任何国家标志。

欧元符号、欧元纸币和欧元硬币如图1-12至图1-14所示。

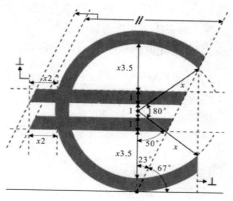

图1-12　欧元符号

图1-13　欧元纸币

图1-14　欧元硬币

从古代开始就有可以称之为货币制度的制度，直至今天各国的货币制度，也包括集中计划经济国家的货币制度，都与国家的主权(也包括诸侯的、城邦的、地区的政治权利)不可分割地结合在一起。本节的所有描述都表明了这一点。但欧元是超越欧洲各国传统边界的货币；欧洲中央银行是超越各国货币主权的统一的中央银行。对于传统的货币制度观念，这是直截了当的挑战。以下数据体现了欧元与各国货币之间的兑换关系(选自2021年2月17日汇通网数据)。

1欧元＝0.870 4英镑

1欧元＝1.209 2美元

1欧元＝128.02日元

1欧元＝1.079 9瑞郎

1欧元＝1.559 9澳元

1欧元＝0.914 0加元

1欧元＝7.809 9人民币

全面分析这一挑战所产生的历史条件、经济根源和对世界格局的影响，是当前世人所普遍关注的重大课题，本书后面也有所涉及。这里只是提醒读者注意：一些看似不成问题的观念，随着时间的推移、客观条件的变化，也会走向自我否定。这是在理论学习中必须确立的基本认识。近年，欧元区面临希腊的债务危机，西班牙、意大利等国家也存在严重的债务问题，英国脱欧，欧元区的经济增长及欧元稳定受到影响，欧元长远表现如何，将成为全世界都关注的问题。

本 章 小 结

1. 货币是充当一般等价物的特殊商品，是商品经济发展的结果。货币产生后使商品的内在矛盾转化为外部的货币与商品的对立。

2. 货币具有价值尺度、流通手段两项基本职能，并具有贮藏手段、支付手段等派生职能。

3. 货币制度是商品经济发展到一定阶段的产物。货币制度就是国家用法律规定的货币流通结构和组织形式。

4. 货币制度的构成要素有：规定货币材料；规定货币单位；规定各种通货的铸造、发行和流通程序；规定准备制度等。

5. 货币制度历经变迁，主要有银本位制、金银复本位制、金币本位制、金块本位制和金汇兑本位制、不兑现信用货币制度。在金银复本位制度下产生的"格雷欣法则"对设计货币制度有重要的借鉴意义。目前，世界各国实行的都是不兑现信用货币制度。

习 题

一、单项选择题

1. 历史上最早出现的货币形态是(　　)。

    A. 实物货币   B. 信用货币

    C. 代用货币   D. 电子货币

2. 某公司以延期付款方式销售给某商场一批商品，则该商场到期偿还欠款时，货币执行( )职能。

  A. 支付手段   B. 流通手段

  C. 购买手段   D. 贮藏手段

3. 本位货币是( )。

  A. 本国货币当局发行的货币   B. 以黄金为基础的货币

  C. 一个国家货币制度规定的标准货币   D. 可以与黄金兑换的货币

4. 在一国货币制度中，( )是不具有无限法偿能力的货币。

  A. 主币   B. 本位币

  C. 辅币   D. 都不是

5. 格雷欣法则起作用于( )。

  A. 平行本位制   B. 双本位制

  C. 跛行本位制   D. 单本位制

6. 历史上最早的货币制度是( )。

  A. 金本位制   B. 银本位制

  C. 金银复本位制   D. 金块本位制

7. 在金属货币制度下，本位币的名义价值与实际价值是( )。

  A. 呈正比   B. 呈反比

  C. 相一致   D. 无关

8. 辅币的名义价值( )其实际价值。

  A. 高于   B. 低于

  C. 等于   D. 不确定

9. 典型的金本位制是( )。

  A. 金块本位制   B. 金汇兑本位制

  C. 金币本位制   D. 虚金本位制

10. 如果金银的法定比价为1∶13，而市场比价为1∶15，这时充斥市场的将是( )。

  A. 银币   B. 金币

  C. 金币和银币   D. 都不是

二、多项选择题

1. 货币最早具有的基本职能有( )。

  A. 价值尺度   B. 流通手段

  C. 贮藏手段   D. 支付手段

  E. 世界货币

2. 货币执行世界货币的职能主要表现为( )。

  A. 国家间一般的支付手段   B. 国家间一般的流通手段

  C. 促进金融市场发展   D. 促进全球化

  E. 国家间财富转移的一种手段

3. 货币制度的基本内容有( )。

  A. 货币金属   B. 货币单位

C. 通货的铸造、发行和流通程序　　　　　D. 金准备制度

E. 规定货币之间的兑换比率

4. 不兑现的信用货币制度的主要特征有(　　)。

A. 不兑现的纸币一般由中央银行发行，国家法律赋予其无限法偿能力

B. 纸币不与金银保持等价关系　　　　C. 货币通过银行的信贷程序发行

D. 银行存款也是通货　　　　　　　　E. 货币供应量不受贵金属量的约束

5. 下列属于辅币的特点的有(　　)。

A. 专供日常零星支付　　　　　　　　B. 实际价值低于其名义价值

C. 可以自由铸造　　　　　　　　　　D. 是有限法偿货币

E. 国家垄断铸造

6. 在我国货币层次中，准货币是指(　　)。

A. 银行活期存款　　　　　　　　　　B. 企业单位定期存款

C. 居民储蓄存款　　　　　　　　　　D. 证券公司的客户保证金存款

E. 现金

7. 不兑现信用货币制度下，主币具有以下性质(　　)。

A. 国家流通中的基本通货　　　　　　B. 国家法定价格标准

C. 足值货币　　　　　　　　　　　　D. 名义价值低于实际价值

E. 发行权集中于中央银行或指定发行银行

三、判断正误题

1. 欧元由欧洲中央银行和各欧元区国家的中央银行组成的欧洲中央银行系统负责管理。　(　　)
2. 我国货币的发行量取决于中央银行拥有的黄金外汇储备。　　　　　　　　　　　　(　　)
3. 格雷欣法则是在平行本位制下出现的劣币驱逐良币现象。　　　　　　　　　　　　(　　)
4. 在金属货币制度下，本位币可以自由铸造与熔化。　　　　　　　　　　　　　　　(　　)
5. 现代经济中的信用货币是纸制的价值符号，它不具备典型意义上的贮藏手段职能。　(　　)
6. 金块本位制下，金币可以自由铸造、自由熔化。　　　　　　　　　　　　　　　　(　　)
7. 金汇兑本位制规定银行券不能兑换黄金，但可换取外汇。　　　　　　　　　　　　(　　)
8. 信用货币自身没有价值，所以不是财富的组成部分。　　　　　　　　　　　　　　(　　)
9. 以人民币支付中国境内的一切公共和私人的债务，任何单位和个人不得拒收。　　　(　　)

四、简答题

1. 什么是货币的本质特征？它在商品经济中发挥着哪些主要职能？
2. 货币制度的构成要素有哪些？
3. 概括我国人民币制度的内容。
4. 简述信用货币制度的特点。
5. 什么是"劣币驱逐良币"规律？试举例说明。
6. 简述电子货币和数字货币的关系。
7. 简述货币的形式。

五、论述题

1. 国家如何保证信用货币的稳定？
2. 根据劣币驱逐良币规律的发生机理，解释现代信用货币制度下的情况。
3. 金本位制崩溃的原因有哪些？

案 例 分 析

案例一 第二次世界大战时期战俘营及近年美国监狱里的货币

第二次世界大战期间，在纳粹的战俘集中营中流通着一种特殊的商品货币：香烟。当时的红十字会设法向战俘提供了各种人道主义物品，如食物、衣服、香烟等。由于数量有限，这些物品只能根据某种平均主义的原则在战俘之间进行分配，而无法顾及每个战俘的特定偏好。但是人与人之间的偏好显然是会有所不同的，有人喜欢巧克力，有人喜欢奶酪，还有人则可能更想得到一包香烟。因此，这种分配显然是缺乏效率的，战俘们有进行交换的需要。

但是即便在战俘营这样一个狭小的范围内，物物交换也显得非常不方便，因为它要求交易双方恰巧都想要对方的东西，也就是所谓的需求的双重巧合。为了使交换能够更加顺利进行，需要有一种充当交易媒介的商品，即货币。那么，在战俘营中，究竟哪一种物品适合做交易媒介呢？许多战俘营都不约而同地选择香烟来扮演这一角色。战俘们用香烟来进行计价和交易，如一根香肠值10根香烟，一件衬衣值80根香烟，替别人洗一件衣服则可以换得2根香烟。有了这样一种记账单位和交易媒介之后，战俘之间的交换就方便多了。

香烟之所以会成为战俘营中流行的"货币"，是和它自身的特点分不开的。它容易标准化，而且具有可分性，同时也不易变质。这些正是和作为"货币"的要求相一致的。当然，并不是所有的战俘都吸烟，但是，只要香烟成了一种通用的交易媒介，用它可以换到自己想要的东西，自己不吸烟又有什么关系呢？人们现在愿意接受钞票，也并不是因为人们对这些钞票本身有什么偏好，而仅仅是因为人们相信，当人们用它来买东西时，别人也愿意接受。

香烟曾经是美国监狱里的"通用货币"，现在变成了方便面。这是囚犯们自己的"布雷顿森林体系"，交易的暗号里叫它"油炸黄金"。这种地下货币的流通最开始是因为美国监狱缩减了囚犯们的伙食开支，食物变成了稀缺资源。后来囚犯们发现了方便面这种食物更具备一般等价物的特征：能长期储存，可以满足需要，并且绝对保值。这是监狱经济学。在监狱里面，方便面比香烟更叫得起价，两包59美分的韩国泡面能换一件11美元的T恤，或者价值2美元的5根香烟，这是大部分监狱里面约定俗成的"汇率"。日本的方便面汇率更高，而中国的方便面由于其分量十足、料包丰富、营养均衡、口感上佳，成了整个货币体系象牙塔中的尖货。在调查了几个州的监狱，并采访了大量的匿名罪犯后，亚利桑那大学社会学学院的米歇尔·吉布森博士在《卫报》发表了一份最新的研究报告，表示"方便面正在变得越来越有价值。""它已经不仅仅是食物这么简单。它是一种硬通货，一种货币。你可以用方便面购买任何非法的产品和服务。""你可以不喜欢方便面，甚至不吃它们，但你必须使用它们。在监狱里，方便面就是钱。"吉布森博士说。

(资料来源：新浪财经)

问题：

根据资料分析货币形式的发展变化及其原因。

案例二 黄金的货币属性

布雷顿森林体系解体以来的近50年，黄金的货币属性不仅没有消亡，反而有逐步回归的趋势。

随着布雷顿森林体系的解体及1976年国际货币基金组织《牙买加协定》的签订，黄金宣告和美元脱钩。两年之后经过修改的《国际货币基金协定》则从法律层面宣告黄金不再作为货币价值标准，国际货币基金组织不再干预黄金市场，黄金可以自由买卖，黄金价格自由浮动，也即黄金实行彻底的非货币化。40余年过去了，黄金的货币属性并没有随着黄金商品属性的松绑而消失，2008年世界金融危机之后，全球央行货币体系面临重塑，黄金的货币属性呈回归之势。

不同种族、不同宗教文化的人类族群几乎不约而同地选择黄金作为货币来储备财富，究其原因就是黄金具有同质性、易于分割、易保存、体积小而价值高等作为货币的天然条件，正如马克思的那句名言"金银天然不是货币，但货币天然是金银"。尽管金本位制、金汇兑本位制都已成为货币体系发展进程中的历史，但黄金能够成为货币的天然属性并没有消失，一旦当信用货币体系遭到通货膨胀和资产泡沫的冲击时，黄金的货币属性也自然复苏。

在信用货币体系下，黄金虽然不再作为货币发行的依据，但各国央行并没有完全放弃黄金储备，美联储更是多年来一直维持8 133.5吨的黄金储备，稳居全球第一。根据世界黄金协会的数据，截至2018年，全球央行的黄金总储备量约为3.4万吨，而2018年央行官方黄金储备就增长了651.5吨，创下了1971年布雷顿森林体系终结以来的新高。在地缘政治风险和全球经济增长不确定性的条件下，更多央行选择黄金作为储备，这是近年来黄金货币属性回归的突出表现。

在国际支付体系中，黄金虽然不再是重要支付手段，国际货币基金组织也设立了特别提款权代替黄金用于会员之间和会员与国际货币基金组织之间的某些支付，但从实际的使用情况来看，特别提款权的推进远远低于预期，目前黄金仍然是国际上可以接受的继美元、欧元、英镑、日元之后的第五大硬通货。也就是说黄金作为支付手段这一货币属性不但没有消亡，反而有着很强的延续性。

此外，即使在民间，黄金作为财富贮藏手段这一货币属性也没有消亡，近年来"西金东移"现象的背后其实也是黄金货币属性的体现，一般来说本国汇率制度刚性越强(购金易于换汇)，本国文化传统中对黄金的信赖程度越高，一旦有了国际收支盈余(无论是贸易盈余，还是资本项目盈余)之后，该国就越有可能成为国际黄金的输入国，中国、印度作为"西金东移"的目的地，应该说都是如此，黄金通过民间的渠道发挥着它对国际收支的影响。从这点来看，"藏金于民"有着其更为重要的战略意义。

总之，从黄金的天然货币属性、央行的外汇储备、国际支付体系中支付硬通货及民间财富贮藏手段等诸多方面来观察，布雷顿森林体系解体以来的近50年，黄金的货币属性不仅没有消亡，反而有逐步回归的趋势。

(资料来源：中国黄金网)

问题：

在不同的历史阶段，黄金起到了什么作用？当代黄金的货币属性如何？

案例三　真假人民币识别技巧

识别假币第一招：看裁切和粘贴痕迹

为什么要留心票面上的裁切和粘贴痕迹呢？因为这是"拼凑假币"的典型特征。不法分子将假币和真币分别裁切、分割后又相互拼贴在一起，这样就会使假币也具有了一部分真币的票面特征，如果您在鉴别时只检查了真币票面部分，就很容易造成误收。在许多已收缴的"拼凑假币"上，真币票面所占的比例往往要大于假币票面比例，这就进一步增加了此种假币的欺骗性。

那么当我们遇到这类可疑币时应该如何鉴别呢？首先，可以根据裁切和粘贴痕迹将票面划分为若干个相对完整的区域，接着分别检查每个区域中的防伪特征，以此推断出其是否由真假票面粘贴而成。

识别假币第二招：检查水印

水印是经典、传统的纸币防伪技术。虽然被称为"水印"，但它绝不是"印"在钞票上的！在造纸过程中，通过复杂的设备和工艺，使纸张纤维的分布产生特定变化，纤维分布密集的部位透光性较弱，看起来颜色较深；纤维分布稀疏的部位透光性强，看起来颜色较浅。这种透光性差异就形成了水印图案。所以说水印是内含在纸张中的，是钞票纸张的组成部分，与纸张融为一体。看似简单的水印图案，其实需要大型、精密的工业设备才能生产出来，其技术复杂，成本高昂，造假犯罪团伙很难制造出真正的水印图案。

第一步：面对光源，在透光状态下观察水印图案。此时，真币上的水印图案具有很强的立体感，人物神态栩栩如生；而假币上的水印图案则显得较为平淡，人物表情较为呆板。

第二步：面对光源，将钞票置于水平位置，在不透光条件下观察水印部位的票面。有的假币通过在钞票的正、背面使用无色或淡色油墨印刷水印图案，以此来伪造水印效果。这种假币，当我们面对光源将其置于水平位置时，从正面或者背面的水印位置能够观察到清晰的水印图案，并且颜色较深，而真币此时是看不到水印图案的。

第三步：检查票面左侧纸张是否异常。有的假币通过在纸张夹层中涂布白色的浆料来模拟水印图案。这种假币的特征是：水印图案附近的纸张明显偏厚，透光状态下观察，比右侧票面明显偏暗；被揭开而又被粘贴在一起的假币纸张，仔细观察会发现多有褶皱感。

识别假币第三招：检查会变色的面额数字

第五套人民币100元券和50元券正面左下方的面额数字，采用了专用的光变油墨并以凹版印刷工艺印制而成。这种油墨是现代防伪油墨中较为复杂的一种，具有珠光和金属效应，彩色复印机和电子复印机都不可能复制出来。其特点是在光线照射时，从不同的角度观察，会看到截然不同的颜色。这种印刷特征是其他任何油墨和印刷方式都无法仿制的。

我们将纸币的票面置于与视线垂直的位置，观察票面正面左下方的面额数字，此时100元券面额数字的颜色是绿色，50元券面额数字的颜色是金黄色；然后我们将票面慢慢地倾斜，当票面倾斜到一定角度时，100元券面额数字的颜色变成了蓝色，而50元券面额数字的颜色则变为绿色。

此时您手中的钞票若为假币，则无论怎么改变观察角度都不会产生颜色变化。当然在目前发现的假币中，也存在企图伪造光变油墨防伪效果的情况。其伪造方法是在普通油墨中掺入珠光粉，因此在转动钞票时，随着观察视角的变化会呈现一定的"闪光"特征。这种假币其实也比较容易识别，因为这种"闪光效果"仅仅模拟了真币光变油墨面额数字的金属质感，但绝对不会产生和真币一致的颜色变化！

识别假币第四招：检查对印图案

阴阳互补对印图案，应用于1999年版第五套人民币的100元券、50元券、10元券和2005年版的100元券、50元券、20元券以及10元券。在这些券别的正面左侧和背面右侧，都印有一个圆形的局部图案，当我们透过光线观察时，这两幅图案会精确重合在一起，并组成一个完整的古钱币图案。

上述图案采用对印技术印制而成。对印技术是迄今为止胶印中最为有效的防伪技术，是印钞专用机具的一项特殊功能，一次进纸，正背面同时印刷，因而能制作出重合精准的对印图案。

鉴别第五套人民币对印图案的正确方法是：面对光源透光观察，看正、背面两幅图案是否能够精确地对接；若为假币，则正、背面的两幅图案会出现错位现象。

识别假币第五招：触摸凹印图案

雕刻凹版印刷技术与传统胶印技术有很大区别。印刷前，油墨被保存在金属印版的凹槽中，在印制时通过巨大的压力将油墨转移到纸张上，此时一部分油墨渗透入纸张中，另一部分油墨则"堆积"在纸面上。雕刻凹印的特点是印刷图纹精细，具有明显凸起的手感和独特的三维效果，看得见，摸得着，公众识别性强；雕刻凹印采用的印版、油墨、印刷工艺、设备等技术复杂，投资巨大，成本昂贵。印钞行业素来有"无凹不成钞"的说法，雕刻凹印属于当前最有效的防伪技术之一。

第一步：用手指触摸的方式检查图案"触感"。第五套人民币正面毛泽东头像、面额数字、中国人民银行行名、国徽、盲文符号、凹印手感线以及背面主景，这些图案的油墨均高出纸面，用手指触摸时会感觉到很强的凹凸感；而假钞采用普通胶印技术印刷，触摸时感觉票面光滑。

第二步：面对光源将票面置于水平位置，检查凹印图案的正、背面是否有伪造痕迹。近年来，有的造假者为了模拟真钞的凹凸手感，在假钞的正面或背面用工具压出凹痕，企图以假乱真，当鉴别这类假钞时，如果我们仅靠用手指触摸来分辨，极易产生误判。因此建议您在对钞票"触感"心存疑虑时，选择面对光源(包括太阳光)的方向，将票面置于水平位置，仔细观察其正、背面是否有机械或硬质工具挤压的痕迹。

识别假币第六招：检查隐形文字

第五套人民币各券别票面的正面右上方都有一个装饰图案。当我们从垂直方向观察票面时，看不到其中隐藏的内容，而当我们将票面翻转至一定角度时，这张钞票的面额数字就会显现出来。

为什么这些面额数字可以若隐若现呢？当您用放大镜仔细观察票面时会发现，这些隐形图案是由一组组凸起于纸面、相互平行的线条组成的，正是基于这些凸起的墨纹所产生的折光现象，才实现了隐形效果。所以说隐形面额数字也是以雕刻凹印技术为基础的，我们在前面的内容中提到过，其他商业复制技术和现代数字化复制技术均无法复制这种效果。所以，它具有防复制、专有、易识别的特点，具有很好的防伪作用。20世纪90年代以来，绝大多数国家进行货币改版、换版时，都选择了这一防伪措施。

第一步：垂直方向观察隐形面额数字。此时应该看不见面额数字，若您发现此时面额数字已经显现出来，则极有可能是造假者用无色或淡色油墨伪造上去的。

第二步：变换角度观察隐形面额数字。请注意第五套人民币1999年版和2005年版的隐形面额数字在观测方法上略有不同。如果您手中持有的是1999年版第五套人民币，可以将票面置于与眼睛接近平行的位置，面对光源做水平旋转45度或90度角，此时会出现这张钞票的面额数字；而对于2005年版的第五套人民币来说，只需将票面置于与眼睛接近平行的位置，面对光源做上下倾斜晃动就可以观察得到。

识别假币第七招：借助简单工具

作为反假货币义务宣传员，我们在积极向公众传授防伪知识的同时，还会随时随地接受咨询，帮助身边群众鉴定"可疑货币"。因此，我们建议大家在掌握一些公众基本鉴别方法的同时，还应该学会借助一些简单的鉴别工具，这将有助于更加快速和准确的判断。下面就以放大镜为例，介绍几种简单易行的鉴别方法。

一是借助放大镜检测雕刻凹版印刷图案。这是对触摸法检测凹印图案特征的有力补充，第五套人民币各券别的行名、面额数字、毛泽东头像、盲文符号等都采用了雕刻凹版印刷工艺。我们可以采用5～10倍放大镜观察其印刷线纹，若为真币，则可以观察到其线纹凸起于纸张表面，具有一定的墨层厚度和立体效果，且线条清晰、连续；若为假币，则线纹完全渗透在纸张中，没有凸起效果，并且印刷线条由网点组成，并不连续。此外，我们在前文中提到过，有的造假者用尖头工具在凹印部位加压，伪造凹凸感。这种伪造方式改变了票面的平整度，留下了明显的压痕，我们借助放大镜可以很容易地发现这些破绽，假币的凹凸部位和图案纹理不一致，且杂乱无章。

二是借助放大镜检测票面上的缩微文字。第五套人民币各券别的纸币都在多处印有缩微文字，例如我们可以在100元、50元、10元和5元纸币的正面上方以及20元纸币的正面右侧和下方找到它们。要知道，如此精细的印刷工艺可不是普通印刷机能完成的！我们通过放大镜观察，可以发现真币的缩微文字清晰可辨，而假币上的缩微文字则模糊不清。

(资料来源：中国人民银行货币金银局)

问题：
识别人民币真假的技巧有哪些？

第二章

信　用

信用经济是商品经济高度发展的体现。作为借贷活动的总称，一般来说，它是以偿还为前提条件的特殊的价值运动形式。信用作为一个经济范畴，是各种社会形态下共有的，但在不同的社会制度下，信用反映的生产关系也不同。随着经济的发展，信用得到了最大限度的应用。商业信用、银行信用、消费信用等各种信用形式多样化，信用促进经济快速发展的作用越来越突出。在建立和完善社会主义市场经济过程中，同样需要利用信用和金融工具，以及直接融资和间接融资。

第一节　信用概述

一、信用的概念

信用是一种借贷行为。借贷不同于买卖，它是以偿还为条件的付出，即商品或货币所有者以到期获取利息为条件让渡商品或货币的使用权，从而成为贷者或债权人，并有权根据借贷契约规定的条款对借者进行监督。借者或债务人以到期还本付息为条件取得商品或货币的使用权，并有义务履行借贷契约规定的条款。

信用既然是以偿还为条件的价值运动，还可以把信用表述为"以偿还为条件的价值单方面的转移"。诸如财政收支、各种馈赠、各种罚款和赔款等，都是价值的单方面转移。其中，唯有借贷是以偿还为条件的价值单方面的转移。在商品货币经济基础上产生的以银行信用为典型代表的货币形态的信用，既利用了货币支付手段的职能，又极大地拓展了支付手段发挥作用的范围。

如果与单纯的商品买卖中的价值运动相比较，信用是价值运动的特殊形式。两者的主要区别在于以下3点。

(1) 信用过程中的价值运动形式是$G-G'$；而单纯商品买卖中的价值运动形式是$W-G-W$。

(2) 信用过程中的价值运动必然有或长或短的间隔期；而单纯商品买卖中的价值运动是钱货两清，没有间隔期。

(3) 信用过程中的价值运动只是让渡商品或货币的使用权而不改变所有权；而单纯商品买卖中

的价值运动是商品与货币的转手换形，使用价值发生转移而价值并没有转移。

综上所述，信用是一种借贷行为，是以偿还为条件的价值单方面的转移，是价值运动的特殊形式。

上述关于信用的概念是就信用的一般性而言的，即各个不同社会制度下的信用普遍具有的形式特征。作为信用，它必然存在于一定的生产关系中，因此，信用必然反映和服务于一定的生产关系。

二、信用的产生和发展

信用的基础是商品货币经济，随着商品货币经济的产生、发展和消亡而发生相应的变化。那么，信用是怎样产生的呢？信用产生于商品或货币在空间和时间上分布的不平衡性。空间分布的不平衡性，表现为商品或货币在不同国家、不同地区、不同企业单位和个人之间的此多彼少、此余彼缺，或者彼多此少、彼余此缺；时间分布的不平衡性，表现为同一国家、同一地区、同一企业单位和个人，商品或货币的时多时少、时余时缺。而这种余缺调剂的方式只能是债权人赊销商品或贷出货币，债务人则按规定日期支付货款或偿还贷款。例如，某甲手中有一批商品想出售，而某乙想购买这批商品，然而手中暂时没有货币，于是某甲将手中的商品赊销给了某乙，条件是某乙按规定时间支付货款；某丙手中有闲置不用的货币，而某丁却急需货币，于是某丙将货币借给了某丁，条件是某丁必须按规定期限偿还货币，并支付一定的利息，于是就产生了信用。

信用产生以后，经历了高利贷信用、资本主义信用和社会主义信用这几个发展阶段。

(一) 高利贷信用

高利贷信用亦称高利贷资本。高利贷资本就是通过贷出实物或货币方式榨取高额利息的古老形式的生息资本。

高利贷产生于原始社会末期。随着原始公社解体和私有制出现，原始公社内部出现了富裕家族和贫穷家族。富裕家族占有较多的财产，贫穷家族为了解决生产或生活上的急需，不得不向富裕家族借物借钱，遂产生了高利贷。第三次社会大分工，商业和商人阶级出现以后，高利贷有了发展。起初，高利贷多是以实物形态出现的。之后，随着商品货币关系的发展，货币形态的借贷逐渐发展为主要形式。

小生产者的大量存在是滋生高利贷的良好温床，所以，在漫长的奴隶社会和封建社会里，高利贷广泛存在并成为信用的基本形式。小生产经济是极不稳定的，经不起任何不利因素的冲击，为了活命，为了生产继续进行，为了支付地租和各种苛捐杂税等，小生产者不得不高利举债。

高利贷资本的供应者主要是铸币兑换商和后来的货币经营业者、王公贵族、商人、寺院僧侣等；高利贷资本的需求者主要是小生产者。此外，剥削者为了买官晋爵、奢侈浮华等，有时也举债，至于高利贷的负担最终都要转嫁给劳动者。

高利贷有两个明显的特点。

1. 利息率高

极高的利率是高利贷最明显的特征。年利息率一般是100%左右，甚至更高。比如，旧中国的农村，在粮食借贷中，春借一斗秋还三斗是极其普遍的；城市的贫民中间有一种"印子钱"，借10元，实得9元，每天还0.2元，还到60天，算本利还清，这种高利贷日息约1%，月息可达35%。高利贷者除了知道货币需求者的负担能力或抵抗能力外，再也不需要知道别的限制。即使在当前的现实经济生活中，尤其是在农村，春季借100元，秋季就要还130元以上，3分利也很普遍。2020年5月28日"禁止高利放贷"明确写入《中华人民共和国民法典》。高利贷的利息率之所以特别高，原因有两个。第一，小生产者借钱借物，多用于生活救急之需；剥削者举债，多用于奢侈性的消费，并且高利负担可以转嫁。这种非生产性消费的借贷性质决定了利息率的上限就不受任何约束。第二，在前资本主义社会，自然经济占统治地位，社会能够空闲出来可以用于借贷的资财是有限的，需求远远大于供应，这为高利贷者索取高息提供了条件。图2-1显示了高额高息借贷易使企业陷入恶性循环的过程。

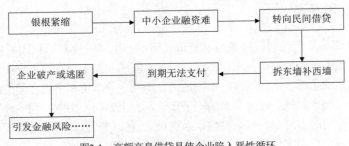

图2-1　高额高息借贷易使企业陷入恶性循环

2. 非生产性

由于高利贷的非生产性，加之高额利息，使它具有寄生性、腐朽性，从而对生产起破坏作用。其作用主要有以下几点。

(1) 高利贷是推动自然经济解体和促进商品货币关系发展的因素。随着商品货币经济的发展，货币借贷渐趋增加乃至成为主要形式，借者为了偿付债务就得生产，从而在一定程度上推动了自然经济解体和促进了商品货币关系的发展。

(2) 高利贷对奴隶制和封建制起着破坏和解体的作用，但不会创造新的生产方式。在高利贷的重利盘剥下，小生产者会因不能清偿债务失去自己的劳动条件而破产，沦为奴隶、债务农奴或流民；奴隶主或封建主因债台高筑而破产，高利贷者会取而代之成为新的奴隶主或封建主。

(3) 高利贷破坏和毁灭了小生产者的生产，使生产力衰退。在高利贷贪得无厌的压榨下，负有债务的小生产者的绝大部分劳动产品，甚至连同一部分生产资料都转入高利贷者手中。再加上奴隶主或封建主把偿付所借的高利贷的本息转嫁给劳动者，这样就迫使小生产日益萎缩，劳动者更加贫困。马克思说过，高利贷不改变生产方式，而是像寄生虫那样紧紧地吸在它身上，使它虚弱不堪。高利贷吮吸着它的脂膏，使它精疲力竭，并迫使再生产在每况愈下的条件下进行。

总之，在漫长的前资本主义社会里，高利贷的作用是消极的。只是到了封建社会末期，在资本主义生产方式形成过程中，高利贷才起了一定的积极作用。第一，高利贷的重利盘剥，使农民和手工业者破产，为资本主义生产方式的产生准备了工人后备军。第二，在资本主义大工业蓬勃兴起和资产阶级取得政权的双重压力下，历代累积和集中的高利贷资本转化为现代产业资本和借贷资本。

(二) 资本主义信用

资本主义信用是借贷资本的运动。所谓借贷资本，是货币资本家为了获取剩余价值而暂时贷给职能资本家使用的货币资本，它是生息资本的一种形式。

借贷资本的形成和发展，与资本主义的再生产过程有密切联系。在资本主义简单再生产和扩大再生产的过程中，产业资本和商业资本的循环周转必然出现货币资本的时余时缺、时多时少，从而形成借贷资本的来源与运用。就产业资本来说，首先，固定资本是随着实物形态的磨损程度，从产品销售收入中逐渐地提取折旧基金，在固定资产没有更新之前处于暂时闲置状态，这是借贷资本的来源。当固定资产局部或全部更新时，或者由于提前更新，或者由于扩大生产规模和提高机器设备效能，又有补充固定资本的需要时，即需要借入借贷资本。其次，在流动资本周转过程中，由于产品销售与购买原材料以及支付工资的时间不一致，货币资金的暂时闲置或紧缺是不可避免的。最后，剩余价值的积累在没有达到可以用于扩大再生产的足够规模之前处于闲置状态，是借贷资本的来源。当进行扩大再生产集中投入资本时，又有补充货币资本的需要。

上面是就产业资本的循环周转来说明货币资本的时余时缺或时多时少的必然性，从而揭示借贷资本的来源与运用。这个原理对借贷资本也是适用的。据此得知：借贷资本是在职能资本运动的基础上产生的，并为职能资本的周转服务。从这一方面来看，它是从属于职能资本的一种资本形式，但从另一方面来看，借贷资本又是从职能资本的循环中分离出来而独立运动的一种特殊的资本形式，有不同于职能资本的许多特点。

借贷资本的特点有以下3点。

1. 借贷资本是所有权资本

货币资本家贷出货币资本和职能资本家借入货币资本，只是转移货币资本的使用权并不改变所有权。货币资本家不从事生产经营活动，仅仅凭借货币资本的所有权而从借者那里取得利息。职能资本家是把借入的货币资本作为职能资本来使用的，即用于购买生产资料和雇佣劳动力进行生产经营活动获取剩余价值。在这里，资本的职能和资本的所有权发生分离，同一资本取得双重存在。对货币资本家来说，它是所有权资本；对职能资本家来说，它是职能资本。

2. 借贷资本是商品资本

在资本主义社会，货币转化为资本，成为获取剩余价值的工具。作为资本的货币具有双重的使用价值：既具有作为货币所执行的一般等价物的使用价值，也具有作为资本用来生产剩余价值的使用价值。货币资本家把货币资本贷给职能资本家使用，就是把作为资本的货币即生产剩余价值的能力让渡给职能资本家。在这里，借贷资本是作为资本商品出现的。资本本身之所以表现为商品，是因为资本被提供到市场上来，并且货币的使用价值实际上作为资本来让渡。但要注意，这种资本商品是与普通商品有区别的特殊商品：首先，普通商品经过消费后，它的商品体和它的价值一起消失；而资本商品经过使用后，它的价值和使用价值不仅会被保存，并且还会增值。其次，普通商品的转让是通过买卖的形式，根据等价交换的原则进行的；而资本商品的转让是通过借贷的形式，是以偿还和付息为条件的付出。再次，普通商品的价格是商品价值的货币表现；而资本商品的价格从现象上看表现为利息，但利息并不是资本商品价值的货币表现，只不过是使用它的使用价值的报酬或代价，从本质上来说，利息是剩余价值的特殊转化形式。

3. 借贷资本具有特殊的运动形式

借贷资本的运动形式不同于产业资本和商业资本。产业资本的运动形式是$G—W\cdots P\cdots W'—G'$；商业资本的运动形式是$G—W—G'$；借贷资本的运动形式则是$G—G'(G+g)$，g代表利息，即约定期限把货币贷出，然后带着利息把货币收回。

如果停留于$G—G'$的表面形式而不做深入的实质性考察，就会造成这样一种假象：货币本身具有自行增值的神秘力量。在这里，借贷资本的本质被"物"所掩盖，其实借贷资本的运动正是立足于产业资本运动的基础上，依附于产业资本运动。如果没有资本主义的再生产过程，借贷资本的运动也就无从产生。包括产业资本运动在内的借贷资本的全部运动过程如下。

$$G—G—W\cdots P\cdots W'—G'—G'$$

资本的增值是在产业资本运动过程中发生的。

(三) 社会主义信用

社会主义信用就是在社会主义的商品货币经济基础上产生和发展的借贷资金运动。社会主义借贷资金运动与资本主义借贷资本运动的根本区别是不存在资本剥削关系。如果抛开借贷资本运动所包含的资本属性，仅就价值运动的形式而言，社会主义借贷资金的运动过程或运动形式与借贷资本的运动形式是相同的。就借贷资金的运动来说，则是货币资金的双重付出和双重归流，即$G—G\cdots G'—G'$。

社会主义信用不同于资本主义信用，除了性质上不存在资本剥削外，相对来说比资本主义信用更具有集中性、计划性和生产性的特点。当然，对于集中性和计划性的范围、内容、形式和方法，要随着商品货币经济的发展、改革开放的推进、经济管理体制和经济调控手段的完善而相应地发生变化，使之逐渐趋于完善，并不断提高效能。

第二节　信用工具

在现代经济中，资金融通需要借助于信用工具，因此信用工具又叫作金融工具，对买进方或持有者来说就是金融资产。

信用工具是在信用活动中产生，能够证明金融交易金额、期限、价格的书面凭证，它对于债权债务双方所应承担的义务与享有的权利均有法律约束意义。

债权债务关系需要合法的书面证明。仅凭借贷双方的口头协议或记账也可建立信用关系，但因无法律上的保障，极易引起纠纷，并且不易将债权和债务转让。信用工具的产生和发展克服了口头信用和记账的缺点，实现了信用活动的规范化，通过信用工具的流通转让进而形成了金融市场。

一、信用工具的特征

信用工具一般具有期限性、流动性、风险性和收益性这几个基本特征。

(一) 期限性

期限性是指一般金融工具有规定的偿还期限。偿还期限是指债务人在必须全部归还本金之前所经历的时间。如一张标明3个月后支付的汇票，偿还期为3个月；5年到期的公债，偿还期为5年；等等。但对当事人来说，更有现实意义的是从持有金融工具之日起到该金融工具到期日止所经历的时间。假设一张1990年发行要到2010年才到期的长期国家公债券，某人如于1999年购入，对于他来说，偿还期限是11年而非20年，他将用这个时间来衡量收益率。

金融工具的偿还期限可以有零和无限期这两个极端。如活期存款的偿还期可以看作是零，而股票或永久性债券的偿还期则是无限期的。

(二) 流动性

流动性是指金融工具迅速变为货币而不致遭受损失的能力。现钞这类金融工具本身就是流动性的体现。除此之外，变现的期限短、成本低的金融工具流动性强；反之，则流动性差。发行者资信程度的高低，对金融工具的流动性有重要意义。如国家发行的债券、信誉卓著的公司所签发的商业票据、银行发行的可转让大额定期存单等，流动性就较强。对于持有人来说，流动性强的金融工具相当于货币。在一些国家，这类金融工具往往分别被列入不同层次的货币供给数量的范围之内并成为中央银行监控的目标。

(三) 风险性

风险性是指购买金融工具的本金是否有遭受损失的可能性。本金受损的风险有信用风险和市场风险两种。信用风险，指债务人不履行合约，不按期归还本金的风险。这类风险与债务人的信誉、经营状况有关。就这方面来说，风险有大有小，但很难保证绝无风险。比如向大银行存款的存户有时也会受到银行破产清算的损失。信用风险也与金融工具种类有关。例如，股票中的优先股就比普通股风险低，一旦股份公司破产清算，优先股股东比普通股股东有优先要求补偿的权利。信用风险对于任何一个金融投资者都存在，因此，认真审查投资对象，充分掌握信息是至关重要的。市场风险是指由于金融工具市场价格下跌所带来的风险。某些金融工具，如股票、债券，它们的市价是经常变化的，市价下跌，就意味着投资者金融资产贬值。1987年10月股市暴跌风潮席卷美国时，约有一亿七八千万的股东在10月19日这一天损失财产五千亿美元。因此，在金融投资中，审时度势，采取必要的保值措施非常重要。2007年，"5.30"股市下跌导致了近4万亿元的市值损失。

(四) 收益性

收益性即信用工具能定期或不定期地给持有者带来收益，收益的大小通过收益率来反映。

收益率是指持有金融工具所取得的收益与本金的比率。收益率有3种计算方法：名义收益率、即期收益率与平均收益率。

名义收益率，是金融工具票面收益与票面额的比率。如某债券面值100元，10年偿还期，年息8元，则该债券的名义收益率就是8%。

即期收益率，是年收益额与该金融工具当期市场价格的比率。若上例中债券的市场价格为95元，则即期收益率 $=\dfrac{8}{95}\times100\%\approx8.42\%$。

平均收益率，是将即期收益与资金损益共同考虑的收益率。平均收益率可以更准确地反映投资者的收益情况，因而是金融投资者考虑的基本参数。

二、信用工具的种类

信用工具的种类很多，划分方法也各不相同。

(一) 按发行者的性质，可以分为直接金融工具和间接金融工具

直接金融工具是指最后贷款人与最后借款人之间直接进行融资活动所使用的金融工具，如各种债券、股票、商业本票、商业汇票、抵押契约。间接金融工具是指由金融机构在最后贷款人与最后借款人之间充当媒介的融资活动中由金融中介机构发行的金融工具，如钞票、存单、保险单、银行票据、各种借据等。

(二) 按金融工具的偿还期,可以分为长期金融工具和短期金融工具

一般把借贷期限在一年以上的金融工具称为长期金融工具,包括股票和各种债券。

借贷期限在一年以下的金融工具称为短期金融工具,如商业票据、银行票据、支票以及信用证、旅行支票和信用卡等。

(三) 按金融工具的可接受程度,可以分为普遍接受的金融工具和有限接受的金融工具

其中,前一类为本国社会公众所普遍接受,作为普遍的交易手段和支付手段的金融工具,主要是中央银行发行的货币和商业银行活期存款。这种普遍接受的信用工具是以社会公众对中央银行和商业银行的信任为前提的。后一类是具有有限接受性的金融工具,主要包括银行和企业的各种可转让的有价证券等。这些金融工具都有不同程度的流动性,但不能像前者那样充当一般的交易手段和支付手段,其接受程度要受金融工具的性质、出票人及存款人的信用能力等的限制。

三、传统信用工具

(一) 债券

债券是用来表明债权债务关系,证明债权人有按约定的条件取得利息和收回本金权利的债权资本证券。债券的分类方法很多,按债券的发行主体不同分为政府债券、公司债券和金融债券;按利息设定方式不同分为零息债券和附息债券;按利息支付的方式不同分为固定利率债券和浮动利率债券;按是否抵押分为抵押债券、信用债券和担保债券;按偿还期限不同分为短期债券、中期债券和长期债券;按债券形态不同分为实物债券、凭证式债券、记账式债券;按能否上市分为上市债券和非上市债券;等等。本节重点介绍按照发行主体分类这种情况。

1. 政府债券

政府债券是国家(政府)的信用工具,是政府为了筹集资金而发行的债务凭证,有公债券、国库券和地方债券。

公债券与国库券都是一国中央政府发行的债务凭证,二者无本质区别,主要是偿还期限不同。公债券的还本付息时间一般都在一年以上,国库券的还本付息时间一般为一年以内。

地方政府债券是由地方政府为了筹措资金而发行的各种债务凭证。如在美国,根据有关法律规定,各州政府有权发行债券,其地方债券主要用于地方政府财政的需要,或集资兴办地方公共事业。地方债券主要用地方税收偿付利息,其性质与中央政府债券无本质区别,只是信誉不如中央政府债券的信誉高。

2. 公司债券

公司债券是企业或公司向外借债的一种债务凭证。发行公司债券是企业或公司筹集资金的渠道之一。公司债券的利率一般要高于政府公债利率。因为一个企业或公司的信誉无论多好,其风险也比公债券要大。公司债券反映的是公司的负债关系,作为债务人,它必须按时还本付息,不得延期。

公司债券的分类方法很多,如按是否有抵押品,分为担保公司债券和无担保公司债券;按债券是否记名,分为记名公司债券和不记名公司债券;按债券能否转换,分为可转换公司债券和不可转换公司债券;等等。

3. 金融债券

金融债券是由银行和其他金融机构所发行的债务凭证。主要以此筹集资金，用于特定项目贷款，如近年来我国政策性银行面向其他金融机构发行债券以筹集重点建设资金；也有代企业发行的金融债券，筹集资金归企业或公司使用，由发行的银行或金融机构负责还本付息。

上述3种债券的区别见表2-1。

表2-1 政府债券、金融债券和公司债券的比较

项目	政府债券(国债)	金融债券	公司债券
发行主体	中央政府	金融机构	企业
风险状况	安全性最好，风险最小	风险介于国债和公司债券之间	风险最大
收益情况	利率高于储蓄利率	利率高于国债利率，低于公司债券利率	收益最高
流通性能	最强	较高	最低

(二) 股票

股票是股份公司发行的，用以证明投资者的股东身份，并据以获得股息的凭证。股票是一种资本所有权证券，它是现代企业制度和信用制度发展的结果。在现代股份制度运行中，股份公司发行两种主要类型的股票，即普通股票和优先股票。

1. 普通股票

普通股票是代表股东享有平等权利，并且随发行公司经营利润的多少分得相应股息的股票。普通股票是股份公司发行的标准股票，投资于这种股票的股东享有的权利主要包括以下3项。①对公司的经营参与权。这一权利主要通过参加股东大会来行使并反映在股东的选举权、被选举权、发言权、表决权上。股东通过这些权利间接参与公司经营。②公司盈余和剩余财产分配权。其股票收益上不封顶，下不保底，每一阶段的红利数额也是不确定的。公司盈余的分配是有先决条件的，即必须先行支付员工的工资、借贷款项、税款、公司债券持有者的债息、法定公积金和优先股股息，即便是扣除上述支付后的净利润一般也要保留一部分用于增加公司资本投入，或用于维持未来股息分配的稳定。③优先认股权。这是指股份公司为增加资本而决定发行新的股票时，现有的普通股股东有权按当时的持股比例和低于市场的价格优先认购，以便保持其在股份公司中的权益比例。

普通股的价格波动没有范围限制，暴涨暴跌现象屡见不鲜。因此，普通股的投资风险较大，其预期收益率高。而根据其风险特征，普通股又可分成以下几类：蓝筹股、成长股、收入股、周期股、防守股、概念股、投机股。普通股票如图2-2所示。

图2-2 普通股票

2. 优先股票

优先股票是指优先于普通股股东分配公司收益和剩余财产的股票。优先股票与普通股票相比有两个方面的基本优先权：一是优先股票在发行之时就约定了固定的股息，该股息不受公司经营状况和盈利水平的影响；二是优先股票有剩余资产优先分配权，即当公司破产倒闭或解散清算

时，优先股股东先于普通股股东分配公司剩余财产。但是在一般情况下，优先股持有人不能参与公司的经营管理，他们没有普通股持有人那样的投票权。同时，由于其股息是固定的，所以，当企业生产景气时，一般不能像普通股那样获得高额盈利。优先股在剩余控制权方面劣于普通股，优先股股东通常是没有投票权的，只是在某些特殊情况下才具有临时投票权。优先股票如图2-3所示。

图2-3　优先股票

由于优先股股息是固定的，因此优先股的价格与公司的经营状况关系不如普通股密切，其风险小于普通股，其收益率也低于普通股。普通股和优先股的对比见表2-2。

表2-2　普通股和优先股的对比

项目	股利数量	表决权	利润分配	剩余财产分配	保留盈余
普通股	不固定	有	不优先	不优先	享有
优先股	一般固定	无	优先	优先	不享有

债券与股票的区别在于以下几点：①持有者权利不同；②期限不同；③收益稳定性不同；④分配和清偿顺序不同。

(三) 票据

票据是按照一定形式制成、写明有付出一定货币金额义务的证件。广义的票据泛指各种有价证券，如债券、股票、提单等。狭义的票据仅指以支付金钱为目的的有价证券，即出票人根据《中华人民共和国票据法》(以下简称《票据法》)签发的，由自己无条件支付确定金额或委托他人无条件支付确定金额给收款人或持票人的有价证券。在我国，票据即汇票、支票及本票的统称。下面从狭义的角度阐述票据及其种类。

票据的含义，包含以下4个方面内容。

(1) 票据是以支付一定金额为目的的有价证券。支付票据上的金额是票据签发和转让的最终目的，票据当事人的权利义务关系只有在票据金额得到全部支付以后才消失。

(2) 票据是一种完全有价证券。票据所表示的权利与票据本身有不可分割的关系。权利与票据融为一体。票据的签发意味着票据权利的产生，票据的转让意味着票据权利的转移，而票据权利的行使则必须提示票据。

(3) 票据是一种无因证券。持票人对票据债务人提示票据要求其履行义务时，不负责证明票据签发的原因，假如票据的有关内容出现问题则由债务人负责。

(4) 票据是一种流通证券。票据的债权可以通过背书转让或交付转让的方式进行流通。记名票据必须经过背书以后才能转让，不记名票据无须背书即可转让。由于我国《票据法》规定的票据均为记名票据，因此必须通过背书才能转让。

票据的特征，具体包括以下几点。①票据的要式性，是指票据行为必须按《票据法》的规定，在票据上载明法定的事项并交付，否则票据行为无效。例如，必须在书面载有金额、必须签章等。②票据的无因性，是指票据行为不因票据的基础关系无效或有瑕疵而受到影响。③票据的文义性，是指票据行为的内容完全依赖票据上记载的文字意义而定，这就要求不能将无关内容加进票据中。④票据的独立性，是指票据上的各个行为相互之间独立发生作用，不因其他票据行为无效而受影响。⑤票据的流动性，是指票据可以通过背书或交付而转让，这样便可形成全国统一的完整的票据市场。

票据行为，是指与票据相关的行为，包括出票、背书、承兑和保证等。①出票，是指出票人签发票据并将其交付给收款人的票据行为，包括制作票据和交付票据两个部分。②背书，是指在票据背面或者附单上记载有关事项并签章的票据行为。通过背书，便赋予票据流动性。它可以分为转让背书和质押背书。③承兑，是指票据付款人承诺在票据到期日支付票据金额的行为。④保证，是由债务人以外的第三人作为保证人，来担保特定的债务人履行其债务的一种制度。保证的目的在于增加票据的可靠性，提高票据的信用度。

1. 本票

《票据法》第七十三条规定，本票是由出票人签发的，承诺自己在见票时无条件支付确定的金额给收款人或持票人的票据。该条第二款规定，本法所指的本票是指银行本票，不包括商业本票，更不包括个人本票。银行本票是申请人将款项交存银行，由银行签发的承诺自己在见票时无条件支付确定的金额给收款人或者持票人的票据。银行本票如图2-4所示。

本票的特征如下。

(1) 本票是票据的一种，具有一切票据所共有的性质，如无因证券、设权证券、文义证券、要式证券、金钱债权证券、流通证券等。

(2) 本票是自付证券，它是由出票人自己对收款人支付并承担绝对付款责任的票据。这是本票和汇票、支票最重要的区别。在本票法律关系中，基本当事人只有出票人和收款人，债权债务关系相对简单。

(3) 无须承兑。本票在很多方面可以适用汇票法律制度。但是由于本票是由出票人本人承担付款责任，无须委托他人付款，所以，本票无须承兑就能保证付款。

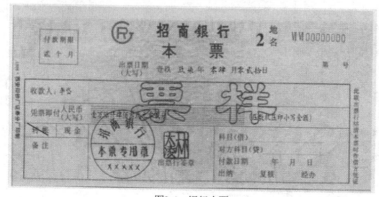

图2-4 银行本票

2. 汇票

汇票是出票人签发的，委托付款人在见票时或者在指定日期无条件支付确定的金额给收款人或者持票人的票据。汇票分为商业汇票和银行汇票。

商业汇票是指由付款人或存款人(或承兑申请人)签发，由承兑人承兑，并于到期日向收款人或被背书人支付款项的一种票据。商业汇票必须在债务人承认兑付后才能生效，这种债务人认可付款的行为称为承兑。经过债务人承兑的汇票，叫商业承兑汇票；由债务人委托银行承兑的汇票，叫银行承兑汇票。

银行汇票是汇款人将款项交存当地出票银行，由出票银行签发的，由其在见票时，按照实际结算金额无条件支付给收款人或持票人的票据。银行汇票有使用灵活、票随人到、兑现性强等特点，适用于先收款后发货或钱货两清的商品交易。银行汇票如图2-5所示。

图2-5　银行汇票

汇票具有的功能如下。

(1) 汇兑功能。凭借票据的这一功能，解决两地之间现金支付在空间上的障碍。

(2) 信用功能。票据的使用可以解决现金支付在时间上的障碍。

(3) 支付功能。票据的使用可以解决现金支付在手续上的麻烦。由于票据交换制度的发展，票据可以通过票据交换中心集中清算，简化结算手续，加速资金周转，提高社会资金使用效益。

商业汇票可以流通转让。为了保障持票人的利益，商业汇票流通转让时要经过"背书"手续，背书就是转让人在票据背面作转让签字。因转让票据给他人而进行背书者为背书人，背书人一经背书即为票据的债务人，背书人与出票人同样要对票据的支付负责。若票据的出票人或承兑人不能按期支付款项，票据持有人有权向背书人要求付款，因此，背书人又称为第二债务人。商业汇票的票据行为示意图如图2-6所示。

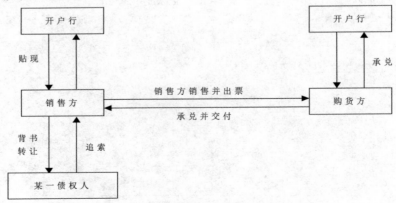

图2-6　商业汇票的票据行为

商业票据的流通有一定的限度，它一般只能在彼此有经常来往而相互了解的企业单位之间进行，而不在其他更大范围流通，所以在一般情况下，商业票据往往是由它的持有人提前向银行贴现，以取得现款。

3. 支票

支票是出票人签发的，委托办理支票存款业务的银行或者其他金融机构在见票时无条件支付确定的金额给收款人或者持票人的票据。凡在银行开立活期存款账户的，银行均提供空白支票簿，存户凭此在存款限额内签发支票。

支票按支付方式可分为现金支票和转账支票。现金支票可以从银行提取现金，转账支票只能用于转账结算。支票经过一定的手续，如背书可以流通转让，从而可以代替货币发挥流通手段和支付手段的职能。

下面对汇票、本票、支票三大票据进行对比，见表2-3。

表2-3　汇票、本票和支票比较

种类	汇票	本票	支票
无条件性	是一个人向另一个人发出的，要求后者付给第三者或自己的无条件支付命令	是一个人向另一个人发出的，约定自己向后者支付一定金额的无条件承诺	是银行存户对银行签发的无条件支付命令
基本关系人	出票人、付款人或承兑人和收款人	出票人(付款人)、收款人	出票人、付款银行、收款人
主债务人	承兑前是出票人，承兑后是承兑人	出票人	一般是客户，保付支票是付款银行
债权人	收款人或持票人	收款人或持票人	收款人或持票人
持票人的权利	要求付款的权利和追索权	要求付款的权利和追索权	要求付款的权利和追索权
期限	分即期、远期两种，远期汇票要承兑	分即期、远期两种，远期不用承兑	只有即期一种
张数	可以一张也可以一式多份	—	只有一张
变种	银行汇票	已付汇票，实为本票	旅行支票
性质	都是以支付一定金额为目的的书面票据		
作用	都可以作为支付手段、流通手段、融资手段，即具有结算、信用、流通、抵债四大作用		

四、衍生金融工具

衍生金融工具也称为金融衍生工具，是一种合约，它的价值取决于作为合约标的物的某一金融工具、指数或其他投资工具的变动状况。衍生金融工具主要包括远期合约、期货合约、期权合约、互换协议、认股权证及可转换证券等。近年来，衍生金融工具的交易变得越来越活跃，各种新的衍生金融工具不断被开发出来。这里仅介绍几种最基本的衍生金融工具。

(一) 衍生金融工具的种类

1. 远期合约

远期合约是一种最为简单的衍生金融工具。它是在确定的未来某一日期，按照确定的价格买卖一定数量的某种资产的协议。在远期合约中，双方约定买卖的资产称为标的资产，约定的成交价格称为协议价格，同意以约定的价格卖出标的资产的一方称作空头，同意以约定的价格买入标的资产的一方称为多头。

远期合约在外汇市场上十分普遍，因为它能够有效防范汇率波动的风险。例如，一家外贸公司预计将在3个月后收到一笔外币货款，为了避免外币贬值的风险，它就可以同银行签订一个3个月的远期合约，约定在3个月后以某一既定的价格向银行出售这笔外汇。这样，无论3个月后该种外汇的汇率如何变动，该外贸公司都可以得到既定的本币收入。显然，若3个月后该种外汇在现汇市场上的汇率等于远期合约中规定的汇率，则该外贸公司是否进行了这笔远期交易结果都一样，换句话说，该远期合约的价值为零；若前者小于后者，则外贸公司就可以从这笔远期合约中获益，或者说该远期合约对它有正的价值(相应地，对银行有负的价值)；反之，若前者大于后者，则外贸公司如果不签订远期合约，直接在现汇市场卖出外汇就更为有利，也就是说，该合约对它有负的价值。这就是衍生金融工具的价值取决于其标的资产价格变动状况的原因。

2. 期货合约

期货合约是在远期合约的基础上发展起来的一种标准化的买卖合约。和远期合约一样，期货合约的双方也是约定在未来某一日期以确定的价格买卖一定数量的某种资产。但是期货合约和远期合约还是有很大的不同。

(1) 合约的性质不同。期货合约是由交易所推出的标准化的合约，同种类型的每份合约所包含的标的资产的种类、数量、质量、交货地点、交货时间都是一样的，而远期合约则是由买卖双方自行协商决定的，其标的物的种类、数量、质量、交货地点和时间均由双方自行决定。

(2) 交易的方式不同。期货合约的交易在交易所内集中进行，由交易所负责制定交易规则，维持交易秩序，并由交易所保证合约的履行。而远期交易则是由交易双方私下进行的。

(3) 交易的参与者不同。由于远期交易是在私下进行，所以合约的履行完全依赖于双方的信用，因此只在一些大银行、金融机构以及大企业之间进行；而期货合约的履行是由交易所保证的，因此一些中小企业也能够参与。

(4) 实际交割的比例不同。绝大多数的期货合约在到期日之前就被相互冲销，也就是原先买入(或卖出)合约的一方通过在合约到期之前卖出(或买入)同等数量的同种合约来消除自己的多头(或空头)位置，从而不必真正进行合约标的资产的收付，而只需要进行差额结算。只有很少的一部分(大约1%～2%)期货合约会进行实际的交割，但是90%以上的远期合约到期后都会进行实际的交割。因此，远期交易主要还是一种销售活动，而期货交易则主要是一种投资(机)活动。

3. 期权合约

期权合约赋予其持有者(即期权的购买者)一种权利，也就是使他可以(但是不必须)在未来一定时期内以议定的价格向期权合约的出售者买入(看涨期权)或卖出(看跌期权)一定数量的商品或金融资产。当然，持约人为获得这一权利必须付出一定的代价，那就是他必须向期权的出售者支付一笔费用，即期权费。和前两种衍生金融工具不一样的地方是，期权合约交易双方的权利和义务是不对称的：期权的购买者只有交易的权利，而没有交易的义务；而期权的出售者则只有应期权购买者的要求进行交易的义务，而没有要求期权购买者进行交易的权利。期权购买者可以根据价格变动的情况决定是否进行交易。当价格变化对他有利时，他可以要求对方进行交易；在价格变动不利的情况下，他可以放弃行使其期权，但此时他便白白损失了购买期权的费用。

4. 互换协议

互换协议主要分为货币互换协议和利率互换协议两种。

货币互换又可以分为外汇市场互换和资本市场互换。外汇市场互换是指交易双方按照既定的汇率交换两种货币，并约定在未来一定期限内按照该汇率相互购回原来的货币。外汇市场互换一般期限较短，不涉及利息的支付，不过出售看跌货币(软币)的一方应向出售看涨货币(硬币)的一方支付一定的手续费。资本市场互换的操作过程和外汇市场基本相同，也是双方按照一个相同的汇率相互出售和回购两种货币，不过其期限一般较长，通常为5至10年，而且在协议期间内，交易双方要向对方支付自己所购入币种的利息(换句话说，货币互换的双方实际上是相互借贷了两种不同的货币)。

利率互换是指交易双方将自己所拥有的债权(务)的利息收入(支出)同对方所拥有的债权(务)的利息收入(支出)相交换。这两笔债权(务)的本金价值是相同的，但利息支付条款却是不同的，从而通过交换，可以满足交易双方的不同需要(例如，某银行拥有的浮动利率资产大于浮动利率负债，为使这二者相互匹配，以消除利率变动可能带来的不利影响，该银行可能希望将它的一部分浮动利率资产的利息收入换成固定利率资产的利息收入)。和货币互换不同的是，利率互换涉及的仅仅是利息支出的互换，而不涉及本金的互换。它又可以分为息票互换和基准利率互换。

息票互换是同种货币的固定利息收入(支出)与浮动利息收入(支出)的互换。两笔债权(务)的本金名义价值、到期日与付息日都相同，所不同的只是一笔债权(务)的利率是浮动的，另一笔的利率则是固定的。这是最常见的一种利率互换。基准利率互换(Basis Swap)是币值相同，但基准利率不同的两笔浮动利息收入(支出)之间的互换。

互换交易通常以银行为中介。银行凭借其信息灵通、客户面广的优势，寻找具有互补性的交易双方，促成它们之间的交易，并从中收取手续费。当然银行自己也常常作为交易的一方进行互换交易，以调整自己的资产负债结构，规避汇率和利率风险。

(二) 衍生金融工具的作用

衍生金融工具为当代金融做出了巨大的贡献，其作用主要体现在以下几方面。

1. 套期保值

套期保值是指风险的持有者为消除风险而利用一种或多种金融衍生工具进行反向对冲交易。套期保值是金融衍生工具最基本的作用，也是金融衍生工具赖以存在和发展的基础。当经济活动的范围越来越大时，由于汇率波动等各种不确定因素所导致的价格波动会加大经济活动的风险，而套期保值的目的就在于减少或回避已经面临的风险，以保证经营活动的正常进行。远期合约、期货、互换等基本金融衍生工具以及一些组合都是因避险需求而产生、存在和发展的。

2. 投机

投机是指利用对市场变化方向的正确预期而在短期内获利的一种交易行为。由于金融衍生工具本身所具有的特征和金融衍生工具市场的交易机制十分适合投机活动，使得金融衍生工具的投机作用得以充分发挥。尽管投机在经济活动中广泛存在，并非金融衍生工具的专利，但由于大多数金融衍生工具具有强大的杠杆作用，使得它的投机能量远远大于其原生工具的投机能量。假如投机者在英国国债市场上买卖英国长期国债期货，只需支付2万英镑就可持有价值100万英镑的国债期货合约，那么其杠杆比率为1：50，利用金融衍生工具能够创造出其他方式所不能产生的投机机会和投机效果。

利用市场预期方向变化进行投机，也产生了原本不存在的风险，有时会产生重大的金融衍生工具交易风险事故，造成重大损失。

3. 价格发现

价格发现是金融衍生工具的一个重要的作用。价格发现是大量的购买者和出售者通过竞争性的公开竞价后形成的市场均衡价格。金融衍生工具之所以具有价格发现的作用，是因为这些金融衍生工具的交易集中了各行各业的市场参与者，带来了成千上万种关于衍生工具基础资产的供求和市场预期，所形成的金融衍生工具的价格反映了人们对利率、汇率、股指期货等价格走势和收益的预测及对目前供求状况的综合看法。在国际市场上，价格信息是不受限制的，人们收集、分析有关巴西大豆生长状况所得出的结果几乎立刻就会在大豆、豆粕和豆油期货价格上有所反映。美国政府发表的关于联邦储备将松动银根的报告立刻为市场所吸收，并对美国政府长期国债价格产生影响。由于期货市场对各方面价格反映最为敏捷，因此期货价格也是国内及国际金融市场最广泛的参考价格。

4. 促进信息流动

金融衍生工具的价格发现作用可以降低信息不对称性，有利于提高信息透明度。金融市场上的信息不对称是指当事人双方都有一些只有自己知道的私人信息，这种私人信息是指影响当事人双方交易的一些信息，并非所有信息。金融衍生工具的交易市场吸引了大量的市场参与者，他们根据原生工具市场的供求情况，对金融衍生工具的未来价格趋势做出判断和预期，从而给出自己的交易报价。金融衍生工具市场参与者尽可能地收集来自各方面的信息，使这些信息迅速地体现在金融工具的价格波动上，因而金融衍生工具的价格形成也有利于提高信息的透明度。

第三节　信用形式

一、商业信用

商业信用是指企业之间以赊销商品和预付货款等形式提供的信用，它是现代信用制度的基础。这种信用形式的具体表现形式很多，如赊销商品、委托代销、分期付款、预付定金、按工程进度预付工程款、补偿贸易等。归纳起来，主要是赊销和预付两大类。如甲企业从乙企业进货，约定3个月后付款，或者分批次结算货款。再如，某企业货物特别畅销，一些购货单位需要提前支付订金等，这都属于商业信用业务。在资本主义社会，商业信用得到了极大发展，原因是：①因为社会化大生产使各生产部门和各企业之间存在着密切的联系，而它们在生产时间和流通时间上又往往存在不一致的现象；②由于商业资本和产业资本相分离，如果要求所有商业企业用自己的资金购买全部商品，则会发生资金短缺的困难。

从在中国的发展现状看：①商业信用具有普遍性。可以说只要有商业活动，就存在商业信用。商业信用作为一种融资方式，其最大的特点是容易获得，它无须办理正式手续，而且如果没有现金折扣或使用带息票据，它还不需要支付筹资成本，适用于大、中、小企业以及个体工商户，因而普遍存在于商业活动之中。②在所有不同类型的经济形式中，以新型经济形式或行业尤为突出。如个体私营企业、零售超市、房地产开发、消费俱乐部等，对这些经济形式或行业的银行信用控制一般都比较严，使用商业信用融资非常便捷，商业信用特别活跃。如零售超市占用供应商的商品，房地产开发商预售房屋，消费俱乐部出售会员卡等，这些基本上已约定俗成，见多不怪。总体趋势是三产业占用二产业和一产业的资金更多，零售、服务业占用供应商和消费者的资金更多。③商业信用规模增长快，关系更为复杂。

(一) 商业信用的特点和优点

1. 商业信用的特点

(1) 商业信用中贷出的资本是产业资本中的商品资本。商业信用是以商品形态提供的，贷出的资本是处在产业资本循环过程中最后一个阶段上必须转化为货币形态的商品资本。

(2) 商业信用中的债权人和债务人是商品生产者或经营者。

(3) 商业信用的动态与产业周期各阶段资本的动态是一致的。在繁荣时期生产规模扩大，生产的商品增加，对商业信用的需求和信用销售相应增加；反之，在危机时期生产规模缩减，对商业信用的需求和信用销售相应减少。

2. 商业信用的优点

商业信用的优点在于方便和及时。在找到商品的买主或卖主的同时，既解决了资金融通的困难，也解决了商品买卖的矛盾，从而缩短了融资时间和交易时间。而且商业票据一般都可以到商业银行贴现或经背书后转让给第三者，当有商业汇票时，持票人可以通过这种方式同时获得部分资金或抵偿部分债务。

(二) 商业信用的局限性

商业信用的局限性是由它的特点决定的。

1. 商业信用的规模受工商企业资本量的限制

因为商业信用是在工商企业彼此之间提供的，因此，商业信用只能在企业之间再分配已有的资金，而不能在现有资金总额之外获得任何补充。所以，商业信用可以对工商企业现有资金进行最大限度的最充分的运用。并且，从个别企业来看，能够用来提供商业信用的并不是企业的全部资金，只是处于资本循环周转最后一个阶段的商品资本。

2. 商业信用的提供受方向的限制

生产生产资料的企业只能向需要生产资料的企业进行赊销，而不能进行相反的业务。例如，纺织厂可以从纺织机械厂赊购纺织机械，可是纺织厂却不能向纺织机械厂赊销商品。商业信用这种方向上的局限性是由商品使用价值的特定用途所决定的。

3. 商业信用在管理和调节上有一定局限性

商业信用是在工商企业之间自发产生的，经常形成一条债务锁链。例如甲欠乙，乙欠丙，丙欠丁等。如果这一链条的任何一环出现问题，不能按时清偿，整个债务体系都将面临危机。而国家经济调节机制对商业信用的控制能力又十分薄弱，商业信用甚至对中央银行调节措施做相反反应，如中央银行紧缩银根，使银行信用的获得较为困难时，恰恰为商业信用活动提供了条件。只有当中央银行放松银根，使银行信用的获得较为容易时，商业信用活动才可能相对减少。因此，各国中央银行和政府都难以有效地控制商业信用膨胀所带来的危机。

4. 商业信用的期限受到限制

因为商业信用所提供的资金未退出再生产过程，属于生产过程中的资金，所以只适用于短期融资，长期信用一般不能使用这种形式。

为在一定程度上解决商业信用双方信息不对称问题，可以通过多渠道进行了解。比如，通过中国商业信用网和中国国际商业信用网搜集信息，如图2-7和图2-8所示。

图2-7　中国商业信用网

图2-8　中国国际商业信用网

二、银行信用

银行信用是银行及其他金融机构以货币形式提供的信用。银行信用是伴随着现代银行产生，在商业信用的基础上发展起来的。银行信用与商业信用一起构成现代经济社会信用关系的主体。

银行信用在现代经济生活中成为信用的主要形式。在我国，资金融通的基本形式就是银行信用。在大多数西方发达国家中，银行信用也是一种主导信用形式。在社会信用体系中，银行信用是支柱和主体信用，是连接国家信用和企业信用、个人信用的桥梁，在整个社会信用体系的建设中，具有先导和推动的作用。可以说，银行信用的正常化，是整个社会信用健全完善的重要标志，也是构筑稳健金融体系的基石。银行信用的缺失在一定程度上破坏了金融市场的有序性、公正性和竞争性，对金融环境发展造成许多不利影响。

（一）银行信用的特点

（1）银行信用中贷出的资金是从产业资本循环中游离出来的资金，即脱离了产业资本的循环而可以独立进行转移的货币形态的资金。

（2）银行信用以银行为中介广泛服务于企业及个人。

（3）银行信用与产业资本的动态不完全一致。这是因为：①银行信用中的借贷资金是脱离产业资本循环的暂时闲置的货币资金；②用于借贷的货币资金来源于社会各个方面，不仅限于工商企业。

（二）银行信用的优点

（1）在数量上，银行信用不受工商企业资本量的限制。银行借贷资金的来源广泛，包括工商企业资本循环中暂时闲置的货币资金、财政性存款、社会各阶层的货币收入和储蓄等。

（2）在使用方向上，银行信用不受商品使用价值的局限。由于银行信用是货币形态的资金，可以在任何方向上把货币资金分配到各个生产、流通等部门中去。

（3）在期限上不受限制。银行信用可根据客户的要求，开展短、中、长期的货币资金借贷活动。

银行信用克服了商业信用这些缺点，但它不能取代商业信用。商业信用和银行信用是两种基本的信用形式，它们构成信用制度的基石。在实际经济生活中，这二者往往互为补充、共同发展。比如，在工商企业的贸易活动中，一般是由卖方或买方提供商业信用，交易双方都可凭持有的未到期的商业票据到银行申请办理贴现或票据抵押贷款，从而获得银行信用。这样，商业信用的提供者在银行信用支持下，可以突破自身闲置资金额的限制，促进商品的销售。银行信用克服了商业信用的局限性，成了现代信用的主要形式。20世纪以来，银行信用发生了巨大的变化，得到迅速发展，表现为：越来越多的借贷资本集中到少数大银行手中；银行规模越来越大；贷款数额不断增大，贷款期限不断延长；银行信贷与产业资本的结合日益紧密；银行信用提供的范围不断扩大。商业信用和银行信用的比较见表2-4。

表2-4 商业信用和银行信用的比较

信用	形式	特点	优势/局限
商业信用	赊购赊销 预付货款	主体：企业 客体：商品资本/买卖+借贷 变动：与产业资本一致	数量和规模限制 范围限制 方向限制 期限限制
银行信用	吸收存款 发放贷款	主体：银行、企业、个人 客体：暂时闲置的资金 变动：与产业资本的动态不一致 功能：信用创造/贷款—存款流	突破商业信用限制 积少成多 储蓄、消费、投资转化 低成本创造信用

三、国家信用

国家信用是政府以债务人身份筹集资金的一种借贷行为。国家信用是以国家和地方政府为债务人的一种信用形式。它的主要形式是通过金融机构发行公债，在金融市场上借入资金。

国家信用包括国内信用和国外信用两种。国内信用是国家以债务人身份向国内居民、企业团体取得的信用，它形成一国的内债。国外信用是国家以债务人身份向国外居民、企业团体和政府取得的信用，它形成一国的外债。

国家信用所筹集的资金主要用于基础设施建设、公用事业建设等的投资性支出。

(一) 国家信用的特点

(1) 国家信用的主体是政府，政府以债务人的身份出现，债权人是全社会的经济实体和个人。

(2) 国家信用的形式主要是发行政府债券(包括公债和国库券)，其次是向中央银行短期借款。

(3) 公债多用于弥补政府预算赤字，所筹措的资金大多用于基础设施、公用事业建设等生产性支出，还有军费开支和社会福利支出等。国库券多用于弥补财政短期失衡，以及用作中央银行在公开市场上调节货币供应量的工具。

(二) 国家信用与银行信用的联系与区别

1. 国家信用与银行信用的联系

国家信用与银行信用之间有着密切的联系，在分配或动员的资源为既定的条件下，二者在量上有着此消彼长的关系，政府信用增加，就要求银行信用相应地收缩，否则就会造成社会信用总量的膨胀。由于二者存在着彼此替代的此消彼长关系，能否认为国家信用是一种可有可无的信用形式呢？当然不能，因为这两种信用形式毕竟是有区别的。

2. 国家信用与银行信用的区别

第一，国家信用可以动员银行信用难以动员的资金，如在特殊条件下(战争、动乱、恶性通货膨胀等)发行的强制性公债，具有特殊的动员作用是显而易见的。在正常时期，也可以通过自愿认购公债，以其优惠的条件(比银行信用的利率高)引导货币所有者减少自身的消费，扩大可融通资金的总量。第二，长期公债的偿还期长，由此筹集的资金比较稳定，可用以解决国家长期资金不足。而银行存款，即使是定期存款客户也可随时支取，其稳定性相对较差。第三，二者的利息负担不同。国家债券的利息由纳税人承担；银行借款的利息由借款人承担。公债利息是财政的支出，而银行的利差则是财政的收入。用两种不同的信用形式筹集资金，对财政的负担具有不同的意义。

此外，利用国家信用必须注意防止以下3个问题。

(1) 防止造成收入再分配的不公平。

(2) 防止出现赤字货币化。赤字货币化是指政府发行国债弥补赤字。

(3) 防止国债收入使用不当，造成财政更加困难。

四、消费信用

消费信用是指企业、银行和其他金融机构向消费者个人提供的、用于生活消费的信用。消费信用与商业信用和银行信用并无本质区别，只是授信对象不同，消费信用的债务人是消费者，是购买生活资料的个人与家庭。

(一) 消费信用的主要形式

消费信用的形式见表2-5。

表2-5　消费信用形式

赊销		消费贷款	
商业信用		银行信用	
分期付款	信用卡	信用贷款	抵押贷款

1. 分期付款

分期付款是销售单位提供给消费者的一种信用，多用于购买耐用消费品，如小汽车、家电等。这种消费信用的借贷双方要签订书面合同，该合同载明合同期限、利息、每次付款的金额及其他费用。消费者先支付一部分货款，称第一次付现款，然后按合同分期等额支付其余货款和利息。本息付清后，消费品即归消费者所有。但在货款付清之前，消费品的所有权仍归卖方，消费者仅有使用权。若不能按期还本付息，卖方有权没收其商品，已付款项也归卖方所有。

2. 消费贷款

消费贷款是银行和其他金融机构以信用放款和抵押放款的方式，对消费者发放的贷款。消费贷款多为住宅抵押贷款，贷款额往往占抵押品的70%左右，期限以中长期为主。按接受信贷的对象不同，消费贷款一般有两种形式：一种是对购买消费品的买方发放贷款；另一种是以分期付款凭证作抵押，对销售企业发放贷款。

3. 信用卡

信用卡是由发卡机构和零售商联合起来对消费者提供的一种延期付款的消费信用。信用卡是由银行或其他专门机构提供给消费者的赊购凭证，它规定有一定的使用限额和期限，持卡人可凭卡在任何接受信用卡支付的单位购买商品或支付劳务服务费用等。

信用卡的当事人有三方：发卡单位、持卡人、信用卡合同的参加单位(如商店、旅馆、餐馆、航空公司等)。持卡人在指定的场所购买商品或劳务后，当时不需要付现款，只需要在发票或者购货小票上签字(持卡人、银行、商店各一份凭证)并出示信用卡，合同参加单位(如商店)将信用卡上标明的记号(发卡公司、持卡人姓名、密码等)压印在发票上。每天营业结束时，商店将发票汇总寄送发卡单位，后者立即把持卡人的应付款项(发票总额)扣除一定的手续费后的余额记入该商店的交易账户的贷方。扣除的费用一般为发票金额的5%～6%左右，即为发卡机构提供消费信贷的利息。发卡单位一般每月与持卡人结算一次。持卡人如在规定期限内付款则免收利息；若逾期付款，则要收取利息，利率水平高于商业银行的优惠放款利率。美国使用信用卡的现象最为普遍。20世纪80年代初，美国70%的家庭使用信用卡，平均每个成年人有各种信用卡6张左右。

信用卡的发行经历了从分散到联合的过程。各发达国家的信用卡已形成了国际联网。国际上有五大信用卡品牌：威士国际组织(VISA International)、万事达卡国际组织(MasterCard International)、美国运通国际股份有限公司(America Express)、大莱信用卡有限公司(Diners Club)、日本国际信用卡公司(JCB)。威士卡(又译为维萨卡、维信卡，Visa Card，以蓝、白、黄三色为标志)和万事达卡(MasterCard，以红、黄两色圆圈为特征)的使用范围遍及全世界。

根据央行发布的《2021年第一季度支付体系运行总体情况》显示，截至2021年第一季度末，全国信用卡和借贷合一卡在用发卡数量共计7.84亿张，环比增长0.85%，全国人均持有信用卡0.56张，银行卡授信总额为19.64万亿元，环比增长3.59%。银行卡卡均授信额度2.50万元。自1986年第一张信用卡——长城信用卡诞生以来，信用卡在中国已经发展了30年，支付方式更是以日新月异的速度演变。随着信用卡的普及，信用消费、超前消费等概念也越来越深入人心，信用卡改变的不仅仅是支付方式，更重要的是改变了人们的生活消费习惯。2011年，中国银联标识信用卡交易金额和交易笔数在全球的市场份额位居全球主要银行卡组织第四位。国内已发行信用卡品牌主要包括：银联、威士(Visa)、万事达(MasterCard)、运通和JCB等。银联卡仍然占据绝大部分，其次为万事达卡和威士卡，JCB和运通卡占比相对较低。如图2-9所示为建行银联龙卡(人民币)信用卡及威士卡。

图2-9　建行银联龙卡(人民币)信用卡及威士卡

(二) 消费信用的作用

1. 积极作用

(1) 消费信用在一定条件下可以促进消费品的生产与销售，甚至在某种条件下可以促进经济的增长。居民购买力的大小决定了消费市场的大小，消费信用的增加促进了消费市场的发展，推动一国经济增长。

(2) 消费信用对于促进新技术的应用、新产品的推销以及产品的更新换代，也具有不可低估的作用。

(3) 消费信用可提高人们的消费水平，改变消费结构。

2. 消极作用

消费信用在一定情况下也会对经济发展产生消极作用。消费信用形成的购买力具有一定的虚假性和盲目性，如果消费需求过高，生产扩张能力有限，消费信用则会加剧市场供求紧张状态，促使物价上涨，为经济发展增加了不稳定因素。因此，发展消费信用受到一定的条件制约：①受生产力发展水平的制约；②受生产与消费、供给与需求关系的制约。

我国改革开放以来，逐步拓展消费信贷领域，刺激消费，推动经济增长。尤其在1998年以来，为了应付国内外经济形势的变化，适当扩大货币供应量，扩大内需，促进经济增长，中国人民银行采取了一系列政策措施，其中包括发布《个人住宅贷款管理办法》《汽车消费贷款管理办法》《关于个人消费信贷指导意见》和《关于做好当前农村信贷工作的指导意见》等发展消费信贷的改革措施。所以，在我国消费信贷的前景十分广阔，其对经济生活的影响也将日益突出。

五、国际信用

国际信用是指一切跨国的借贷关系、借贷活动。它是国家间经济联系的一个重要方面。在现代社会里，一国要想加快经济发展，必然要利用其他国家的先进技术、设备和资金。因此，商业信用和银行信用也被广泛用于国家间的商品交易和其他经济往来。

国际信用具体形式包括：出口信贷、国际商业银行贷款、政府贷款、国际金融机构贷款、国际资本市场融资和国外直接投资等。

(一) 出口信贷

出口信贷是出口国政府为支持和扩大本国商品的出口，提高商品的国际竞争能力，通过提供利息补贴和信贷担保的方式，鼓励本国银行向本国出口商或外国进口商提供的中长期信贷。

出口信贷的特点是：①附有采购限制，只能用于购买贷款国的商品，而且都同具体的出口项目相联系；②贷款利率低于国际资本市场利率，利差由贷款国政府补贴；③属于中长期信贷，期限一般为5～8年，最长不超过10年。

出口信贷包括卖方信贷和买方信贷两种具体方式。

(1) 卖方信贷。卖方信贷是指出口方银行向出口商提供的贷款。由于得到了银行的贷款支持，出口商便可向进口商提供延期付款的信用，即允许进口商在订货时先支付一部分现汇定金，通常为合同金额的15%，其余货款在出口商全部交货后的若干年内(一般为5年)分期偿还。卖方信贷的一个特点是出口货物价格的确定较为复杂，因为出口商品价格往往包括银行利息。卖方信贷的资金运动如图2-10所示。

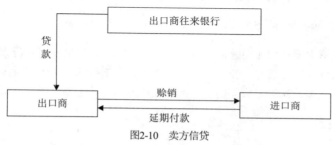

图2-10　卖方信贷

(2) 买方信贷。即出口方银行向外国进口商或进口方银行提供的贷款。直接向进口商提供贷款一般由进口方银行担保。目前，较多的做法是：先由进、出口双方银行签订"买方信贷总协议"，规定出口方银行向进口方银行提供贷款的使用范围、额度和利率条件等，然后再由进口方银行根据具体的贸易合同和贷款协议向进口商转贷。进口商则在规定的期限内逐次偿还银行贷款，并支付利息。在买方信贷中，由于进口商可用现汇直接支付，因而出口货物的价格比较简单和准确。买方信贷的资金运动如图2-11所示。

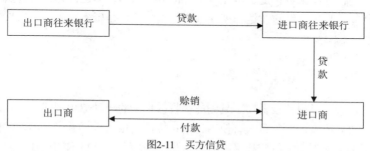

图2-11　买方信贷

(二) 国际商业银行贷款

国际商业银行贷款，是指一些大商业银行向外国政府及其所属部门、私营工商企业或银行提供的中长期贷款。这种贷款利率较高，一般在伦敦同业拆借利率之上，另加一定的附加利率，期限大多为3～5年。这种贷款通常没有采购限制，也不限定用途。国际商业银行贷款的主要形式有：独家银行贷款和银团贷款。

(三) 政府贷款

政府贷款是一国政府利用国库资金向另一国政府提供的贷款，这种贷款一般带有援助性质。其特点是：①利率通常比国际商业银行贷款利率低得多，平均为2.5%～3%，最高为4%左右，有时为无息贷款；②期限长，平均偿还期为30年，最长可达50年；③一般都附有采购限制或指定用途，即受贷国必须将贷款的一部分或全部用于购买贷款国的设备和物资。政府贷款中通常包含一定的无偿赠予，如对全部贷款的还本付息额进行补贴，或对贸易合同直接提供一部分赠款。

(四) 国际金融机构贷款

国际金融机构贷款，即国际金融机构对成员国政府提供的贷款。主要包括国际货币基金组织、世界银行及其附属机构——国际金融公司和国际开发协会，以及一些区域性国际金融机构提供的贷款。这些机构的贷款大多条件优惠，主要目的是促进成员国的经济发展和国际收支状况的改善。例如，我国得到了来自世界银行的很多贷款支持，像黄河小浪底工程、秦皇岛煤炭码头工程等。

(五) 国际资本市场融资

国际资本市场融资主要是指在国际资本市场上的融资活动，包括在国际资本市场上购买债券、股票或在国际资本市场上发行债券、股票。例如，我国的中国石油、中国建设银行等大企业都开展了境外筹资以及股票上市。2007年成立的中国国家投资公司，其主要投资方向就是国际资本市场。

(六) 国外直接投资

国外直接投资是指一国居民直接对另一个国家的企业进行生产性投资，并由此获得对投资企业的管理控制权。

直接投资主要采用以下方式：①在国外开办独资企业，包括设立分支机构、子公司等；②收购或合并国外企业，包括建立附属机构；③在东道国与当地企业合资开办企业；④对国外企业进行一定比例的股权投资；⑤利用直接投资的利润在当地进行再投资。

国际信用体现的是国与国之间的债权债务关系，直接表现是资本在国家间的流动。对债权国来说，是资本流出；对债务国来说，是资本流入，这部分流入的资本也被称作"外资"，债务国的这些债务就是"外债"。目前，西方发达国家在国际信用中往往是资本输出国，发展中国家则往往是引进外资的资本输入国。

六、租赁信用

所谓租赁信用，就是以出租设备和工具为前提收取租金的一种信用形式。在物品出租期间，物品的所有权仍归出租人所有，而承租人有使用权。租赁信用虽然很早就已经出现，但直到第二次世界大战以后，在资本主义国家才得到长足发展。这是因为随着科学技术的迅速发展，机器设备等固定资产更新加快，一些资本家难以适应，于是由大商业银行附属的租赁公司购买机器设备(如大型电子计算机、飞机、轮船及先进机器等)租给需要的顾客使用，收取租赁费。租赁期间，承租人不得中途解约，否则要赔偿损失。租赁期期满，承租人可归还所租设备，也可作价承购这些机器设备。租赁信用又有金融租赁、经营租赁、维修租赁和杠杆租赁等形式。

金融租赁又称财务租赁，是设备租赁的基本形式，以融通资金为主要目的。金融租赁先由承租人选好所需机器设备，再由租赁公司出资购买并出租给承租人。

经营租赁又称服务性租赁，属于短期租赁，是一种不完全付清的租赁。这种租赁方式，出租人除提供资金外，还提供特别的维修和保险等服务。这种租赁方式主要适用于租赁专业性较强、技术较先进、需特殊保管和维修、承租人自行维修保养有困难的物品，所以租赁费一般较高。以这种方式租赁的物品始终归出租人所有，并且其承担所有权的一切利益和风险。

维修租赁是金融租赁的一种形式，它同一般金融租赁的区别是在租金中要加上维修、保养和保险等费用，因此租金也较高。这种租赁方式主要适用于汽车、火车及其他运输工具的租赁。

杠杆租赁又叫平衡租赁，它比金融租赁复杂，把投资与信贷两种方法结合起来。其做法是：出租人自筹20%~40%的资金，其余部分向银行借入，然后将购买的设备租给承租人，出租人以出租的设备和租金作担保向银行取得贷款。

租赁信用有利于加速设备更新，促进科学技术尽快转化为生产力，而且又能减少通货膨胀的影响，因此被越来越多的企业所运用。西方经济学家把租赁业称为"未来的产业"，其在西方各国得以迅速发展，在世界各国得到广泛应用。

第四节　信用的作用

一、信用与生产

信用是商品货币经济的组成部分。在商品货币经济发达的社会里，信用作为一种独立的经济关系得到充分的发展。整个经济活动被信用所联结，商品货币关系主要表现为信用关系。马克思曾指出："在发达的资本主义生产中，货币经济只表现为信用经济的基础。因此，货币经济和信用经济只适应于资本主义生产的不同发展阶段，但绝不是和自然经济对立的两种不同的独立的交易形式"。[1] 在这里，马克思明确地告诉我们：①信用经济不是与货币经济对立的经济形式，信用经济是统一的商品经济发展的不同阶段。②货币经济是信用经济的基础，信用经济是货币经济发展的更高阶段。③信用经济更能反映现代商品货币经济的特征。

因此，在考察信用对国民经济的作用时，不能仅仅从资金余缺调剂和交易手段的变换上去研究，而应从信用经济对生产力和生产关系的作用来探讨。

(一) 信用促进利润平均化

社会再生产要正常进行，社会总产品的各部分必须保持适当的比例关系。在生产资料私人占有的资本主义社会，各种比例关系的形成是自发地通过价值规律实现的。在这个过程中，通过利润低的部门向利润高的部门转移资本，来实现比例关系的协调。

在资本转移的过程中，首先遇到的问题，是生产资本已经固定在特定的自然形态上，这种特定自然形态的生产资本，都有特定的用途。比如高炉只能炼钢，不能加工食品；挖掘机只能用于矿山开采，不能用于纺织，就是说固定在生产资本上的资本是不能随意按客观需要转移到其他部门和行业使用的。如果依靠企业本身的资金，则只有把原来的生产资本变卖，或加工改造，这需要时间。但有了信用就能帮助实现这种资本转移，从而为利润的平均化起中介作用，使整个经济实现某种新的暂时的平衡。

---

[1] 《马克思恩格斯全集》，第24卷，第132—133页。

(二) 信用节约流通费用

首先，信用工具的使用节约了流通中的货币量。这主要通过3种方式实现。①由于信用使相当大的一部分交易可通过赊销赊购或债权债务相互抵消来清偿。②闲置的货币资本通过银行再贷放出去，投入流通，使货币流通速度加快，节约了货币。③金、银币被银行券和纸币所代替，从而节约了金属货币，后续由于电子货币的使用，更加降低流通费用。

其次，信用加快了资本形态的变化，从而使社会再生产过程加快，减少了占用在商品储存上的资本，节省了商品保管费。流通费用是非生产费用，把节省的流通费用投入生产领域，会使生产规模扩大，促进经济的发展。

(三) 信用促进股份制迅速发展

信用促进了股份制的迅速发展，使生产规模扩大。以前个别资本不能建立的企业，以股份形式很快建立起来。其中，比较典型的例子是铁路运输，如果没有股份制度恐怕至今也不会有铁路。

股份制度存在的前提是信用。股份制度出现后，股票又是信用活动的重要工具。所以，越是发展信用经济，股份制度也必然越发达，股份制度对经济发挥重要作用。

(1) 股份公司把分散的货币资金通过发行股票的形式集中起来，从而促进了大机器工业的发展，加强了生产的社会性，加深了资本主义生产方式的固有矛盾，为从资本主义过渡到社会主义准备了物质条件。发展社会主义市场经济，同样可以利用股份制。

(2) 信用促成资本的所有权和使用权的分离。由于股份企业里的资本不再是相互分离的私有财产，而是联合起来的股票持有人的财产，即直接的社会财产，所以马克思说：“资本主义的股份企业，也和合作工厂一样，应当被看作是由资本主义生产方式转化为联合的生产方式的过渡形式”。[1] 从而使拥有生产资料的人不直接去经营，而由经理阶层从事经营活动，这些经理大都不拥有生产资料，他们拥有专门的经营管理企业的知识。

以上信用对生产的作用的分析，主要以马克思关于信用对资本主义经济的作用为研究对象。信用的这些作用在社会主义制度下也基本相同。马克思说：“信用制度固有的二重性质是：一方面，把资本主义生产的动力——用剥削别人劳动的办法来发财致富——发展成为最纯粹最巨大的赌博欺诈制度，并且使剥削社会财富的少数人的人数越来越少；另一方面，又是转向一种新生产方式的过渡形式”。[2]

二、信用与消费

信用对于居民的消费和一个国家消费品的供求发挥以下调节作用。

(一) 调剂消费

一个家庭在一定时期内收入总额减去支出总额的差额就是储蓄。以一个家庭为例，可以出现3种情况：第一种，无储蓄者，他们的本期收入和本期消费恰好相等；第二种，储蓄者，他们的本期消费小于本期收入；第三种，负储蓄或动用上期储蓄者，他们本期消费超过本期收入。有的家庭和个人重视现时的消费，而另一些家庭和个人则将未来的消费看得更重，这样会遇到货币收入和消

---

[1] 《马克思恩格斯全集》第25卷，第498页。
[2] 《马克思恩格斯全集》第25卷，第499页。

费需要的矛盾，就有必要对这两种消费者的消费进行调剂，使两者都感到满意，提高消费效用。在没有信用存在的情况下，现在消费和未来消费相调剂的可能性是很小的。但是由于信用的存在，那些对现在消费不太重视的家庭和个人，可以把他们收入的一部分以储蓄的形式，通过信用机构转交给那些重视现在消费的家庭和个人。

(二) 推迟消费

信用工具具有一定的收益性、安全性和流动性。储蓄者可用暂时多余的货币任意选购适当的信用工具。如果一个国家，其消费品的需求大于供给，信用工具可以在推迟购买力、平衡消费品供求方面发挥积极作用。

(三) 刺激消费

分期付款等形式的消费信用为那些当前无力购买消费品而又希望享用的消费者，提供了提前购买的条件。如果一个国家，其消费品呈现供给大于需求，消费信用可以在扩大本期购买力、平衡消费品供求方面发挥积极作用，但它却把得到消费信用的居民置于债务的重压之下。

三、信用与经济调节

商品货币经济的发展，带来信用的发展，信用成为连接经济的桥梁和纽带。在信用发达的社会中，经济层次多而复杂，活动领域宽而多变。因此，国家采取直接行政干预来调节经济越来越困难，转而采取间接调节经济的办法。信用为国家用经济的手段间接调节经济创造了条件。一方面，由于信用的发展，出现了多种银行和信用机构，并在此基础上产生了中央银行体制，中央银行作为国家调节经济的启动者，商业银行和其他金融机构作为中央银行意志的传导者，作用于国民经济各部门和单位，整个金融体系组成了调节宏观经济的有机体。另一方面，由于信用的发展，出现了多种信用工具，这又为中央银行调节经济提供了经济手段。中央银行可以利用货币供应、利率变动、法定准备金制度、公开市场业务等经济手段达到调节经济的目的。

利用信用调节经济，各国调节的重点均放在总供给和总需求上。调节总需求，主要是通过信用控制货币供应量，达到调节有支付能力的需求的目的；调节总供给，主要是通过信用紧缩或放松银根，达到控制生产规模和产品总量及结构的目的，以调节市场商品和劳务供给。

综上所述，要实现对经济的调节，特别是以间接调节为主，必须以信用的发展为基础和前提。

四、信用与经济危机

资本主义经济危机的根源在于生产社会化和生产资料私人占有的基本矛盾。然而一些资产阶级经济学者为了掩盖经济危机的真实根源，把经济危机归结于信用方面，认为是因为信用发生了危机才引起了经济危机，由此便得出结论，加强信用的"调节"，便可以克服经济危机。这显然是本末倒置的结论。在资本主义信用危机的历史上，没有哪一次的信用危机能离开经济危机，信用危机总是伴随着经济危机的发生而发生的。在经济正常情况下的信用动荡，容易平息，并且不会引起更大的经济震动。比如局部战争和政府的更迭，经常会引起有价证券行市暴跌或黄金行市波动，但一般不会引起整个经济危机。

信用不是引起经济危机的原因，但信用对经济危机有影响。在经济危机发生时，信用能够强化或缓和经济危机。马克思说：如果说信用制度表现为生产过剩和商业过度投机的主要杠杆，那只是因为按性质来说可以伸缩的再生产过程，在这里被强化到了极限。

2008年爆发于美国的次贷危机，又称次级房贷危机，也译为次债危机。它是指一场发生在美国，因次级抵押贷款机构破产、投资基金被迫关闭、股市剧烈震荡引起的风暴。它致使全球主要金融市场出现流动性不足危机。

对于美国金融危机的发生，一般看法都认为，这场危机主要是金融监管制度的缺失造成的，华尔街投机者钻制度的空子，弄虚作假，欺骗大众。这场危机的一个根本原因在于美国近三十年来加速推行的新自由主义经济政策。

所谓新自由主义，是一套以复兴传统自由主义理想，以减少政府对经济社会的干预为主要经济政策目标的思潮。美国新自由主义经济政策开始于20世纪80年代初期，其背景是20世纪70年代的经济滞胀危机，内容主要包括：减少政府对金融、劳动力等市场的干预，打击工会，推行促进消费、以高消费带动高增长的经济政策等。

本 章 小 结

1. 信用是以偿还为前提条件的借贷行为，是在商品货币经济发展到一定阶段，在货币的支付手段职能形成后才出现的。

2. 信用发展过程中经历了高利贷信用、资本主义信用、社会主义信用。

3. 现代信用形式主要有：商业信用、银行信用、国家信用、消费信用和国际信用。商业信用是现代信用的基础，银行信用是现代信用的主要形式。

4. 信用对经济发展有巨大的推动作用，合理利用信用，能提高资金使用效率，节约现金流通，加快资本集中，调节经济结构，促进生产，促使合理消费，防范经济危机等。

习 题

一、单项选择题

1. 信用的基本特征是(　　)。
   A. 平等的价值交换
   B. 无条件的价值单方面让渡
   C. 以偿还为条件的价值单方面转移
   D. 无偿的赠予或援助

2. 国家信用的主要形式是(　　)。
   A. 发行政府债券
   B. 短期借款
   C. 长期借款
   D. 自愿捐助

3. 现代信用的主要形式是(　　)。
   A. 商业信用
   B. 银行信用
   C. 国家信用
   D. 消费信用

4. 企业通过分期付款的形式向个人消费者赊销高档耐用消费品属于(　　)。
   A. 商业信用
   B. 银行信用
   C. 国家信用
   D. 消费信用

5. 当商品交换出现延期支付、货币执行( )职能时，信用就产生了。

    A. 价值尺度   B. 流通手段

    C. 支付手段   D. 世界货币

6. 商业信用最重要的特征是( )。

    A. 它是处于生产与流通过程中的信用   B. 信用的双方都是工商企业

    C. 信用的动态与产业资本的动态不相一致   D. 它是特定的资金交易紧密结合在一起

7. 一些具有较高社会效益，但是经济效益较差、投资回收期较长的大型基建项目的资金往往只能通过( )解决。

    A. 商业信用   B. 银行信用

    C. 国家信用   D. 消费信用

二、多项选择题

1. 下列信用工具中，属于短期信用工具的有( )。

    A. 优先股   B. 商业汇票

    C. 公债券   D. 保付支票

    E. 可转换债券

2. 国家信用的作用有( )。

    A. 调节财政收支短期不平衡   B. 弥补财政赤字

    C. 促进居民消费   D. 调节经济与货币供给

    E. 缓解企业资金流动性不足

3. 银行向某公司发放一笔期限为6个月的流动资金贷款，该贷款属于( )。

    A. 直接信用工具   B. 间接信用工具

    C. 长期信用工具   D. 短期信用工具

    E. 普遍接受的信用工具

4. 银行信用的特点是( )。

    A. 以货币形态提供   B. 是现代信用的主要形式

    C. 有方向限制   D. 有广泛的接受性

    E. 与产业资本循环动态一致

5. 商业信用包括两个同时发生的经济行为，即( )。

    A. 借贷行为   B. 买卖行为

    C. 债权行为   D. 债务行为

    E. 租赁行为

6. 信用是一种借贷行为，是以( )为条件的价值单方面的运动。

    A. 偿还   B. 交换

    C. 盈利   D. 付息

    E. 无偿

7. 消费信用的形式有( )。

    A. 个人向银行贷款进行投资   B. 赊销

    C. 个人之间借钱购房   D. 分期付款购买

    E. 发行国库券

8. 商业信用的特点是(　　)。

A. 商业信用是现代信用的基础　　　　B. 借贷的对象是商业资本

C. 信用的规模依存于生产和流通的规模　D. 规模巨大且方向不受限制

E. 是现代信用的主要形式

三、判断正误题

1. 银行信用具有明显的方向性特征，即只能由商品的经销商提供给商品的生产者，而不能相反。　　　　　　　　　　　　　　　　　　　　　　　　　　　　　　　　　(　　)

2. 银行信用是一种直接信用。　　　　　　　　　　　　　　　　　　　　(　　)

3. 在消费信用中，消费者在付清所有货款前，商品所有权已发生转移。　　(　　)

4. 消费信用既可以采取商品形态，也可以采取货币形态。　　　　　　　　(　　)

5. 我国银行信用资金运用的最基本形式是购买债券。　　　　　　　　　　(　　)

6. 由于银行信用克服了商业信用的局限性，它最终将取代商业信用。　　　(　　)

7. 国家信用的优点是能充分地满足个人对资金的需要。　　　　　　　　　(　　)

四、简答题

1. 简述信用工具的特征。

2. 简述票据的含义、特征及行为。

3. 简述汇票的种类和具体功能。

4. 简述衍生金融工具的种类和作用。

5. 简述商业信用的特点、优点及局限性。

6. 简述银行信用的特点和优缺点。

7. 简述消费信用的主要形式及大力发展消费信用的原因。

8. 国际信用的具体形式有哪些？

五、论述题

1. 我国中小企业融资主要利用哪些信用形式？

2. 结合实际分析信用服务实体经济为主的原理以及意义。

3. 论述信用在经济社会中的作用。

案 例 分 析

案例一　农村信用体系建设助力乡村振兴

弥补抵押担保不足，有效解决农村地区贷款难。农村信用体系建设作为我国社会信用体系建设的重要组成部分，是由我国农业大国的基本国情和农村信用的特点决定的，对于乡村振兴具有重要意义。近年来，各地以科技为支撑不断创新农村信用体系的建设模式，为产业发展、乡村振兴构筑了持续有力的金融支持。由于地域分布更广，信息采集成本更高，农村地区农民专业合作社在信贷市场中面临的信息不对称问题较城市地区中小微企业更为严重。农村相关的财产权利界定不清，以及以传统的"熟人"信用文化为主导的农村信用环境，极大地增加了金融交易成本，降低了金融服务效率，弱化了金融支持"三农"发展的功能。

"破解'三农'发展困境必须加快农村信用体系建设，创新金融服务方式，弥补抵押担保不足，有效解决农村地区贷款难问题。"征信管理局有关负责人说，目前农村信用体系建设工作初步形成了当地"政府领导、人行推进、形成合力、各方受益"的整体思路，逐步开展信用信息征集、信用评价、信用服务与产品的应用以及形成信用奖惩机制等工作。

广西那坡县瞄准农村信用体系建设瓶颈，运用"互联网+"和大数据思维，对农户信用信息系统进行升级，成功打造出依托"PC端+手机App"的农户信用信息系统。这一系统通过手机App，将信息采集端口拓展到专职采集员、农户、企业、三农金融服务室、金融机构、政府6类信息提供者，建立信息主体自主发起信息更新的机制，实现农户信用信息采集的分散化、动态化和交叉验证。截至2019年6月末，新系统已采集那坡县41 164户农户信息，覆盖面达89.5%。

黑龙江省克山县按照"政府主导、央行推动、多方参与、互利共赢"的原则，深耕农村信用体系建设"克山模式"，构建了"信息采集+信用评价+信贷投放+社会应用"四位一体的新型农村金融服务模式。克山县依托农村信用信息共享平台，大力开展"信用户、信用村、信用乡"评定，引导金融机构创新金融产品与服务，将农村信用体系建设成果与精准扶贫相结合，县域信用环境在整体上显著改善，有效支撑乡村振兴战略的实施。

创新农村信用体系建设，离不开制度建设的完善。在农村信用体系建设中，江西省芦溪县建立了"红黑名单"发布制度，每季度通过广播电视等媒体发布一期"红黑名单"，落实褒奖诚信、惩戒失信等措施，进一步完善法院、公安、市监、税务等成员单位的诚信红黑榜数据、信息归集、双公示报送，营造"守信光荣、失信可耻"的社会环境。

2017年以来，中国人民银行运城市中心支行依托山西省中小微企业与农村信用信息系统，建成"整村授信"的农村信用体系建设模式，利用"整村授信"模式，对信用户贷款投向和农业生产进行事前评级，事中动态管理，事后监督生产经营，确保了支农信贷资金的安全高效运行和精准"滴灌"。截至2019年6月末，共评定信用户33.86万户、信用村453个、信用乡11个，共为信用户授信104亿元、发放贷款72亿元，实现了农户和银行的双赢。

在山东省寿光市首个文明信用试点村崔岭西村，中国人民银行寿光市支行指导村两委和农商行，按照"遵纪守法、移风易俗、勤劳致富、家庭和睦、庭院整洁、资信良好"6项标准，通过"建档、宣传、评议、入户、授信、签约、验收"7个步骤，为村民建立信用档案，开展整村授信，共评定AAA、AA、A三级文明信用户224户，并分别给予15%、10%、5%的利率优惠。截至2019年6月末，寿光市文明信用工程已完成732个村庄整村授信，涉农贷款余额163亿元，较年初增加9.57亿元，带动贫困户420人脱贫致富。如今在寿光，诚实守信转化为可用的"活钱"，让农户尝到了讲文明、讲信用的甜头。同时，信用评定结果与文明村镇评定挂钩，推动了乡村文明建设，全面优化了农村信用环境。

四川省阿坝藏族羌族自治州是"三区三州"深度贫困地区之一。在人民银行成都分行指导下，阿坝支行探索建立"事前预防+事中管理+事后督导+全程培育"的信用风险全流程控制措施和"信用+信贷+贫困户+N 产业"长效机制，有效支持全州脱贫攻坚。其中，当地按照"信用+信贷+贫困户+N 产业"方式，大力发展产业带动增收，创建金融助推脱贫攻坚基地，通过吸纳就业、流转土地、入股分红、技术支持、货物收购等方式，带动建档立卡贫困户脱贫增收。目前已成功创建64个金融助推脱贫攻坚信用基地，累计发放贷款14.14亿元，直接带动12 930户农户增收致富，其中建档立卡贫困户3 524户。征信管理局有关负责人介绍，经过多年的努力，农村信用体系建设获得政府重视程度日益提高，组织体系和保障机制逐步健全。信用信息系统建设、运行机制日益完善，初步实现了当地农民的信用信息在当地涉农金融机构之间的共享。同时，征信产品日益丰富，使用范围逐步扩大，已从农户、涉农金融机构拓展到地方政府、社会中介机构等。信用服务日益完善，信用奖惩机制逐步健全。

(资料来源：中国人民银行官网)

问题：

广泛搜集资料，阐述农村信用体系建设中好的做法，以及农村信用体系建设的意义。

案例二 个人信用报告介绍

个人信用报告是个人征信系统提供的最基础产品，它记录了客户与银行之间发生的信贷交易的历史信息，只要客户在银行办理过信用卡、贷款、为他人贷款担保等信贷业务，他在银行登记过的基本信息和账户信息就会通过商业银行的数据报送而进入个人征信系统，从而形成了客户的信用报告。

个人信用报告中的信息主要有6个方面：公安部身份信息核查结果、个人基本信息、银行信贷交易信息、非银行信用信息、本人声明及异议标注和查询历史信息。

公安部身份信息核查结果实时来自于公安部公民信息共享平台的信息。个人基本信息表示客户本人的一些基本信息，包括身份信息、婚姻信息、居住信息、职业信息等内容。银行信贷交易信息是客户在各商业银行或者其他授信机构办理的贷款或信用卡账户的明细和汇总信息。非银行信用信息是个人征信系统从其他部门采集的、可以反映客户收入、缴欠费或其他资产状况的信息。本人声明是客户本人对信用报告中某些无法核实的异议所做的说明。异议标注是征信中心异议处理人员针对信用报告中异议信息所做的标注或因技术原因无法及时对异议事项进行更正时所做的特别说明。查询历史展示何机构或何人在何时以何种理由查询过该人的信用报告。

个人信用报告的使用目前仅限于商业银行、依法办理信贷的金融机构(主要是住房公积金管理中心、财务公司、汽车金融公司、小额信贷公司等)和人民银行，消费者也可以在人民银行获取到自己的信用报告。根据使用对象的不同，个人征信系统提供不同版式的个人信用报告，包括银行版、个人查询版和征信中心内部版3种版式，分别服务于商业银行类金融机构、消费者和人民银行。

不管是商业银行、消费者还是人民银行，查询者查询个人信用报告时都必须取得被查询人的书面授权，且留存被查询人的身份证件复印件。

个人征信系统已实现了在全国所有商业银行分支机构都能接入并查询任何个人在全国范围内的信用信息。根据《个人信用信息基础数据库暂行管理办法》的规定，商业银行仅在办理如下业务时，可以向个人征信系统查询个人信用报告：

(1) 审核个人贷款、贷记卡、准贷记卡申请的；

(2) 审核个人作为担保人的；

(3) 对已发放的个人信贷进行贷后风险管理的；

(4) 受理法人或其他组织的贷款申请或其作为担保人，需要查询其法定代表人及出资人信用状况的。

消费者可以向征信中心、征信分中心以及当地的人民银行分支行征信管理部门等查询机构提出查询本人信用报告的书面申请，只需填写《个人信用报告本人查询申请表》，同时提供有效身份证件供查验，并留身份证件复印件备查。

个人信用报告(个人版)样本如下。

报告编号：20101130030000014210351　　　　查询时间：2010.11.30 09:30:15　　报告时间：2010.11.30

姓名：欧阳××　　　证件类型：身份证　　证件号码：41010519750324×××　　已婚

信贷记录

这部分包含您的信用卡、贷款和其他信贷记录。金额类数据均以人民币计算，精确到元。

信息概要
逾期记录可能影响对您的信用评价。

	资产处置信息	保证人代偿信息
笔数	1	2

	信用卡	住房贷款	其他贷款
账户数	7	3	4
未结清/未销户账户数	4	2	3
发生过逾期的账户数	4	1	1
发生过90天以上逾期的账户数	4	0	0
为他人担保笔数	0	0	1

资产处置信息

1. 2010 年 11 月 8 日东方资产管理公司接收债权，金额 400,000。最近一次还款日期为 2011 年 1 月 8 日，余额 20,000。

保证人代偿信息

1. 2008 年 10 月 5 日富登融资租赁担保公司进行最近一次代偿，累计代偿金额 400,000。最近一次还款日期为 2011 年 1 月 8 日，余额 20,000。

2. 2009 年 6 月 21 日平安保险公司进行最近一次代偿，累计代偿金额 200,000。最近一次还款日期为 2011 年 4 月 5 日，余额 135,000。

信用卡

发生过逾期的贷记卡账户明细如下。

1. 2004 年 8 月 30 日中国工商银行北京分行发放的贷记卡（人民币账户），截至 2010 年 10 月，信用额度 10,000，已使用额度 500，逾期金额 500。最近 5 年内有 11 个月处于逾期状态，其中 5 个月逾期超过 90 天。

2. 2003 年 4 月 1 日中国民生银行信用卡中心发放的贷记卡（人民币账户），2009 年 12 月销户。最近 5 年内有 7 个月处于逾期状态，其中 3 个月逾期超过 90 天。

　2010 年 3 月，该机构声明：该客户委托 ×× 房地产开发公司偿还贷款，因开发公司不按时还款导致出现多次逾期。

透支超过 60 天的准贷记卡账户明细如下。

3. 2007 年 6 月 30 日中国银行北京分行发放的准贷记卡（人民币账户），截至 2010 年 10 月，信用额度 10,000，透支余额 5,000。最近 5 年内有 6 个月透支超过 60 天，其中 3 个月透支超过 90 天。

4. 2006 年 3 月 10 日上海浦东发展银行北京分行发放的准贷记卡（人民币账户），2009 年 12 月销户。最近 5 年内有 20 个月透支超过 60 天，其中 16 个月透支超过 90 天。

从未逾期过的贷记卡及透支未超过 60 天的准贷记卡账户明细如下。

5. 2007 年 6 月 30 日中国光大银行北京分行发放的贷记卡（美元账户），截至 2010 年 10 月，信用额度折合人民币 6,800，已使用额度 100。

6. 2006 年 7 月 1 日招商银行发放的贷记卡（人民币账户），2009 年 12 月销户。

7. 2007 年 6 月 30 日中国光大银行北京分行发放的贷记卡（人民币账户），截至 2010 年 10 月，信用额度 10,000，尚未激活。

住房贷款

发生过逾期的账户明细如下。

1. 2008 年 8 月 30 日中国农业银行北京分行发放的 600,000 元（美元折人民币）个人住房贷款，2028 年 8 月 30 日到期。截至 2010 年 9 月，余额 572,750。最近 5 年内有 1 个月处于逾期状态，没有发生过 90 天以上逾期。

从未逾期过的账户明细如下。

2. 2009 年 5 月 8 日北京银行金融街支行发放的 200,000 元（人民币）个人商用房（包括商住两用）贷款，2029 年 5 月 8 日到期。截至 2010 年 10 月，余额 50,000。

3. 2006 年 7 月 1 日招商银行金融街支行发放的 200,000 元（人民币）个人住房公积金贷款，2009 年 12 月结清。

其他贷款

发生过逾期的账户明细如下。

1. 2008 年 8 月 30 日中国农业银行北京分行发放的 100,000 元（人民币）汽车贷款，2018 年 8 月 30 日到期。截至 2010 年 9 月，余额 72,750，逾期金额 2,200。最近 5 年内有 2 个月处于逾期状态，没有发生过 90 天以上逾期。

从未逾期过的账户明细如下。

2. 2009 年 5 月 8 日中信银行知春路支行发放的 100,000 元（人民币）个人经营性贷款，2019 年 5 月 8 日到期。截至 2010 年 10 月，余额 50,000。

3. 2008 年 4 月 15 日福特汽车金融公司发放的 100,000 元（人民币）汽车贷款，2013 年 4 月 15 日到期。截至 2010 年 10 月，余额 50,000。

4. 2004 年 7 月 1 日中国银行金融街支行发放的助学贷款，合同金额 40,000，2009 年 12 月结清。

为他人担保信息

1. 2009 年 3 月 2 日，为赵四（证件类型：身份证，证件号码：42010519850324xxxx）在中国建设银行金融街支行办理的贷款提供担保，担保贷款合同金额 50,000，担保金额 50,000。截至 2010 年 10 月 5 日，担保贷款本金余额 30,000。

公共记录

这部分包含您最近 5 年内的欠税记录、民事判决记录、强制执行记录、行政处罚记录及电信欠费记录。
金额类数据均以人民币计算，精确到元。

欠税记录

主管税务机关：北京市东城区地税局	欠税统计时间：2007 年 10 月
欠税总额：500	纳税人识别号：12485

民事判决记录

立案法院：北京市西城区人民法院　　　　　　　案号：（2007）京民一初字第00056号

案由： 离婚纠纷	结案方式：判决
立案时间： 2007年1月	判决/调解结果：被告张三赔偿原告李四人民币420,000。
诉讼标的：房屋买卖纠纷	判决/调解生效时间：2007年4月
诉讼标的金额：500,000	

强制执行记录

执行法院：北京市西城区人民法院　　　　　　　案号：（2007）京民一初字第00059号

执行案由： 离婚纠纷	结案方式：执行结案
立案时间： 2007年6月	案件状态：执行完毕
申请执行标的：房屋	已执行标的：房屋
申请执行标的金额：420,000	已执行标的金额：420,000
结案时间：2007年8月	

行政处罚记录

处罚机构：北京市东城区地税局　　　　　　　　文书编号：地税罚字[2007]第7号

处罚内容：扣缴税款	是否行政复议：否
处罚金额：500	行政复议结果：无
处罚生效时间：2007年5月	处罚截止时间：—

处罚机构：湖南省建设管理服务中心　　　　　　文书编号：HN0923456-CF

处罚内容：暂扣或者吊销许可证、暂扣或者吊销执照	是否行政复议：—
处罚金额：—	行政复议结果：—
处罚生效时间：2007年8月	处罚截止时间：2007年12月

电信欠费信息

电信运营商：中国移动	业务类型：固定电话	记账年月：2008年10月
业务开通时间：2007年6月	欠费金额：500	

查询记录 这部分包含您的信用报告最近 2 年内被查询的记录。

编号	查询日期	查询操作员	查询原因
1	2010 年 5 月 5 日	中国工商银行北京分行/user	贷后管理
2	2009 年 4 月 23 日	中国征信中心北京分中心/user	本人查询
3	2008 年 12 月 10 日	中国农业银行北京分行/user	贷款审批
4	2008 年 12 月 2 日	中国农业银行北京分行/user	贷款审批

此外,2010 年您通过互联网进行了 3 次查询。

说　明

1. 除查询记录外,本报告中的信息是依据截至报告时间个人征信系统记录的信息生成,征信中心不确保其真实性和准确性,但承诺在信息汇总、加工、整合的全过程中保持客观、中立的地位。
2. 本报告仅包含可能影响您信用评价的主要信息,如需获取您在个人征信系统中更详细的记录,请到当地信用报告查询网点查询。信用报告查询网点的具体地址及联系方式可访问征信中心门户网站(www.pbccrc.org.cn)查询。
3. 您有权对本报告中的内容提出异议。如有异议,可联系数据提供单位,也可到当地信用报告查询网点提出异议申请。
4. 本报告仅供您了解自己的信用状况,请妥善保管。因保管不当造成个人隐私泄露的,征信中心将不承担相关责任。
5. 更多咨询,请致电全国客户服务热线 400-810-8866。

(资料来源: 中国人民银行征信中心)

问题:

我国个人信用报告中的信息包括哪些方面? 珍爱个人的信用记录,应该从哪些方面做好?

第三章

利息与利率

利息率又称利率，是调节经济活动的重要经济杠杆，在宏观调控中发挥着越来越重要的作用，特别是近年来其作为货币政策的中介目标更加受到重视。本章将在学习利率基础知识的前提下，重点探讨决定利率水平变化的因素，利率变动对经济的影响，以及我国利率体制和利率市场化的改革等问题。

第一节　利息与利率概述

一、利息的定义和本质

所谓利息，就是让渡资金的报酬或使用资金的代价。从信用关系的债权方面看，利息是贷款者让渡货币资金使用权，从借款者手中取得的超过本金的那一部分报酬；从信用关系的债务方面看，利息是借款者由于取得货币使用权，而付给贷款者超过本金的那一部分代价。

商品经济中，利息是在信用的基础上产生的，但利息的本质是什么呢？威廉·配第、马克思、凯恩斯等其他西方经济学家对该问题的回答如下。

威廉·配第：货币持有人借出货币就等于放弃用这笔货币购置土地而能获得的地租，所以他应该获得相应的补偿，即取得利息。

马克思：利息是借贷资本家凭借自己的资本所有权向职能资本家索取的报酬，是利润的一部分，是剩余价值的特殊转化形式。

凯恩斯等其他西方经济学家：利息是在某一特定时期内放弃货币周转灵活性而能够得到的报酬或放弃获取投资收益的补偿。

二、利息理论

(一) 马克思利息理论

马克思从借贷资本的特殊运动形式的分析中，揭示了利息的来源，分析了利息的本质。他指出，借贷资本的运动特点是双重支出和双重回流。双重支出：首先，货币资本家把货币资本贷给职能资本家；然后，职能资本家用货币购买生产资料和劳动力。双重回流：职能资本家把生产出来的含有剩余价值的商品销售出去，取得货币；然后把借贷资本连本带利归还给货币资本家。

借贷资本的运动与现实资本的运动和资本主义再生产过程密切相关，借贷资本只有转化为现实资本，进入生产，才能增值。由于货币资本家在贷出资本期间，将资本商品的使用价值(即创造利润的能力)让渡给了职能资本家，后者运用借入的资本，购买生产要素并进行生产，所获得的剩余价值转化为利润后，必须分割一部分给货币资本家，作为使用资本商品的报酬，这便是利息。因此，利息就其本质而言，是剩余价值的一种特殊表现形式，是利润的一部分，体现了借贷资本家和职能资本家共同剥削雇佣工人的关系，也体现了借贷资本家和职能资本家之间瓜分剩余价值的关系。

(二) 西方利息理论

关于利息的本质，从古典经济学开始有众多解释，其中影响较大的是庸俗经济学到现代经济学的各种流派，包括"利息报酬论""资本生产力论""节欲论"和"灵活偏好论"。

1. 利息报酬论

利息报酬论认为利息是一种报酬。该理论在古典经济学中是颇有影响的一种理论，最先由配第提出，后来在约翰·洛克的著作中也有涉及。配第认为，利息是因暂时放弃货币的使用权而获得的报酬。他认为，暂时放弃货币的使用权分为3种情况：第一种情况是贷者可以随时收回借出的货币；第二种情况是贷者到期才能收回借出的货币；第三种情况是贷者自己急需货币，但他借出的货币尚未到期，不能收回。他还认为，只有在第三种情况下贷者才应收取利息。因为，"一个人在不论自己如何需要，在到期之前都不得要求偿还的条件下出借自己的货币，则他对自己所受到的不方便可以索取补偿，这是不成问题的。这种补偿，我们通常叫作利息"[1]。显然，配第把利息解释成因暂时放弃货币使用权而给贷者带来不方便的报酬。

洛克也把利息的本质确认为贷款人所得的报酬。但是，与配第不同，他不认为贷者收取利息是因为借款人给他带来不方便，而是因为贷款人承担了风险，所得报酬的多少应与承担风险的大小相适应。利息报酬论虽然描述了利息是贷者从借者手中取得的收益，并对取得这种收益的原因做了剖析，但是由于他们还没有真正理解价值、剩余价值和资本的本质，因而这种理论还没有触及利息的本质。

2. 资本生产力论

资本生产力论认为资本具有生产力，利息是资本生产力的产物。这种理论最先由让·巴蒂斯特·萨伊提出，受到不少庸俗经济学家的推崇。

萨伊认为，借贷资本的利息由两部分组成：一是风险性利息，二是纯利息。风险性利息是贷者借出货币后要承担一定风险的报酬。它不能说明利息的本质，只能说明收取利息的原因。利息本身是指纯利息，即"对借用资本所付的代价"。为什么对借用资本要支付一定的报酬？他认为，资本具有像自然力一样的生产力，资本生产力经常与自然生产力混在一起，共同对生产做出贡献。因此，当借款人用借入资本从事生产，其生产出的价值的一部分必须用来支付资本生产力的报酬。

资本生产力论虽然把利息解释为资本的产物，但是，由于萨伊不懂得固定资本与流动资本的区

---

[1] 《配第经济著作选集》，第45页，商务印书馆1981年版。

别，不懂得生产要素与活劳动在价值形成过程中的作用，错误地认为资本(生产要素)能够增加所生产产品的数量，能够生产出新价值。这显然否定了劳动价值论，因而是错误的。

3. 节欲论

节欲论认为利息应该作为资本家节欲行为的报酬。这是由纳索·威廉·西尼尔提出的，在资本主义社会广为流传的一种理论。

西尼尔认为，人类社会存在3种生产要素：一是人类的劳动；二是与人力无关的自然要素；第三要素或生产手段叫节欲。所谓"节欲"，是指牺牲眼前的消费欲望，用西尼尔的话说，就是："我们用'节欲'这个词来表示个人的这样一种行为，对于他可以自由使用的那个部分，或者是不做非生产性的使用，或者是有计划地宁愿从事于其效果在于将来而不是在于眼前的生产"。他认为，要扩大未来的生产，需要更多的资本。资本来源于储蓄，储蓄又来源于节欲。因此，节欲是比资本更为基础的生产要素。他强调，资本由储蓄形成，而增加储蓄就要减少人们目前的消费，这需要人们忍受额外牺牲。因此，利息是人们牺牲自己目前消费而应得的报酬。

节欲论是对资本主义制度进行的最露骨的辩护，它掩盖了利息的本质。马克思在批判节欲论时曾指出："这真是庸俗经济学的'发现的不可超越的标本！'，它用阿谀的词句来替换经济学范畴。"

4. 灵活偏好论

灵活偏好论认为利息是"在一特定时期以内，人们放弃货币周转灵活性的报酬"，这是著名资产阶级经济学家约翰·梅纳德·凯恩斯提出的理论。

所谓"灵活偏好"，亦称"流动性偏好"，是指人们喜好以流动性强、周转灵活的货币资产来保存财富，以应付不时之需的一种心理倾向。

凯恩斯比较了债券与货币这两种资产形式，认为债券形式的资产虽然能获得一定的收益，但债券持有者必须在持有债券期间放弃货币的使用权，这不仅给债券持有者带来一定的不便，而且也可能蒙受财产损失。持有货币虽然不能给人们带来收益，但它却具有高度灵活性，可供持有者在任何时间方便地使用，所以货币是一种为人们普遍接受的特殊资产。因此，人们对货币这种具有完全流动性的资产有偏好。企业和商人欲取得一定的货币，就必须以支付一定的报酬为条件，来诱使货币所有者在一定时期放弃对货币灵活偏好的控制权，因此，利息是人们放弃灵活偏好的报酬。

凯恩斯把利息解释为个人心理因素，显然是有失偏颇的。

三、利率的定义及其种类

(一) 利率的定义

利息的多少如何计量？马克思指出："生息资本的增值的大小，也只有通过利息额，即总利润中归生息资本的部分，和预付资本的价值做比较，才可以计量。"[1] 利息额与借贷资本价值之比就是利息率(利率)，它是计量借贷资本增值程度的数量指标。简单来说，利率就是一定时期内利息与借贷资本金的比率。

$$利率 = \frac{利息额}{借贷资本金} \times 100\%$$

---

[1] 《马克思恩格斯全集》，第25卷，第391页。

其表示方法有3种，即年利率、月利率和日利率，亦称年息、月息和日息。年利率通常以百分数(%)表示，月利率以千分数表示(‰)，日利率以万分数表示(‰₀)。它们之间的换算公式为

$$年利率\div 12=月利率$$

$$月利率\div 30=日利率$$

$$年利率\div 360=日利率$$

民间一般口头上把利率称为分、厘、毫。习惯上，我国不论是年息、月息、日息，都用"厘"作单位。虽然都叫"厘"，但差别很大。如年息3厘是指年利率是3%；月息3厘是指月利率为3‰；日息3厘是指日利率为3‰₀。

(二) 利率的种类

1. 市场利率、官定利率与公定利率

根据利率是否按市场规律自由变动可分为市场利率、官定利率和公定利率。市场利率是指在借贷货币市场上由借贷双方通过竞争而形成的利息率。包括借贷双方直接融通资金时商定的利率和在金融市场上买卖各种有价证券时的利率。市场利率是借贷资金供求状况变化的指示器。当资金供给超过需求时，利率呈下跌趋势；反之，当资金需求超过供给时，利率呈上升趋势。由于影响资金供求状况的因素十分复杂，因而市场利率变动非常频繁、灵敏。

官定利率是指一国政府通过中央银行而确定的各种利息率。官定利率在整个利率体系中处于主导地位，例如，中央银行对商业银行和其他金融机构的再贴现率和再贷款利率，见表3-1。在现代经济中，利息率作为国家调节经济的重要经济杠杆，利率水平不再完全随资金供求状况自由波动，国家通过中央银行确定的利率调节资金供求状况，进而调节市场利率水平。

表3-1　中国人民银行再贷款、再贴现利率

项目	年利率/%
一、再贷款	
1. 支农、支小再贷款	
其中：3个月	1.95
6个月	2.15
1年	2.25
2. 金融稳定再贷款	1.75
其中：延期期间	3.77
二、再贴现	2.00

(资料来源：中国人民银行官方网站，自2020年7月1日起执行，访问日期2021年2月18日。)

官定利率在实施过程中，也可以根据需要由中央银行授权发布，比如目前中国人民银行授权全国银行间同业拆借中心公布贷款市场报价利率(LPR)。贷款市场报价利率(LPR)由各报价行按公开市场操作利率(主要指中期借贷便利利率)加点形成的方式报价，由全国银行间同业拆借中心计算得出，为银行贷款提供定价参考。目前，LPR包括1年期和5年期以上两个品种。LPR报价行目前包括18家银行，每月20日(遇节假日顺延)9时前，各报价行以0.05个百分点为步长，向全国银行间同业拆借中心提交报价，全国银行间同业拆借中心按去掉最高和最低报价后算术平均，并向0.05%的整数倍就近取整计算得出LPR，于当日9时30分公布，公众可在全国银行间同业拆借中心和中国人民银

行网站查询。人民币贷款市场报价利率见表3-2。

表3-2　人民币贷款市场报价利率(LPR)

项目	年利率/%
贷款市场报价利率(1年期)	3.85
贷款市场报价利率(5年期以上)	4.65

(资料来源：中国人民银行官方网站，2021年8月20日全国银行间同业拆借中心受权公布贷款市场报价利率(LPR)公告，以上LPR在下一次发布LPR之前有效。)

公定利率是指由非政府部门的金融民间组织如银行公会等确定的利率。它对会员银行有约束作用，例如，上海银行间同业拆放利率(Shanghai Interbank Offered Rate，Shibor)。

上海银行间同业拆放利率(Shibor)，是由信用等级较高的银行自主报出的人民币同业拆出利率计算确定的算术平均利率，是单利、无担保、批发性利率。目前，Shibor品种包括隔夜、1周、2周、1个月、3个月、6个月、9个月及1年。Shibor报价银行团现由18家商业银行组成。报价银行是市场利率定价自律机制成员，具有公开市场一级交易商或外汇市场做市商资格，在中国货币市场交易活跃的银行。市场利率定价自律机制成立Shibor工作小组，依据《上海银行间同业拆放利率(Shibor)实施准则》确定和调整报价银行团成员、监督和管理Shibor运行、规范报价行与指定发布人行为。全国银行间同业拆借中心受权Shibor的报价计算和信息发布。每个交易日根据各报价行的报价，剔除最高、最低各4家报价，对其余报价进行算术平均计算后，得出每一期限品种的Shibor，并于11：00对外发布。

我国的利率曾长期以官定利率为主。利率由国务院统一制定，中国人民银行统一管理。1981年以后，由于经济管理体制改革的要求，各家银行被赋予在统一规定利率的上下一定范围内实行利率浮动的权力。发达的市场经济国家通常以市场利率为主，同时有官定、公定利率。

2. 存款利率与贷款利率

存款利率是指客户在银行或其他金融机构存款时所取得的利息与存款额的比率。存款利率的高低直接决定了存款者的利息收益和银行及其他金融机构的融资成本，对银行集中社会资金的数量有重要影响。一般说来，存款利率越高，存款者的利息收入越多，银行的融资成本越高，银行集中的社会资金数量越多。

存款利率的高低一般依照存款期限而定，存期长则利率高，存期短则利率低。就一般情况而论，经济发达的国家，资本积累已达到相当高的程度，资金供给比较充足，存款利率较低；经济落后的国家，资金缺乏，存款利率普遍较高。表3-3是截至2021年2月18日中国人民银行官网上的金融机构人民币存款基准利率。外汇存款利率由各商业银行参照国际市场资金供求情况自行决定。

表3-3　金融机构人民币存款基准利率

项目	利率/%	
	2015年8月26日	2015年10月24日
一、活期存款	0.35	0.35
二、定期存款		
(一) 整存整取		

(续表)

项目	利率/%	
	2015年8月26日	2015年10月24日
三个月	1.35	1.10
半年	1.55	1.30
一年	1.75	1.50
二年	2.35	2.10
三年	3.00	2.75
(二) 零存整取、整存零取、存本取息		
一年	1.35	1.10
三年	1.55	1.30
(三) 定活两便	按一年以内定期整存整取同档次利率打六折执行	按一年以内定期整存整取同档次利率打六折执行
三、协定存款	1.15	1.15
四、通知存款		
一天	0.80	0.80
七天	1.35	1.35
五、个人住房公积金存款		
当年缴存	0.35	0.35
上年结转	1.35	1.10

(资料来源: 中国人民银行官方网站,访问日期为2021年2月18日)

贷款利率是指银行和其他金融机构发放贷款时所收取的利息与借贷本金的比率。贷款利率的高低直接决定着利润在企业和银行之间的分配比例,因而影响着借贷双方的经济利益。贷款利率越高,银行和其他金融机构的利息收入越多,借款企业利润越少。贷款利率也因贷款种类和期限不同而变化。表3-4是截至2021年2月18日中国人民银行官网上的金融机构人民币贷款基准利率。

表3-4　金融机构人民币贷款基准利率

项目	利率/%	
	2015年8月26日	2015年10月24日
一、短期贷款		
一年以内(含一年)	4.60	4.35
二、中长期贷款		
一至五年(含五年)	5.00	4.75
五年以上	5.15	4.90
三、个人住房公积金贷款		
五年以下(含五年)	2.75	2.75
五年以上	3.25	3.25

(资料来源: 中国人民银行官方网站,访问日期为2021年2月18日)

存款利率与贷款利率关系密切。存、贷款利率差直接决定着金融机构的经营状况及利润。存款利率高低直接影响银行集中社会资金的规模，进而对借贷资金的供求状况和贷款利率产生影响；贷款利率高低直接影响贷款规模。因此，保持合理的存、贷款利率对实现信贷收支平衡和调节货币流通有重要作用。

需要强调的是，目前各商业银行在中央银行统一规定的利率基础上的自主定价权限越来越大，存款利率报价机制为"基准利率+基点"方式，贷款利率报价机制为"LPR+基点"方式。

3. 固定利率与浮动利率

固定利率是指在借贷期内不随借贷资金的供求状况而波动的利率。固定利率的最大特点是利率不随市场利率的变化而变化，因而具有简便易行、易于计算借款成本等优点。在借款期限较短或市场利率变化不大的条件下，可采用固定利率。但是，当借款期限较长或市场利率变化较快时，其变化趋势很难预测，借款人或贷款人可能要承担利率变化的风险，因此，对于中长期贷款，借贷双方都不愿采用固定利率，而乐于选择浮动利率。

浮动利率又称可变利率，是指随市场利率的变化而定期调整的利率。调整期限和调整时作为基础的市场利率的选择，由借贷双方在借款时议定，目前采取LPR加点形成。2020年1—12月金融机构人民币贷款各利率区间占比见表3-5。例如，欧洲货币市场上的浮动利率，调整期限一般为3～6个月，调整时作为基础的市场利率大多采用伦敦市场银行间同业拆借市场的同期利率。

实行浮动利率，借款人在计算借款成本时要困难一些，利息负担也可能加重，但是，借贷双方承担的利率变化风险较小，利息负担同资金供求状况紧密结合。因此，一般中长期贷款都选用浮动利率。

表3-5　2020年1—12月金融机构人民币贷款各利率区间占比

%

月份	LPR 减点	LPR	LPR 加点					
			小计	(LPR, LPR+0.5%)	[LPR+0.5%, LPR+1.5%)	[LPR+1.5%, LPR+3%)	[LPR+3%, LPR+5%)	LPR+5% 及以上
1 月	20.63	1.75	77.62	19.95	24.70	16.83	8.95	7.17
2 月	31.41	2.12	66.47	17.72	21.02	12.29	6.91	8.53
3 月	24.42	2.75	72.83	19.39	22.81	14.35	8.87	7.42
4 月	20.72	3.72	75.56	17.40	25.35	14.91	9.88	8.01
5 月	22.36	5.24	72.41	14.76	25.31	14.10	9.88	8.36
6 月	24.00	5.97	70.03	14.95	25.63	13.21	8.84	7.40
7 月	21.69	5.86	72.45	13.63	26.19	14.17	9.48	8.97
8 月	24.48	6.29	69.23	13.26	23.77	13.62	9.41	9.15
9 月	24.89	7.41	67.70	13.31	23.74	14.09	8.78	7.79
10 月	23.63	7.08	69.28	13.76	22.63	13.40	9.67	9.82
11 月	25.89	5.99	68.12	13.33	23.41	13.47	9.02	8.88
12 月	26.93	7.02	66.04	13.56	22.62	13.17	8.83	7.86

(资料来源：中国人民银行，2020年第四季度中国货币政策执行报告)

4. 差别利率与优惠利率

差别利率是指针对不同的贷款种类和借款对象实行的不同利率，一般可按期限、行业、项目、地区设置不同的利率。比如，对民政部门福利工厂贷款、老少边穷发展经济贷款、民族贸易及民族用品生产贷款、扶贫贴息贷款(含牧区)等，实行与一般贷款利率相区别的贷款利率，如2016年江西省农业银行对民族贸易及民族用品生产贷款实行1.47%的贷款利率。

由于利率水平的高低直接决定着利润在借贷双方之间的分配比例，影响借款者的经济利益，所以对国家支持发展的行业、地区的贷款实行低利率；对经济效益不好、经营管理水平差的企业实行高利率贷款，有利于支持产业结构的调整和经济协调发展。因此，实行差别利率是运用利率杠杆调节经济的一个重要方面。

优惠利率是指国家通过金融机构对于需要重点扶植或照顾的企业、行业或部门所提供的低于一般贷款利率水平的利率。在我国，优惠利率通常用于技术改造、重点行业的基本建设、贫困地区的经济建设、出口贸易、黄金开采等方面。

优惠利率对于推动实现国家的产业政策有重要作用。但它与银行自身的短期经营效益相矛盾，因此，国家为了减少银行的经营损失可对某些贷款实行贴息贷款，财政部门也可以给银行一定的税收优惠或财政补贴。

5. 名义利率与实际利率

在纸币流通的条件下，由于纸币代表的价值量随纸币数量的变化而变化，因此，当流通中的纸币数量超过市场上的货币需要量时，单位纸币实际代表的价值量必然下降，于是就产生了纸币的名义价值与实际价值之分，进而出现了名义利率与实际利率之分。

名义利率是以名义货币表示的利率，即人们平时所说的利率。例如，存款利率为9%，这个利率就是名义利率。

实际利率就是名义利率剔除通货膨胀因素以后的真实利率。其计算公式为

$$i = r - P$$

式中：i表示实际利率；r表示名义利率；P表示借贷期间的通货膨胀率(物价上涨率)。

(1) $r > P$，则$i > 0$，实际利率为正数，表明有利息，借贷资金增值；

(2) $r = P$，则$i = 0$，实际利率为零，表明无利息，借贷资金保值；

(3) $r < P$，则$i < 0$，实际利率为负数，表明无利息，借贷资金贬值。

判断利率水平高低，不能只看名义利率，必须以实际利率为依据。当实际利率为负数时，称为负利率，它对经济起逆调节作用。以我国20世纪90年代通货膨胀为例，我国通货膨胀率在自1993年高幅上涨13%的基础上，1994年居民消费品价格上涨24.1%，商品零售价格上涨21.7%，随之，居民的定期储蓄存款利率也经过1993年5月15日和7月11日两次调高，一年期的为10.98%，两年期的为11.70%，三年期的为12.24%，五年期的为13.86%，八年期的为17.10%。在物价上涨幅度远远高于名义利率的情况下，负利率极大地挫伤了居民储蓄的积极性。为了保护储户的利益，国家规定从1993年7月11日起，对三年期以上的个人定期储蓄存款给予保值补贴，即当三年期以上的定期储蓄期满时，如果存款期间物价上涨率超过了同期的存款利率水平，就有保值补贴，此时储户的存款利率加上保值补贴率，就是当期的物价上涨率，因此储户所得利息总额恰好能抵补物价上涨所造成的存款本金贬值损失。保值补贴率由国家按月公布。当存款期间的物价上涨率小于或等于存款利率时，就没有保值补贴。2007年，我国又产生了通货膨胀的巨大压力，国家数次上调存款利率，以保证居民的实际利率水平不为负值。

四、利息的计算方法

利息的计算方法分为单利计息和复利计息。

单利计息是指在计算利息额时，不论期限长短，仅按本金计算利息，所生利息不再加入本金重复计算利息。其计算公式为

$$I = P \cdot R \cdot D$$

式中：I代表利息额；P代表本金；R代表利息率；D代表时间。

例如，某人向银行借款10 000元，月利率为6‰，借款期限为两年。到期时借款人应支付的利息为

$$I = P \cdot R \cdot D = 10\ 000 \times 6‰ \times 24 = 1\ 440(元)$$

复利是单利的对称。复利计息是指计算利息时，要按一定期限(如一年)，将所生利息加入本金再计算利息，逐期滚算，俗称"利滚利"。其计算公式为

$$S = P(1+R)^n$$
$$I = S - P$$

式中：S代表本息合计；n代表期数；I、P、R的含义与上式相同。

例如，某人向银行借款10 000元，年利率为7.2%，借款期限为两年，借款合同规定按复利计算利息，则第一年年末的利息为

$$S = P(1+R)^n = 10\ 000 \times (1+7.2\%) = 10\ 720(元)$$
$$I = S - P = 10\ 720 - 10\ 000 = 720(元)$$

两年到期后归还时，则这笔贷款的利息为

$$S = P(1+R)^n = 10\ 000 \times (1+7.2\%)^2 = 11\ 492(元)$$
$$I = S - P = 11\ 492 - 10\ 000 = 1\ 492(元)$$

用单利计算利息，手续简便，易于计算借款成本，也有利于减轻借款人的利息负担。用复利计算利息，有利于提高资金的时间观念，有利于发挥利息杠杆的调节作用和提高社会资金的使用效益。

一个国家选择哪种利息计算方法应根据各国的具体情况确定，一般应考虑经济体制、国家对利息杠杆的利用程度以及传统习惯等因素。

第二节　利率的确定

确定合理的利率水平是国家运用利率杠杆调节经济的关键环节。然而利率水平的确定并不是人们的单纯主观行为，必须遵循客观经济规律的要求，综合考虑影响利率变动的各种因素，并根据经济发展和资金供求状况灵活调整。影响利率的因素极为复杂，人们在研究各种因素对利率水平的影响中形成了多种利率决定理论。

一、马克思的利率决定论

(一) 平均利润率对利率的影响

利息不过是平均利润的一部分，因此，平均利润率的高低决定着利润总量，平均利润率越高，则利润总量越大，借贷资本家和职能资本家分割的总额就越多。在借贷资本的数量一定时，利息额越大，则利息率越高。因此，马克思指出："利息是由利润调节的，确切些说，是由一般利润率调节的。"[1] 此外，平均利润率越高，则投入生产领域的资本量就会增大，借贷资本的需求也会增大，引起利率上升。利润总量一定时，利息率越高，利息额越大，则职能资本家从利润总量中分到的利润就越少，影响职能资本家对借贷资本需求的积极性。如果利息率等于平均利润率，职能资本家利用借贷资本从事经营则无利可图，因而平均利润率是利息率的最高界限。"不管怎样，必须把平均利润率看成是利息的有最后决定作用的最高界限。"[2] 利息率只能在平均利润率和零之间摆动。

(二) 供求和竞争对利率的影响

在利润率一定的情况下，贷者和借者之间的竞争决定着利息率的高低。这种竞争不是个别企业之间的竞争，而是以借者为一方与以贷者为一方之间的竞争。对贷者来说，货币资本投入哪个部门、按什么方式使用，他们并不真正关心，他们关心的只是按期收回资本并尽可能多地占有平均利润；对于借者来说，他们只希望以尽可能低的利率获得所需要的资本，以便占有更多的平均利润。这种贷者和借者之间的对立，"除了由竞争决定的分割规律之外，没有别的分割规律"[3]。但是，这种竞争的结果，即利息率的高低，是由借贷资本的供给和需求状况决定的。借贷资本的供给大于需求，利率下跌，借者可以支付较少的利息；借贷资本的需求大于供给，利率上升，贷者可以占有更多的利润。

(三) 社会再生产对利率的影响

马克思极其深刻地指出："在物质资本的供给和货币资本的供给之间，有一种看不见的联系；同样毫无疑问，产业资本家对货币资本家的需求，是由实际生产情况决定的。"[4] 这就是说，社会再生产状况决定着借贷资本的供求，因而是影响利息率的决定性因素。

马克思不是像资产阶级经济学家那样，把影响利率变化的因素局限在借贷资本的供求上，而是深入到生产领域，进一步研究影响借贷资本供求状况的原因，揭示影响利率变化的决定性因素。他详尽地分析了资本主义产业周期4个阶段——"危机、萧条、复苏、繁荣"中货币资本的供求状况和利息率的变化情况。

(1) 危机阶段。商品滞销，物价暴跌，生产下降，工厂倒闭，工人失业；支付手段极端缺乏，对借贷资本需求增大，而借贷资本供给减少，利率急剧上升到最高限度。正如马克思所指出的："达到高利贷极限程度的最高利息则与危机相适应。"[5]

(2) 萧条阶段。危机刚过，物价下降到最低点，产业资本不再收缩，借贷资本大量闲置，由于企业信心不足，不愿增加生产投资，购买生产资料和支付工人工资所需要的货币减少；物价虽低，

---

[1] [2] 《马克思恩格斯全集》第25卷，第403页。
[3] 《马克思恩格斯全集》第25卷，第399页。
[4] 《马克思恩格斯全集》第25卷，第473页。
[5] 《马克思恩格斯全集》第25卷，第404页。

但交易量减少，对借贷资本的需求量也减少；借贷资本供大于求，导致利息率下降到最低限度。因此，马克思说："低的利息可能和停滞结合在一起。"[1]

（3）复苏阶段。投资逐渐增大，交易逐渐增加，工厂开始复工，对借贷资本的需求开始增长。由于这个阶段信用周转灵活，支付环节畅通，借贷资本充足，因此，借贷资本的需求是在低利率情况下得到满足的。借贷资本的供给大于需求，没有导致利率上升。

（4）繁荣阶段。"低利息率多数与繁荣时期或有额外利润的时期相适应。"[2]繁荣阶段初期，生产迅速发展，物价上涨，利润增加，借贷资本需求增大。但是，由于这时信用周转灵活，资本回流加快，商业信用扩大，对借贷资本需求的增长会被这些因素所抵消。因此，利息率还是维持在较低水平上。但随着生产规模继续扩大，对借贷资本的需求继续增加，特别是信用投机出现，使借贷资本需求大增，利率迅速上升。此时利率虽已提高到平均利润率水平，但由于对借贷资本的需求还在增加，以致利率再度上升。

从资本主义产业周期不同阶段利率呈现的不同变化，可以十分清楚地看到：借贷资本的供求状况不是由借贷双方的主观愿望决定的，而是由社会再生产状况决定的。因此社会再生产状况是影响利率变化的决定性因素。

（四）物价对利率的影响

马克思在分析金属货币流通条件下利率与物价的关系时曾经指出："利息率和商品价格各自进行着完全独立的运动。"[3] 因为：首先，商品价格是商品价值的货币表现，货币价值和商品价值都是其所凝结的社会必要劳动时间，都是由生产它们的劳动生产率决定的。货币以自身价值衡量并表现出的商品价值就是商品价格。其次，利率变动是由货币市场的供求决定的，商品价格变动却是由商品自身价值、商品市场供求、各种商品的比价等决定的，正是由于影响货币市场和商品市场的因素完全不同，因而利息率与物价呈现出完全独立的运动。

然而，在现代纸币流通的条件下，利率与物价却有非常密切的联系。一方面，纸币价值是由商品流通所决定的货币需要量与流通中货币量的对比状况决定的，当流通中的货币量大于货币需要量时，单位纸币代表的价值量就会下降，以纸币表示的商品价格必然上涨。各国政府都通过调整利率来调节货币供应量，以此来实现物价稳定。另一方面，物价变动必然影响利率变动。因为物价上涨了，人们持有的货币就会贬值；反之，物价下跌了，人们持有的货币就会升值。当物价上涨率高于名义利率时，就出现了负利率。这时，存款者所取得的利息还不能弥补本金贬值，他们的货币不仅没有增值反而遭受了损失，而借者却从借款中获益。因此，在确定利率水平时，必须考虑物价变动情况。

利率与物价的变动具有同向运动的趋势，因为要保持利率水平高于物价上涨率，就必须在物价上涨时调高利率。此外，物价上涨是有支付能力的社会需求大于商品供给量的表现，要稳定物价就必须控制需求，而调高利率、紧缩通货是控制需求的重要手段。

（五）国家经济政策对利率的影响

前面已经指出，马克思揭示了社会再生产状况是影响利率变化的决定性因素，但是，他并不是把利率变化看作社会再生产状况的消极的被动的反映，而是明确指出了利率变化对经济活动有重要

---

[1][2]《马克思恩格斯全集》第25卷，第404页。

[3]《马克思恩格斯全集》第25卷，第665页。

影响。他说："如果英格兰银行在货币紧缩时期，如俗话所说，把螺丝拧紧，也就是把已经高于平均数的利息率再提高，那终究是营业生活上一件严重的事情。"[1] 20世纪30年代资本主义经济大危机过后，资本主义国家普遍推行国家干预经济的政策，利息率成为国家对经济活动实行垄断调节的重要工具。因而，利息率不再是完全随借贷资本的供求状况自由波动，而必须受国家的控制和调节。在现代经济中，世界各国政府都根据本国经济发展状况和经济政策目标，通过中央银行制定的利息率调节资金供求、经济结构和经济发展速度，利息率成为国家调节经济活动的重要经济杠杆，因而利息率不能不受国家经济政策的影响。此外，国家经济政策对经济发展速度、经济结构、资金流向、货币资金供求状况等都产生直接影响，因而也必然成为影响利息率的一个重要因素。

(六) 国际利率水平对国内利率的影响

国际利率水平对国内利率也有重要影响。因为现代经济的一个重要特点是世界各国的经济联系越来越密切，商品、技术、资金越来越多地在世界范围内运动。任何一个国家要使本国经济迅速发展，就不能把本国经济孤立于世界经济体系之外。商品买卖和资金流动越具有国际性，国际利率水平对国内利率的影响就越大。国际利率水平对国内利率的影响是通过资金在国家间的移动实现的。当国内利率水平高于国际利率水平时，外国货币资本就会向国内流动，这不仅有利于改善一国的国际收支状况，而且也改变了货币市场上资金的供求状况。反之，当国内利率水平低于国际利率水平时，不仅外国资本要流出，而且本国资本也会流出，同样会改变货币市场上资金的供求状况。不论国内利率水平高于或低于国际利率水平，在资本自由流动的条件下都会引起货币市场上资金的供求状况发生变化，因而必然引起国内利率变动。此外，利率对国际收支的影响又会进一步影响本国通货的对外价值，直接影响本国的对外贸易。总之，一国政府在调整国内利率时必须考虑国际利率水平。

影响利率变化的因素还有银行成本、国际协议、利率管理以及习惯和法律传统等，对于这些因素，本节不再详加论述。

二、影响我国利率的主要因素

马克思揭示的影响和决定利息率变动的主要因素，随着我国社会主义市场经济体制的确立和发展，以及经济运行机制的转变，已越来越成为影响我国利率变化的主要因素。不过，我国的社会主义市场经济与马克思研究的资本主义市场经济有着时代的和本质的不同，因而影响和决定利率水平的因素也不尽相同。在我国，影响和决定利率的因素主要有以下5点。

(一) 企业承受能力

利息是利润的转化形式，平均利润率直接影响利息率，"利息率只能在平均利润率与零之间摆动"。在我国，由于市场经济才刚刚发展，生产要素的流动还很不充分，不同行业、不同企业的定价机制也很不一致，因而还不可能形成平均利润率，不同行业之间的资金利润率差别很大。在此条件下，如果按照平均资金利润率来确定利率水平，将有半数企业承受不了。此外，我国企业的利息支出摊入成本，随着贷款规模增大和银行贷款利率水平调高，企业的利息成本必然增大，利息成本增大必然减少企业盈利，影响企业和职工的收益；在企业产品价格放开的条件下，利息成本增大必然

---

[1] 《马克思恩格斯全集》第25卷，第617页。

推动物价上涨，影响企业产品销售和经济稳定增长。因此，国家在调整利率水平时必须考虑企业的承受能力。衡量企业承受能力一般是观察利息支出占企业利润的比重和利息支出占企业成本的比重。

(二) 市场资金供求状况

长期以来我国的货币资金分配主要通过国家信贷计划供给，资金供求状况对利率水平影响较小。随着社会主义市场经济体制的建立和发展，市场体系和市场机制逐渐完善，资金供求状况对利率水平的影响越来越大。一方面，随着商品市场变化，资金市场的供求状况必然变化；另一方面，中央银行要运用利率调节资金供求，必然以资金供求状况作为其调整利率的依据。因此，市场资金供求状况越来越成为影响我国利率的重要因素。

(三) 物价变动

在现代纸币流通条件下，实际利率等于名义利率减去物价上涨率。因此，物价变动直接影响利率水平。此外，引起物价上涨的一个重要原因是以货币表示的社会总需求大于总供给，也就是说，货币供应量过多。国家要稳定物价，必然要运用调高利率的手段，来紧缩通货。因此，国家在调整利率时必须考虑物价变动情况。

(四) 银行利润

我国银行的利润状况不只影响银行及其职工的经济利益，更重要的是，它关系到银行资金的积累，调节着中央和地方的经济利益。我国银行的资本金主要靠银行每年从利润中按规定提留，银行利润状况直接影响银行的资金实力。调整银行存贷款利率既可调节银行利润的数量，又必然影响企业的利息成本和盈利状况。

(五) 经济发展状况和国家经济政策

现代经济中利息率已经日益成为国家调节经济的重要杠杆，因此，经济发展状况和国家经济政策是决定利率的一个十分重要的因素。当经济增长过热或物价涨幅过大需要紧缩信用和货币供应量时，国家就调高利率；当经济滑坡，市场商品销售不畅，企业效益下降，国家需要增加货币投入、刺激经济回升时，就会降低利率。从经济发展速度角度看，低利率有利于刺激生产；从调整经济结构角度看，差别利率有利于引导经济结构调整及升级；从引导资金流向角度看，利率可以引导资金流向，协调资源配置；从调节货币资金供求状况角度看，利率可以反向调节，熨平经济波动。

第三节　利率的作用

利率是一个重要的经济杠杆，对经济有着极其重要的调节作用。但在不同的国家、不同的时期以及不同的利率管理体制下，利率作用发挥程度也不一样。一般来说，利率既有对宏观经济的调节作用，又有对微观经济的调节作用；既有直接作用，又有间接作用；既有积极作用，又有消极作用。下面主要介绍利率对储蓄和消费、投资、通货膨胀、经济核算和经济调节的影响及作用。

一、利率对储蓄和消费的引导作用

利率的高低不仅影响储蓄的总量，而且影响储蓄的结构。储蓄是利率的增函数，较高的利率会促进储蓄总量的增加，特别是对储蓄存款的促进作用更加明显。在其他条件不变的情况下，利率的提高会缩减即期消费，从而增加储蓄。储蓄因此通常有较大的弹性。但是，如果收入水平提高了，可能会出现利率水平提高后，储蓄与消费同时增加的现象。利率对储蓄结构的影响，主要表现在储蓄者是选择金融资产还是选择实物储蓄，是选择存款还是选择购买股票、债券等。

在其他条件不变的情况下，从短期来看，利率的提高必然会使消费减少，利率的变化会影响消费总量，消费是利率的减函数。从长期来看，利率影响的只是即期消费量，提高利率，则减少即期消费量，但却会使远期消费量增加，即增加社会消费总量，因为，减少的那部分即期消费如果变成储蓄存款，将为其所有者带来利息收入。

利率通过消费和储蓄对经济发挥作用的传递机制可描述为

$$i\uparrow \to \begin{cases} C\downarrow \to AD\downarrow \to Y\downarrow \\ S\uparrow \to Y\uparrow \end{cases}$$

式中：i 表示利率；C 表示消费；S 表示储蓄；Y 表示总产出；AD 表示总需求。

二、利率对投资的影响作用

投资可分为实质性投资和证券投资。利率对实质性投资和证券投资的影响是不一样的。实质性投资是指对生产流通领域进行的投资活动。实质性投资与利率的高低有着密切的关系。一般理论认为，低利率对实质性投资有刺激作用，高利率则不利于投资规模的扩大。低利率有利于投资，是因为在其他条件不变的情况下，低利率减少了企业生产成本中的利息支出，从而增加企业盈利，使得企业更加有利可图，于是刺激企业扩大投资，扩大生产。但低利率刺激投资有一定的条件限制，既要看利率是否受管制，还要看这个国家的资金供求状况。在发展中国家，由于投资需求旺盛，资金严重短缺，实行低利率政策，不但不会使实质性投资增加，反而会造成一些不良后果。

证券投资是指人们对金融工具或金融商品的购买和持有。在正常的经济情况下，利率与证券价格成反方向变化，即当市场利率下跌时，资金更多地流向证券市场，证券价格会上升。市场利率变化是影响证券行情的一个重要因素。布伦纳和梅尔泽认为，利率通过投资对经济发挥作用的传递机制为

$$M_s\uparrow \to i\downarrow \to P_{证券}\uparrow \to 银行出售证券 \to 银行超额准备金(ER)\uparrow \to 贷款\uparrow \to i\downarrow \to$$
$$真实资本价格\uparrow \to 新产品开发\uparrow \to I\uparrow \to 新产品市场扩大\uparrow Y\to$$

式中：M_s 表示货币供应量；i 表示利率；P 表示价格；I 表示投资；Y 表示总产出。

不同学派对利率如何通过投资对经济发挥作用的共同认识是：在通常情况下，降低利率会增加投资，从而有利于经济增长；提高利率会减少投资，从而不利于经济增长。

三、利率对通货膨胀的影响作用

利率作为经济杠杆，如果运用得好，可以起到稳定物价、抑制通货膨胀的作用。利率对通货膨胀的抑制作用是通过以下途径实现的：①利率可以调节货币供应量。当流通中的货币量超过货币需

要量，出现物价上涨时，调高利率可以抑制信贷需求，从而收缩信贷规模，减少货币供应量，最终促使物价稳定。②利率可以调节社会总供给和总需求。调高利率可以使更多的社会闲散资金以存款的方式集中到银行，这一方面推迟了购买力，减少了社会总需求；另一方面，银行得以聚集更多的资金，可以用来支持适销对路的商品，增加有效供给，从而使社会总供给和总需求趋于平衡，达到稳定物价的目的。

1988—1993年，我国出现了明显的通货膨胀，国家几次调高了存贷款利率，对抑制通货膨胀起到了一定的作用。1996年以来，我国物价涨幅明显回落，所以中国人民银行多次调低了存贷款利率，这对于扩大内需，增加有效需求，促进国民经济发展起到了积极作用。2007年，我国消费物价指数居高不下，国家年度内7次调高利率。2008年之后，由于国际金融危机的爆发，为了促进我国经济恢复，也采用了调低利率的政策。同期，西方主要国家也纷纷实行低利率政策刺激经济发展。

四、利率对经济核算的影响作用

对存款人来说，利息是让渡资金使用权的报酬，适当的利率水平可以鼓励居民勤俭节约，促进企业加强经济核算，将节约的资金存入银行，以取得更多利息。对借款人来说，利息是借入资金所付出的代价，借入资金越多利息越高，借款人的利息负担就越重。企业为了减轻利息负担，也必须加强经济核算，节约使用资金，加速资金周转，提高经营管理水平和资金使用效益。

银行还可以运用利率杠杆，对那些经营管理不善、资金周转慢、贷款逾期不还的企业实行高利率；对那些经营管理好、资金效益高、信用状况好的企业实行优惠利率，从而促进企业加强核算，提高资金使用效益。

五、利率对经济的调节作用

利率对宏观经济和微观经济都有着重要的调节作用。利率对经济的调节作用主要是通过以下途径实现的。

(一) 聚集社会闲散资金

聚集和积累资金是利率最主要的功能。正是因为利率的存在，才能使分散在社会各阶层的货币收入和再生产过程中暂时闲置的货币资金得以集中起来，转化为信贷资金，通过信贷资金的分配，满足生产发展的资金需要，促进经济快速发展。

(二) 优化产业结构

利率作为资金的价格，会自发地引导资金流向利润率较高的部门，实现社会资源的优化配置。同时，银行还可以自觉地运用差别利率政策，对国家急需发展的农业、能源、交通运输等行业以及有关的企业和产品，适当降低贷款利率，大力支持它们的发展；对需要限制的某些加工行业以及有关的企业和产品，适当提高利率，限制其发展，从而优化产业结构，实现经济结构合理化。

(三) 调节货币流通

利率对货币流通的调节作用主要表现在以下3个方面：①存款利率的高低直接影响银行的存款规模，对实现社会购买力与商品可供量的平衡有调节作用；②贷款利率的高低直接影响银行的贷款规模，决定货币供应量，对币值稳定有重要影响；③利率的高低直接影响企业的生产规模和经营状况，从而影响社会商品的供给总量和结构，对货币流通正常与否有重要影响。

(四) 平衡国际收支

当国际收支逆差比较严重时，可以通过利率杠杆来调节，可以将本国的利率调到高于其他国家的程度，这样一方面可以阻止本国资金流向利率较高的其他国家；另一方面还可以吸收外资流入本国。但是，当国际收支逆差发生在国内经济衰退时期，则不宜采取调节利率水平的做法，而只能通过调整利率结构来平衡国际收支。

第四节　利率市场化改革

利率市场化改革是利率管理体制改革的一个重要内容，利率杠杆的功能能否发挥，发挥的效果如何，均与利率管理体制有很大关系。

一、利率管理体制类型

利率管理体制是一国经济管理体制的组成部分，它规定了金融管理当局或中央银行的利率管理权限、范围和程度。

世界各国采取的利率管理体制大致可以分为3种类型：①国家集中管理；②市场自由决定；③国家管理与市场决定相结合。大多数国家在相当长的时间内采取了最后一种利率管理体制，即国家管理与市场决定相结合的利率管理体制，但国家管理的程度和方式各有不同。从20世纪70年代开始，西方大多数国家逐步放松了利率管制，金融市场的利率更多地由市场决定，呈现出一种利率自由化的趋势。

二、利率市场化改革的必要性

利率市场化是指货币当局将利率的决定权交给市场，由市场主体自主决定利率，货币当局则通过运用货币政策工具，间接影响和决定市场利率水平，以达到货币政策目标。利率市场化实质上是一个逐步发挥市场机制在利率决定中的作用，进而实现资金流向和配置不断优化的过程。

1. 对优化资金配置具有重要意义

在利率市场化条件下，利率的价格杠杆功能将进一步增强，推动金融资源向真正有资金需求和发展前景的行业、企业配置，有利于发挥市场在资源配置中的决定性作用，提高资源配置效率。特别是当前我国经济处在新旧产业和发展动能转换接续的关键期，放开利率管制可为金融机构按照市场化原则筛选支持的行业、企业提供更大空间，有利于稳增长、调结构、惠民生，促进实现经济健康可持续发展。

2. 为推动金融机构转型发展注入了新的动力

随着利率管制的基本放开，金融机构在利率受保护情况下"规模即效益"的传统经营模式将不可持续，有利于推动金融机构树立起"以利润为中心"的经营理念，加快转变经营模式，完善定价机制，提高自主定价能力，实现差异化定价，真正满足日益多样化的金融需求，切实提升金融服务水平，进一步增强可持续发展能力。

3. 为货币政策调控框架转型创造了有利条件

近年来金融市场创新发展，作为中介目标的货币总量与经济增长、物价等最终目标之间的相关性有所降低。利率市场化有利于促使利率真正反映市场供求情况，为中央银行利率调控提供重要参考。从国际经验看，强化价格调控是提高宏观调控效率的必然选择，而放开利率管制、健全市场化利率形成和调控机制是实现货币政策调控框架转型的根本前提。

三、利率市场化改革的思路

利率市场化是一个过程，不可能一步到位。利率市场化改革要采取渐进式改革方式。利率市场化改革应坚持有效性、灵活性、规范性和渐进性的原则，审时度势，分步推进，逐步到位。

首先，推进货币市场的发展和统一，促进市场化的利率信号的形成。放开同业拆借利率是利率市场化重要的一步，而且震动比较小。同业拆借市场利率放开后，很快就会形成一个货币市场利率。我国已于1996年放开了同业拆借利率。

其次，根据市场利率及时调整贷款利率，进一步扩大商业银行贷款利率的浮动范围。在此基础上，中央银行逐步放开对整个贷款利率的严格管制，只根据市场利率确定一年期贷款利率。其他期限的利率水平由商业银行自主套算。

再次，推进银行间利率体系的建立和完善。根据市场利率的波动状况和资金供求状况，动态地调整中央银行再贷款利率，使其成为货币市场的主导利率指标，并逐步取消准备金利率，促使商业银行积极参与货币市场交易和国债交易，推动中央银行再贷款利率、货币市场利率、国债二级市场利率形成一个比较完善的银行间市场利率体系。

最后，推动存款利率的市场化。从大额定期存单等品种开始，逐步扩大存款利率的浮动范围。

此外，在利率市场化的币种选择上，应当优先放开对外币利率的管制。在推进人民币利率市场化的进程中，既要大幅度地简化利率种类，又要建立合理的利率体系。

四、利率市场化改革的措施

(1) 利率管理由指令性集中管理转向导向型弹性管理，逐步放松利率管制。利率市场化的过程同时也就是放松利率管制的过程，中国人民银行逐步放松对存贷款利率的直接控制，赋予金融机构利率管理上更大的自由度和灵活性，逐步由市场决定利率。中国人民银行则把利率管理的重点逐步转移到完善利率监测机制上来。

(2) 保持合理的利率水平，完善利率结构。要根据资金供求状况，保持合理的利率水平，使利率能较好地反映资金的供求状况。同时要完善利率结构，包括完善利率的期限结构、资产结构、层次结构等，促进利率的宏观调节作用与微观调节作用的有机统一和充分发挥。

(3) 健全经济主体的利益和风险机制，提高利率弹性。利率的经济杠杆作用能否发挥，能够在多大程度上发挥，与利率弹性的大小有很大关系。只有当经济主体有较高的利率弹性时，利率对储蓄、投资及社会总需求与总供给才有充分灵敏的调节功能。要提高经济主体的利率弹性，就必须改革企业产权制度(包括金融企业的产权制度)，提高储蓄者的金融意识。

(4) 为利率市场化创造一个良好环境。如大力发展金融市场，特别是要优先发展货币市场，把利率管理、利率市场化纳入法制化的轨道，利率市场化进程要与汇率改革、货币供应量控制及中央银行货币政策工具的市场化同步进行。

五、中国利率市场化改革的进程

2012年6月8日起，将金融机构存款利率浮动区间的上限调整为基准利率的1.1倍；将金融机构贷款利率浮动区间的下限调整为基准利率的0.8倍。

2012年7月6日起，将金融机构贷款利率浮动区间的下限调整为基准利率的0.7倍。个人住房贷款利率浮动区间不做调整，金融机构要继续严格执行差别化的各项住房信贷政策，继续抑制投机投资性购房。

2013年7月20日起，人民银行全面放开贷款利率和票据贴现利率管制，不再对农信社贷款利率设立上限，由金融机构根据商业原则自主确定贷款利率水平，贷款利率市场化取得了突破性的进展。个人住房贷款利率浮动区间不做调整，仍保持原区间不变，继续严格执行差别化的住房信贷政策。

2013年9月24日，市场利率定价自律机制正式成立，为改革奠定制度基础，主要职责是维护公平有序的市场竞争环境、培育Shibor和贷款基础利率、促进涉及基准利率培育的产品创新，通过合格审慎评估激励金融机构增强财务硬约束、提高自主定价能力、实现可持续发展，并协助人民银行等强化市场定价行为监测。

2013年10月25日，进行基准利率体系方面的创新。贷款基础利率集中报价和发布机制正式运行，贷款基础利率是指资质好的商业银行对最优客户的贷款利率，是综合了其资金成本、信贷风险程度、最低资本回报预期等因素综合确定的最优贷款利率。当时有10家市场利率定价自律机制首届核心成员集中报价，每日上午11：00前对外发布，从利率走势看，能够随行就市，较好地反映了社会资金成本的变化。

2013年12月9日起，人民银行开始实行《同业存单管理暂行办法》；2013年12月12日，首批同业存单成功发行。同业存单发行的意义主要有两个，一方面规范了同业存款，将同业存款变成了可交易的、可测的产品，拓宽了金融市场的广度和深度，另一方面，更重要的是，它是负债产品市场化定价的试水和探索，为下一步发行面向企业和客户的大额存单打基础。

2014年1月29日，中国人民银行办公厅转发了市场利率定价自律机制制定的《金融机构合格审慎评估实施办法》，通过合格审慎评估遴选出符合宏观审慎、财务硬约束等要求的金融机构作为自律机制基础成员，并优先赋予其包括发行同业存单以及面向企业和个人的大额存单在内的更多市场定价权和产品创新权。

2014年11月22日起，调整金融机构存款利率浮动区间。存款利率浮动区间的上限由基准利率的1.1倍调整为1.2倍。简并存贷款基准利率期限档次。存款利率方面，人民银行不再公布人民币五年期定期存款基准利率。贷款利率方面，贷款基准利率期限档次简并为一年以内(含一年)、一至五年(含五年)和五年以上三个档次。

2015年3月1日起，扩大金融机构存款利率浮动区间。存款利率浮动区间的上限由基准利率的1.2倍调整为1.3倍。金融机构可在上限范围之内自主确定对客户的存款利率水平。

2015年4月2日，山西省市场利率定价自律机制成立，旨在发挥市场利率定价自律机制的自律、协调作用，促进金融机构科学合理定价，维护公平有序的市场定价秩序。

2015年5月11日起，扩大金融机构存款利率浮动区间。存款利率浮动区间的上限由基准利率的1.3倍调整为1.5倍。金融机构可在上限范围之内自主确定对客户的存款利率水平。放开金融机构小额外币存款利率浮动区间上限。金融机构小额外币存款利率由金融机构根据商业原则自主确定。

2015年6月2日，人民银行发布了《大额存单管理暂行办法》，并在市场利率定价自律机制核心成员范围内试点发行，大额存单发行利率以市场化方式确定。

2015年8月26日起，放开金融机构一年以上(不含一年)定期存款利率浮动上限。其中，一年以上整存整取、零存整取、整存零取、存本取息定期存款利率可由金融机构参考对应期限存款基准利率自主确定；其余期限品种存款利率浮动上限仍为基准利率的1.5倍。

2015年10月24日起，放开商业银行、农村合作金融机构、村镇银行、财务公司、金融租赁公司、汽车金融公司等金融机构活期存款、一年以内(含一年)定期存款、协定存款、通知存款利率上限。上述金融机构以上期限品种存款利率可参考对应期限存款基准利率自主确定，至此存款利率上限全面放开。

2016年2月21日起，将职工住房公积金账户存款利率，由按照归集时间执行活期、三个月存款基准利率，调整为统一按一年期定期存款基准利率执行。

2017年，中国人民银行继续深入推进利率市场化改革。一是继续培育金融市场基准利率体系。1月3日起，Shibor 发布时间由上午9：30调整为上午11：00，促进 Shibor 更好地反映市场利率情况，基准性进一步增强。5月31日，人民银行指导全国银行间同业拆借中心推出了银银间回购定盘利率(FDR，包括隔夜、7天、14天三个期限)和以7天银银间回购定盘利率(FDR007)为参考利率的利率互换产品，完善银行间市场基准利率体系。二是不断健全市场利率定价自律机制。进一步拓宽自律机制成员范围，同时进一步完善省级自律机制。三是有序推进同业存单和大额存单的发行交易。8月31日，人民银行发布公告明确同业存单的发行期限不得超过 1 年，引导同业存单市场规范有序发展。四是继续完善中央银行利率调控体系。探索构建利率走廊机制，积极疏通利率传导渠道，增强央行引导和调节市场利率的有效性。

2018年，继续深入推进利率市场化改革，推动利率"两轨合一轨"。一是提高中央银行市场化利率调控能力，疏通货币政策传导。完善利率走廊机制，提高央行对市场利率的调控和传导效率。二是不断健全市场利率定价自律机制。进一步扩宽自律机制成员范围。三是加快推动大额存单发展。在维护市场秩序的情况下，扩大大额存单发行主体范围，发挥大额存单在推动利率市场化改革方面的积极作用，"开好正门"。四是促进同业存单市场规范发展。

2019年，改革完善LPR形成机制，疏通货币政策传导。2019年8月17日，人民银行宣布完善LPR形成机制，推出新的LPR报价原则、形成方式、期限品种、报价银行、报价频率和运用要求。提高银行贷款定价的自主权，推动银行改进经营行为，坚决打破贷款利率隐性下限，疏通市场化利率传导渠道。积极督促 LPR推广运用，稳妥推进存量贷款定价基准转换。将银行新发放贷款运用LPR的占比情况纳入宏观审慎评估(MPA)，促进银行积极有序运用LPR定价，转变传统定价思维，将 LPR下降效果有效传导至贷款利率，LPR改革降低企业融资成本的作用已经显现。

2020年，人民银行用改革的办法畅通货币政策传导，持续推进贷款市场报价利率(LPR)改革，企业融资成本明显下降。

在利率市场化改革过程中，逐步实现了贷款利率市场化，基本放开存款利率管制，利率管制基本放开。市场利率定价自律机制建立健全，促进金融机构完善法人治理结构，强化财务硬约束，提高自主定价能力。同业存单和大额存单发行交易有序推进，同业存单和大额存单的发行交易日趋活跃。上海银行间同业拆借利率(Shibor)和贷款基础利率(Loan Prime Rate，LPR)的建立和运行，使得金融市场基准利率得到有效培育。中央银行利率调控体系逐步完善，中国人民银行通过改革再贷款(再贴现)利率形成机制、存款准备金利率制度，完善公开市场操作体系以及创设常备借贷便利(SLF)

和中期借贷便利(MLF)等途径,不断完善中央银行利率调控体系,同时积极疏通中央银行利率传导渠道,增强引导和调节市场利率的有效性。

本 章 小 结

1. 利率的种类很多,包括官定利率、公定利率和市场利率,名义利率和实际利率,固定利率和浮动利率等。

2. 影响利率的因素很多,包括平均利润率、借贷资本供求关系、中央银行的货币政策、国际利率水平、预期通货膨胀率、汇率、借贷期限、借贷风险等。

3. 利率主要通过以下途径来影响经济:储蓄、投资、社会再生产、国际收支、物价水平等。

4. 利率市场化受到微观经济主体、金融机构、中央银行、货币市场等多种因素制约。必须采取正确的利率市场化思路和措施。

习 题

一、 单项选择题

1. 短期金融市场中具有代表性的利率是( ),其他短期借贷利率通常比照此利率加一定的幅度来确定。

    A. 存款利率   B. 贷款利率

    C. 同业拆借利率   D. 国债利率

2. 下列哪项因素变动会导致利率水平上升( )。

    A. 投资需求减少   B. 居民储蓄增加

    C. 中央银行收缩银根   D. 财政预算减少

3. 在借贷存续期内,随市场资金供求变化的利率是( )。

    A. 公定利率   B. 市场利率

    C. 优惠利率   D. 一般利率

4. 通常情况下,市场利率上升会导致证券市场行情( )。

    A. 看涨   B. 看跌

    C. 看平   D. 以上均有可能

5. 利息是( )的价格。

    A. 货币资金   B. 借贷资本

    C. 外来资本   D. 银行贷款

6. 在多种利率并存的条件下起决定作用的利率是( )。

    A. 基准利率   B. 差别利率

    C. 实际利率   D. 公定利率

7. 下列选项中,关于单利和复利表述正确的是( )。

    A. 单利反映了利息的本质   B. 只有复利才反映了利息的本质

    C. 单利和复利都反映了利息的本质   D. 以上均是

二、多项选择题

1. 以借贷期内利率是否调整为标准，利率分为(　　)。
   A. 市场利率
   B. 官定利率
   C. 浮动利率
   D. 固定利率
   E. 名义利率

2. 以利率是否按市场规律自由变动为标准，利率可分为(　　)。
   A. 市场利率
   B. 官定利率
   C. 公定利率
   D. 固定利率
   E. 浮动利率

3. 导致利率上升的因素有(　　)。
   A. 扩张的货币政策
   B. 紧缩的货币政策
   C. 通货膨胀
   D. 经济高增长
   E. 扩张性财政政策

4. 当预期未来利率上升时，商业银行资产业务应该更倾向于(　　)。
   A. 发放短期贷款
   B. 买入长期债券
   C. 买入短期债券
   D. 发放长期贷款
   E. 购买股票

三、判断正误题

1. 1996年我国零售物价上涨了6.1%，8月23日调整后的定期一年存款利率为7.47%，则实际利率为1.37%。　　(　　)
2. 在其他条件不变的情况下，中央银行增加货币的发行量，会导致利率的下降。　　(　　)
3. 在投资不变的情况下，居民储蓄意愿增加，会导致利率上升。　　(　　)
4. 伦敦同业拆借利率是固定利率。　　(　　)
5. 在利率体系中发挥指导性作用的利率是公定利率。　　(　　)
6. 利息是投资人让渡资本所有权而索要的报酬。　　(　　)
7. 固定利率借贷条件下，通货膨胀给债务人造成损失的可能性增加。　　(　　)

四、简答题

1. 简述马克思利率决定论的基本内容。
2. 简述利率的作用。
3. 简述利率对储蓄、消费和投资的引导作用。
4. 简述中国利率市场化的思路。

五、论述题

1. 决定和影响利率水平的因素有哪些？
2. 结合我国实际，分析当前我国利率市场化改革的措施。

案 例 分 析

案例一　完善利率传导机制

2019年8月，按国务院部署，中国人民银行改革完善贷款市场报价利率(LPR)形成机制。改革完善后的LPR由报价行在中期借贷便利(MLF)利率上加点报出，加点幅度主要取决于各行自身资金成本、市场供求、风险溢价等因素。

MLF利率是央行的中期政策利率，代表了银行体系从中央银行获取中期基础货币的边际资金成本，由于中央银行掌握基础货币供应，央行的政策利率必然是市场利率定价的基础，也是市场利率运行的中枢。MLF等货币政策工具提供的资金在银行负债中占比虽然不高，但对市场利率起决定性作用的不是总量而是边际量。在银行信用货币制度下，货币创造的主体是银行，银行通过资产扩张创造存款后，需要更多的基础货币以满足法定准备金要求，因此对基础货币有持续需求。央行掌握基础货币的供应，只需做少量必要操作，就可对市场利率产生决定性的边际影响，而无须通过巨量操作使央行资金成为银行的主要负债。MLF利率作为中期政策利率，与作为短期政策利率的公开市场操作利率共同形成央行政策利率体系，传达了央行利率调控的信号，并且MLF在期限上与LPR匹配，适合作为银行贷款定价，即银行体系向实体经济提供融资价格的重要参考。在MLF利率的基础上，报价行可根据自身资金成本等因素加点报价。实际上，LPR与MLF利率的点差不完全固定，体现了报价行报价的市场化特征。同业存单、回购和拆借等银行之间融资工具的利率，以及国债收益率曲线，受多种因素影响，有一定的短期波动，但从中长期看，大体也是围绕央行政策利率波动的。

改革以来，LPR报价逐步下行，较好地反映央行货币政策取向和市场资金供求状况，已成为银行贷款利率定价的主要参考，并已内化到银行内部资金转移定价(FTP)中，原有的贷款利率隐性下限被完全打破，货币政策传导渠道有效疏通，"MLF利率→LPR→贷款利率"的利率传导机制已得到充分体现。

同时，LPR改革也有效地推动了存款利率市场化。2015年10月以来，存款基准利率未做调整，但存款利率的上下限均已放开，银行实际执行的存款利率可自主浮动定价。随着LPR改革深入推进，贷款利率的市场化水平明显提高，已经和市场接轨。改革以来贷款利率明显下行，为了与资产收益相匹配，银行会适当降低其负债成本，高息揽储的动力随之下降，从而引导存款利率下行。从实际情况看，在存款基准利率保持不变的情况下，近期银行各期限存款利率均有所下降。几家大型银行主动下调了3年期、5年期大额存单发行利率，股份制银行随之做了相应下调，部分地方法人银行的存款利率也有所下行。2020年6月，国有大行、股份制银行大额存单加权平均利率分别为2.64%和2.71%，较2019年12月下降30个和34个基点。代表性的货币市场基金收益率也已降至1.5%以下，低于1年期存款基准利率。结构性存款和银行理财产品收益率均有所下行。这充分体现了通过LPR改革促进降低存款利率的市场机制已经发挥作用，货币政策向存款利率的传导效率也得到提高，存款利率市场化改革取得重要进展。

2020年以来，人民银行用改革的办法畅通货币政策传导，持续推进贷款市场报价利率(LPR)改革，企业融资成本明显下降。一是前瞻性引导公开市场操作利率和中期借贷便利中标利率下降30个基点，带动1年期LPR下行30个基点。推动整体市场利率和贷款利率下行，支持合理的贷款需求增长。12月，企业贷款利率4.61%，较2019年12月下降0.51个百分点，连续两个月创有统计以来最低水平。二是进一步推动LPR运用。自2020年1月1日起新发放贷款不再参考贷款基准利率定价。2020年3月至8月，按照市场化、法治化原则顺利完成存量浮动利率贷款定价基准转换。截至8月末，存量贷款定价基准转换率达92.4%。促进银行将LPR嵌入内部转移定价(FTP)体系，切实打破贷款利率隐性下限，引导金融资源更多配置至小微、民营企业，降低贷款实际利率水平。三是推进信用卡透支利率市场化。从2021年1月1日起，信用卡透支利率由发卡机构与持卡人自主协商确定，取消信用卡透支利率上限和下限管理。放开信用卡透支利率的行政管制，完全实现市场化定价，有利于促进市场竞争，督促发卡机构改进服务。四是强化利率行业自律，推动明示贷款年化利率。设立特殊成员，将小贷公司等机构纳入利率自律范围，健全利率定价自律机制。五是继续发挥存款基准利率作为我国整个利率体系"压舱石"的作用，加强存款利率自律管理，压降不规范存款创新产品，维护存款市场竞争秩序。LPR 改革促进了金融结构优化，畅通银行内部定价机制，有效推动存款利率市场化，存款利率整体有所下行。

(资料来源：中国人民银行官网，2020年中国货币政策执行报告)

问题：

1. 说明MLF利率在目前利率传导机制中的作用？
2. 人民银行用哪些改革的办法畅通货币政策传导？

案例二　日本利率市场化的进程

　　1977年4月，日本大藏省正式批准：各商业银行承购的国债可以在持有一段时间后上市销售。经过17年努力，到1994年10月，日本已放开全部利率管制，实现了利率完全市场化。完成这一艰难而必要的金融自由化过程，日本大概经历了如下4个阶段。

1. 放开利率管制的第一步：国债交易利率和发行利率的自由化

　　日本经济在低利率水平和严格控制货币供应量政策的支持下获得迅速发展。但是，1974年之后，随着日本经济增长速度的放慢，经济结构和资金供需结构也有了很大的改变，"二战"后初期形成的以"四叠半"(意为狭窄)利率为主要特征的管制体系已不适应这种经济现状了。

　　20世纪50年代之后近20年的经济高速增长，无论是日本企业还是日本国民，都已积累下巨额金融资产。经济增长速度放慢后，企业对资金的需求逐渐降低，特别是在企业自有资金增加后，企业更多地转向依赖内部积累。据统计，内部积累资金占企业对资金需求的比例如下：1956—1960年时为48%，到1972年时提高到99%(宫崎义一，1985)。日本国民的储蓄水平也在较大幅度提高。活期存款加定期存款加邮政储蓄的总额，从1955年年末到1970年年末增长了14倍(森田达郎，1993)。1973—1974年经济危机过后，日本政府为刺激经济增长，财政支出日渐增加，政府成为当时社会资金最主要的需求者。培育和深化非间接金融中介市场的条件已初步具备。

　　从理论上来分析，要想较为充分地发挥市场机制的作用，形成的价格能反映资源配置状况，必须有一个交易便利、巨大的市场。这就首先要求交易品种的丰富多样。金融市场的发展也同样如此，没有多品种、大规模的金融资产进入市场交易，自然也很难形成市场利率。为适应当时日本资金需求主体由企业转向政府这一现实，扩大国债规模成为日本政府当时最便利的选择。国债发行规模扩大的直接结果便是金融市场的交易品种和规模得到了扩展，为其进一步发展奠定了基础。而且从欧美各国来看，国债的交易利率是金融市场其他利率的一个基础。因此，首先由国债发行和转让利率的自由化开始金融自由化，确实找到了一个较为理想的突破口。

1975年，日本政府为了弥补财政赤字再度发行赤字国债(第一次是1965年)，这翻开了日本国债发行史新的一页。此后，便一发不可收，国债发行规模愈来愈大。国债余额从1975年到1985年增加了7.5倍，而同期的金融资产总额只增加了2.9倍，名义GNP只增长了2.1倍；国债余额总量已近150万亿日元，占名义GNP的比重由9.8%上升到41.9%(森田达郎，1992)。国债发行规模的扩大，带来的第一个问题便是，日本银行不得不在回收国债与控制货币发行量之间抉择。最初的情况是：日本政府国债的初始承购人是各大银行，但一年后，大约有3/4的国债便会被日本银行通过公开市场回收。在国债大量发行的情况下，这必将引起国债货币化，造成通货膨胀。全面回收国债，日本银行显然已无力承受，不回收国债，商业银行则无力承受国债的低利率，必将造成国债发行困难。在这种情形下，日本政府和日本银行不得不允许国债的自由上市流通，这是1997年4月批准的。第二年开始了以招标方式来发行中期国债。这样，国债的发行和交易便首先从中期国债开了利率自由化的先河。长期国债的大规模发行，为后来引入短期国债(TB)(1986年)创造了条件，而短期国债和政府短期债券(FB)的引入对于后来在货币市场形成短期市场利率起了很大作用。

2. 放开利率管制第二步：丰富短期资金市场交易品种

日本利率管制主要集中于银行存贷市场和货币市场，所以形成短期市场利率也成为整修金融自由化的难点。在1978年4月，日本银行允许银行拆借利率弹性化(在此以前，同业拆借适用于全体交易利率是基于拆出方和拆入方达成一致的统一利率，适用于全体交易参加者，并于交易的前一天予以明确确定)，6月又允许银行之间的票据买卖(1个月以后)利率自由化。这样，银行间市场利率的自由化首先实现了。之后货币市场的发育，便主要转向了交易品种的丰富，从而进入形成真正的短期市场利率打基础的阶段。

日本货币市场的发育程度与欧美等国的货币市场以及与其自身长期资本市场相比是比较低的，主要表现之一便是交易品种不丰富。1979年之前，其主要的交易品种只有银行同业间市场的拆借和票据买卖、债券回购两个项目，其中主要是前者。到1980年时，在日本货币市场余额中前者所占比重仍高达近60%，而债券回购只占27%。在增加市场交易品种方面，日本银行首先选择了大额可转让定期存单(CD)。美国银行界通过这一手段绕过了当时美国法律对存款利率的限制，之后成功实现了Q项规则的被取消、利率的自由化。日本银行在1972年已在海外成功发行CD。在这一基础上，1972年3月日本政府批准正式在国内引进CD，且其利率不受临时利率调整法限制。事后的发展证明，CD迅速成为货币市场中的主要交易工具。从1979年5月的5 126亿日元到突破1万亿日元，只用了不到6年时间。CD为日本实践利率自由化找到了最佳的途径。1981年，日本银行在市场上销售政府短期债券，从而在CD市场之外又形成了政府短期债券流通市场；1986年2月短期国债又被成功引入；1987年11月创设国内的CP市场。日本货币市场至此在结构上已基本形成。到1989年9月时，其市场结构如下：银行间市场(同业拆借加票据)占36.8%，CD占25.7%，CP占14.3%，TB占4.3%，FB占7.6%，债券回购占6.3%(森田达郎，1992)。

3. 放开利率管理的第三步：交易品种小额化，将自由利率从大额交易导入小额交易

在拓展市场交易品种和扩大市场交易规模的基础上，日本已成功地实现了银行间市场、中长期债券市场、短期市场上的大额交易品种自由化。而实现彻底的利率自由化是要最终放开对普通存贷利率的管制，实现自由化，如何在已完成利率自由化的市场与普通存款市场之间实现对接成为解决问题的关键。日本政府采取的办法是通过逐渐降低已实现自由化利率交易品种的交易单位，逐步扩大范围，最后全部取消利率管制。在这一过程中，日本货币当局逐级降低了CD的发行单位和减少了大额定期存款的起始存入额，并通过引入与CD市场利率联动的MMC型存款，逐步实现了由管制

利率到自由利率的过渡。如CD发行单位最初为5亿日元，到1984年1月降为3亿日元，1985年4月降为1亿日元，存入期限也由原来的3个月以上降为1个月以上、6个月以内，1988年又将发行单位降为5 000万日元，时间变为2周以上、2年以下；定期存款利率的自由化，1985年10月开始时限额为10亿日元，后逐级下调，到1991年11月降为300万日元；MMC存款，名为定期存款，但其存款利率与CD市场联系，其实质已成为一种自由利率的存款。1985年3月，引入时起点为5 000万日元，期限6个月，后逐渐降低存入单位限额，时间也随之延长，到1991年4月降为50万日元，时间延至一年。至此，定期存款的利率自由化其实已基本实现。

在存款利率逐步自由化的同时，贷款利率自由化也在进行之中。由于城市银行以自由利率筹资的比重上升，如果贷款利率不随之调整，银行经营将难以为继。1989年1月，三菱银行引进一种短期优惠贷款利率，改变了先前在官定利率基础上加一个小幅利差决定贷款利率的做法，而改为在筹集资金的基础利率之上加百分之一形成贷款利率的做法。筹资的基础利率是在银行4种资金来源基础上加权平均而得，这4种资金来源是：①流动性存款；②定期存款；③可转让存款；④银行间市场拆借资金。由于后两种是自由市场利率资金，所以，贷款资金利率已部分实现自由化。随着后两部分资金在总筹资中比重的增加，贷款利率的自由化程度也相应提高。

4. 放开利率管制的第四步

在上述基础上，日本实质上已基本完成了利率市场化的过程，之后需要的只是一个法律形式的确认而已。1991年7月，日本银行停止"窗口指导"的实施；1993年6月，定期存款利率自由化，同年10月流动性存款利率自由化；1994年10月，利率完全自由化，至此日本利率自由化画上了一个较完满的句号，同时，也标志着其国内金融自由化的基本实现。

日本的利率自由化过程对其他国家的利率自由化提供了一个很好的样板。其基本特点可归纳为如下几个方面：①先国债，后其他品种；②先银行同业，后银行与客户；③先长期利率，后短期利率；④先大额交易，后小额交易。

(资料来源：上海财经大学《货币银行学》教学网)

问题：

1. 什么是利率市场化？
2. 日本的利率市场化对我国有什么启示？

第四章

金 融 市 场

高效配置资源是一国经济发展的重要保证，其中的关键是关于资金的合理配置。金融市场的核心内容就是资金的融通机制，如何高效率地合理配置资金对一国经济的发展具有重要的意义。金融市场就是这一资金融通机制的主要载体之一。通过参与金融市场活动，各经济主体实现调剂资金余缺的目的，同时也使资金配置更趋于合理。其中，资本市场作为以中期或长期投资为基本特征的金融市场，在解决各经济主体长期投融资的需要求方面发挥重要的作用。货币市场是一年以内融资活动的交易市场，致力于解决各经济主体短期资金周转方面的问题。

第一节　金融市场概述

一、金融市场的概念及构成要素

(一) 金融市场的概念

金融市场是指以金融资产为交易对象而形成的供求关系及其机制的总和。它包括如下3层含义：一是金融资产进行交易的有形或无形的场所；二是反映了金融资产的供应者和需求者之间所形成的供求关系；三是包含了金融资产交易过程中所产生的运行机制，其中最主要的是价格机制。这里，金融资产是指一切代表未来收益或资产合法要求权的凭证，亦称为金融工具，尤以证券为主。证券分为两大类。一类是债务性证券，其发行者需要在特定时期按约定条件支付一定的报酬给持有人，如债券、存款单等。另一类为权益性证券，要求发行者在支付债务性证券后，按收益对权益性证券的所有者进行支付，其中最典型的是普通股。

(二) 金融市场的构成要素

市场必须具备交易的对象、交易的主体、交易的工具及交易的价格这4个要素，金融市场也是如此。

金融市场的交易对象是货币资金。无论是银行的存贷款，还是证券市场上的证券买卖，最终要达到的目标都是货币资金的转移,或贷者向借者的转移,或贷者向贷者的转移,或借者向借者的转移。与商品市场上商品的买卖不同之处在于,金融交易大多只是表现为货币资金使用权的转移,而商品交易则表现为商品所有权和使用权的同时转移。

金融市场上的交易主体包括任何参与交易的个人、企业、各级政府和金融机构。若按是否专门从事金融活动划分,可以分为不专门从事金融活动的主体与专门从事金融活动的主体两大类。不专门从事金融活动的主体主要由个人、企业和政府部门构成,它们不以金融交易为业,参与交易是为了自身在资金供求方面的需要。在它们之间发生的金融交易是直接金融,即资金从盈余部门向赤字部门的直接转移。直接金融借助于直接金融工具的买卖完成。专门从事金融活动的主体则主要由以金融活动为业的机构或个人组成,包括各类银行、保险公司、财务公司等。通过它们实现的金融交易,称为间接金融,即资金从盈余部门向赤字部门的转移是通过它们的媒介才得以实现的。由作为金融媒介的机构发行的金融工具称作间接金融工具。

金融市场上的交易工具是各种信用工具。这是借贷资本在金融市场上交易的对象,如各种债券、股票、票据、可转让存单、借款合同、抵押契约等,是金融市场上实现投资、融资活动必须依赖的标的。

金融市场的交易"价格"是利率。各种金融市场均有自己的利率,如贴现市场利率、国库券市场利率、银行同业拆借市场利率等。但不同的利率之间有密切联系。通过市场机制作用,所有各种利率在一般情况下,呈同方向的变化趋势。

二、金融市场的类型

为了更充分地理解金融市场,尽可能地反映这个复杂市场的全貌,以下从多个角度对金融市场做出分类,见表4-1。

表4-1　金融市场的分类

标志	分类	构成/说明
融资期限	货币市场	同业拆借、短期证券、商业票据、CDs、回购
	资本市场	中长期存贷、证券市场:股票、债券、基金
融资工具	证券市场	有价证券发行、买卖
	商业票据市场	商业票据贴现、买卖
	可转让定期存单市场	大额可转让定期存单
交易对象	资金市场	借贷资金:货币市场、资本市场
	外汇市场	所有外汇交易:以银行间外汇交易为主
	黄金市场	既是金融市场,又是商品市场(工业用金)
中介特征	直接金融市场	
	间接金融市场	
地域范围	国内金融市场	
	国际金融市场	
组织方式	有组织的市场	场内交易市场、交易所
	无组织的市场	场外交易市场、柜台市场、第三市场、第四市场

标志	分类	构成/说明
资产新旧	一级市场	新证券的发行；筹资功能
	二级市场	已发证券的买卖；流动性功能＋发行价格决定
交割特征	现货市场	成交后立即交割，或3个营业日内交割
	期货市场	先成交，后交割(按约定的价格、数量和标的)
创新程度	传统金融市场	股票、债券
	衍生品市场	期货、期权、互换
发展程度	成熟市场	
	新兴市场	

下面对金融市场的主要分类进行阐述。

(一) 按标的物分类

按标的物，金融市场可以分为货币市场、资本市场、外汇市场与黄金市场。

1. 货币市场

货币市场是指以期限在一年以下的金融资产为交易标的物的短期金融市场。这个市场的主要功能是保持金融资产的流动性，以便随时转换成现实的货币。它的存在，一方面满足借款者的短期资金需求，另一方面也为暂时闲置的资金找到了出路。在美国金融史上，早期的货币市场概念狭义上指对证券经纪商和交易商进行通知放款的市场。后来，货币市场的概念又广义上包含了短期资金市场。现在，货币市场一般指国库券、商业票据、银行承兑汇票、可转让定期存单、回购协议、联邦基金等短期信用工具买卖的市场。许多国家将银行短期贷款也归入货币市场的业务范围。一般来说，资金借贷以3到6个月期最为普遍，而债券则以6到9个月期为多。由于该类市场信用工具随时可以在发达的二级市场上出售变现，具有很强的变现性和流动性，功能近似于货币，故称货币市场。又由于该市场主要经营短期资金的借贷，故亦称短期资金市场。

货币市场一般没有正式的组织，所有交易特别是二级市场的交易几乎都是通过电信方式联系进行的。市场交易量大是货币市场区别于其他市场的重要特征之一，巨额交易使得货币市场实际上成为一个批发市场。由于货币市场的非人为性及竞争性，因而它又是一个公开市场，任何人都可以进入市场进行交易，在那里不存在固定不变的顾客关系。

2. 资本市场

资本市场是指期限在一年以上的金融资产交易的市场。全面地看，资本市场包括两大部分：一是银行中长期存贷款市场，二是有价证券市场。但是，由于两个原因，一般可将资本市场视同或者侧重于证券市场，这两个原因是指：在世界各主要国家长期资本市场的两大部分中，证券市场最为重要；从世界金融市场发展趋势看，融资证券化特别是长期融资证券化已成为一种潮流，构成了当今世界融资活动的主要特征。

通常，资本市场主要指的是债券市场和股票市场。它与货币市场之间的区别如下。

(1) 期限差异。资本市场上交易的金融工具均为一年以上，最长者可达数十年，有些甚至无期限，如股票等。而货币市场上一般交易的是一年以内的金融工具，最短的只有几日甚至几小时。

(2) 作用不同。货币市场所融通的资金，大多用于工商企业的短期周转。而在资本市场上所融通的资金，大多用于企业的创建、更新或扩充设备和储存原料，政府在资本市场上筹集长期资金则主要用于兴办公共事业和保持财政收支平衡。

(3) 风险程度不同。货币市场的信用工具,由于期限短,因此流动性高,价格不会发生剧烈变化,风险较小。资本市场的信用工具,由于期限长,流动性较低,价格变动幅度较大,风险也较高。

货币市场和资本市场的区别见表4-2。

表4-2 货币市场和资本市场的区别

	货币市场	资本市场
特点	偿还期短(类似货币)	偿还期长:长期资本
	风险低	风险高
	流动性高	收益高但不稳定
功能	短期资金调剂	储蓄向投资的转化
目的	短期资本需要	长期稳定的资本需求
	流动性+收益性	风险性+收益性

3. 外汇市场

如同货币市场一样,外汇市场也是各种短期金融资产交易的市场,不同的是货币市场交易的是同一种货币或以同一种货币计值的票据,而外汇市场则是以不同种货币计值的两种票据之间的交换。在货币市场上所有的贷款和金融资产的交易都受政府法令条例管制。但在外汇市场上,一国政府只能干预或管制本国的货币。

外汇市场按其含义有广义和狭义之分。狭义的外汇市场指的是银行间的外汇交易,包括同一市场各银行间的交易、中央银行与外汇银行间以及各国中央银行之间的外汇交易活动,通常被称为批发外汇市场。广义的外汇市场,是指由各国中央银行、外汇银行、外汇经纪人及客户组成的外汇买卖、经营活动的总和,包括上述的批发市场以及银行同企业、个人间买卖外汇的零售市场。

4. 黄金市场

黄金市场是专门集中进行黄金买卖的交易中心或场所。目前,由于黄金仍是国际储备资产之一,在国际结算中占据着重要的地位,因此,黄金市场仍被看作金融市场的组成部分。但随着时代的发展,黄金非货币化趋势越来越明显。黄金市场早在19世纪初就已形成,是最古老的金融市场。现在,世界上已有40多个黄金市场。其中,伦敦、纽约、苏黎世、芝加哥和中国香港地区的黄金市场被称为五大国际黄金市场。

(二) 按中介特征分类

按中介特征,金融市场可以分为直接金融市场与间接金融市场。

直接金融市场指的是资金需求者直接从资金所有者那里融通资金的市场,一般指的是通过发行债券和股票方式在金融市场上筹集资金的融资市场。而间接金融市场则是通过银行等信用中介机构作为媒介来进行资金融通的市场。在间接金融市场上,资金所有者将手中的资金贷放给银行等信用中介机构,然后再由这些机构转贷给资金需求者。在此过程中,不管这笔资金最终归谁使用,资金所有者都将只拥有对信用中介机构的债权而不对最终使用者拥有任何权利要求。直接金融市场与间接金融市场的差别并不在于是否有金融中介机构的介入,而主要在于中介机构的特征的差异。在直接金融市场上也有金融中介机构,只不过这类公司不像银行那样,它不是资金的中介,而大多是信息中介和服务中介。虽然直接和间接金融市场难分轻重，但本章主要讲述直接金融市场。

(三) 按发行和流通特征分类

按发行和流通特征，金融市场可以分为一级市场、二级市场、第三市场与第四市场。

资金需求者将金融资产首次出售给公众时所形成的交易市场称为一级市场(发行市场或初级市场)。金融资产的发行方式主要有包销和代销两种。所谓包销，是指金融资产的发行人与银行等金融机构协商，由银行等承销机构按照商定的条件把全部证券承接下来负责对公众销售。包销期满后，不论证券是否已经推销出去，包销机构都要如数付给发行人应得资金。代销则是发行人自己承担全部发行风险，只将公开销售事务委托投资银行等办理的一种方式，代销商销多少算多少，它只收取手续费等费用，不承担任何风险。此外，还有一种自办发行或称自销的方式，一般通过私下洽商的方式将其直接销售给为数不多的个人及团体投资者。目前国际上流行的是包销方式。

证券发行后，各种证券在不同的投资者之间买卖流通所形成的市场即为二级市场，又称流通市场或次级市场。它又可分为两种：一种是场内市场即证券交易所，另一种是场外交易市场。证券交易所是依照国家有关法律规定，经政府主管机关批准设立的证券集中竞价的有形场所。场外交易市场又称柜台交易或店头交易市场，它是在证券交易所之外进行证券买卖的市场。原则上在场外交易的证券以未上市的证券为主。然而现在情况发生了很大的变化，为数不少的上市证券，尤其是政府债券、地方和公司债券也都纷纷涌入场外交易市场进行交易。

一级市场是二级市场的基础和前提，没有一级市场就没有二级市场；二级市场是一级市场存在与发展的重要条件之一，无论从发行规模上还是从发行价格的确定上，一级市场都要受到二级市场的影响。

此外，在发达的市场经济国家还存在着第三市场和第四市场，它们实际上都是场外市场的一部分。第三市场是原来在交易所上市的证券移到场外进行交易所形成的市场。第三市场的交易相对于交易所交易来说，具有限制更少、成本更低的优点。第四市场是投资者和证券的出卖者直接交易形成的市场。其形成的主要原因是机构投资者在证券交易中所占的比例越来越大，它们之间的买卖数额很大，因此希望避开经纪人直接交易，以降低成本。

(四) 按成交与定价的方式分类

按成交与定价的方式，金融市场可以分为公开市场与议价市场。

公开市场指的是金融资产的交易价格通过众多的买主和卖主公开竞价而形成的市场。金融资产在到期偿付之前可以自由交易，并且只卖给出价最高的买者。一般在有组织的证券交易所进行。在议价市场上，金融资产的定价与成交是通过私下协商或面对面的讨价还价方式进行的。在发达的市场经济国家，绝大多数债券和中小企业的未上市股票都通过这种方式交易。最初，在议价市场交易的证券流通范围不大，交易也不活跃，但随着现代电信及自动化技术的发展，该市场的交易效率已大大提高。

(五) 按有无固定场所分类

按有无固定场所，金融市场可以分为有形市场与无形市场。

有形市场即有固定交易场所的市场，一般指的是证券交易所等固定的交易场地。在证券交易所进行交易首先要开设账户，然后由投资人委托证券商买卖证券，证券商负责按投资者的要求进行操作。而无形市场则是指在证券交易所外进行金融资产交易的总称。它的交易一般通过现代化的电信工具在各金融机构、证券商及投资者之间进行。它是一个无形的网络，金融资产及资金可以在其中迅速转移。在现实世界中，大部分的金融资产交易均在无形市场上进行。

(六) 按交割方式分类

按交割方式，金融市场可以分为现货市场与衍生市场。

所谓交割，是指在证券清算时，卖方向买方交付证券，而买方向卖方交付价款。

现货市场实际上是指即期交易市场，是金融市场上最普遍的一种。相对于远期交易市场来说，现货市场指市场上的买卖双方成交后须在若干个交易日内办理交割的金融交易市场。现货交易包括现金交易、固定方式交易及保证金交易。现金交易是指成交日和结算日在同一天发生的证券买卖。固定方式交易则是指成交日和结算日之间相隔很短的几个交易日，一般在7天以内。保证金交易也称垫头交易，它是投资者在资金不足，又想获得较多投资收益时，采取交付一定比例的现金，其余资金由经纪人贷款垫付，以这种方式买进证券的一种交易方法。目前，现货市场上的大部分交易均为固定方式交易。

衍生市场是各种衍生金融工具进行交易的市场，包括远期合约、期货合约、期权合约、互换(Swap)协议等交易。由于衍生金融工具在金融交易中具有套期保值和防范风险等作用，衍生工具的种类仍在不断增多。衍生金融工具同时也是一种投机的对象，其交易中所带来的风险也应引起注意。

(七) 按地域分类

按地域，金融市场可以分为国内金融市场与国际金融市场。

金融市场按其作用的地域范围来划分，又可以分为国内金融市场及国际金融市场。国内金融市场是指金融交易的作用范围仅限于一国之内的市场，它除了包括全国性的以本币计值的金融资产交易市场之外，还包括一国范围内的地方性金融市场。国际金融市场则是金融资产的交易跨越国界进行的市场，是进行金融资产国际交易的场所。国际金融市场有广义和狭义之分。狭义的国际金融市场，是指市场所在国的居民与非居民之间进行各种国际金融业务的场所，有时也称传统国际金融市场，包括货币市场、资本市场、外汇市场、黄金市场以及衍生工具市场等；广义的国际金融市场，则包括离岸金融市场，这里所谓的离岸金融市场，是非居民间从事国际金融交易的市场。离岸市场以非居民为交易对象，资金来源于所在国的非居民或来自于国外的外币资金。离岸金融市场基本不受所在国的金融监管机构的管制，并可享受税收方面的优惠待遇，资金出入境自由。离岸金融市场是一种无形市场，从广义来看，它只存在于某一城市或地区而不在一个固定的交易场所，由所在地的金融机构与金融资产的国际性交易而形成。

国内金融市场是国际金融市场形成的基础。实际上，从金融监管角度来看，国内金融市场及传统的国际金融市场都要受到所在国金融监管当局的管制，而新兴的国际金融市场(如离岸金融市场)则可以说是完全国际化的市场，它不受任何国家法令的限制，主要经营境外货币。国际金融市场是国内金融市场发展到一定阶段的产物，是与实物资产的国际转移、金融业较为发达、资本的国际流动及现代电子信息技术的高度发展相辅相成的。

三、金融市场的功能

金融市场作为金融资产交易的场所，从整个经济运行的角度来看，它提供如下几种经济功能。

(一) 聚敛功能

金融市场的聚敛功能，是指金融市场引导众多分散的小额资金汇聚成为可以投入社会再生产的资金集合的功能。在这里，金融市场起着资金"蓄水池"的作用。在国民经济各部门中，各部门之间的资金收入和支出在时间上并不总是对称的。这样，一些部门、一些经济单位在一定的时间内可能存在暂时闲置不用的资金，而另一些部门和经济单位则存在资金缺口，金融市场就提供了两者沟通的渠道。

金融市场之所以具有资金的聚敛功能，一个原因是金融市场创造了金融资产的流动性。现代金融市场正发展成为功能齐全、法规完善的资金融通场所，资金需求者可以很方便地通过直接或间接的融资方式获取资金，而资金供应者也可通过金融市场为资金找到满意的投资渠道。另一个原因是金融市场上多样化的融资工具为资金供应者的资金寻求合适的投资手段找到了出路。金融市场根据不同的期限、收益和风险要求，提供了多种多样的供投资者选择的金融工具，资金供应者可以依据自己的收益、风险偏好和流动性要求选择其满意的投资工具，实现资金效益的最大化。

(二) 配置功能

金融市场的配置功能表现在3个方面：一是资源的配置；二是财富的再分配；三是风险的再分配。

在经济的运行过程中，拥有多余资金的盈余部门并不一定是最有能力和机会做最有利投资的部门，现有的资金在这些盈余部门得不到有效利用。金融市场通过将资源从低效率利用的部门转移到高效率利用的部门，从而使一个社会的经济资源能最有效配置在效率最高或效用最大的用途上，实现稀缺资源的合理配置和有效利用。一般来说，资金总是流向最有发展潜力、能够为投资者带来最大利益的部门和企业，这样通过金融市场的作用，有限的资源就能够得到合理利用。

财富是各经济单位持有的全部资产的总价值。政府、企业及个人通过持有金融资产的方式来持有财富，在金融市场上的金融资产价格发生波动时，其财富的持有数量也会发生变化：一部分人的财富量随金融资产价格的升高而增加；而另一部分人则由于其持有的金融资产价格下跌，所拥有的财富量也相应减少。这样，社会财富就通过金融市场价格的波动实现了财富的再分配。

金融市场同时也是风险再分配的场所。在现代经济活动中，风险无时不在，无处不在。而不同的主体对风险的厌恶程度是不同的，利用各种金融工具，较厌恶风险的人可以把风险转嫁给厌恶风险程度较低的人，从而实现风险的再分配。

(三) 调节功能

调节功能是指金融市场对宏观经济的调节作用。金融市场一边连着储蓄者，另一边连着投资者，金融市场的运行机制通过对储蓄者和投资者的影响而发挥调节宏观经济的作用。

(1) 金融市场的直接调节作用。在金融市场大量的直接融资活动中，投资者为了自身利益，一定会谨慎、科学地选择投资的国家、地区、行业、企业、项目及产品。只有符合市场需要、效益高的投资对象，才能获得投资者的青睐。而且投资对象在获得资本后，只有保持较高的经济效益和较好的发展势头，才能继续生存并进一步扩张。否则，它的证券价格就会下跌，继续在金融市场上筹资就会面临困难，发展就会受到后续资本供应的抑制。这实际上是金融市场通过其特有的引导资本形成及合理配置的机制首先对微观经济部门产生影响，进而影响到宏观经济活动的一种有效的自发调节机制。

(2) 金融市场的存在及发展，为政府实施对宏观经济活动的间接调控创造了条件。货币政策属于调节宏观经济活动的重要宏观经济政策，其具体的调控工具有存款准备金政策、再贴现政策、公开市场业务等，这些政策的实施都以金融市场的存在、金融部门及企业成为金融市场的主体为前提。金融市场既提供货币政策操作的场所，又提供实施货币政策的决策信息。首先，因为金融市场的波动是对有关宏观、微观经济信息的反映，所以，政府有关部门可以通过收集及分析金融市场的运行情况来为政策的制定提供依据。其次，中央银行在实施货币政策时，通过金融市场可以调节货币供应量、传递政策信息，最终影响到各经济主体的经济活动，从而达到调节整个宏观经济运行的目的。此外，财政政策的实施也越来越离不开金融市场，政府通过国债的发行及运用等方式对各经济主体的行为加以引导和调节，并提供中央银行进行公开市场操作的手段，也对宏观经济活动产生着巨大的影响。

(四) 反映功能

金融市场历来被称为国民经济的"晴雨表"和"气象台"，是公认的国民经济信号系统。这实际上就是金融市场反映功能的写照。

金融市场的反映功能表现在如下几个方面。

(1) 由于证券买卖大部分都在证券交易所进行，人们可以随时通过这个有形的市场了解到各种上市证券的交易行情，并据以判断投资机会。证券价格的涨跌在一个有效的市场中实际上能够反映其背后企业的经营管理情况及发展前景。此外，一个有组织的市场，一般也要求上市公司定期或不定期公布其经营信息和财务报表，这也有助于人们了解及推断上市公司及相关企业、行业的发展前景。所以，金融市场首先是反映微观经济运行状况的指示器。

(2) 金融市场交易直接和间接地反映国家货币供应量的变动。货币的紧缩和放松都是通过金融市场进行的，货币政策实施时，金融市场会出现波动显示出紧缩和放松的程度。因此，金融市场所反馈的宏观经济运行方面的信息，有利于政府部门及时制定和调整宏观经济政策。

(3) 由于证券交易的需要，金融市场有大量专门人员长期从事行情研究和分析，并且他们与各行各业直接接触，能较为全面了解企业的发展动态。

(4) 金融市场有着广泛而及时地收集和传播信息的通信网络，整个世界金融市场已联成一体，四通八达，从而使人们可以及时了解世界经济发展变化情况。

四、金融市场的发展趋势

(一) 资产证券化

资产证券化是指以基础资产未来所产生的现金流为偿付支持，通过结构化设计进行信用增级，在此基础上发行资产支持证券(Asset-backed Securities，ABS)的过程。如金融机构的一些长期固定利率放款或企业的应收账款等，通过商业银行或投资银行予以集中及重新组合，以这些资产作抵押来发行证券，实现相关债权的流动化。资产证券化最早起源于美国。最初是储蓄银行、储蓄贷款协会等机构的住宅抵押贷款的证券化，接着商业银行也纷纷仿效，对其债权实行证券化，以增强资产的流动性和市场性。从20世纪80年代后期开始，证券化已成为国际金融市场的一个显著特点，传统的以银行为中心的融资借贷活动开始发生了新的变化。

1. 资产证券化的内容

资产证券化的发展，从融资的结构上分析，其主要特点是将原来不具有流动性的融资形式变成流动性的市场性融资行为。以住宅抵押融资的证券化为例，住宅抵押融资虽然信用度较好，但属小额债权，且现金流动不稳定。为此，有关金融机构就将若干小额债权集中起来，通过政府机构的担保，使其转换成流动性较高的住宅抵押证券。又如对信用度较低的借款人融资的证券化。一些信用度较低的风险企业和中小企业，其资金大都依靠商业银行的贷款，因为受自身信用度的限制，它们难以在资本市场上筹资。但是，随着流通市场的扩大，这种低信用等级的企业发行的债券迅速增加，出现了一种高收益债券市场。

广义的资产证券化是指某一资产或资产组合采取证券资产这一价值形态的资产运营方式，它包括以下4类：实体资产证券化、信贷资产证券化、证券资产证券化、现金资产证券化。2013年3月15日，中国证券监督管理委员会发布《证券公司资产证券化业务管理规定》(以下简称《规定》)。该《规定》分总则、专项计划、管理人及托管人、原始权益人、设立申请、信息披露、监督管理、附则8章46条，自公布之日起施行，该公告主要针对的是证券公司资产证券化。

狭义的资产证券化是指信贷资产证券化。按照被证券化资产种类的不同，信贷资产证券化可分为住房抵押贷款支持的证券化和资产支持的证券化。本书下文分析的资产证券化就是指狭义的资产证券化，具体包括以下内容。

(1) 大量小额债权证券化。随着20世纪80年代以来住宅抵押证券市场的不断扩大，资产证券化又有了一些新的发展。把住宅抵押证券的做法应用到其他小额债权上，对这些小额债权进行证券化，这使资产证券化的领域大大拓宽，如汽车贷款、信用卡应收款、住宅资产净值贷款和大型设备的租赁等。

(2) 商业不动产融资证券化。从1984年起，市场上出现了以公募形式发行的商业不动产担保证券。它以商业不动产的租金收入作为还债资金，与原所有者完全分离。

(3) 担保抵押债券。这是将住宅抵押凭证(Pass-through)、住宅抵押贷款等汇集起来，以此为担保所发行的债券。

当前，西方国家资产的证券化趋势正深入到金融活动的各个方面，不仅是传统银行贷款的证券化，而且经济中以证券形式持有的资产占全部金融资产的比例也越来越大。

2. 资产证券化的原因

资产证券化之所以在20世纪80年代以来成为一种国际性的趋势，与以下原因是分不开的。

(1) 金融管制的放松和金融创新的发展。

(2) 国际债务危机的出现。

(3) 现代电信及自动化技术的发展为资产的证券化创造了良好的条件。

3. 资产证券化的影响

资产证券化的影响主要表现在以下几个方面。

(1) 对投资者来说，资产的证券化趋势为投资者提供了更多的可供选择的新证券种类，投资者可以根据自己的资金额大小及偏好来进行组合投资。

(2) 对发起人(一般是金融机构)来说，通过资产的证券化，可以改善其资产的流动性，特别是对原有呆账债权的转换，对其资金周转效率的提高是一个很大的促进。而且，资产的证券化，也是金融机构获取成本较低资金的来源，增加收入的一个新的渠道。

(3) 对整个金融市场来说，资产的证券化为金融市场注入了新的交易手段，这种趋势的持续将不断地推动金融市场的发展，增加市场活力。

但是，看到资产证券化有利的一面的同时，也应看到，资产证券化中的许多资产实际上是一些长期的贷款和应收账款的集合，它们所固有的风险也不可避免地影响到新证券本身的质量。

近年资产证券化发展趋势迅猛。这是因为，国际金融市场仍在蓬勃发展，随着现代交易及清算技术的不断发展，金融市场的功能已越来越完善，其运作过程也日趋成熟，证券的发行及交易成本不断降低，手续也日趋简便。这些都对资产的证券化具有很大的促进作用。

(二) 金融全球化

金融市场的全球化已成为当今世界的一种重要趋势。20世纪70年代末期以来，西方国家兴起的金融自由化浪潮，使各国政府纷纷放宽对金融业活动的管制。随着外汇、信贷及利率等方面的管制的放松，资本在国家间的流动日渐自由，国际利率开始趋同。目前，国际金融市场正在形成一个密切联系的整体市场，在全球各地的任何一个主要市场上都可以进行相同品种的金融交易，并且由于时差的原因，由伦敦、纽约、东京和新加坡等国际金融中心组成的市场可以实现24小时不间断的金融交易，世界上任何一个局部市场的波动都可能马上传递到全球的其他市场上，这就是金融的全球化。

1. 金融全球化的内容

(1) 金融市场国际化。伴随着金融管制的取消或放松和国内金融市场向国际投资者的开放，本国的居民和非居民享受同等的金融市场准入和经营许可待遇；离岸金融市场与国内金融市场即在岸市场相比，离岸市场直接面向境外投资者的国际金融交易，与市场所在国的国内经济几乎无关。

(2) 金融交易国际化。金融交易国际化是指交易范围、交易对象、交易活动、交易规范、交易技术的国际化。伴随着外汇管制和其他金融管制的逐步放松，国际金融市场上非中介化趋势日益显现，所谓非中介化是指银行不再充当借贷双方的中介机构。经银行中介的国际借贷渐遭冷落，国际证券市场开始繁荣，并成为国际融资的主要形式和渠道。证券化筹资工具中除了传统的欧洲债券外，还包括各类融资票据、公司股票的异地上市、存托凭证以及金融衍生品等。证券化融资的国际交易量及其增长，反映了金融国际化的迅猛发展势头。

(3) 金融机构国际化。金融机构国际化包括两个方面：①参与国际金融活动的机构日益增多，国际化范围扩大，这不仅是指跨国银行及其海外分支机构的增加，而且更表现为与证券化趋势相一致的各类直接融资代理机构的扩张。②金融机构实施跨国经营战略，国际化程度提高。

(4) 金融监管国际化。金融市场和交易的国际化，使银行和非银行金融机构日益摆脱各国政府的监管，国际金融市场上的不平等竞争和经营风险日益加剧。"巴塞尔协议"已成为当代全球银行业共同遵守的基本准则。国际金融监管还在地区层面上展开，如欧盟的银行顾问委员会和监管当局联络组，取得了显著成效。在证券领域，国际证券委员会不仅致力于保障银行业与非银行业之间的公平竞争，而且更关注衍生金融工具的国际风险管理。

2. 金融全球化的原因

全球金融的一体化发展与国际经济交往日益密切是分不开的。这种趋势正以前所未有的速度向前推进。产生这一趋势的原因主要有以下4点。

(1) 金融管制放松所带来的影响。

(2) 现代电子通信技术的快速发展，为金融的全球化创造了便利的条件。

(3) 金融创新的影响。20世纪70年代以来的国际金融创新浪潮产生了许多新型的金融工具，它们有的本身就具有浓厚的国际性质，如利率互换、货币互换等。

(4) 国际金融市场上投资主体的变化推动了其进一步的全球化。

3. 金融全球化的影响

金融全球化促进了国际资本的流动，有利于稀缺资源在国际范围内的合理配置，促进世界经济的共同增长。金融市场的全球化也为投资者在国际金融市场上寻找投资机会，合理配置资产持有结构，利用套期保值技术分散风险创造了条件。一个金融工具丰富的市场也提供给筹资者更多的选择机会，有利于其获得低成本的资金。以上这些都是金融全球化的有利影响的一面。金融全球化的不利影响主要表现在国际金融风险的传播上。

总体来看，金融的全球化是大势所趋。通过国际协调及共同监管，建立新型的国际金融体系，是摆在金融全球化面前必须解决的一项重要课题。

(三) 金融自由化

金融自由化的趋势是指20世纪70年代中期以来在西方发达国家所出现的一种逐渐放松甚至取消对金融活动的一些管制措施的过程。金融的自由化和金融的证券化、全球化在进入20世纪90年代以来，表现得尤其突出，它们相互影响、互为因果、互相促进。

1. 金融自由化的主要表现

(1) 减少或取消了国与国之间对金融机构活动范围的限制。这是直到现今为止，金融业务活动全球化的最主要推动因素之一。

(2) 对外汇管制的放松或解除。外汇管制的放松或解除，使资本的国际流动进程大大加快，促进了国际金融的一体化。

(3) 放宽对金融机构业务活动范围的限制，允许金融机构之间的业务适当交叉。

(4) 放宽或取消对银行的利率管制。

除了上述管制措施的放宽或解除外，西方各国对金融创新活动的鼓励，对新金融工具交易的支持与放任，实际上也是金融自由化兴起的重要表现。

2. 金融自由化的原因

从金融自由化的内容可以看出，自由化实际上是对不适应经济、金融环境变化的管制措施的废除，是与其背后的基本经济因素的变化分不开的，主要表现为以下3点。

(1) 经济自由主义思潮的兴起。由于20世纪70年代以来西方经济的"滞胀"，凯恩斯学派的经济思潮受到质疑，代之以新经济自由主义思潮的崛起，反对政府的过度干预。

(2) 金融创新的作用。一些新的金融工具不断地被开发出来。这些新的金融工具有效地避开和绕过了原有的管制条例，使监管者意识到许多旧的条例已不适应形势的变化，从而在客观上促进了管制的放松。

(3) 金融的证券化和全球化的影响。

3. 金融自由化的影响

金融自由化导致金融竞争更加激烈，这在一定程度上促进了金融业经营效率的提高。在金融自由化过程中，产生了许多新型的信用工具及交易手段，大大地方便了市场参与者的投融资活动，降低了交易成本。金融自由化也极大地促进了资本的国际自由流动，有利于资源在国家间的合理配置，在一定程度上促进了国际贸易和世界经济的发展。

金融自由化同样面临诸多问题。国际资本的自由流动，既有机遇，也充满了风险。金融市场上管制的放松，对金融机构的稳健经营提出了较高的要求，一旦处理不好，有可能危及金融体系的稳定，并导致金融动荡和经济危机。金融自由化还给货币政策的实施及金融监管带来了困难。

第二节　直接融资与间接融资

在金融市场形成的初期，由于其信息传导机制不完善，并且未形成规范的交易机制，所以资金余缺的调剂主要是靠双方的不断搜寻和试探。实践证明，这种类似物物交换的交易方式的成交率非常低，远远无法满足社会资金融通的要求。于是就逐渐出现了以各种金融工具作为交易媒介的交易。这种盈余单位与赤字单位之间的融资活动又可根据融资工具的不同而分为间接融资与直接融资两类，其二者的关系如图4-1所示。

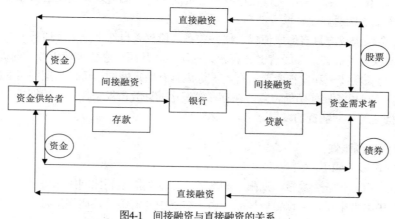

图4-1　间接融资与直接融资的关系

一、直接融资

(一) 直接融资的概念

直接融资或直接金融，是指公司、企业在金融市场上从资金供给者那里直接融通货币资金，其方式是发行股票或债券。股票或公司债券的发行者售出股票、债券，取得了货币资金；资金供给者买进股票、债券，付出了货币资金。在这个过程中，资金供给者和资金需求者之间直接建立金融联系，而不需要中介者既扮演债务人角色又扮演债权人角色的这个环节。

(二) 直接融资的特征

直接融资的特征如下。

(1) 直接性。在直接融资中，资金的需求者直接从资金的供给者手中获得资金，并在资金的供给者和资金的需求者之间建立直接的债权债务关系。

(2) 分散性。直接融资是在无数个企业相互之间、政府与企业和个人之间、个人与个人之间，或者企业与个人之间进行的，因此融资活动分散于各种场合，具有一定的分散性。

(3) 信誉上的差异性较大。由于直接融资是在企业和企业之间、个人与个人之间，或者企业与个人之间进行的，而不同的企业或者个人，其信誉好坏有较大的差异，债权人往往难以全面、深入了解债务人的信誉状况，从而带来融资信誉的较大差异和风险性。

(4) 部分不可逆性。例如，在直接融资中，通过发行股票所取得的资金，是不需要返还的。投资者无权中途要求退回股金，而只能到市场上去出售股票，股票只能在不同的投资者之间互相转让。

(5) 相对较强的自主性。在直接融资中，在法律允许的范围内，融资者可以自己决定融资的对象和数量。例如在商业信用中，赊买和赊卖者可以在双方自愿的前提下，决定赊买或者赊卖的品种、数量和对象；在股票融资中，股票投资者可以随时决定买卖股票的品种和数量等。

(三) 直接融资的优点与局限性

1. 直接融资的优点

直接融资的优点如下。

(1) 资金供求双方直接联系，可以根据各自融资的条件，如借款期限、数量和利率水平等方面的要求，实现资金的融通。

(2) 由于资金供求双方直接形成债权、债务关系，债权人自然十分关注债务人的经营活动；债务人面对直接债权人的监督，在经营上会有较大的压力，从而促进资金使用效益的提高。

(3) 通过发行长期债券和发行股票，有利于筹集具有稳定性的、可以长期使用的投资资金，由此筹集的资金具有可以长期使用的特点。在存在较发达的证券市场条件下，短期性资金也进入市场参与交易，支持这类长期融资的发展。

2. 直接融资的局限性

直接融资的局限性如下。

(1) 直接融资双方在资金数量、期限、利率等方面受到的限制比间接融资多。

(2) 对资金供给者来说，直接融资风险，由于缺乏中介的缓冲，比间接融资大。

二、间接融资

(一) 间接融资的概念

间接融资，指拥有暂时闲置货币资金的单位通过存款的形式，或者购买银行、信托公司、保险公司等金融机构发行的金融工具，将其暂时闲置的资金先行提供给这些金融中介机构，然后再由这些金融机构以贷款、贴现等形式，或通过购买需要资金的单位发行的有价证券，把资金提供给这些单位使用，从而实现资金融通的过程。在银行信用中，银行等金融机构是信用活动的中间环节，是媒介。从集聚资金角度，它们是货币资金所有者的债务人；从贷放资金角度，它们是货币资金需求者的债权人。至于货币资金的所有者同货币资金需求者，两者之间并不发生直接的债权债务关系。所以，这种资金筹集方式就是间接融资或间接金融。

(二) 间接融资的特征

间接融资的特征如下。

(1) 间接性。在间接融资中，资金需求者和资金初始供给者之间不发生直接借贷关系；资金需求者和初始供给者之间由金融中介发挥桥梁作用。资金初始供给者与资金需求者分别与金融中介机构发生融资关系。

(2) 相对的集中性。间接融资通过金融中介机构进行。在多数情况下，金融中介并非是某一个资金供给者与某一个资金需求者之间一对一的对应性中介；而是一方面面对资金供给者群体，另一方面面对资金需求者群体的综合性中介，由此可以看出，在间接融资中，金融机构具有融资中心的地位和作用。

(3) 信誉的差异性较小。由于间接融资相对集中于金融机构，世界各国对于金融机构的管理一般都较严格，金融机构自身的经营也多受到相应稳健性经营管理原则的约束，加上一些国家还实行了存款保险制度，因此，相对于直接融资来说，间接融资的信誉程度较高，风险性也相对较小，融资的稳定性较强。

(4) 全部具有可逆性。通过金融中介的间接融资均属于借贷性融资，到期均必须返还，并支付利息，具有可逆性。

(5) 融资的主动权主要掌握在金融中介手中。在间接融资中，资金主要集中于金融机构，资金贷给谁不贷给谁，并非由资金的初始供给者决定，而是由金融机构决定。对于资金的初始供给者来说，虽然有供应资金的主动权，但是这种主动权实际上受到一定的限制。因此，间接融资的主动权在很大程度上受金融中介支配。

(三) 间接融资的优点和局限性

间接融资的优点如下。

(1) 银行等金融机构的网点多，吸收存款的起点低，能够广泛筹集社会各方面闲散资金，积少成多，形成巨额资金。

(2) 在直接融资中，融资的风险由债权人独自承担。而在间接融资中，由于金融机构的资产、负债是多样化的，融资风险便可由多样化的资产和负债结构分散承担，从而安全性较高。

间接融资的局限性主要是由于资金供给者与需求者之间加入了金融机构为中介，隔断了资金供求双方的直接联系，在一定程度上减少了投资者对投资对象经营状况的关注和筹资者在资金使用方面的压力和约束。

据中国人民银行社会融资规模增量统计报告显示，截至2021年1月末社会融资规模存量为289.74万亿元，同比增长13%。其中，对实体经济发放的人民币贷款余额为175.41万亿元，同比增长13.1%；对实体经济发放的外币贷款折合人民币余额为2.2万亿元，同比增长3.2%；委托贷款余额为11.05万亿元，同比下降3.5%；信托贷款余额为6.28万亿元，同比下降16.2%；未贴现的银行承兑汇票余额为4万亿元，同比增长15.1%；企业债券余额为27.83万亿元，同比增长16.3%；政府债券余额为46.29万亿元，同比增长20.3%；非金融企业境内股票余额为8.35万亿元，同比增长12.5%。从中可以看出中国的直接融资和间接融资的实际分布状况。

第三节 货币市场

货币市场是1年期以内的短期金融工具交易所形成的供求关系及其运行机制的总和。货币市场的活动主要是为了保持资金的流动性，以便随时可以获得现实的货币。它一方面满足资金需求者的短期资金需要，另一方面也为资金供给者的暂时闲置资金提供能够获取盈利的机会。在货币市场中，短期金融工具的存在及发展是其发展的基础。短期金融工具将资金供给者和资金需求者联系起来，并为中央银行实施货币政策提供操作手段。在货币市场上交易的短期金融工具，一般期限较短，最短的只有1天，最长的也不超过1年，较为普遍的是3～6个月。正因为这些工具期限短，可随时变现，有较强的货币性，所以，短期金融工具又有"准货币"之称。

货币市场就其结构而言，可分为同业拆借市场、银行承兑汇票及贴现市场、商业票据市场、大额可转让定期存单市场、回购市场、短期政府债券市场、货币市场共同基金市场等若干个子市场。

一、同业拆借市场

(一) 概念

同业拆借市场，也可以称为同业拆放市场，是指金融机构之间以货币借贷方式进行短期资金融通活动的市场。同业拆借的资金主要用于弥补短期资金的不足、票据清算的差额以及解决临时性的资金短缺需要。同业拆借市场是一个交易量大，能敏感地反映资金供求关系和货币政策意图，影响货币市场利率的市场，因此它是货币市场中非常重要的子市场之一。

同业拆借市场产生于存款准备金政策的实施，伴随着中央银行和商业银行业务的发展而发展。

(二) 交易特征

同业拆借市场主要是银行等金融机构之间相互借贷在中央银行存款账户上的准备金余额，用以调剂准备金头寸的市场。

所谓头寸，是指银行等金融机构所拥有的款项，收多付少即头寸多，收少付多即头寸缺，结算收付差额叫轧头寸，借款弥补差额叫拆头寸。另外，头寸也指银根，银根松，也说头寸松；银根紧，也说头寸紧。

1. 同业拆借市场的交易原理

随着金融市场的发展，同业拆借市场的参与者也开始呈现出多样化的格局，交易对象也不仅限于商业银行的准备金。它还包括商业银行相互间的存款以及证券交易商和政府拥有的活期存款。拆借的目的除满足准备金要求外，还包括轧平票据交换的差额，解决临时性、季节性的资金需求等，但它们的交易过程都是相同的。

同业拆借市场资金借贷程序简单快捷，借贷双方可以通过电话直接联系，或与市场中介人联系，在借贷双方就贷款条件达成协议后，贷款方可直接通过代理行经中央银行的电子资金转账系统将资金转入借款方的资金账户上，数秒钟即可完成转账程序。当贷款归还时，可用同样的方式划转本金和利息，有时利息的支付也可通过向贷款行开出支票进行支付。

2. 同业拆借市场的参与者

同业拆借市场的主要参与者首推商业银行，非银行金融机构也是同业拆借市场上的重要参与者。同业拆借市场中的交易既可以通过市场中介人，也可以直接联系交易。同业拆借的两个主要交易类型包括头寸拆借和同业借贷。

头寸拆借是指金融同业之间为了轧平头寸，补足存款准备金或减少超额准备进行的短期资金融通活动。同业借贷是指金融同业之间因为临时性或季节性的资金余缺而相互融通调剂资金。

同业拆借的关系人可以由拆出方和拆入方构成，也可以由拆出方、拆入方和经纪商构成。

3. 同业拆借市场的拆借期限与利率

同业拆借市场的拆借期限通常以7天为限，短至隔夜，长则1年，一般不超过1个月。同业拆借交易的利率为"拆息率",拆息率每天不同,甚至每时每刻都有变化,其高低灵敏地反映着货币市场资金的供求状况。同业拆借的利率有两种:一种是由拆借双方协定,而不通过公开市场竞价来确定;另一种是拆借双方借助经纪商通过市场公开竞价确定。拆借利率一般要低于再贴现率。同业拆借市场利率通常被当作基准利率,对整个经济活动和宏观调控具有特殊的意义。同业拆借市场的参与者主要是各金融机构,市场特性最活跃,交易量最大。这些特性决定了拆息率非同凡响的意义。在整个利率体系中,基准利率是在多种利率并存的条件下起决定作用的利率。当它变动时,其他利率也相应发生变化。了解了这种关键性利率水平的变动趋势,也就了解了全部利率体系的变化趋势。一般利率通常参照基准利率而定。比如,伦敦银行同业拆放利率,即LIBOR(London Inter bank Offered Rate)利率是指伦敦银行同业之间的短期资金借贷利率,现在已经作为国际金融市场中大多数浮动利率的基础利率。这最有代表性的拆息率LIBOR,已成为伦敦金融市场乃至国际金融市场的关键性利率,许多浮动利率的融资工具在发行时都以该利率作为浮动的依据和参照。我国同时需要参照上海银行间同业拆放利率(Shibor)。

同业存单作为电子化、标准化的货币市场创新产品,与同业拆借形成互补。同业存单是存款类金融机构在全国银行间市场上发行的记账式定期存款凭证,其投资和交易主体为全国银行间同业拆借市场成员、基金管理公司及基金类产品。存款类金融机构可以在当年发行备案额度内,自行确定每期同业存单的发行金额、期限,但单期发行金额不得低于5 000万元人民币。同业存单发行利率以市场化方式确定,并在Shibor基础上加减点生成。由于同业存单的期限为1个月及以上,对于活跃货币市场交易、提高中长端Shibor基准性、促进完善货币市场基准利率曲线具有积极意义。同业存单区别于拆借以短期品种为主的特点,同业存单以3个月及以上中长期限为主,可为银行提供较为稳定的资金来源,利率波动也相对较小,对于提高银行流动性管理水平、促进货币市场平稳运行具有重要意义。

二、回购市场

(一) 概念

回购市场是指通过回购协议进行短期资金融通交易的市场。所谓回购协议,指的是在出售证券的同时和证券的购买商签订协议,约定在一定期限后按原定价格或约定价格购回所卖证券,从而获得及时可用资金的一种交易行为。

从本质上看,回购协议是一种质押贷款协议。在这里应该把握两个要点:一是虽然回购交易是以签订协议的形式进行交易的,但协议的标的物却是有价证券;二是我国回购协议市场上回购协议的标的物是经中国人民银行批准的,可用于在回购协议市场进行交易的政府债券、中央银行债券及金融债券。

回购协议市场从几个方面吸引投资者。首先,该市场为剩余资金的短期投资提供了现成的工具。实际上,大量的回购协议交易是以一个晚上的时间进行的,称为隔夜回购。隔夜回购的利率通常较低,但比较受金融机构的欢迎。其次,在剩余资金数量每日不定的情况下,投资者可通过滚动隔夜回购的办法来有效地管理可能的剩余资金。

回购协议根据期限不同分为隔夜、定期和连续性3种合约。

回购协议的期限从一日至数月不等。一般来说,回购协议中所交易的证券主要是政府债券。还有一种逆回购协议,实际上与回购协议是一个问题的两个方面。它是从资金供给者的角度出发相对于回购协议而言的。回购协议中,卖出证券取得资金的一方同意按约定期限以约定价格购回所卖出证券。在逆回购协议中,买入证券的一方同意按约定期限以约定价格出售所买入证券。从资金供给者的角度看,逆回购协议是回购协议的逆运行。逆回购如图4-2所示。

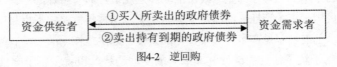

图4-2　逆回购

(二) 市场交易及风险

回购协议市场没有集中的有形场所,交易以电信方式进行。大多数交易在资金供给者和资金需求者之间直接进行。大银行和政府债券交易商是回购协议市场的主要资金需求者。回购协议市场作为银行资金来源渠道之一,它有着与众不同的优势:首先,它持有大量的政府证券和政府代理机构证券,这些都是回购协议项下的正宗抵押品。其次,银行利用回购协议所取得的资金不属于存款负债,不用缴纳存款准备金。对于中央银行来说,通过回购交易可以实施公开市场操作,所以,回购市场是其执行货币政策的重要场所。回购协议中的证券交付一般不采用实物交付的方式,特别是在期限较短的回购协议中。

尽管回购协议中使用的是高质量的抵押品,但是交易的双方当事人也会面临风险。回购协议具有信用风险和利率风险。信用风险是指由于回购协议的卖方到期不履行按价购回的协定,或买方到期不愿将证券卖回给卖方而给对方带来损失的可能性。利率风险则是指由于市场利率的变动而导致所持有的抵押品的市值发生变动的可能性。

(三) 回购利率的决定

在回购市场中,利率是不统一的,利率的确定取决于多种因素,这些因素主要有以下几种:用于回购的证券的质量、回购期限的长短、交割的条件、货币市场其他子市场的利率水平。

三、商业票据市场

商业票据是大公司为了筹措资金,以贴现方式出售给投资者的一种短期无担保承诺凭证。美国的商业票据属本票性质,英国的商业票据则属汇票性质。由于商业票据没有担保,仅以信用做保证,因此能够发行商业票据的一般都是规模巨大、信誉卓著的大公司。商业票据市场就是这些信誉卓著的大公司发行的商业票据交易的市场。

商业票据是货币市场上历史最悠久的工具,最早可以追溯到19世纪初。历史上,商业银行是商业票据的主要购买者。自20世纪50年代初期以来,由于商业票据风险较低、期限较短、收益较高,许多公司也开始购买商业票据。现在,商业票据的主要投资者是保险公司、非金融企业、银行信托部门、地方政府、养老基金组织等。商业银行在商业票据的市场需求上已经退居次要地位,但银行在商业票据市场仍具有重要作用。这表现在商业银行代理发行商业票据以及提供商业票据发行的信用额度支持等。

在美国商业票据市场上,大多数商业票据的发行面额都在100 000美元以上。二级市场商业票据的最低交易规模为100 000美元。商业票据的期限较短,一般不超过270天。市场上未到期的商业票据平均期限在30天以内,大多数商业票据的期限在20天至40天之间。

商业票据的销售渠道有两个：一是发行者通过自己的销售力量直接出售；二是通过商业票据交易商间接销售。尽管在投资者急需资金时，商业票据的交易商和直接发行者可在到期之前兑现，但商业票据的二级市场并不活跃。主要是因为商业票据的期限非常之短，购买者一般都计划持有到期，此外发行商业票据要经过信用评估。

发行商业票据的非利息成本包括：信用额度支持的费用和信用评估费用。

商业票据市场的最新发展情况如下。首先，除美国以外的其他国家开始发行自己的商业票据。其次，出现了外国公司在美国发行的商业票据、储蓄贷款协会及互助储蓄银行发行的商业票据、信用证支持的商业票据及免税的商业票据等新品种，使商业票据市场能够吸引更多的资金供求者。

四、银行承兑汇票及贴现市场

(一) 银行承兑汇票市场

在商品交易活动中，发货人为了向购货人索取货款而签发的商业汇票，经付款人在票面上注明承诺到期付款的"承兑"字样并盖章后，就成为承兑汇票。经购货人承兑的汇票称商业承兑汇票，经银行承兑的汇票即为银行承兑汇票。由于银行承兑汇票由银行承诺承担最后付款责任，实际上是银行将其信用出借给企业，因此企业必须缴纳一定的手续费。这里，银行是第一责任人，而出票人则只承担第二手责任。以银行承兑汇票作为交易对象的市场即为银行承兑汇票市场。银行承兑汇票的流转程序如图4-3所示。

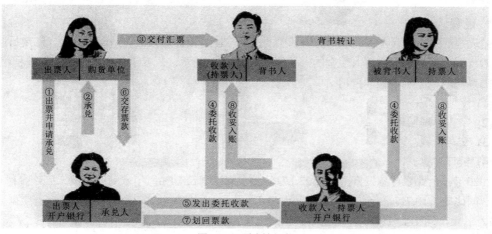

图4-3　汇票流转程序

银行承兑汇票市场是为方便商业交易活动而创造出的一种工具，在对外贸易中运用较多。一般而言，进口商首先要求本国银行开立信用证，作为向国外出口商付款的保证。信用证授权国外出口商开出以开证行为付款人的汇票，可以是即期的也可以是远期的。若是即期的，付款银行(开证行)见票付款。若是远期汇票，付款银行(开证行)在汇票正面签上"承兑"字样，填上到期日，并盖章为凭。这样，银行承兑汇票就产生了。银行承兑汇票票样如图4-4所示。银行承兑汇票不仅在国际贸易中运用，也在国内贸易中运用。

从借款人角度看，借款人利用银行承兑汇票较传统银行贷款的利息成本及非利息成本之和低；借款人运用银行承兑汇票比发行商业票据筹资有利。

从银行角度看，银行运用银行承兑汇票可以增加经营效益。银行通过创造银行承兑汇票，不必动用自己的资金，即可赚取手续费；银行运用其承兑汇票可以增加其信用能力；银行法规定出售合格的银行承兑汇票取得的资金不要求缴纳准备金。

从投资者的角度看，投资银行承兑汇票的安全性非常高，一流质量的银行承兑汇票具有公开的贴现市场，可以随时转售，因而具有高度的流动性。

图4-4　银行承兑汇票票样

(二) 银行承兑汇票的贴现市场

可以用于贴现的票据首先是未到期银行承兑汇票，其次是必须以合法的商品交易为基础。票据贴现的种类包括以下几种。

1. 贴现

贴现是汇票的持票人将已承兑的未到期的汇票转让给银行，银行按贴现率扣除自贴现日起到到期日为止的贴息后付给持票人现金的一种行为。如图4-5所示，银行承兑汇票贴现的处理程序(商业承兑汇票贴现程序基本类似)如下：

(1) 申请贴现；

(2) 审查办理贴现；

(3) 交存票款；

(4) 银行结算。

2020年，企业累计签发商业汇票22.1万亿元，同比增长8.4%；年末商业汇票未到期金额14.1万亿元，同比增长10.7%。金融机构累计贴现40.4万亿元，同比增长17.7%。2020年年末，票据融资余额8.4万亿元，同比上升9.7%，占各项贷款的比重为4.8%，同比下降0.1个百分点。

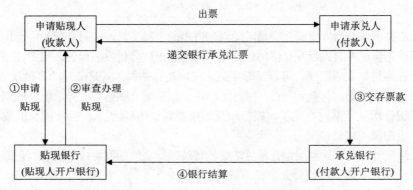

图4-5　银行承兑汇票贴现的处理程序

2. 转贴现

转贴现是贴现银行需要资金时,持未到期的票据向其他银行办理贴现的一种行为。转贴现的处理程序如图4-6所示。

(1) 申请转贴现银行在汇票上作转贴现背书,填制转贴现凭证,向转贴现银行申请转贴现。

(2) 转贴现银行审查转贴现手续,办理转贴现。

(3) 转贴现承兑汇票到期后,转贴现银行向申请转贴现银行收取票款。

(4) 申请转贴现银行向承兑人收取票款。

(5) 在汇票承兑人无款支付时,申请转贴现银行向贴现申请人进行追索。

(6) 向承兑人追索。

2020年,转贴现1 033.37万笔,金额44.10万亿元,同比分别增长23.30%和13.80%。质押式回购212.61万笔,金额19.54万亿元,同比分别增长92.35%和62.69%。

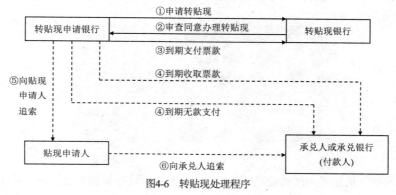

图4-6 转贴现处理程序

3. 再贴现

再贴现是中央银行对商业银行已贴现过的票据作抵押的一种放款行为。

再贴现处理程序如图4-7所示。

(1) 贴现银行申请再贴现。

(2) 中央银行审查再贴现请求,办理再贴现手续。

(3) 再贴现银行收取到期票款。

(4) 申请再贴现银行向承兑人收取票款。

(5) 承兑人无款支付时,申请再贴现银行向贴现申请人追索。

(6) 向承兑人追索。

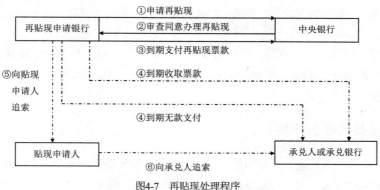

图4-7 再贴现处理程序

五、大额可转让定期存单市场

大额可转让定期存单是银行或储蓄机构发行的一种证明有一笔特定数额的资金已经存放在发行存单的机构之中的文件。它是20世纪60年代以来金融环境变革的产物，这种存单形式的最先发明者应归功于美国花旗银行。

同传统的定期存款相比，大额可转让定期存单具有以下几点不同。①定期存款单记名、不可流通转让；而大额定期存单则是不记名的、可以流通转让的。②定期存款单金额不固定，可大可小；而可转让定期存单金额较大，在美国最少为10万美元，二级市场上的交易单位为100万美元，在中国香港地区最小面额为10万港元。③定期存款单利率固定；而可转让定期存单利率既有固定的，也有浮动的，且一般来说比同期限的定期存款利率高。④定期存款单可以提前支取，提前支取时要损失一部分利息；而大额可转让定期存单不能提前支取，但可在二级市场流通转让。大额可转让定期存单如图4-8所示。

图4-8 大额可转让定期存单

大额定期存单一般由较大的商业银行发行，主要是由于这些机构信誉较好，可以相对降低筹资成本，且发行规模大，容易在二级市场流通。

按照发行者的不同，大额可转让定期存单可以分为4类：国内存单、欧洲美元存单、扬基存单、储蓄机构存单。

六、短期政府债券市场

短期政府债券，是政府以债务人身份承担到期偿付本息责任的期限在一年以内的债务凭证。从广义上看，政府债券不仅包括国家财政部门所发行的债券，还包括政府及政府代理机构所发行的证券。狭义的短期政府债券则仅指国库券。一般来说，短期政府债券市场主要指的是国库券市场。

政府短期债券以贴现方式发行，投资者的收益是证券的购买价与证券面额之间的差额。由财政部发行的短期债券一般称为国库券。新国库券的拍卖，通过两种方式进行：一是竞价方式；二是非竞价方式。

同其他货币市场信用工具不同，短期国库券交易具有一些较明显的投资特征。这些特征对投资者购买国库券具有很大影响。国库券的4个投资特征是：①违约风险小；②流动性强；③面额小；④收入免税。

七、货币市场共同基金市场

货币市场共同基金市场是20世纪70年代出现的一种新型投资理财工具。共同基金是将众多的小额投资者的资金集合起来，由专门的经理人进行市场运作，赚取收益后按一定的期限及持有的份额进行分配的一种金融组织形式。而对于主要在货币市场上进行运作的共同基金，则称为货币市场共同基金。

货币市场共同基金最早出现在1972年。目前，在发达的市场经济国家，货币市场共同基金在全部基金中所占比重最大。

货币市场共同基金一般属开放型基金，即基金份额可以随时购买和赎回。基金的初次认购按面额进行，一般不收或收取很少的手续费。由于开放型基金的份额总数是随时变动的，因此，货币市场共同基金的交易实际上是指基金购买者增加持有或退出基金的选择过程。货币市场共同基金与一般的基金相比，除了具有一般基金的专家理财、分散投资等特点外，还具有如下一些投资特征：①货币市场基金投资于货币市场中高质量的证券组合；②货币市场共同基金提供一种有限制的存款账户；③货币市场共同基金所受到的法规限制相对较少。

第四节　资本市场

资本市场(Capital Market)是期限在一年以上的中长期金融市场，其基本功能是实现并优化投资与消费的跨时期选择。按市场工具来划分，资本市场通常由股票市场、债券市场、投资基金和衍生品市场构成。

一、股票市场

全世界有50多个国家建立了股票市场。电子技术和先进通信设备的广泛应用使股票交易日益国际化。全世界的股票交易总额近些年增长迅速，大部分股票成交集中在纽约、东京和伦敦三大股票市场。

(一) 股票一级市场

一级市场也称为发行市场，它是指公司直接或通过中介机构向投资者出售新发行的股票的市场。所谓新发行的股票，包括初次发行和再发行的股票，前者是公司第一次向投资者出售的原始股，后者是在原始股的基础上增加新的份额。

一级市场的整个运作过程通常由咨询与管理、认购与销售两个阶段构成。

1. 咨询与管理

(1) 发行方式的选择。股票发行的方式一般可分成公募和私募两类。对于再发行的股票还可以采取优先认股权方式，也称配股。

(2) 选定作为承销商的投资银行。当发行数量很大时，常由多家投资银行组成承销辛迪加或承销银团来处理整个发行，其中一家投资银行作为牵头承销商起主导作用。在私募的情况下，发行条件通常由发行公司和投资者直接商定，从而绕过了承销环节。

(3) 准备招股说明书。

(4) 发行定价。发行价格主要有平价、溢价和折价3种。平价发行就是以股票票面所标明的价格发行；溢价就是按超过票面金额的价格发行；折价发行就是按低于票面金额的价格发行。其中，溢价发行又可分为时价发行和中间价发行，前者即按发行时的市场供求状况决定发行价格，后者则介于时价和平价之间。

2. 认购与销售

具体方式通常有以下几种。

1) 包销

包销是指承销商以低于发行定价的价格把公司发行的股票全部买进，再转卖给投资者，这样承销商就承担了在销售过程中股票价格下跌的全部风险，承销商得到买卖差价。

2) 代销

代销，即"尽力销售"，指承销商许诺尽可能多地销售股票，但不保证能够完成预定销售额，任何没有出售的股票可退给发行公司。这样，承销商不承担风险。

3) 备用包销

通过认股权来发行股票，并不需要投资银行的承销服务，但发行公司可与投资银行协商签订备用包销合同，该合同要求投资银行作为备用认购者买下未能售出的剩余股票，而发行公司为此支付备用费。

实际生活中，最近几年主要采取网上发行方式。

1) 网上竞价发行

在我国，网上竞价发行是指主承销商利用证券交易所的交易系统，以自己作为唯一的"卖方"，按照发行人确定的底价将公开发行股票的数量输入其在交易所的股票发行专户，投资者作为"买方"，在指定时间通过交易所会员交易柜台以不低于发行底价的价格及限购数量，进行竞价认购的一种发行方式。

新股网上竞价发行的具体程序如下。

(1) 新股竞价发行，须由主承销商持中国证监会的批复文件向证券交易所提出申请，经审核后组织实施。发行人至少应在竞价实施前2～5个工作日在中国证监会指定的报刊及当地报刊上按规定要求公布招股说明书及发行公告。

(2) 除法律法规明确禁止买卖股票者外，凡持有证券交易所股票账户的个人或者机构投资者，均可参与新股买卖。尚未办理股票账户的投资者可通过交易所证券登记结算机构及各地登记代理机构预先办理登记，开立股票账户，并在委托竞价申购前在经批准开办股票交易业务的证券营业部存入足够的申购资金。

(3) 投资者在规定的竞价发行日的营业时间办理新股竞价申购的委托买入，其办法类似普通的股票委托买入办法。申购价格不得低于公司确定的发行底价，申购量不得超过发行公告中规定的限额，且每一股票账户只能申报一次。

(4) 新股竞价发行申报时，主承销商为唯一的卖方，其申报数为新股实际发行数，卖出价格为发行底价。

(5) 新股竞价发行的成交(认购确定)原则为集合竞价方式。即对买入申报按价格优先同价位时间优先原则排列，当某申报买入价位以上的累计有效申购量达到申报卖出数量(新股实际发行数)时，此价位即为发行价。当该申报价位的买入申报不能全部满足时，按时间优先原则成交。累计有效申报数量未达到新股实际发行数量时，则所有有效申报均按发行底价成交。申报认购的余数，按主承销商与发行人订立的承销协议中的规定处理。

(6) 计算机主机撮合成交产生实际发行价格后，即刻通过行情传输系统向社会公布，并即时向各证券营业部发送成交(认购)回报数据。

(7) 新股竞价发行结束后的资金交收，纳入日常清算交割系统，由交易所证券登记结算机构将认购款项从各证券公司的清算账户中划入主承销商的清算账户，同时各证券营业部根据成交回报打印成交过户交割凭单同投资者(认购者)办理交割手续。

(8) 竞价发行完成后的新股股权登记由计算机主机在竞价结束后自动完成，并由交易所证券登记结算机构以软盘形式交予主承销商和发行人。投资者如有疑义，可持有效证件及有关单据向证券登记结算机构及其代理机构查询。

(9) 采用新股竞价发行，投资人仅按规定交付委托手续费，不必支付佣金、过户费、印花税等其他任何费用。

(10) 参与新股竞价发行的证券营业部，可按实际成交(认购额)的3.5‰的比例向主承销商收取承销手续费，由交易所证券登记结算机构每日负责拨付。

2) 网上定价发行

新股网上定价发行价格固定，采用证券交易所先进的交易系统来发行股票，即主承销商利用交易系统，按已确定的发行价格向投资者发售股票。

目前，网上定价发行的具体处理原则如下。

(1) 有效申购总量等于该次股票发行量时，投资者按其有效申购量认购股票。

(2) 当有效申购总量小于该次股票发行量时，投资者按其有效申购量认购股票后，余额部分按承销协议办理。

(3) 当有效申购总量大于该次股票发行量时，由证券交易所主机自动按每1 000股(深圳500股)确定一个申报号，连序排号，然后通过摇号抽签，每一中签号认购1 000股(深圳500股)。

新股网上定价发行具体程序如下。

(1) 投资者申购(T)：缴足申购款，进行申购委托。

(2) 资金冻结(T+1)：由中国结算公司将申购资金冻结。

(3) 验资及配号(T+2)：配号，交易所将根据最终的有效申购总量，按每1 000(深圳500股)股配一个号的规则，由交易主机自动对有效申购进行统一连续配号。

(4) 摇号抽签(T+3)：公布中签率，摇号抽签。

(5) 公布中签号、资金解冻(T+4)：对未中签部分的申购款予以解冻。

网上竞价发行和网上定价发行的不同在于：①发行价格的确定方式不同，竞价发行方式事先确定发行底价，由发行时竞价决定发行价，定价发行方式事先确定价格；②认购成功者的确认方式不同，竞价发行方式按价格优先、同等价位时间优先原则确定，网上定价发行方式按抽签决定。

(二) 股票二级市场

二级市场也称交易市场，是投资者之间买卖已发行股票的场所。这一市场为股票创造流动性，即能够迅速脱手换取现金。

下面从结构与机制、市场效率、股票价格等几个方面来讨论二级市场。

1. 结构与机制

二级市场通常可分为有组织的证券交易所和场外交易市场，但也出现了具有混合特性的第三市场和第四市场，与此相适应，证券交易所也称为第一市场，场外市场也称为第二市场。

1) 证券交易所

证券交易所是由证券管理部门批准的，为证券的集中交易提供固定场所和有关设施，并制定各项规则以形成公正合理的价格和有条不紊的秩序的正式组织。

证券交易所的组织形式有两种。①公司制的证券交易所，公司制的证券交易所是以股份有限公司形式成立的并以营利为目的的法人团体。②会员制的证券交易所。会员制的证券交易所是由会员自愿组成的，不以营利为目的的社会法人团体。

深圳证券交易所和上海证券交易所如图4-9所示。

图4-9　证券交易所

证券交易所的主要功能如下。

(1) 提供买卖证券的交易席位和有关交易设施。在美国，交易席位可分为4种类型：第一类是佣金经纪人；第二类是特种会员；第三类是场内经纪人；第四类是场内交易者。

(2) 制定有关场内买卖证券的上市、交易、清算、交割、过户等各项规则。上市是赋予某个证券在证券交易所内进行交易的资格，上市股票的发行公司必须向交易所提交申请，经审查满足交易所对股票上市的基本要求，方能在交易所挂牌上市交易，但获得上市资格并不等于一劳永逸，证券交易所为了保证上市股票的质量，会对其进行定期和不定期的复核，不符合规则者可暂停上市或予以摘牌。上市股票的交易一般采取公开竞价法，又称双边拍卖法，是买卖双方按价格优先和时间优先的原则进行集中竞价。在不同价位，买方最高申报价格和卖方最低申报价格优先成交，在同一价位，指令先到者优先成交。而在申报竞价时有口头唱报竞价、计算机终端申报竞价和专柜书面竞价等形式。股票买卖成交后，就进入交割过户阶段，交割一般可分为证券商之间的交割和证券商与委托客户的交割，前者在证交所的结(清)算部进行，通常采用余额交割制，后者则在成交后完成，至于成交后要间隔多少天交割，各证交所有不同的规定，称作T+0，T+1，T+2……对于记名股票，还须办理过户手续以享有股东的各种权益，但目前大多数股票均已实现无纸化交易，过户和交割同时完成。

(3) 管理交易所的成员，执行场内交易的各项规则，对违纪现象做出相应处理等。

(4) 编制和公布有关证券交易的资料。

如图4-10所示为上海证券交易所大厅。

2) 场外交易市场

场外交易是相对于证券交易所交易而言，凡是在证券交易所之外的股票交易活动，都可称作场外交易。由于这种交易起先主要是在各证券商柜台上进行，因而也称为柜台交易(OTC，全称为Over-The-Count)。

图4-10　上海证券交易所大厅

场外交易市场与证交所相比，没有固定的集中的场所，而是分散于各地，规模有大有小，由自营商来组织交易。场外交易市场无法实行公开竞价，价格是通过商议达成的。场外交易比证交所上市所受的管制少，灵活方便。

3) 第三市场

第三市场是指原来在证交所上市的股票移到场外进行交易而形成的市场。换言之，第三市场交易的是既在证交所上市又在场外市场交易的股票，以区别于一般含义的柜台交易。

4) 第四市场

第四市场是指大机构和极为富有的个人绕开通常的经纪人或自营商，彼此之间利用计算机网络直接进行的大宗证券交易。

2. 市场效率

二级市场是一个汇集信息从而发现价格的市场，如果在确定的股票价格中能充分反映所获得的全部信息，股价能够根据得到的信息完全、迅速地调整到位，那么它(从信息上)就是有效率的。

(1) 弱式有效。当现在的价格充分反映价格历史序列数据中所包含的一切信息，即由过去股价构成的信息集，投资者不可能通过对股价变动的历史进行分析来获得任何对预测未来股价变动有用的信息从而获得超额利润，此时的市场为弱式有效，表现为股价的"随机游走"，它使得技术分析毫无用处。在这种情况下，长期投资或称购存策略是最好的选择。

(2) 半强式有效。现在的股价充分反映更大的信息集，不仅包括历史的价格信息，而且包括所有与股票有关的公开信息，则称为半强式有效。对于半强式有效，实证检验的结果大体表明公开信息能迅速反映在现时市价中。

(3) 强式有效。若股价充分反映所有公开的和内部的信息，即信息集是完全的，则为强式有效，在这样的市场中，投资者不可能找到一种好的方法得到反常回报。

3. 股票价格

(1) 股票价格的几个不同概念。①票面价值。股票的票面价值是指股票票面上标明的金额，表示每股的资本额。②账面价值。股票的账面价值是指每股股票所代表的公司实际资产的金额。③发行价格。股票的发行价格是新股票发售时的实际价格。④市场价格。股票的市场价格是指由股票市场的供求关系决定的价格。⑤内在价值。股票内在价值也称为股票的理论价值，即股票未来收益的现值。

(2) 股票价格的形成。股票价格就是由每年的股息收入和股票出售时的价格这两部分收入按市场利率折算的现值。其计算公式可以表示为

$$P = [\frac{D_1}{(1+i_1)} + \frac{D_2}{(1+i_1)(1+i_2)} + \cdots + \frac{D_n}{(1+i_1)(1+i_2)\cdots(1+i_n)}] + \frac{F}{(1+i_1)(1+i_2)\cdots(1+i_n)}$$

式中：P为股票现值；D为每股股息；i为市场利率；F为股票出售时的价格；n为股票持有年限。

假定每年的股息和市场利率都不变，股票持有期为无限，则通过简化，股票价格的计算公式可以表示为

$$P = \frac{D}{i}$$

也就是说，股票理论价格主要取决于两个因素：预期股息收益和市场利率。

股票市场价格的其他影响因素包括：①公司经营状况。一般而言，股价与公司经营状况成正

比。②一国宏观经济运行状况。一般而言，股价与一国宏观经济运行状况成正比。③经济周期的变动。一般而言，在经济的复苏和高涨阶段，股价上升；在经济危机和萧条阶段，股价下跌。④政治因素。政治因素对股价的影响很大，但很难预测。⑤心理因素。大多数投资者对股市持乐观态度时，股价一般会上升；反之则股价下降。

股票价格指数，是用来反映不同时期股价总体变动情况的相对指标，即把某一时期的股价平均数化为以另一时期股价平均数为基准的百分数，并以指数形式表示。世界证券市场上最具有影响力和权威性的股票价格指数主要有以下几种：道琼斯股票平均价格指数、标准普尔股票价格指数、《金融时报》股票价格指数、日经股价指数、中国香港恒生指数等。

二、债券市场

(一) 债券的一级市场

债券的发行与股票类似，不同之处主要有发行合同书和债券评级两个方面。同时，由于债券是有期限的，因而其一级市场多了一个偿还环节。

1. 发行合同书

发行合同书也称信托契据，是说明公司债券持有人和发行债券公司双方权益的法律文件，由受托管理人(通常是银行)代表债券持有人利益监督合同书中各条款的履行。

债券发行合同书一般很长，其中各种限制性条款占很大篇幅。对于有限责任公司来说，一旦资不抵债而发生违约时，债权人的利益会受损害，这些限制性条款就是用来设法保护债权人利益的，它一般可分成否定性条款和肯定性条款。

2. 债券评级

债券的信用评级是指按一定的指标体系对准备发行债券的还本付息的可靠程度做出客观公正的评定。债券违约风险的大小与投资者的利益密切相关，也直接影响着发行者的筹资能力和成本。为了较客观地估计不同债券的违约风险，通常需要由中介机构进行评级。但评级是否具有权威性则取决于评级机构。目前最著名的两大评估机构是标准普尔(Standard & Poor's)公司和穆迪(Moody's)投资者服务公司。标准普尔的信用等级标准从高到低有：AAA级、AA级、A级、BBB级、BB级、B级、CCC级、CC级、C级和D级。穆迪投资者服务公司的信用等级标准从高到低有：Aaa级、Aa级、A级、Baa级、Ba级、B级、Caa级、Ca级和C级。前4个级别的债券属于"投资级"债券；后面等级的债券属于"投机级"债券。

3. 债券的偿还

债券的偿还一般可分为定期偿还和任意偿还两种方式。

4. 影响债券市场价格的因素

债券的理论价格主要取决于票面金额、票面利率、市场利率和债券年限等因素。此外，还要考虑以下因素：①债券市场供求关系的变化直接影响债券价格；②债券市场价格和市场利率呈反方向变动；③债券价格会伴随经济发展的不同阶段而波动；④宏观经济政策的变化对债券的价格也有很大影响。

（二）债券的二级市场

债券的二级市场与股票类似，也可分为证券交易所、场外交易市场以及第三市场和第四市场几个层次。证券交易所是债券二级市场的重要组成部分，在证券交易所申请上市的债券主要是公司债券，但国债一般不用申请即可上市，享有上市豁免权。然而，上市债券与非上市债券相比，它们在债券总量中所占的比重很小，大多数债券的交易是在场外市场进行的，场外交易市场是债券二级市场的主要形态。

关于债券二级市场的交易机制，与股票并无差别，只是由于债券的风险小于股票，其交易价格的波动幅度也较小。其他方面不再赘述。

三、投资基金

（一）投资基金的概念

投资基金，是通过向个人出售股份来筹集资金，然后用于购买多样化的股票和债券组合或其他金融资产。投资基金把中小投资者的资金集中起来，并通过专家进行管理，可以降低交易成本和信息成本，并可通过投资的多样化而降低风险，因而受到广大投资者的欢迎。

（二）投资基金的种类

1. 根据组织形式分类

据此分类形式，可分为公司型基金和契约型基金。

公司型基金是依据公司法成立的、以营利为目的的股份有限公司形式的基金，其特点是基金本身是股份制的投资公司，基金公司通过发行股票筹集资金，投资者通过购买基金公司股票而成为股东，享有基金收益的索取权。

契约型基金是依据一定的信托契约组织起来的基金，其中作为委托人的基金管理公司通过发行受益凭证筹集资金，并将其交由受托人(基金保管公司)保管，本身则负责基金的投资营运，而投资者则是受益人，凭基金受益凭证索取投资收益。

2. 根据基金发行的股份份额是否固定及可否被赎回分类

据此分类形式，可分为开放式基金和封闭式基金。

开放式基金和封闭式基金的对比见表4-3。

表4-3 开放式基金和封闭式基金的对比

比较项目	开放式基金	封闭式基金
期限	没有固定的存续期	有固定的存续期
规模	不固定，一般在设立3个月或半年后，投资人随时可以申购或赎回	在存续期内，如果未经法定程序认可，规模固定不变
交易价格	以每日计算出的该基金资产的净值为基础	受股市行情、基金供求关系及其他基金价格拉动因素的共同影响
交易方式	向基金管理公司或其代理人提出申购或赎回申请	转让给其他投资者，变现投资
净资产的信息披露	每日公布资产净值	不需要按日公布资产净值
投资策略	必须留存部分现金以备日常赎回之用	长期投资，更好地设计投资组合，分散风险

3. 根据投资目标分类

据此分类形式，可分为收入型基金、成长型基金和平衡型基金。

收入型基金是以获取最大的当期收入为目标的投资基金，其特点是损失本金的风险小，但长期成长的潜力也相应较小。

成长型基金是以追求资本的长期增值为目标的投资基金，其特点是风险较大，可以获取的收益也较大。

平衡型基金是以净资产的稳定、客观的收入以及适度的成长为目标的投资基金，其特点是具有双重投资目标，谋求收入和成长的平衡，所以风险适中，成长潜力也不是很大。

4. 根据地域分类

据此分类形式，可分为国内基金、国家基金、区域基金和国际基金。

国内基金是把资金只投资于国内有价证券，且投资者多为本国公民的一种投资基金。

国家基金是指在境外发行基金份额筹集资金，然后投资于某一特定国家或地区资本市场的投资基金。

区域基金是把资金分散投资于某一地区各个不同国家资本市场的投资基金。

国际基金是指不限定国家和地区，把资金分散投资于全世界各主要资本市场上，从而能最大限度地分散风险的投资基金。

5. 按投资对象分类

据此分类形式，大致可分为以下8种。

(1) 股票基金。它的投资对象是股票，这是基金最原始、最基本的品种之一。

(2) 债券基金。它是投资于债券的基金，这是基金市场上规模仅次于股票基金的另一重要品种。

(3) 货币市场基金。它是投资于短期债券、短期票据等货币市场工具的基金。

(4) 专门基金。它是从股票基金发展起来的投资于单一行业股票的基金，也称次级股票基金。

(5) 衍生基金和杠杆基金。它是投资于衍生金融工具，包括期货、期权、互换等，并利用其杠杆比率进行交易的基金。

(6) 对冲基金与套利基金。前者是在金融市场上进行套期保值交易，利用现货市场和衍生市场对冲的基金，后者是在不同金融市场上利用其价值差异低买高卖进行套利的基金。

(7) 雨伞基金。它是在一组基金之下再组成若干个"子基金"，以方便和吸引投资者在其中自由选择和低成本转换。

(8) 基金中的基金。它是以本身或其他基金单位为投资对象的基金，其选择面比雨伞基金更广，风险也进一步降低。

(三) 投资基金的设立和募集

设立投资基金首先需要发起人，发起人可以是一个机构，也可以是多个机构共同组成。

基金的设立申请一旦获主管机关批准，发起人即可发表基金招募说明书，着手发行基金股份或受益凭证，该股票或凭证由基金管理公司和基金保管公司共同签署并经公证后发行，发行方式可分公募和私募两种，类似于股票的发行。

(四) 投资基金的运作

按照国际惯例，基金在发行结束一段时间内，通常为3至4个月，就应安排基金证券的交易事宜。对于封闭型基金股份或受益凭证,其交易与股票债券类似,可以通过自营商或经纪人在基金二级市场上随行就市,自由转让。对于开放型基金,其交易表现为投资者向基金管理公司申购股票或受益凭证,或基金管理公司赎回股票或受益凭证,赎回或申购价格一般按当日每股股票或每份受益凭证基金的净资产价值来计算,大部分基金是每天报价一次,计价方式主要采用"未知价"方式,即基金管理公司在当天收市后才计价以充分反映基金净资产和股份或受益凭证总数的变化。

本 章 小 结

1. 金融市场简单地讲就是进行金融交易的场所。其主要由以下4个要素构成,即金融市场的参与者、金融市场的交易对象、金融市场的交易工具和金融市场的组织方式。

2. 货币市场是指以短期金融工具为媒介进行期限在一年以内(包括一年)的融资活动的交易场所,又称短期资金市场或短期金融市场。它可分为同业拆借市场、票据贴现市场、可转让大额定期存单市场和回购市场等。

3. 资本市场是指以中期或长期投资(一般为一年以上)为基本特征的金融市场,也称长期金融市场或证券市场。资本市场按融资工具的不同可大致分为股票市场和债券市场这两个子市场。

4. 股票市场和债券市场都有一级市场和二级市场。一级市场是新证券发行的市场。二级市场是已发行在外的证券进行买卖交易的市场,包括证券交易所、场外交易市场、第三市场和第四市场。

5. 证券交易所是证券买卖双方公开交易的市场,是一个高度组织化、有固定地点、集中进行证券交易的市场,是整个证券市场的主体和核心。证券交易所的组织形式有公司制和会员制两种。中国的上海证券交易所和深圳证券交易所都属于会员制交易所。

习 题

一、单项选择题

1. 金融市场按中介特征划分为直接金融市场和(   )。
   - A. 间接金融市场
   - B. 有形市场
   - C. 无形市场
   - D. 公开市场

2. 商业票据最发达的金融市场是(   )。
   - A. 英国
   - B. 美国
   - C. 法国
   - D. 德国

3. 资本市场包括股票市场、债券市场和(   )。
   - A. 贴现市场
   - B. 国库券市场
   - C. 基金市场
   - D. 同业拆借市场

4. 外汇市场的主要交易对象是(   )。
   - A. 汇率
   - B. 基金
   - C. 外汇
   - D. 债券

5. 金融机构之间发生的短期临时性借贷活动是(　　)。
    A. 贷款业务　　　　　　　　　　　　B. 票据贴现业务
    C. 同业拆借　　　　　　　　　　　　D. 再贴现业务

6. 基础性金融市场有货币市场、资本市场和(　　)。
    A. 期货市场　　　　　　　　　　　　B. 期权市场
    C. 货币互换　　　　　　　　　　　　D. 外汇市场

7. 衍生性金融市场有期货市场、期权市场、互换市场和(　　)。
    A. 外汇市场　　　　　　　　　　　　B. 资本市场
    C. 货币市场　　　　　　　　　　　　D. 远期市场

8. 按照金融资产的新旧程度不同，金融市场可分为(　　)。
    A. 一级市场和二级市场　　　　　　　B. 同业拆借市场和长期债券市场
    C. 货币市场和资本市场　　　　　　　D. 货币市场和债券市场

9. 下列金融工具中属于间接融资工具的是(　　)。
    A. 可转让大额定期存单　　　　　　　B. 公司债券
    C. 股票　　　　　　　　　　　　　　D. 政府债券

10. 银行在票据未到期时将票据买进的做法称为(　　)。
    A. 票据交换　　　　　　　　　　　　B. 票据承兑
    C. 票据结算　　　　　　　　　　　　D. 票据贴现

11. (　　)是银行间所进行的票据转让。
    A. 贴现　　　　　　　　　　　　　　B. 转贴现
    C. 再贴现　　　　　　　　　　　　　D. 都不是

12. 下列属于优先股股东权利范围的是(　　)。
    A. 选举权　　　　　　　　　　　　　B. 被选举权
    C. 收益权　　　　　　　　　　　　　D. 投票权

二、多项选择题

1. 金融市场的要素构成包括(　　)。
    A. 金融市场的交易对象　　　　　　　B. 金融市场的工具
    C. 金融市场的交易主体　　　　　　　D. 金融市场的组织方式
    E. 金融市场的交易价格

2. 金融市场的功能包括(　　)。
    A. 融通资金的功能　　　　　　　　　B. 资源配置功能
    C. 宏观调控功能　　　　　　　　　　D. 经济"晴雨表"功能
    E. 分配资金的功能

3. 货币市场包括(　　)。
    A. 同业拆借市场　　　　　　　　　　B. 票据贴现市场
    C. 可转让定期存单　　　　　　　　　D. 短期债券市场
    E. 债券回购市场

4. 资本市场包括(　　)。
    A. 股票市场　　　　　　　　　　　　B. 长期债券市场
    C. 基金市场　　　　　　　　　　　　D. 同业拆借市场

E. 票据贴现市场

5. 影响股票价格的因素包括(　　)。

    A. 心理因素   B. 公司经营状况

    C. 经济周期的变动   D. 政治因素

    E. 一国宏观经济运行状况

6. 按投资对象分类，投资基金包括(　　)。

    A. 股票基金   B. 衍生基金和杠杆基金

    C. 债券基金   D. 雨伞基金

    E. 对冲基金与套利基金

7. 投资基金根据地域分类，包括(　　)。

    A. 国内基金   B. 国家基金

    C. 区域基金   D. 国际基金

    E. 全球基金

8. 根据组织形式分类，投资基金分为(　　)。

    A. 公司型基金   B. 契约型基金

    C. 收入型基金   D. 成长型基金

    E. 平衡型基金

9. 金融市场按交割方式分为(　　)。

    A. 现货市场   B. 衍生市场

    C. 有形市场   D. 无形市场

    E. 公开市场

10. 开放式基金和封闭式基金的区别包括(　　)。

    A. 存续期   B. 规模

    C. 交易方式   D. 投资策略

    E. 净资产的信息披露

11. 与普通股股东相比，拥有优先股股票的股东具有如下的优先权利(　　)。

    A. 优先认股权   B. 固定的股息收益

    C. 经营参与权   D. 剩余财产优先分配权

    E. 随时转让权

12. 下列关于股票与债券的说法中正确的是(　　)。

    A. 股票的持有者是公司的所有者，债券的持有者是公司的债权人，二者的权利义务不同

    B. 股票与债券均是发行者的筹资手段，可以买卖转让

    C. 股票与债券均需要到期还本

    D. 股票股息是不固定的，而债券有固定的利息收入

    E. 持有股票的风险比持有债券的风险小

三、判断正误题

1. 银行同业拆借市场属于资本市场范畴。   (　　)

2. 股票市场属于货币市场范畴。   (　　)

3. 票据贴现是指持票人将未到期票据向中央银行办理贴现业务。   (　　)

4. 债券回购市场属于货币市场范畴。 （　　）
5. 票据贴现属于货币市场范畴。 （　　）
6. 金融期货与金融期权业务属于金融衍生业务。 （　　）
7. 从本质上看，回购协议是一种质押贷款协议。 （　　）
8. 若股价充分反映所有公开的和内部的信息，市场效率为半强势有效。 （　　）
9. 股票基金，它的投资对象是股票，这是基金最原始、最基本的品种之一。 （　　）
10. 持有优先股股票的股东具有优先认股权。 1 （　　）

四、简答题

1. 简述金融市场的功能。
2. 简述货币市场的构成及内容。
3. 简述金融市场的构成要素。
4. 简述直接融资及间接融资的特征。
5. 简述直接融资及间接融资的优缺点。
6. 简述同业拆借市场的交易原理。
7. 简述开放式基金同封闭式基金的区别与联系。
8. 简述回购协议的优势。
5. 简述证券交易所的功能。
6. 简述贴现、转贴现、再贴现的处理程序。
7. 简述股票网上定价发行的程序。

五、论述题

1. 论述基础性金融市场的构成及内容。
2. 论述金融市场的发展趋势。

案 例 分 析

案例一　提高直接融资比重

党的十九届五中全会提出，全面实行股票发行注册制，建立常态化退市机制，提高直接融资比重。这是党中央在面向"十四五"这一新的历史起点做出的重大决策部署，也是"十四五"时期资本市场实现高质量发展的战略目标和重点任务，我们必须深刻学习领会，坚决贯彻落实。

一、充分认识提高直接融资比重的重大意义

党的十八大以来，习近平总书记就提高直接融资比重、优化融资结构、增强金融服务实体经济能力做出一系列重要指示。发展直接融资是资本市场的重要使命。在党中央、国务院的坚强领导下，近年来我国资本市场改革发展明显加速，设立科创板并试点注册制成功落地，创业板、新三板等一批重大改革相继推出，对外开放持续深化，直接融资呈现加快发展的积极态势。截至2020年9月末，直接融资存量达到79.8万亿元，约占社会融资规模存量的29%。其中，"十三五"时期，新

增直接融资38.9万亿元，占同期社会融资规模增量的32%。

"十四五"时期是我国开启全面建设社会主义现代化国家新征程的第一个五年。提高直接融资比重，对于深化金融供给侧结构性改革，加快构建新发展格局，实现更高质量、更有效率、更加公平、更可持续、更为安全的发展，具有十分重要的意义。

(1) 提高直接融资比重是服务创新驱动发展战略的迫切要求。党的十九届五中全会强调，要坚持创新在我国现代化建设全局中的核心地位，把科技自立自强作为国家发展的战略支撑。从国际经验看，激发市场主体创新创造活力，加速科技成果向现实生产力转化，需要充分发挥直接融资，特别是股权融资风险共担、利益共享机制的独特作用，加快创新资本形成，促进科技、资本和产业的紧密融合。

(2) 提高直接融资比重是完善要素市场化配置的关键举措。党的十九届五中全会提出，要健全要素运行机制，完善要素交易规则和服务体系。发展直接融资可将不同风险偏好、期限的资金更为精准高效地转化为资本，促进要素向最具潜力的领域协同集聚，提高要素质量和配置效率，推动产业基础高级化、产业链现代化。从境外经验看，以直接融资为主导的经济体，在产业结构转型升级中往往能够抢占先机，转型过程也更为平稳顺畅。

(3) 提高直接融资比重是深化金融供给侧结构性改革的应有之义。习近平总书记深刻指出，深化金融供给侧结构性改革要以金融体系结构调整优化为重点。我国融资结构长期以间接融资为主，信贷资产在金融总资产中的比重超过70%。提高直接融资比重，有助于健全金融市场功能，丰富金融服务和产品供给，提高金融体系适配性；有助于稳定宏观杠杆率，更好防范化解金融风险。

(4) 提高直接融资比重是建设更高水平开放型经济新体制的重要途径。合作共赢仍是世界经济发展的主流，对外开放始终是我国经济发展的重要动力。在新冠肺炎疫情冲击下，国际贸易投资明显下降，全球产业链供应链遭遇梗阻，供需两端受挫。面对困境，我们需要加快打造更为开放融合的直接融资体系，进一步便利跨境投融资活动，积极促进内需和外需、进口和出口、引进外资和对外投资协调发展，助力全球产业链供应链进一步连接、优化、巩固。

二、提高直接融资比重面临的机遇与挑战

直接融资的发展根植于实体经济。当今世界正经历百年未有之大变局，新冠肺炎疫情全球大流行使这个大变局加速变化。在党中央坚强领导下，我国已率先控制住疫情，经济长期向好的趋势持续巩固，在高质量发展轨道上稳健前行、不断升级。"十四五"时期，我国将加快构建以国内大循环为主体、国内国际双循环相互促进的新发展格局，这为提高直接融资比重提供了宝贵的战略机遇。

一是实体经济潜力巨大。凭借超大规模的市场容量、完整的产业体系和8亿多素质不断提高的劳动力，我国产业发展升级的势头依然强劲，实体经济潜能将进一步释放，对资本要素的需求将加快扩大。二是宏观环境总体向好。货币、财政、产业、区域等宏观政策协同持续增强，法治保障不断强化，有利于扩大直接融资的生态体系正逐步形成。三是居民财富管理需求旺盛。我国人均国内生产总值已跨越1万美元关口，中等收入群体超过4亿人，居民扩大权益投资的需求快速上升，为资本市场发挥财富管理功能、提高直接融资比重创造了重要条件。四是我国资本市场的国际吸引力不断增强。随着金融扩大开放和全面深化资本市场改革的持续推进，境内资本市场正在发生深刻的结构性变化，日益成为全球资产配置的重要引力场。

同时，也要清醒认识到，我国间接融资长期居于主导地位，存量规模大，发展惯性和服务黏性强；市场对刚性兑付仍有较强预期。资本市场新兴加转轨特征明显、发展还不充分，制度包容性有待增强；中介机构资本实力弱、专业服务能力不足；投资者结构还需优化，理性投资、长期投资、价值投资的文化有待进一步培育；市场诚信约束不足，有的方面管制仍然较多，跨领域制度协同还需加强。提高直接融资比重，必须坚持问题导向，加快破解这些体制机制性障碍。

三、提高直接融资比重的重点任务

"十四五"时期，提高直接融资比重，要坚持以习近平新时代中国特色社会主义思想为指导，贯彻新发展理念，围绕打造一个规范、透明、开放、有活力、有韧性的资本市场，强化资本市场功能发挥，畅通直接融资渠道，促进投融资协同发展，努力提高直接融资的包容度和覆盖面。

(1) 全面实行股票发行注册制，拓宽直接融资入口。注册制改革是资本市场改革的"牛鼻子"工程，也是提高直接融资比重的核心举措。总书记多次对股票发行注册制改革做出部署。要坚持尊重注册制的基本内涵，借鉴国际最佳实践，体现中国特色和发展阶段特征，及时总结科创板、创业板试点注册制的经验，稳步在全市场推行以信息披露为核心的注册制。同时，全面带动发行、上市、交易、持续监管等基础制度改革，督促各方归位尽责，使市场定价机制更加有效，真正把选择权交给市场，支持更多优质企业在资本市场融资发展。

(2) 健全中国特色多层次资本市场体系，增强直接融资包容性。形成适应不同类型、不同发展阶段企业差异化融资需求的多层次资本市场体系，增强服务的普惠性，是提高直接融资比重的关键。要科学把握各层次资本市场定位，完善差异化的制度安排，畅通转板机制，形成错位发展、功能互补、有机联系的市场体系。切实办好科创板，持续推进关键制度创新。突出创业板特色，更好服务成长型创新创业企业发展。推进主板(中小板)改革。深化新三板改革，提升服务中小企业能力。稳步开展区域性股权市场制度和业务创新试点，规范发展场外市场。积极稳妥发展金融衍生品市场，健全风险管理机制，拓展市场深度，增强发展韧性。

(3) 推动上市公司提高质量，夯实直接融资发展基石。形成体现高质量发展要求的上市公司群体，是提升资本市场直接融资质效的重要一环。要持续优化再融资、并购重组、股权激励等机制安排，支持上市公司加快转型升级、做优做强。进一步健全退市制度，畅通多元退出渠道，建立常态化退市机制，强化优胜劣汰。推动上市公司改革完善公司治理，提高信息披露透明度，更好发挥创新领跑者和产业排头兵的示范作用，引领更多企业利用直接融资实现高质量发展。

(4) 深入推进债券市场创新发展，丰富直接融资工具。债券市场是筹措中长期资金的重要场所，对于推动形成全方位、宽领域、有竞争力的直接融资体系发挥着不可替代的作用。要完善债券发行注册制，深化交易所与银行间债券市场基础设施的互联互通，进一步支持银行参与交易所债券市场。加大资产证券化产品创新力度，扩大基础设施领域公募不动产投资信托基金试点范围，尽快形成示范效应。扩大知识产权证券化覆盖面，促进科技成果加速转化。

(5) 加快发展私募股权基金，突出创新资本战略作用。私募股权基金是直接融资的重要力量，截至2020年9月末，登记备案的股权和创投基金管理人近1.5万家，累计投资超过10万亿元，在支持科技创新中发挥着日益重要的基础性、战略性作用。要进一步加大支持力度，积极拓宽资金来源，畅通募、投、管、退等各环节，鼓励私募股权基金投小、投早、投科技。出台私募投资基金管理暂行条例，引导其不断提升专业化运作水平和合规经营意识。加快构建部际联动、央地协作的私募风险处置机制，切实解决"伪私募、类私募、乱私募"突出问题，促进行业规范健康发展。

(6) 大力推动长期资金入市，充沛直接融资源头活水。长期资金占比是影响资本市场稳定的重要因素，也是决定直接融资比重高低的核心变量之一。要加快构建长期资金"愿意来、留得住"的市场环境，壮大专业资产管理机构力量，大力发展权益类基金产品，持续推动各类中长期资金积极配置资本市场。加大政策倾斜和引导力度，稳步增加长期业绩导向的机构投资者，回归价值投资的重要理念。鼓励优秀外资证券基金机构来华展业，促进行业良性竞争。

四、凝聚提高直接融资比重合力

提高直接融资比重是一项系统工程，必须从经济金融全局的高度加强统筹谋划，有效发挥市场主体、监管机构、宏观管理部门、新闻媒体等各方合力。

一是促进直接融资和间接融资协调发展。直接融资比重的提升，离不开间接融资领域相关改革的同向发力。要健全市场化利率形成和传导机制，提高金融资产定价有效性，增加直接融资吸引力。落实好资管新规，统一监管标准，推动行业切实回归本源、健康发展。二是进一步完善直接融资配套制度。加强顶层设计，完善有利于扩大直接融资、鼓励长期投资的会计、审计、财税等基础制度和关键政策。推进市场高水平对外开放，拓宽境外投资者进入股票、债券市场的渠道，增强外资参与便利度。完善统计制度，构建分层、分类、具有可扩展性的直接融资统计指标体系，更好反映社会融资的真实构成和发展趋势。三是构建有利于提高直接融资比重的良好市场生态。坚持市场化法治化导向，以全面贯彻新证券法为契机，落实"零容忍"要求，加强立法、行政、司法的协同配合，健全行政执法、民事追偿和刑事惩戒相互衔接、互相支持的立体、有机体系，切实加大投资者保护力度，增强投资者信心，促进市场良性循环。

(资料来源：中国证监会)

问题：

"十四五"时期，提高直接融资比重的发展重心放在哪些方面？

案例二 纳斯达克市场成功案例

纳斯达克证券市场有限公司隶属于美国全国证券交易委员会(The National Association of Securities Dealers，NASD)。该协会是一个自律性的管理机构，在美国证券交易委员会注册。几乎所有的美国证券经纪/交易商都是它的会员。纳斯达克证券市场创立于1971年，1971年2月8日正式开始交易，以全国证券交易商协会自动报价系统(NASD Automated Quotation System)运作。这是一套电子系统，专门收集和发布在场外交易非上市股票的证券商报价，是全球第一家自动报价证券市场。经过十年持续不断的发展，纳斯达克证券市场建立了上市标准更高的纳斯达克全国市场，并且首先采用同步报道交易情况的经营方式。

1. 纳斯达克证券市场的双轨制

纳斯达克证券市场在上市方面实行双轨制，分别为：纳斯达克全国市场和纳斯达克小型资本市场。通常，较具规模的公司证券在纳斯达克全国市场进行交易；而规模较小的新兴公司证券则在小型资本市场进行交易，因为该市场实施的上市规定没有那么严格。但证券交易委员会对两个市场的监管范围并没有区别。

2. 交易系统

纳斯达克证券市场是一个电子化市场，因此它没有也不需要设置证券交易大厅。然而，这个市场在世界各地一共装置了40多万台计算机销售终端，向世界各个角落的交易商、基金经理和经纪人传送5 000多种证券的全面报价和最新交易信息。但是，这些销售机并不能直接用于进行证券交易，既不能在纳斯达克市场为股票造市，也不能受理指令。如果美国以外的证券经纪人/交易商进行交易，一般要通过计算机销售终端取得纳斯达克证券市场的信息，然后用电话通知在美国的全国证券交易商协会会员公司进行有关交易。

3. 做市商

纳斯达克证券市场采用多个做市商制度，它们包括高盛及摩根·士丹利等证券公司，这些公司可随时动用资金买卖纳斯达克证券市场各类上市公司的股票。

证券公司的交易商通过微机工作站进行报价。这些微机工作站都使用纳斯达克证券市场有限公司的专利软件，从而使相互竞争的交易商能够同时参加市场活动。世界各地的其他交易商、经纪人和投资者则可以从计算机终端上看到市场价格和买卖数量的确认报价。所有交易则是根据这些报价进行。为某一股报出买卖价的做市商数目因公司的不同而有所差异。所有公司都必须至少有两名做市商为其股报价；对于规模甚大、流通性高的股票而言，做市商可多达45家；但平均来说，非美国公司股票的做市商数目约为11家。

4. 保荐人

在纳斯达克证券市场，做市商既可买卖股票，又可保荐股票，换句话说，他们可对自己担任做市商的公司进行研究，就该公司的股票发表研究报告并提出推荐意见。

5. 交易报告

做市商必须在成交后90秒内向全国证券交易商协会当局报告在纳斯达克证券市场上市证券已完成交易的每一笔(整批股)。买卖数量和价格的交易信息随即转发到世界各地的纳斯达克证券市场计算机屏幕和销售终端。这些交易报告的资料作为日后全国证券交易商协会审计的基础。

纳斯达克成功的背后，主要有如下几个方面的原因：独特的市场结构；宽松的上市标准；先进的电子交易系统和严格的风险控制系统；市场国际化进程和不懈地创新。

宽松的上市环境是纳斯达克成功最核心和重要的原因。它与纳斯达克脱离于柜台交易有关，但主要是因为纳斯达克认识到当今信息社会的新兴企业具有与传统企业截然不同的特点，技术含量高的企业往往具有惊人的增长潜力。放松上市标准，鼓励和扶植新兴高新技术企业上市，是纳斯达克鲜明的特点，也是其成功的根本所在。

纳斯达克自成立起就利用电子系统进行交易，是世界第一家股票电子交易市场。这种方式十分有利于网上交易的发展，现在美国网上交易已经十分发达和普遍。目前，纳斯达克正尝试新的创新，其中最引人注目的是24小时交易，它已与澳大利亚正在洽谈合作事宜。由此可见，纳斯达克充分利用电子交易系统的先进性不断革新交易手段，为保证在下个世纪的竞争中保持领先进行不懈的努力。

纳斯达克的风险控制，其手段和措施已经法制化和程序化。它有两个手段：股票发行监管和交易活动监管。前者对纳斯达克上市发行活动实行紧密监督，以维护市场秩序和投资者利益。其手段主要通过检查所有在媒体上披露的有关公司股票发行信息，并有权事先得到公司某些重要信息。对违规公司有关部门有权责令其停止上市交易活动。交易活动监管是指该系统对所有上市企业的交易活动实行实时监管，以保证交易活动的真实性和秩序化。它通过这种监控系统的自动搜索和分析功能实时监视所有交易活动。对上市公司提供纳斯达克有关交易管理规定和有关法律法规。若发现违规则交有关部门进一步落实处理。

这两种做法和分工并没有其他特别之处，但其手段的先进性和严密性有效地维护了市场秩序和投资者利益。在三十多年的发展中，纳斯达克一直较好地控制了风险，避免了重大事故发生，较好地处理了发展与风险控制的关系。

　　纳斯达克市场创造了一个新的企业家阶层——风险资本家。纳斯达克把企业家及其创新成果和风险资本家有机地结合起来。有创新思想的创业者先向风险资本家筹集资金，经营一段时间后让成功企业的原始股(IPO)上市。一般来说，这些股票能得到高额回报，足以补偿风险投资者在其他投资上的损失。这样，一个创新科技、风险投资和纳斯达克市场连动获利、彼此促进的资金流动和效益增长方式就出现了。20世纪90年代，美国通过风险基金和原始股上市等途径进行的风险投资每年都在450亿至650亿美元之间，其中纳斯达克吸纳的约占半数。人们几乎在纳斯达克每一个成功的企业后面都能发现风险资本家的身影，风险资本家也在纳斯达克成功地创造了一个个神话。

　　纳斯达克的成功是信息技术与金融业结合的典范。纳斯达克自创立以来，就没有交易大厅，而是采用电子化交易系统，这保证了市场的公正，所有交易都在井井有条、公平、监管有方和低成本的环境中进行。在网络时代，纳斯达克一直与网络技术保持同步，目前它每年投资2亿多美元进行技术设备的升级换代，今后还将逐年增加。1999年它同美国著名的通信公司微波世界通信公司合作，使用设备"2号企业网"将电子交易网络的速度和容量扩大一倍，达到日成交40亿股的能力，并具有扩充到80亿股的潜力。低交易成本、无交易时限、全球化证券市场、即时成交、公开和透明的企业和股价信息正是这个高科技的金融帝国一直孜孜不倦追求的目标。

　　纳斯达克的成功也是美国文化发展的典范。纳斯达克自成立之初就鼓励中小企业上市，口号是公司不分大小，只要公开、诚实就行。但是，纳斯达克也最充分地体现了优胜劣汰的资本竞争原则。这里只允许强者驻足，如果不能做到最好，随时都会被吐故纳新的竞争和不进则退的压力淘汰。财富的乘数倍增效应在这里得到了淋漓尽致的体现，它使强者的资本超速增值，而弱者则被迅速逐出场外，每年都有相当数量的公司遭遇摘牌而黯然离场。于是，更高、更快、更强、更大自然也就成了网络时代企业的基本生存哲学。

　　纳斯达克是美国新经济的摇篮，对美国新经济的发展起到巨大的推动作用。它也是美国高新技术企业成长的推进器，打造了微软、英特尔和思科等举世闻名的跨国公司。

　　但是，随着纳斯达克成为许多经济指标的晴雨表，纳斯达克指数投机味道也越来越浓，股价被炒至完全脱离现实者比比皆是。投资界举足轻重的人物如格林斯潘等人都在不同场合指出，有朝一日纳斯达克指数自高峰大幅回落在意料之中。美国一些经济学家也指出，20世纪90年代美国经济得天独厚，在高科技投资开花结果之余，外资源源流入也是一个极重要因素。但经过历史上最长的一个经济增长期后，外资继续流入的诱因已逐渐减低，相反，以往部分投资获利回吐，并把资金调离美国到其他地区寻找机会的诱因却愈来愈大。如果新一轮资金流向趋势一旦形成，并无实质因素支持的纳斯达克指数自高位回落超过25%甚至一半也绝不稀奇。

　　言犹在耳，一度在纳斯达克叱咤风云的数字英雄身价暴跌，纳斯达克也成了许多人的噩梦。它的明天是否会很美？这是值得期待的。

(资料来源: 上海财经大学《货币银行学》教学网)

问题:

　　1. 针对纳斯达克证券市场发展的特点，简述我国证券市场在发展过程中应该做好哪些方面的工作。

　　2. 对于纳斯达克证券市场后来出现的一些问题，应该采取哪些防范措施？

案例三 中国香港地区资本市场发展经验

一、高度国际化

中国香港地区的资本市场得以快速发展的一个重要原因即国际化，主要体现在对外高度开放，资金进出完全自由，以及各类外资金融机构的积极参与。

对外开放程度高，国际知名投资银行几乎均在港设立分支机构，其中诸多为亚太地区总部。在中国香港地区的股票市场，外资投资无任何限制。在香港联合交易所的经纪会员中，外资会员比例约20%，交易额则超过市场交易总额的60%。在日常交易中，以退休基金、互惠基金等形式出现的各类国际资金超过50%。同时，投资者可以参与新加坡、伦敦、纽约及纳斯达克等海外市场的投资。资金的自由进出以及外资机构的无障碍投资是中国香港地区股票市场得以迅速发展的重要原因。

中国香港地区的债券市场国际化体现在海外机构参与债券市场的程度和交易币种结构等。香港地区的税收优惠降低了国际机构发行成本，吸引更多国际机构进入。例如，截至2010年年底，在146家持牌银行中，外资银行有123家，占比高达84.25%。在香港联交所挂牌的海外或国际机构发行的债券超过120种。

其投资的自由无障碍与对外资机构的开放值得内地资本市场借鉴。

二、法规、制度完善，透明度高，得到国际认可

香港资本市场法规受西方法律体系影响明显，透明度高，得到国际普遍认可，并在后期的不断完善中，使各种制度符合国际标准。资本市场法规及制度得到国际的认可才能吸引更多的参与者。1973年股灾以后，在1974年2月13日颁布了《证券条例》，这是中国香港地区第一个关于证券业的条例。到1989年4月2日又颁布了《证券及期货事务监察委员会条例》。这两个条例成为对证券业进行全面监督的法律依据。为提供有效及现代化的证券及期货监管制度，自1996年将管理证券及期货业的九项条例及部分公司条例内容，更新为《证券及期货条例》，更符合国际标准，于2002年3月通过，并于2003年4月生效。

此外，重要的法律还有《证券公开权益条例》《证券内幕交易条例》《证券在证券交易所上市条例》《香港公司收购及合并守则》《香港公司购回本身股份守则》和《香港单位信托及互惠基金守则》等。

三、注重改革，及时有效

香港地区的资本市场开放程度高，自由的资金和投资者会给市场带来较大的波动，其对于监管上的薄弱环节进行了及时有效的改革，对于市场机制上的不完善也进行了卓有成效的改进。

1973年股灾之后，香港地区开始对证券交易所进行整顿，1985年颁布了证券交易所合并条例，1986年4月2日香港联合交易所开业，结束了远东、金银、香港、九龙四会并存相互竞争的时代。1987年股灾之后，以戴维森为首的证券业检讨委员会正式提出了证券业改革，其中一条重要建议就是设立专门的证券业监管机构。因此，1989年5月1日正式成立了香港证券及期货事务监察委员会(简称香港证监会)，作为独立于政府架构之外的机构。证监会是证券市场的监督者，负责纠正市场结构和监管工作中的制度性问题。

20世纪80年代，由于投资债券所获利息仍需缴纳15%的利息税导致债市发展迟缓，于1989年取消利息税，并于20世纪90年代初发行政府债，有效推动了债券市场的发展，也使得外资机构的发行

成本降低，吸引了诸多发行方和投资者。

四、机构投资者为主导

香港地区资本市场中机构投资者占据主导地位，2004—2010年交易占比均在60%以上。机构投资者扮演着重要角色，由于其更专业的投资策略，能够有效减少市场的波动性，投机性降低。目前我国股票市场的换手率高、投机性强的问题可以通过引入更多长期机构投资者加以改观。

五、注重保护投资者

香港证监会注重投资者保护，采用产品披露、销售及分销程序(向投资者提供意见)和投资者教育三线并举的模式。一个投资产品若要上市，其销售文件必须得到证监会审批，在此过程中，强调产品信息尽可能完备披露。产品在通过中介人(包括银行、持牌公司和个人)销售和分销过程中，对中介人的业务操守进行监管。中介人在建议或招揽客户购买投资产品时，应确保所做出的建议或招揽是合理的。证监会对分销过程监管采取双管齐下方式，实行视察与教育并举。一方面对投资顾问进行多轮视察，对严重的不当销售个案采取纪律处分；另一方面，向业界提供培训，促进中介人了解并履行各项责任。

同时，证监会设立投资者赔偿基金，通过香港交易所买卖各类投资产品的投资者，一旦蒙受损失，都可以向投资者基金申请索偿。基金由证券及期货事务监察委员会负责管理，处理和厘定申索的职能则由投资者赔偿有限公司实现。

六、市场产品丰富

香港资本市场的新产品、新金融工具不断涌现，国际市场上的金融衍生工具80%已被香港采用。在股票市场上，不仅出现期指、期权、认股权证等，且此类衍生工具交易额超过现货交易。香港上市公司在债券市场的募资产品也较为多样化。在债券、票据和存款证这三种形式的基础上，先后出现付息债券，变息债券，与各种指数、商品及货币挂钩式债券，各种可换股债券等多种形式。

香港衍生品市场在2002年引入"庄家制"之后，发展迅速，一跃成为世界主要权证市场之一。在期权合约中，股票期权一直表现抢眼，长期保持在交易期权总量的75%。而灵活的权证发行制度和巨大的权证发行量，为市场带来充足流动性，也给投资者提供多样化的投资产品和工具。

七、筹集资金方式多元化

香港的股票市场充分借鉴伦敦和纽约交易所经验，经过几十年的发展，已经形成了一套完全成熟的市场化操作规则，市场上有多样化的操作工具可供选择。当市场行情好，公司股价高时，公司可以选择以供股或配售的方式向公众人士或特定对象发行新股筹集资金，或者选择定向配售、代价发行等方式来收购相关资产和股权，即通过换股实施并购。在行情低迷时，上市公司可以较低价格发行代价股，收购集团内部资产，有利于集团增持上市公司股份，防止上市公司面向公众人士或特定投资对象发售新股时，过分摊薄集团对上市公司的控制权。而中国内地只有首次公开发行新股、配股、增发、可转债券四种形式，而且发行条件十分严格。丰富的交易品种和操作手段对并购起到重要的推动作用。

强大的后续融资能力，为公司持续并购不断提供资金和交易手段的支持。与内地股票市场不同的是，除了首次上市募集资金的方式外，在香港上市的公司的后续融资功能非常强大，而且几乎不受时间的限制，这是香港市场的重要特征。只要市场认同，只要投资者愿意购买股票，公司就可以在短时间(如一年)内采取多种形式多次从资本市场上融资或者发行代价股，从而为并购提供资金和交易手段上的支持。这也是成熟证券市场的优势，是香港吸引国际资本的基础，也是诸多公司来港上市的重要原因。而内地A股上市公司的再融资受到严格的增发和配股条件的约束，本次公开融资距上次的融资时间至少为12个月。

八、个人及机构税收优惠

特区政府在促进市场发展，提高国际化的过程中，为市场参与者提供了优惠的税收制度。例如，为外资机构进驻香港地区和参与市场投资均提供了相关税收优惠，在促进债券市场发展时也取消了利息税，这些能够提高市场和地区的吸引力，促进资金的进入和整体资本市场的发展。

(资料来源：中国证监会)

问题：

结合实际，分析中国内地资本市场可以从哪些方面进行经验借鉴？

案例四 2020年金融市场运行情况

2020年，债券市场发行规模显著增长，现券交易量增加，收益率曲线平坦化上行，市场投资者结构进一步多元化；货币市场利率显著下行，银行间货币市场交易量增加；利率衍生品成交量同比上升，互换及期货价格小幅下降；股票市场主要股指大幅上涨，两市成交金额显著增加。

1. 债券市场发行规模显著增长

2020年，债券市场共发行各类债券57.3万亿元，较上年增长 26.5%。其中银行间债券市场发行债券 48.5万亿元，同比增长27.5%。截至2020年12月末，债券市场托管余额为117万亿元，其中银行间债券市场托管余额为100.7万亿元。2020年，国债发行7万亿元，地方政府债券发行6.4万亿元，金融债券发行9.3万亿元，政府支持机构债券发行3 580亿元，资产支持证券发行2.3万亿元，同业存单发行19万亿元，公司信用类债券发行12.2万亿元。

2. 银行间市场成交量增加

2020年，债券市场现券交易量253万亿元，同比增长16.5%。其中，银行间债券市场现券交易量232.8万亿元，日均成交9 350.4亿元，同比增长12%。交易所债券市场现券成交20.2万亿元，日均成交830.4亿元，同比增长142.6%。2020年，银行间市场信用拆借、回购交易总成交量1 106.9万亿元，同比增长14%。其中同业拆借累计成交147.1万亿元，同比下降3%；质押式回购累计成交952.7万亿元，同比增长17.6%；买断式回购累计成交7万亿元，同比下降26.3%。

3. 债券收益率上行，货币市场利率下行

2020年，债券收益率整体上移。12月末，1年、3年、5年、7年、10年期国债收益率分别为2.47%、2.82%、2.95%、3.17%、3.14%，分别较上年同期上行11bp、9bp、6bp、13bp、1bp。2020年年末，中债国债总指数收盘价为195.19，较上年同期上涨5.05；中债新综合全价指数收盘价为119.00，较上年同期下降0.08。2020年12月，银行间货币市场同业拆借月加权平均利率为1.3%，较上年同期下行79个基点，质押式回购月加权平均利率为1.36%，较上年同期下行74个基点。

4. 投资者数量进一步增加

截至2020年年末，银行间债券市场各类参与主体共计27 958家，较上年年末增加3 911家。其中境内法人类共3 123家，较上年年末增加41家；境内非法人类共计23 930家，较上年年末增加3 734家；境外机构投资者905家，较上年年末增加136家。2020年末，银行间市场存款类金融机构持有债

券余额57.7万亿元，持债占比57.4%，与上年年末基本持平；非法人机构投资者持债规模28.8万亿元，持债占比28.6%，较上年年末下降1个百分点。公司信用类债券持有者中存款类机构持有量较上年年末有所增加，存款类金融机构、非银行金融机构、非法人机构投资者和其他投资者的持有债券占比分别为26.2%、6.4%、63%。

5. 利率衍生品市场成交金额上升

2020年，银行间人民币利率衍生品市场累计成交19.9万亿元，同比上升6.8%。其中，利率互换名义本金总额19.4万亿元，同比上升6.8%；标准债券远期成交4 532.3亿元，信用风险缓释凭证创设名义本金149.3亿元，信用违约互换名义本金12亿元。互换利率有所下降，2020年年末，1年期FR007互换利率收盘价(均值)为2.48%，5年期FR007互换利率收盘价(均值)为2.83%。

6. 股票市场主要指数上行

2020年年末，上证综指收于3 473.07点，较上年年末上涨422.95点，涨幅为13.9%；深证成指收于14 470.68点，较上年年末上涨4 039.91点，涨幅为38.7%。两市全年成交额为206.83万亿元，同比增长62.3%。

(资料来源：中国证券监督管理委员会、中央国债登记结算有限责任公司、全国银行间同业拆借中心、银行间市场清算所股份有限公司、上海证券交易所和深圳证券交易所)

问题：
分析我国近年来金融市场发展的显著变化。

第五章

商 业 银 行

商业银行作为一国金融体系中开展金融业务的主体，是整个金融体系中数量最多、业务量最大、分布最广的金融机构，在西方国家号称"金融百货公司"。随着市场经济的发展，商业银行以其自身开展的众多的金融业务，服务于微观经济主体的融资需要。本章将主要介绍商业银行的业务，货币创造的原理及制约因素。

第一节　商业银行概述

在各类金融机构中，商业银行以其历史最为悠久、机构庞大、资金实力雄厚、业务范围最为广泛、对社会经济生活影响面最大而在整个金融机构体系中占据主体地位。

一、商业银行的地位

现代商业银行是以获取利润为经营目标，以多种金融资产和金融负债为经营对象，具有综合性服务功能的金融企业。

从历史上看，商业银行产生和成长的时间最长，是整个金融业演化的主流，其组织管理和业务经营都比较全面和成熟。当今世界各国金融体系中，商业银行规模最庞大。商业银行经营业务范围广泛，综合性强。商业银行是唯一能够办理用支票提取活期存款业务，并提供交换和支付媒介、创造货币和信用的机构，这就把商业银行活动和中央银行货币运行以及整个社会活动紧密地联系起来。商业银行的主要业务、演进历程及职能见表5-1。

表5-1　商业银行的业务及职能

代表银行	主要业务/演进历程	职能
威尼斯银行	货币兑换：货币保管＋支付、汇兑	汇兑结算
	货币保管：收费—付费	存款
	贷款取息：全额准备—部分准备	贷款
英格兰银行	金匠业：保管凭条—银行券	货币形式
	划款凭证—银行支票	存款
	十足准备—部分准备	贷款

商业银行是人们长期沿袭下来的习惯用语。但严格来讲，这一称谓和它目前的实际含义存在着较大的差别。首先，原来的商业银行只是专门从事短期性商业融资的机构，故在历史上获得了"商业银行"的称谓，但从现代商业银行的业务范围来看，这一称谓已与实际情况出现了较大的差异；其次，"商业"两字掩盖了现代商业银行所具有的综合性和多功能特点。但是，由于约定俗成的缘故，商业银行的概念已为人们所接受。

二、商业银行的职能

商业银行在现代经济活动中有信用中介、支付中介、金融服务、信用创造和调节经济等职能，并通过这些职能在国民经济活动中发挥着重要作用。商业银行的业务活动对全社会的货币供给有重要影响，并成为国家实施宏观经济政策的重要基础。

(一) 信用中介

作为信用中介，就是银行一方面通过吸收存款的方式，动员和集中社会上一切暂时闲置的货币和货币资本；另一方面以贷款方式把这些货币和货币资本投向社会经济各部门形成生产要素，把借贷双方巧妙地联系起来，成为借贷双方的中介人，这是银行最基本的、最能说明其经营活动特征的职能。

信用中介职能也包括将社会各阶层的货币收入和积蓄转化为资本。个人货币收入是用来供个人消费的，积蓄是准备用作远期消费或不可预测的需要，它们都不是资本，金额也比较小。由于现代银行制度的发展，开办储蓄，并支付利息，小额的货币收入就可以转化为资本，从而扩大了社会资本总量，加速经济的发展。

(二) 支付中介

银行在办理与货币收付有关的服务性业务时，执行支付中介职能，如根据企业的委托，办理货币的收付与转账结算等。在这里，银行以社会的"出纳员"和"账房"的身份出现。银行的中介职能，不仅节约了社会流通费用，还加速了资本周转。

(三) 信用创造

信用创造是指商业银行通过吸收活期存款、发放贷款，从而增加银行的资金来源、扩大社会货币供应量。商业银行发挥信用创造功能的作用主要在于通过创造存款货币等流通工具和支付手段，既可以节省现金使用，减少社会流通费用，又能够满足社会经济发展对流通手段和支付手段的需要。

(四) 金融服务

金融服务是指商业银行利用在国民经济中联系面广、信息灵通等的特殊地位和优势，利用其在发挥信用中介和支付中介功能的过程中所获得的大量信息，借助电子计算机等先进手段和工具，为客户提供的财务咨询、融资代理、信托租赁、代收代付等各种金融服务。通过金融服务功能，商业银行既提高了信息与信息技术的利用价值，加强了银行与社会联系，扩大了银行的市场份额，同时也获得了不少费用收入，提高了银行的盈利水平。

(五) 调节经济

商业银行在国家宏观经济政策的影响下，通过信贷政策的实施，利率、信贷规模及资金投向的调节，实现调节经济结构、投资消费比、产业结构等目的，为国家经济稳定发挥重要作用。

三、商业银行的类型和组织

(一) 商业银行的类型

从历史观点而论，商业银行大致是遵循两大主流发展的，即职能分工型模式和全能型模式。

职能分工型商业银行又称分离型商业银行，其特点是：在法律规定金融机构只能分别专营某种金融业务的情况下，商业银行主要经营短期工商信贷业务。这种类型的商业银行是在20世纪30年代资本主义经济大危机之后形成的，并以英国、美国、日本为代表。

全能型商业银行又称综合型商业银行，其特点是：可以经营一切银行业务，即可办理各种存款、放款及证券业务或其他业务。这类商业银行的设置以德国最为典型。

20世纪70年代以来，上述两种类型商业银行经营业务的范围和界限开始有所突破，职能分工型的商业银行开始向综合型方向发展。其原因在于：在金融业竞争日益激烈的条件下，商业银行面对其他金融机构的挑战，利润率不断降低，促使商业银行必须从事更广泛的业务活动以加强竞争实力；随着负债业务结构不断向长期、稳定的方向发展，银行也逐渐从事长期信贷和长期投资的活动。在此发展形势之下，实行分离型商业银行的国家也逐步放宽对商业银行业务分工的限制。

(二) 商业银行的组织

商业银行的外部组织形式因各国政治经济情况不同而有所不同。综合看来，主要有总分行制和单一银行制，其他还有持股公司制、连锁银行制等，见表5-2。

表5-2　商业银行的外部组织形式

类型	定义	备注
总分行制	大城市设立总行，其他地区和城市设立分支机构	被采用较多，以英国、德国、日本为主要代表
单一银行制	由一个独立的银行经营银行业务，不设立分支机构	美国：各州独立性较强；限制垄断
持股公司制	为控制/收购两家或两家以上的银行股权而专门组成的公司	"二战"后，流行于美国
连锁银行制	个人/集团控制两家以上的银行，但不以股权公司形式出现	实质同持股公司制，地位不及

1. 总分行制

总分行制是银行在大城市设立总行，在国内外各地普遍设立分支行并形成庞大银行网络的制度。按总行行使经营管理职能的情况，总分行制又可以分为管理处制和总行制两类。管理处制是指总部负责管理下属分支机构的业务活动，自身并不经营具体的银行对外业务。总行制是指总行除了负有管理和控制的职责外，自身也经营具体的银行业务。采取总分行制的优点有：①有利于银行扩大经营规模，获得规模经济的好处；②有利于银行广泛吸收存款，调剂资金，分散和缓解风险；③有利于国家控制和管理；④有利于提高银行的竞争实力。目前，世界各国的商业银行普遍采用这种制度。

2. 单一银行制

单一银行制也叫单元制，是不设任何分支机构的银行制度。单一银行制的优点有：①防止银行业的垄断与集中，鼓励银行间公平竞争；②地方性程度高，能全力为本地区经济服务；③营业成本较低，管理层次较少，经营效率较高。单一银行制的缺点有：①不利于银行的发展，不易获得规模经济的好处；②单一银行制银行资金实力较弱，抵抗风险能力较弱；③单一银行制与经济的外向型发展存在矛盾。由于只是单体银行，在整体实力上就会受到限制，许多业务需要依赖其他银行的代理才能完成。于是，在经济发展和同业竞争中常会处于不利的地位。目前，仅美国采用这种形式。

3. 持股公司制

持股公司制是为规避严禁设立分行的种种限制性规定而出现的发展对策，也称集团银行制，即专门成立一个股份公司负责收购其他银行具有决定性表决权的股份，从而实现大银行通过持股公司把许多小银行，甚至一些企业置于自己控制之下的目的。如果收购的银行只有一家，为单一银行持股公司制；如果收购的银行有两家或两家以上，则为多家银行持股公司制。持股公司控制下的各银行具有互补性，经营实力增强。这种银行的组织形式在美国最为流行，近年来美国银行兼并大都采用这一形式。

4. 连锁银行制

连锁银行制是指由某自然人或某个集团收购若干家银行具有决定性表决权的股份，从而实现对被控股银行的业务及经营决策的控制。与持股公司制一样，都是为弥补单一银行制的不足，回避对设立分支行的限制而实行的。连锁银行制与持股公司制所不同的是：连锁银行制下的大银行对其他银行的控制不如持股公司制下的大银行控制力强，因为单个人或单个集团的资金实力一般不会强于一个股份公司的资金实力。因而在连锁银行制下，被控股的银行往往是有限的若干家。此种形式盛行于美国中西部，不及持股公司形式普遍。

四、商业银行的经营原则

我国在《中华人民共和国商业银行法》中规定，商业银行以安全性、流动性、效益性为经营原则，实行自主经营，自担风险，自负盈亏，自我约束。

(一) 效益性

银行的经营动机是为了获取利润，利润表现了商业银行的经营管理水平。商业银行在竞争中必须不断改善经营管理，采取各种措施以获取更多的利润。这些措施主要是：合理调度头寸，把银行的现金准备压缩到最低限度；大量吸收存款，开辟资金来源，把这些资金用于能够获取较多收益的贷款和证券投资上，并尽可能避免呆账、坏账的损失；加强经济核算，采用先进技术设备，提高劳动效率，降低费用开支，不断增加业务效益；严守操作规则，完善内控机制，减少事故和差错。

(二) 安全性

安全性原则是指商业银行在经营管理过程中，不仅要保证商业银行自身资产的安全，而且还要保证客户资产的安全，使客户对银行保持坚定的信任。因为银行贷款的发放存在着信用风险、利率风险等，有可能发生贷款本金及利息不能按时收回的情况。如果出现这种情况必然影响存款不能按时按量兑付，引起客户提取存款，甚至出现挤兑现象，危及银行的经营前途。因此，要求银行加强对客户的资信调查和经营预测，银行资产要在种类和客户两方面适当分散，并与负债的规模保持一定比例；遵守国家法令，执行中央银行的金融政策和制度，取得国家的法律保护和中央银行的支持等；提高自有资本在全部资产中的比重等。

(三) 流动性

流动性是银行能随时应付客户提取存款的支付能力。保持流动性，即保持银行的一定清偿力，以应付日常提现需要，特别是应付突然大量提现需要，对于保证银行不断有大量资金来源、银行信贷资金正常周转以及银行业务顺利经营都是极其重要的。在商业银行的资产构成中，可以随时用于偿付客户提取存款的库存现金和在中央银行的存款，其流动性最强；在短期内可以变现的国家债券，其流动性较好；长期贷款、不动产抵押贷款和长期债券需要较长时间收回资金，流动性最差。为了保持流动性，银行应首先使库存现金和短期内可变现资产能够满足客户提现的需要。

表5-3为2020年一季度和2020年四季度商业银行主要监管指标情况表。

表5-3　商业银行主要监管指标情况表

单位：亿元、%

项目	2020年一季度	2020年四季度
(一) 信用风险指标		
正常类贷款	1 299 930	1 403 720
关注类贷款	40 545	37 763
不良贷款余额	26 121	27 015
其中：次级类贷款	11 469	12 786
可疑类贷款	10 638	10 520
损失类贷款	4 014	3 708
正常类贷款占比	95.12%	95.59%
关注类贷款占比	2.97%	2.57%
不良贷款率	1.91%	1.84%
其中：次级类贷款率	0.84%	0.87%
可疑类贷款率	0.78%	0.72%
损失类贷款率	0.29%	0.25%
贷款损失准备	47 852	49 834
拨备覆盖率	183.20%	184.47%
贷款拨备率	3.50%	3.39%
(二) 流动性指标		
流动性比例	58.57%	58.41%
存贷比	74.94%	76.81%
人民币超额备付金率	2.51%	2.29%
流动性覆盖率	151.53%	146.47%
(三) 效益性指标		
净利润(本年累计)	6 001	19 392
资产利润率	0.98%	0.77%
资本利润率	12.09%	9.48%

(续表)

项目	2020年一季度	2020年四季度
净息差	2.10%	2.10%
非利息收入占比	26.62%	21.04%
成本收入比	25.69%	31.19%
(四) 资本充足指标		
核心一级资本净额	172 407	178 516
一级资本净额	189 275	200 454
资本净额	230 162	244 883
信用风险加权资产	1 449 752	1 527 047
市场风险加权资产	23 778	21 210
操作风险加权资产	103 585	110 532
应用资本底线后的风险加权资产合计	1 584 593	1 665 361
核心一级资本充足率	10.88%	10.72%
一级资本充足率	11.94%	12.04%
资本充足率	14.53%	14.70%
杠杆率	6.86%	6.92%
(五) 市场风险指标		
累计外汇敞口头寸比例	2.66%	2.14%

(六) 不良贷款分机构指标

时间 机构	2020年一季度		2020年四季度	
	不良贷款余额	不良贷款率	不良贷款余额	不良贷款率
其中: 大型商业银行	9 553	1.39%	11 052	1.52%
股份制商业银行	5 052	1.64%	5 008	1.50%
城市商业银行	4 519	2.45%	3 660	1.81%
民营银行	63	1.14%	87	1.27%
农村商业银行	6 831	4.09%	7 127	3.88%
外资银行	103	0.71%	81	0.58%

(资料来源: 中国银行保险监督管理委员会官网)

　　银行业务经营的三项原则既有联系又有矛盾。银行业务经营的最终目标是取得利润，而要达到这一目标必须做到流动和安全。三者矛盾表现为：银行要增强业务经营的安全性和流动性，就可能影响所获取的利润；银行要增加利润，就可能威胁业务经营的安全性和流动性。

五、实施商业银行经营原则的具体措施

　　为了贯彻商业银行的"三性"原则，特别是考虑到商业银行信贷资金的安全，商业银行在经营贷款时，要掌握好以下一些基本要点。

1. 借款人信用

　　商业银行经营贷款业务，首先要重视借款人的信用。例如，西方银行家在长期实践的基础上，提出了在贷款审查中的"5W"原则，即"who"，借款人是谁，要求着重了解借款人本身的信用

状况；"why"，借款人为何借款，要求搞清借款的目的和用途；"what"，借款人用什么做担保，要求确定贷款的抵押物以及抵押物的质和量；"when"，借款人何时能归还贷款，即确定贷款期限；"which"，通过何种方式归还，即确定还款方式。在对借款人信用的审查方面，西方银行家提出了"5C"原则，包括借款人的品德(character)、才能(capacity)、资本(capital)、担保品(collateral)和企业的经营状况(condition of business)。除"5C"以外，西方又有人提出了"5P"要素，即"personal factor"，个人因素，指借款人的信誉和人格等；"purpose factor"，目的因素，指放款目的的合法性和效益性；"payment factor"，偿债因素，指偿债能力的稳定性和偿还时间的合理性等；"protect factor"，债权保障因素，指还款担保和担保品的可得性等；"prospective factory"，展望因素，指对授信的评价及对银行收益与风险的评价。银行放款应尽量选择品德好、才干高、资力雄厚、担保抵押方面有可靠保证、经营状况很好的企业或借款人。此外，西方商业银行还通常采用其他一系列旨在降低信贷风险的管理制度和方法，如贷款抵押、担保制度、贷款风险规避、分散、转嫁、消缩策略，以及资产负债管理、资产风险管理方法等。

2. 贷款的用途和偿还计划

贷款的用途和性质与贷款的回收关系很大。贷款用于生产或商业经营，其风险一般小于把贷款用于投机。生产和商业经营性质的贷款比较稳妥，只要经营情况正常，一般都能通过投资的收回和盈利来还贷，而投机性质的贷款一旦碰到借款人失败，银行就会受到连累而蒙受损失。贷款用于日常经营的流动资金放款与用于添置固定资产的放款，安全性也不一样，后者往往期限较长而安全性较差。因此，银行必须掌握还款的资金来源，要求借款人提供切实可靠的还款计划。

3. 贷款的保护

银行在贷款时，除了要求借款人有良好的信用外，还需要借款人提供担保品，当出现借款人不能如期还款的特殊情况时，可以把它们变卖抵偿，而免受损失。因此，商业银行的贷款以抵押贷款为多。对于信用放款，在放贷之前，对借款人的资信状况要进行广泛、深入、细致的调查分析。贷款发放时要签订一些保护性条款，如对借款人提出流动性比率要求、要求其及时提供财务报表等。贷款发放后要做好跟踪调查，密切关注贷款的使用情况和借款人的经营状况。对于抵押贷款，要对不同的抵押贷款做具体的分析，以不动产作为抵押的，要做好抵押品的估值、产权设定工作；以商品作为抵押的，要注意商品的易售性和易损性、价格的稳定性，确定合适的垫头；以有价证券作为抵押的，应注意证券的流动性和安全性。

4. 贷款的种类和对象分布

银行为了资金运用安全，必须实行分散性原则，即贷款的区域、行业、贷款人不要太集中，贷款数额不宜太大，贷款的种类不宜太单一，即"不要把鸡蛋放在一个篮子里"，从而降低信贷的风险。

5. 对贷款实行浮动利率或市场利率

规定贷款利率随市场利率浮动的时间和幅度，在市场利率变化的情况下保证银行利息的收入水平不降低，机会成本不增加，这是西方商业银行通常的做法。随着利率市场化的推进，这种做法可以考虑广泛选用。

第二节 商业银行的业务

商业银行的业务归纳起来分为四大项：负债业务、资产业务、中间业务和表外业务。前两项业务一般称为信用业务，是商业银行的基本业务，见表5-4。

表5-4 商业银行的信用业务

资产部分	负债部分
现金资产：	资本账户：
库存现金	资本
存款准备金	资本盈余
同业存款	未分配利润
在途资金	资本储备金
贷款：	存款：
工商业贷款	活期存款
不动产贷款	储蓄存款
消费者贷款	定期存款
其他贷款	
投资：	借款：
政府债券	向中央银行借款
其他有价证券	同业拆借
	其他借入资金
其他资产	其他负债

一、负债业务

负债业务是商业银行筹措资金、借以形成资金来源的业务，是商业银行资产业务和其他业务的基础。负债业务可以分为存款业务和其他负债业务。

（一）存款业务

存款是商业银行最主要的资金来源。存款业务是指银行客户存入款项，存款人可以随时或如期支取的一种信用业务，是商业银行最传统的业务之一。在商业银行负债总额中，存款所占比重一般在70%以上。因此，商业银行总是千方百计地设法增加存款来进行贷款或投资，以增加利润。银行存款大致可分为活期存款、定期存款和储蓄存款三大类。

1. 活期存款

活期存款是指那些可由客户随时提取的存款。这种存款在客户进行交易和支付的过程中可以直接开出支票或接受转账，因而又叫支票账户存款。开立这种存款账户是为了结算便利，但由于收付频繁，银行提供服务的费用较高，一般不计利息。我国商业银行目前对活期存款仍付给较低的利息。

2. 定期存款

定期存款是指那些事先约定提取期限的存款。定期存款由于存期较长，到期时银行付给较高的利息，原则上不能提前支取。20世纪60年代以来，银行为了更广泛地吸收存款，推出了大额可转让定期存单，这种存单于到期日前可在金融市场上流通转让。

3. 储蓄存款

储蓄存款是指为了方便居民个人积蓄货币而开办的一种存款业务。储蓄存款不使用支票，而是采用存折或存单等，手续较简单。储蓄存款业务多属于个人存款。为了保护存款者的利益，西方国家对经营储蓄存款业务要求比较严格，一般只能由商业银行的储蓄部门和专门的储蓄机构来经营。

在上述3种存款类型的基础上，商业银行还发展出许多新品种。以美国为例，包括：可转让支付命令账户，客户既可用支付命令办理转账，又可从银行取得存款利息；自动转账服务账户，当客户可开支票的活期存款账户金额不足时，银行可从该客户的有存款利息收入的活期储蓄存款账户中转入一笔资金供客户使用；超级可转让支付命令账户，客户从该账户可办理转账，也可取得利息，但被要求保持较高的账户余额。此外，还有货币市场存款账户、个人退休金账户、股金提款单账户、定活两便存款账户等。

(二) 其他负债业务

各国的商业银行除了主要吸收存款筹集资金以外，还通过其他途径开展负债业务。它包括向中央银行借款、同业拆借、发行金融债券以及回购协议等。

1. 向中央银行借款

当商业银行资金紧张时，可向中央银行借款。主要有两种形式：一是再贴现，即商业银行将其贴现买入的未到期票据向中央银行再次贴现，票据的债权由商业银行转到中央银行，商业银行提前取得资金；二是再贷款，即商业银行用其持有的合格票据、政府公债等有价证券作为抵押品向中央银行取得抵押贷款。在国外，商业银行较少直接向中央银行借款，只在再贴现和同业拆借等融资方式仍不能解决头寸不足的情况下，才不得不运用再贷款方式向中央银行借款。而在我国，再贷款是国有股份为主的商业银行从中央银行取得资金的主要来源。

2. 同业拆借

同业拆借是指商业银行之间及商业银行与其他金融机构之间的短期资金融通。拆入资金银行主要是用来解决临时资金周转的需要，期限一般较短，多则7日，少则1日，甚至还有半日拆借，上午借，下午还。

3. 发行金融债券

金融债券是商业银行和其他金融机构为了筹集信贷资金而发行的债权债务凭证。发行金融债券所筹的资金具有很高的稳定性，是中长期信贷资金的一个重要来源。与一般存款不同，发行金融债券所筹资金的主动权掌握在商业银行手中，筹集的资金一般有专门的用途，其债券具有较强的流动性。

4. 回购协议

回购协议是指商业银行通过卖出资产组合中的证券来获取资金，在卖出证券的同时，要同买入者签订一定时期后重新购回证券的协议。因此，证券回购协议实质上是短期资金借贷的一种有担保的具有流动性的手段。回购协议在西方国家的商业银行负债中占有重要的位置，如在美国，此项负债大约占全部负债的6%～10%。

二、资产业务

资产业务亦称授信业务，就是银行把通过负债业务吸收的资金加以运用的业务，它是商业银行取得经营收入的最主要的途径。资产业务形成银行对客户的债权，主要包括贷款和证券投资。

(一) 贷款

贷款是指银行将其组织的资金以货币资金的形式，按照一定的贷款利率贷放给客户，客户如期归还的一种行为。贷款是商业银行的一项基本业务，也是商业银行最重要的资产。据世界500家大银行统计资料显示，贷款一般占银行总资产的50%～60%。近年来，我国金融企业的贷款约占全部资产的90%以上。商业银行通过贷款满足社会经济对资金的需求，从而促进了经济的发展并为银行带来利润。贷款运用的好坏，不仅是银行经营成败的关键，也是社会经济兴衰的重要因素。

贷款根据不同的标准可以分为不同种类。我国《贷款通则》对商业银行贷款种类的划分标准如下。

1. 按贷款期限分类

据此分类方法，可分为短期、中期和长期贷款。

短期贷款是指贷款期限在1年以内(含1年)的贷款。中期贷款指贷款期限在1年以上(不含1年)5年以下(含5年)的贷款。长期贷款指贷款期限在5年以上(不含5年)的贷款。

2. 按贷款方式分类

据此分类方法，可分为信用贷款、担保贷款和票据贴现。

信用贷款是商业银行完全凭借客户的信誉而无须提供抵押物或第三者担保而发放的贷款。担保贷款分为保证贷款、抵押贷款和质押贷款。保证贷款指按《中华人民共和国担保法》(以下简称《担保法》)规定的保证方式以第三人承诺在借款人不能偿还贷款时，按约定承担一般保证责任或者连带责任而发放的贷款。抵押贷款指按《担保法》规定的抵押方式以借款人或第三人的财产作为抵押物发放的贷款。质押贷款指按《担保法》规定的质押方式以借款人或第三人的动产或权利作为质物发放的贷款。抵押贷款的抵押物主要是房产、机器设备、存货等；而质押贷款中的质押物主要是存单等动产。票据贴现指贷款人以购买借款人未到期商业票据的方式发放的贷款。

3. 按信贷资金来源分类

据此分类方法，可分为自营贷款、委托贷款和特定贷款。

自营贷款指贷款人以合法方式筹集的资金自主发放的贷款，其风险由贷款人承担，并由贷款人收回本金和利息。委托贷款指由政府部门、企事业单位及个人等委托人提供资金，由贷款人(即受托人)根据委托人确定的贷款对象、用途、金额、期限、利率等代为发放、监督使用并协助收回的贷款，贷款人(受托人)只收取手续费，不承担贷款风险。特定贷款指经国务院批准并对贷款可能造成的损失采取相应补救措施后责成国有股份为主的商业银行发放的贷款。

4. 按贷款的质量或占用形态分类

据此分类方法，可分为正常贷款、关注贷款、次级贷款、可疑贷款和损失贷款5类。

正常贷款是借款人能够履行合同，有充分把握按时足额偿还本息。关注贷款是尽管借款人目前有能力偿还贷款本息，但存在一些可能对偿还产生不利影响的因素。次级贷款是借款人的还款出现明显问题，依靠其正常经营收入已无法保证足额偿还本息。可疑贷款是借款人无法足额偿还本息，即使执行抵押或担保，也肯定要造成一部分损失。损失贷款是在采取所有可能的措施和一切必要的法律程序之后，本息仍然无法收回，或只能收回极少部分。后3种均属于不良贷款。

(二) 证券投资

商业银行的证券投资是指商业银行运用其资金购买有价证券的行为。银行购买的有价证券包括债券(国库券、公债券、公司债券)和股票。但对股票的购入，国家一般多加以限制或禁止。目前，各国商业银行的证券投资主要用于购买政府债券，特别是短期国库券。

银行证券投资和贷款一样，其目的在于获取盈利，同属银行的生利资产，但两者也有区别，主要表现在以下几方面。

(1) 证券投资中未到期的证券变现能力强；而贷款在未到期前，银行难以收回，流动性较差。

(2) 证券投资用于证券的买卖活动，与生产不发生直接的联系；而贷款主要用于生产经营活动，与再生产有着密切的联系。

(3) 证券投资是由银行以购买证券的方式进行的；而贷款是银行应借款人的请求而进行的。

(4) 证券投资中证券的名义价值容易发生变动，而贷款的名义价值不易发生变动。

(5) 在证券投资中银行比较主动，买多少，买何种证券，何时购买，由银行自行决定；而贷款则不同，相对来讲银行处于被动地位。

根据分业管理的规定，我国商业银行主要是从事购买国库券和国家规定购买的金融债券业务。2007年，中国工商银行、中国建设银行也参股了中铁股份，做出了投资一级市场股票的尝试。

近年来金融机构人民币信贷收支统计表(项目)见表5-5，从中可以了解金融机构资产负债业务的主要项目及统计口径情况。

表5-5　金融机构人民币信贷收支统计表(项目)

来源方项目	运用方项目
一、各项存款	一、各项贷款
(一) 境内存款	(一) 境内贷款
1. 住户存款	1. 住户贷款
(1) 活期存款	(1) 短期贷款
(2) 定期及其他存款	消费贷款
2. 非金融企业存款	经营贷款
(1) 活期存款	(2) 中长期贷款
(2) 定期及其他存款	消费贷款
3. 政府存款	经营贷款
(1) 财政性存款	2. 非金融企业及机关团体贷款
(2) 机关团体存款	(1) 短期贷款
4. 非银行业金融机构存款	(2) 中长期贷款
(二) 境外存款	(3) 票据融资
二、金融债券	(4) 融资租赁
三、流通中货币	(5) 各项垫款

(续表)

来源方项目	运用方项目
四、对国际金融机构负债	3. 非银行业金融机构贷款
五、其他	(二) 境外贷款
资金来源总计	二、债券投资
	三、股权及其他投资
	四、黄金占款
	五、外汇买卖
	六、在国际金融机构资产
	资金运用总计

注: 1. 本表机构包括中国人民银行、银行业存款类金融机构、银行业非存款类金融机构。

2. 银行业存款类金融机构包括银行、信用社和财务公司。银行业非存款类金融机构包括信托投资公司、金融租赁公司、汽车金融公司和贷款公司等。

3. 来源方项目三、四,运用方项目四、五、六,为中国人民银行业务,其余项目为银行业存款类金融机构和银行业非存款类金融机构业务。

(资料来源: 中国人民银行)

以2020年人民币存贷款业务为例,存款增长较快,2020年年末,金融机构本外币各项存款余额为218.4万亿元,同比增长10.2%,比上年年末高1.6个百分点;人民币各项存款余额为212.6万亿元,同比增长10.2%,比上年年末高1.5个百分点;外币存款余额为8 893亿美元,比年初增加1 315亿美元,同比多增1 013亿美元。2020年年末,金融机构本外币贷款余额为178.4万亿元,同比增长12.5%,比年初增加19.8万亿元,同比多增3.0万亿元。人民币贷款余额为172.7万亿元,同比增长12.8%,比年初增加19.6万亿元,同比多增2.8万亿元。为应对疫情冲击,2020年上半年尤其是第一季度,金融机构信贷投放力度加大;经济逐步恢复后,贷款投放转为正常节奏,下半年信贷增量同比大体持平略有增长。人民币存贷款结构(以2020年为例)详细数据见表5-6。

表5-6 人民币存贷款结构(以2020年为例)

项目	12月末余额/亿元	同比增速/%
人民币各项存款	**2 125 721**	**10.2%**
住户存款	925 986	13.9%
非金融企业存款	660 180	10.9%
机关团体存款	298 738	0.6%
财政性存款	44 771	9.6%
非银行业金融机构存款	183 108	6.8%
境外存款	12 938	14.5%
人民币各项贷款	**1 727 452**	**12.8%**
住户贷款	631 847	14.2%
企(事)业单位贷款	1 084 388	12.6%
非银行业金融机构贷款	5 121	-47.9%
境外贷款	6 096	13.6%

(数据来源: 中国人民银行货币政策执行报告)

三、中间业务

中间业务是指商业银行不需要运用自己的资金，通过代理客户办理收付和其他委托事项，从中收取手续费的各项业务。商业银行的中间业务主要有：代收代付业务、信用证业务、汇兑业务、代客买卖业务、信托业务和租赁业务等。

(一) 代收代付业务

代收代付业务是指各商业银行利用自身的结算便利，接受客户的委托代为办理指定款项的收付事宜的业务。代收业务的对象包括支票、票据、有价证券和商品凭证等。代收支票款项是客户收到其他银行的支票，委托自己的开户银行代为收款；票据代收业务是银行接受客户的委托，负责收取票据款项；有价证券代收业务是客户把有价证券交给银行，委托银行代收利息与股息等；商品凭证代收业务是卖方把货物向买方运送出去以后，把有关发货的商品凭证交给银行，委托银行代收款项。代付业务是为签约的企事业单位(个人)代发各种款项，包括但不限于：工资、奖金、公积金、养老金和退休金等。

(二) 信用证业务

信用证业务是由银行保证付款的业务，可以解决买卖双方互不信任的矛盾。信用证是银行应买方的要求，开给卖方的一种保证付款的书面凭证。在银行应买方的要求开出信用证时，信用证上开列买方购货所规定的条件，只要卖方按所列条件发货，就有权凭信用证要求银行付款。这种业务在异地采购，尤其在国际贸易中，使用非常广泛。银行经营信用证业务，可以从中收取手续费，并可以占用一部分客户资金。如中国某一客户从国外进口机器设备，国外出口商在洽谈合同时要求以信用证结算，中国进口企业要将货款的一部分或全部交付开证行，开证行受理之后，签发信用证，信用证上注明支付货款时所应审查的事项，包括货物规格、数量、发货凭证等，出口商按信用证所列条件发货后，可凭信用证要求开证行付款。

(三) 汇兑业务

汇兑业务是银行代理客户把现款汇给异地收款人的业务。这种业务要使用特殊的汇兑凭证：银行汇票或支付委托书。这些凭证是承兑银行向另一银行或分支行发出的命令，命令后者向第三者支付一定数额的货币。银行汇票由银行交给客户，客户再将它寄给收款人，由收款人向汇票指定的银行取款。支付委托书是由承兑银行用邮信或电报直接通知另一银行，再由后者通知第三者取款。银行经营汇兑业务可以占用客户一部分资金。

(四) 代客买卖业务

代客买卖业务是银行接受客户的委托，代为买卖有价证券、贵金属和外汇的业务。在银行的代客买卖业务中最重要的是代理发行有价证券的业务。银行在代理国家发行国债、代企业发行债券、代基金公司发售基金和办理赎回时，可从业务总额中获得一定比率的手续费，这种收入往往是非常可观的。银行办理这种业务时，常常与资产业务相结合。即银行先按一定的折扣把有价证券买进，然后再陆续卖出。在现代资本主义经济中，代理发行有价证券业务已超出中间业务的范围，成为银行资本与产业资本相结合的一种主要形式。

(五) 信托业务

信托业务是银行受客户的委托，代为管理、营运、处理有关钱财的业务。信托业务按业务对象可划分为个人信托和法人信托。个人信托业务包括：代管财产、遗产、有价证券、贵重物品，代办人寿保险、个人纳税等。法人信托业务包括：代办筹资、投资事宜，代办合并或接管其他企业，代管雇员福利账户和退休养老金的发放，业务咨询等。银行经营信托业务不仅可以收取手续费，而且还可把占用的一部分信托资金用于投资、放款业务，如某人委托信托机构代为炒股，企业委托信托投资公司发行股票，信托机构为保险机构代办人寿保险等。

(六) 租赁业务

租赁业务是银行通过所属的专业机构将大型设备出租给企业使用的业务。这种业务一般是由银行所控制的分公司经营。租赁的范围包括飞机、船舶、车辆、钻井平台、电子计算机等，目前甚至扩大到成套工厂。银行通过收取租赁费来补偿设备价值的损失并从中获利。

此外，商业银行还开展了许多新的中间业务，如代理融资业务、咨询和情报业务、电子计算机业务、银行卡业务等。

四、表外业务

表外业务是指商业银行所从事的不列入资产负债表且不影响资产负债总额的经营活动。表外业务的迅速发展，一方面为银行带来了巨额收益；另一方面，如果管理不善、控制不当也可能扩大银行经营风险，甚至会对金融体系的稳定产生不利影响。商业银行表外业务主要包括以下内容。

(1) 担保或类似的或有负债，包括担保、备用信用证、跟单信用证等。这类金融工具的共同特征是由某银行向交易活动中的第三者的现行债务提供担保，并承担现行的风险。

(2) 承诺业务，是指商业银行在未来某一日期按照事先约定的条件向客户提供约定的信用业务，包括贷款承诺等，具体分为不可撤销的承诺和可撤销的承诺。

(3) 金融衍生交易类业务，是指商业银行为满足客户保值或自身头寸管理等需要而进行的货币(包括外汇)和利率的远期、掉期、期权等衍生交易业务。它是指近年来一些与利率或汇率有关的创新金融工具的交易业务。在西方国家，银行的表外业务已成为银行业务发展和扩大利润的一个重要手段。我国银行表外业务基本上是在改革开放后起步的，而且发展缓慢，目前只有少数银行办理了一些传统的担保业务，新型的期货等业务只是进行试点。

表外业务与中间业务都是独立于资产负债业务之外的业务，两者既有联系又有区别。两者的联系表现在：一方面表外业务与中间业务都属于收取服务费的业务；另一方面，表外业务与中间业务的范围有小部分重合。例如，信用证业务属于中间业务，但就其内涵来说，信用证业务又具有担保业务的性质，因此信用证业务既是中间业务又是表外业务。表外业务与中间业务的最大区别在于承担的风险不同。表外业务虽然不反映在资产、负债各方，不直接形成资产或负债，但却是一种潜在的资产或负债，在一定条件下会发生转化，表外业务可以转化为表内业务，因而承担一定的风险。而中间业务则一般没有资产负债方面的风险，主要是提供服务，银行完全是中间人的角色或者是服务者的角色。

第三节　商业银行存款货币创造

商业银行对货币流通的影响，首先表现在商业银行机构多，规模大，业务广泛，是整个货币流通的最主要载体。其次，商业银行办理支票活期存款，具有创造货币的功能。货币总规模及其结构、货币流通的质量都与商业银行活动有直接联系。下面就来介绍商业银行是怎样创造货币——派生存款，进而影响货币流通和经济生活的。

一、商业银行存款货币创造涉及的基本概念

在信用制度发达的国家中，活期存款是存款人能用支票随时提取的一种存款。一般来说，只有商业银行才有权经营活期存款。商业银行在经营存贷款的过程中还具有创造存款的能力。

(一) 原始存款

原始存款是与派生存款相对称的，是商业银行存款的重要组成部分。原始存款指客户以现金形式存入银行的直接存款。商业银行获得原始存款后，除按法定存款准备金比率保留一部分作为法定准备金以外，其余部分可用于放款或购买证券。通过对原始存款的吸收和放贷，商业银行系统又可创造出数倍于原始存款的派生存款。原始存款是商业银行扩张信用的基础。中央银行通过规定法定存款准备金比率来控制这部分存款，以达到调节信贷规模和控制货币供应量的目的。

(二) 派生存款

派生存款指银行由发放贷款而创造出的存款。它是原始存款的对称，是原始存款的派生和扩大，是由商业银行发放贷款、办理贴现或投资等业务活动引申而来的存款。派生存款产生的过程，就是商业银行吸收存款和发放贷款，形成新的存款额，最终导致银行体系存款总量增加的过程。

(三) 存款准备金

存款准备金是指金融机构为保证客户提取存款和资金清算需要而准备，从银行所有存款中抽取的，存放在中央银行的存款，中央银行要求的存款准备金占其存款总额的比例就是存款准备金率(Deposit Reserve Ratio)。准备金本来是为了保证支付的，但它却带来了一个意想不到的"副产品"，就是赋予了商业银行创造货币的职能，可以影响金融机构的信贷扩张能力，从而间接调控货币供应量。现已成为中央银行货币政策的重要工具，是传统的三大货币政策工具之一。

二、商业银行的货币创造过程

(一) 信用创造必须具备的条件

1. 部分准备金制度

准备金的多少与派生存款量直接相关。银行准备金的提取数量受存款准备金率制约。存款准备金率越高，提取的准备金越多，银行可用的资金就越少，派生存款量也相应减少；反之，存款准备金率越低，提取的准备金越少，银行可用资金就越多，派生存款量也相应增加。

2. 非现金结算制度

在现代信用制度下，银行向客户贷款是通过增加客户在银行存款账户的余额进行的，客户则是

通过签发支票来完成其支付行为。因此，银行在增加贷款或投资的同时，也增加了存款额，即创造出了派生存款。如果客户以提取现金方式向银行取得贷款，就不会形成派生存款。

(二) 存款的创造过程与原理

现假设甲企业到A银行存款100万元，A银行存款增加100万元。A银行将存款的20%(法定存款准备金率)作为准备金，其余全部贷给乙企业，即贷给乙企业80万元。乙企业向丙企业支付货款80万元，丙企业将这笔货款全部存入B银行，B银行存款增加80万元。B银行将存款的20%(法定存款准备金率)作为准备金，其余全部贷给丁企业，即贷给丁企业64万元……如此循环下去，见表5-7。

表5-7 存款货币创造过程

单位：万元

银行名称	存款金额	准备金额	贷款金额
A银行	100	20	80
B银行	80	16	64
C银行	64	12.8	51.2
D银行	51.2	10.24	40.96
…	…	…	…
合计	500	100	400

由表5-7可知，在部分准备金制度下，100万元的原始存款，可使银行共发放贷款400万元，并可使活期存款总额增至500万元。活期存款总额超过原始存款的数额，便是该笔原始存款所派生的存款总额。银行这种扩张信用的能力取决于两大因素，即原始存款数额的大小和法定存款准备金率的高低，可用公式表示为

$$D = \frac{R}{r}$$

式中：D代表存款，R代表初始准备金(即原始存款)，r是法定存款准备金率。

由上式可知，法定存款准备金率越高，存款扩张的倍数值越小；法定存款准备金率越低，存款扩张的倍数值则越大。法定存款准备金之外的超额准备金，用于发放贷款，同时创造出派生存款。

三、其他制约派生存款的因素

(1) 客户会从银行提取或多或少的现金，从而使一部分现金流出银行系统，出现所谓的现金漏损。现金漏损与存款总额之比称为现金漏损率，也称提现率。显然，当出现现金漏损时，银行系统的存款准备金会减少，也即银行由吸收存款而可扩大贷款的资金相应减少，由此也就减小了银行创造派生存款的能力。

(2) 银行并非一定会将超额准备金全部贷出。为安全或应付意外之需，银行实际持有的存款准备金总是高于法定准备金。显然，这也相应地减小了银行创造派生存款的能力。银行超过法定要求保留的准备金与存款总额之比，称为超额准备金率。

(3) 上面关于存款是笼统看待的，但存款至少可以大致分为活期存款和定期存款。对于这两种存款，通常分别规定不同的准备金率(也有不分活期、定期规定不同准备金率的。如无不同的准备金率，第三点所指的因素即无须考虑)。如果把上面的D和r_d分别视为活期存款和相应的法定准备金率，那么定期存款中还有$r_t \cdot TD/D$的部分不能成为创造存款货币D的基础。这里的r_t代表定期存款

法定准备金率，*TD*代表定期存款总额，*TD/D*是指有多大比例的活期存款转为定期存款。

考虑以上3点可以看出，银行吸收一笔原始存款能够派生创造出多少存款，派生倍数大小如何，除了取决于法定存款准备金率的高低以外，还要受到现金漏损率(提现率)的多少、超额存款准备金率的高低和有关活期存款、定期存款准备率的大小所制约。由此，派生倍数用公式表示为

$$K = \Delta D / \Delta R = 1/(r_d + c + e + r_t t)$$

如果活期存款和定期存款采用统一的准备金率*r*，那么，派生倍数用公式表示为

$$K = \Delta D / \Delta R = 1/(r + c + e)$$

式中：新增因素*c*和*e*，分别表示提现率和超额存款准备金率；*t*代表*TD/D*，即活期存款中转化为定期存款的比例。

以上只是就银行创造派生存款过程中的基本可测量因素对存款派生倍数影响所做的分析。如果考虑到客户对贷款的需求要受到经济发展的制约，那么并非任何时候银行总有机会将可能贷出的款项全部贷出。也就是说，银行能否多贷，不仅取决于银行行为，还要看企业是否需要贷款。在经济停滞和预期利润率下降的情况下，即使银行愿意多贷，企业也不可能要求多贷款，从而可能派生规模扩大并不一定能够实现。

所以，制约存款货币创造和收缩的因素总体包括：原始存款、法定存款准备金率、超额准备金率、现金漏损率、定期及活期存款占存款总额的比例、客户对贷款的需求等。

通过商业银行的货币创造过程，可以解决商业银行扩大信用规模的资金需求，更好地满足微观经济主体的融资需要，服务经济生活。但货币创造过程中，稍有不慎，又可能导致货币供应量过大，危及货币币值的稳定。

第四节 商业银行经营管理理论

一、商业银行资产管理理论

商业银行资产管理理论主要研究如何把筹集到的资金恰当地分配到现金资产、证券投资、贷款和固定资产等不同资产上。商业银行的资产管理理论以资产管理为核心，早在17至18世纪，资产管理就成为商业银行管理遵循的原则。商业银行资产管理理论历史上依次经历了由商业贷款理论向资产转移理论和预期收入理论发展的演变过程。

(一) 商业贷款理论

1. 基本观点
存款是银行贷款资金的主要来源，而银行存款的大部分是活期存款，这种存款随时可能被提取，为了保证资金的流动性，商业银行只能发放短期的与商业周转有关的、与生产物资储备相适应的有偿性贷款，而不能发放不动产贷款等长期贷款。银行贷款应该以商业行为为基础，以商业票据为凭证。

2. 局限性
(1) 这种带有自偿性特征的放款理论，不能满足经济发展对银行长期资金的需求，也限制了银

行自身的发展。

(2) 忽视了银行存款的相对稳定性，没有充分利用长期负债。

(3) 忽视短期贷款的风险性，且使银行的发展受制于经济周期及其带来的风险。

(二) 资产转移理论

1. 基本观点

为了保持足够的流动性，商业银行最好将资金用于购买变现能力强的资产。这类资产一般具有以下条件。

(1) 信誉高，如国债或政府担保债券以及大公司发行的债券。

(2) 期限短，流通能力强。

(3) 易于出售。

2. 局限性

(1) 证券价格受市场波动的影响很大，当银根紧缩时，资金短缺，证券市场供大于求，银行难以在不受损失的情况下顺利出售证券。

(2) 当经济危机发生使证券价格下跌时，银行大量抛售证券，却很少有人购买甚至不购买，这与银行投资证券以保持资产流动性的初衷相矛盾。

(三) 预期收入理论

1. 基本观点

银行的流动性应着眼于贷款的按期偿还或资产的顺利变现，而无论是短期商业贷款还是可转让资产，其偿还或变现能力都以未来收入为基础。只要未来收入有保证就可以保证银行资产的流动性。

2. 局限性

(1) 把预期收入作为资产经营的标准，而预期收入状况由银行自己预测，不可能完全精确。

(2) 在贷款期限较长的情况下，不确定性因素增加，债务人的经营情况可能发生变化，到时并不一定具有偿还能力。

二、商业银行负债管理理论

商业银行负债管理理论产生于20世纪50年代末期，盛行于20世纪60年代。负债管理理论是以负债为经营重点，即以借入资金的方式来保证流动性，以积极创造负债的方式来调整负债结构，从而增加资产和收益。这一理论认为：银行保持流动性不需要完全靠建立多层次的流动性储备资产，一旦有资金需求就可以向外借款，只要能借款，就可通过增加贷款获利。

负债管理理论历史上依次经历了存款理论、购买理论和销售理论3个阶段。

(一) 存款理论

存款理论曾经是商业银行负债的主要正统理论。其主要特征是它的稳健性和保守性，强调应按照存款的流动性来组织贷款，将安全性原则摆在首位，反对盲目存款和贷款，反对冒险谋取利润。

1. 基本观点

(1) 存款是商业银行最主要的资金来源，是其资产业务的基础。

(2) 银行在吸收存款过程中是被动的，为保证银行经营的安全性和稳定性，银行的资金运用必须以其吸收存款沉淀的余额为限。

(3) 存款应当支付利息，作为对存款者放弃流动性的报酬，付出的利息构成银行的成本。

2. 局限性

(1) 没认识到银行在扩大存款或其他负债方面的能动性。

(2) 没认识到负债结构、资产结构以及资产负债综合关系的改善对于保证银行资产的流动性、提高银行效益性等方面的作用。

(二) 购买理论

购买理论是存款理论之后出现的另一种负债理论，它对存款理论做了很大的否定。

1. 基本观点

(1) 商业银行对存款不是消极被动，而是可以主动出击，购买外界资金。

(2) 商业银行购买资金的基本目的是增强其流动性。

(3) 商业银行吸收资金的适宜时机是在通货膨胀的情况下。直接或间接抬高资金价格，是实现购买行为的主要手段。

2. 局限性

助长商业银行片面扩大负债，加深债务危机，导致银行业恶性竞争，加重通货膨胀负担。

(三) 销售理论

销售理论是产生于20世纪80年代的一种银行负债管理理论。

1. 基本观点

银行是金融产品的创造企业，银行负债管理的中心任务就是迎合顾客的需要，努力推销金融产品，扩大商业银行的资金来源和提高收益水平。该理论给银行负债管理注入了现代企业的营销观念，即围绕客户的需要来设计资产类或负债类产品及金融服务，并通过不断改善金融产品的销售方式来完善服务。它反映了20世纪80年代以来金融业和非金融业相互竞争和渗透的情况，标志着金融机构正朝着多元化和综合化发展。

2. 局限性

未能很好地解决如何使银行效益性与流动性和安全性统一的问题。

三、商业银行资产负债综合管理理论

20世纪70年代末80年代初，金融管制逐渐放松，银行的业务范围越来越大，同业竞争加剧。使银行在安排资金结构和保证获取盈利方面困难增加，客观上要求商业银行进行资产负债综合管理，由此产生了均衡管理的资产负债管理理论。

（一）资产负债综合管理的主要特点

(1) 综合性，即资产和负债管理并重。

(2) 适应性，即根据经济环境的变化不断调整自己的经营行为，加强动态管理。

（二）资产负债综合管理的基本经营原则

(1) 总量平衡原则，即资产与负债规模相互对称，统一平衡。

(2) 结构对称原则，即资产和负债的偿还期及利率结构对称。

(3) 分散性原则，即资金分配运用应做到数量和种类分散。

（三）资产负债综合管理的主要技术方法

1. 缺口管理法

缺口管理法分为两种。一是利率敏感性缺口管理方法。基本思路是：银行可以根据利率变动的趋势，通过扩大或缩小利率敏感性资产与利率敏感性负债之间缺口的幅度，来调整资产和负债的组合及规模，以达到盈利的最大化。二是持续期缺口管理方法。具体做法是：在任何一个既定时期，计算资产加权平均到期日减负债加权平均到期日的差额，即持续期缺口。如该缺口为正，则说明资金运用过多；反之，则资金运用不足，应根据外部环境进行调控。

2. 利差管理法

利差管理法，即控制利息收入和利息支出的差额，以便适应银行的经营目标。其主要手段有两点：一是增加利差，如准确预测利率的变动趋势，增加盈利资产在总资产中的比重，加强投资的期限结构管理等；二是利用创新金融衍生工具及交易方式，即运用金融期货、金融期权、利率互换等衍生工具，进行利差管理与资产的避险保值。

本 章 小 结

1. 商业银行的类型包括职能分工型和全能型。商业银行的外部组织形式因各国政治经济情况不同而有所不同。综合看来，主要有总分行制和单一银行制，其他还有持股公司制、连锁银行制等。

2. 商业银行的经营原则包括流动性、安全性和效益性。

3. 商业银行的业务归纳起来分为四大项：负债业务、资产业务、中间业务和表外业务。

4. 制约存款货币创造和收缩的因素总体包括：原始存款、法定存款准备金率、超额准备金率、现金漏损率等。

习 题

一、单项选择题

1. 商业银行"三性"原则是指效益性、流动性和(　　)。

   A. 投资性　　　　　　　　B. 投机性

   C. 安全性　　　　　　　　D. 风险性

2. 下列选项中无风险的表外业务是( )。
    A. 咨询业务   B. 承诺业务
    C. 担保业务   D. 衍生业务

3. 下列选项中有风险的表外业务是( )。
    A. 代理业务   B. 汇兑业务
    C. 结算业务   D. 担保业务

4. 商业银行贷款五级分类包括：正常贷款、关注贷款、次级贷款、可疑贷款和( )。
    A. 抵押贷款   B. 质押贷款
    C. 贴现贷款   D. 损失贷款

5. 代理业务是商业银行的( )。
    A. 表外业务   B. 中间业务
    C. 资产业务   D. 负债业务

6. 银行在大城市设立总行，在本市及国内外各地普遍设立分支行的制度是( )。
    A. 单一银行制   B. 总分行制
    C. 持股公司制   D. 连锁银行制

7. 在银行体系中，处于主体地位的是( )。
    A. 中央银行   B. 专业银行
    C. 商业银行   D. 投资银行

8. 在国际银行业，被视为商业银行经营管理三大原则之首的是( )
    A. 效益性原则   B. 流动性原则
    C. 安全性原则   D. 社会性原则

9. 商业银行三大经营原则中流动性原则是指( )。
    A. 资产流动性   B. 负债流动性
    C. 资产和负债流动性   D. 贷款和存款流动性

10. 商业银行负债业务经营的核心是( )。
    A. 资本金   B. 存款
    C. 同业拆借   D. 向中央银行借款

二、多项选择题

1. 商业银行职能有( )。
    A. 信用中介职能   B. 支付中介职能
    C. 信用创造职能   D. 金融服务职能
    E. 融通资金职能

2. 商业银行负债业务包括( )。
    A. 存款   B. 借款
    C. 贴现   D. 贷款
    E. 证券投资

3. 商业银行资产业务包括(   )。

    A. 存款   B. 借款

    C. 贴现   D. 贷款

    E. 证券投资

4. 商业银行不良贷款是指(   )。

    A. 正常贷款   B. 关注贷款

    C. 次级贷款   D. 可疑贷款

    E. 损失贷款

5. 商业银行贷款五级分类是指(   )。

    A. 正常贷款   B. 关注贷款

    C. 次级贷款   D. 可疑贷款

    E. 损失贷款

6. 商业银行有风险表外业务包括(   )。

    A. 担保业务   B. 承诺业务

    C. 衍生业务   D. 代理业务

    E. 信托业务

7. 商业银行"三性"原则是指(   )。

    A. 效益性   B. 安全性

    C. 流动性   D. 投资性

    E. 投机性

8. 贷款风险的种类包括(   )。

    A. 周期性风险   B. 投机性风险

    C. 信用风险   D. 市场风险

    E. 操作风险

9. 资产管理理论的形成基础是(   )。

    A. 生命周期理论   B. 转移理论

    C. 预期收入理论   D. 商业性贷款理论

    E. 支付理论

10. 下列应记入商业银行资产负债表资产方的是(   )。

    A. 向央行的再贴现贷款   B. 借款

    C. 国库券   D. 贷款

    E. 都不是

11. 西方商业银行经营管理的基本原则是(   )。

    A. 安全性   B. 流动性

    C. 稳健性   D. 效益性

    E. 非营利性

三、判断正误题

1. 商业银行最基本的职能是支付中介职能。   (   )

2. 商业银行资本包括核心资本与附属资本。   (   )

3. 抵押贷款和质押贷款都属于担保贷款。 （　　）

4. 商业银行的主要负债业务是借款。 （　　）

5. 商业银行的主要资产业务是贴现。 （　　）

6. 有风险表外业务也叫中间业务。 （　　）

7. 融资租赁业务属于无风险表外业务。 （　　）

8. 银行的流动性要求主要来自负债方面的要求。 （　　）

四、简答题

1. 简述商业银行的职能。

2. 简述商业银行的经营原则。

3. 借款人信用审核应遵循的原则是什么？

4. 简述商业银行的负债业务。

5. 简述商业银行主要资产业务。

6. 简述银行证券投资和贷款的异同。

7. 简述商业银行的中间业务种类。

8. 简述商业银行的表外业务。

9. 简述商业银行资产管理理论的内容。

10. 简述商业银行负债管理理论的内容。

11. 简述商业银行资产负债综合管理理论的内容。

五、论述题

1. 试述实施商业银行经营原则的具体措施。

2. 试述商业银行资产负债管理理论的发展脉络。

3. 假定A银行从中央银行获得了1 000 000元的贴现贷款，且活期存款的法定存款准备金率为10%，那么在简单存款创造条件下，银行体系最终将创造多少存款？如果每家银行都希望持有5%的超额准备金，情形又将如何呢？

4. 假定活期存款的法定准备金率为10%，并且在整个银行体系没有任何超额准备金的情况下，有一家银行的客户提走了1 000元的活期存款，试用T型账户写出前四家银行的存款收缩情况，并计算整个银行体系的存款收缩总额。

5. 假设读者是一家商业银行的雇员，上司想就下述问题听取意见，读者应如何回答？

(1) 本银行既不想保留过多的超额储备，但又害怕出现流动性危机，可以采取什么办法？

(2) 本银行的一个值得信赖的老客户急需一笔资金，愿意以非常优厚的条件向本银行申请贷款，但本行的超额准备金却不够支出，本行是否应该拒绝这一申请？

(3) 本银行出现意想不到的存款外流，引起准备金不足，可以采取哪些措施加以补救？采取这些措施的代价是什么？

(4) 本银行为某公司开出的汇票进行承兑，但是汇票到期后，汇票的付款人却无力支付，本银行应该怎么办？

案例分析

案例一　加强存款管理 维护存款市场竞争秩序

维护存款市场竞争秩序，有利于保持金融机构负债成本合理稳定，促进降低社会融资成本，为有序推进利率市场化改革营造良好条件。中国人民银行高度重视加强存款管理，根据《储蓄管理条例》《人民币单位存款管理办法》等有关规定，发布《中国人民银行关于加强存款利率管理的通知》(银发〔2020〕59 号)，要求金融机构严格执行存款利率和计结息管理规定。同时，中国人民银行指导市场利率定价自律机制(简称利率自律机制)，对存款利率进行行业自律管理，维护存款市场有序竞争。

一、督促整改不规范存款创新产品

2019年以前，部分金融机构为吸收存款，发行了活期存款靠档计息、定期存款提前支取靠档计息和周期付息等所谓"创新"产品。这些产品的实际利率水平明显超出同期限存款利率，且违反了定期存款提前支取按活期计息、整存整取定期存款到期一次性还本付息等规定。为维护存款市场竞争秩序，2019年以来中国人民银行指导利率自律机制加强存款自律管理，督促金融机构依法合规经营，有序整改不规范存款创新产品。对于活期存款靠档计息产品，整改前(截至2019年5月16日)的余额为6.7万亿元，要求自2019年5月17日起金融机构逐步整改，2019年12月1日起停止新办，余额自然到期。截至2020年年末，活期存款靠档计息产品余额为1.2万亿元，较整改前压降5.5万亿元，压降比例超过81%。对于定期存款提前支取靠档计息产品，整改前(截至2019年12月16日)的余额为15.4万亿元，要求金融机构自2019年12月17日起立即停止新办，并于2020年年末将余额压降至零。为落实整改要求，2020年12月部分银行发布公告，宣布自2021年1月1日起调整定期存款靠档计息产品计息规则，明确提前支取按活期利率计息。截至2020年年末，定期存款提前支取靠档计息产品已顺利实现余额清零目标，共压降15.4万亿元。

二、将结构性存款保底收益率纳入自律管理

结构性存款收益一般包括保底收益和挂钩衍生品产生的收益两部分，其中保底收益率与一般存款的利率性质相同，但部分金融机构为吸引客户，将结构性存款保底收益率设定得较高，一定程度破坏了存款市场竞争秩序。为引导结构性存款规范有序发展，2019年12月中国人民银行组织利率自律机制将结构性存款保底收益率纳入自律管理范围，督促银行合理确定利率水平。同时，银保监会也采取措施，督促银行有序发展结构性存款业务。2020年12月，结构性存款保底收益率为1.25%，较2019年12月下降1.18个百分点。同时，结构性存款的整体预期收益率和兑付收益率也快速下行，2020年12月分别为3.09%和3.03%，较2019年12月下降0.5个和0.54个百分点。2020年年末结构性存款余额为6.3万亿元，较2020年4月的最高点10.7万亿元减少4.4万亿元。

三、加强对异地存款的管理

异地存款是指地方法人银行通过在没有设立实体网点的地市开立的账户吸收的存款，既包括通过第三方互联网平台，也包括通过自身的网上银行、手机银行等渠道吸收的存款。近两年，部分地方法人银行通过吸收异地存款实现快速扩张，偏离了服务本地的定位。由于异地存款稳定性较差，积累的流动性风险易快速传染，不利于维护市场竞争秩序和金融体系稳定。为引导地方法人银

行更好地服务本地，维护市场竞争秩序，中国人民银行于2021年第一季度起，将地方法人银行吸收异地存款情况纳入宏观审慎评估(MPA)，禁止其通过各种渠道开办异地存款，已发生的存量存款自然到期结清。无实体经营网点，业务在线上开展的银行除外，但此类银行展业范围不受空间限制，实质上已成为全国范围内经营的银行，所以存款利率自律要求参考国有银行执行。

存款基准利率作为利率体系的"压舱石"，要长期保留。下一步，人民银行将继续发挥利率自律机制的作用，加强对不规范存款创新产品、结构性存款、异地存款的管理，防止非理性竞争，维护存款市场有序竞争，保持银行负债端成本稳定，为推进利率市场化改革和促进企业综合融资成本稳中有降创造良好环境。

(资料来源：中国货币政策执行报告2020年第四季度)

问题：

1. 收集资料，阐述当前金融机构存款业务存在的问题。
2. 分析加强存款秩序管理的措施。

案例二　实行综合经营是金融业融合创新的必由之路

第一，我国金融业要不要开展综合经营？

客观来看，分业经营是管理规制，综合经营是行业选择。我国最严格的分业经营可以追溯到计划经济时期以及改革开放初期的专业银行时代，例如工商企业短期流动资金和长期基本建设投资来自不同的金融机构贷款。专业银行导致了市场人为分割和行政垄断，形成了低效率和高成本。最初的金融改革实际上秉承了使市场在资源配置中起决定性作用的理念精髓。商业化改革以后，银行从垄断转向竞争，服务从单一化转向多样化，产品从信用中介转向资产管理，可以说是势在必行。抓住了这一点，我们就可以理解一对看似矛盾的现象——为什么20世纪90年代我国确立了金融业分业经营、分业监管体制，但是金融业的跨业融合创新从来没有停顿？究其原因，是因为更为根本的金融改革目标是确立现代金融企业制度，即"自主经营、自负盈亏、自担风险、自我发展"，以及"安全性、效益性、流动性"。上述"四自三性"实际上决定了金融机构必须通过降低交易成本、开展服务竞争以赢得生存和发展。而综合经营往往是金融机构取得竞争优势的必要手段——服务更多、更全、更新，因而更具吸引力。自国家"十一五"和"十二五"规划相继提出"稳步"和"积极稳妥"推进金融业综合经营试点以来，金融业综合经营步伐明确加快。目前，综合经营已经走到了一个十字路口，是允许开展综合经营，还是退回到分业经营，对此有一些不同看法。在我看来，允许金融业开展综合经营是尊重市场的现实选择，而回归分业经营已无现实可能。

一是从尊重现实的角度看，综合经营已成为我国金融体系的客观存在。目前，绝大多数大中型银行、证券公司和主要保险公司都已通过设立、并购其他金融行业的子公司和以资产管理业务为代表的交叉性金融业务，跨行业跨市场开展综合经营。同时，金融控股公司也在快速发展，投资控股了银行、信托、证券、基金、期货等机构的一些金融集团和资产管理公司等都已成为实质上的金融控股公司，一些地方政府也组建了地方金融控股公司。在产品方面，银行、证券、保险、信托的资产管理规模达到50多万亿元，与银、证、保金融业表内总资产相比，比例达到1:4，已成为金融体系的重要组成部分，对货币供应量波动也产生了明显影响。互联网技术迅速发展使得银行、证券、保险等行业的相互交叉和融合更加深化，一些互联网企业陆续进入金融领域，在支付、小微贷款、金融产品销售等方面快速发展，部分企业已构建了涵盖银行、证券、保险业的综合化金融平台。

二是从提升金融业竞争力角度看，综合经营是实现收益与风险平衡的创新方向。长期以来，我国金融机构的主要缺陷是业务结构单一、经营方式粗放、金融服务水平不高，金融产品的深度和广度难以满足多元化金融需求。在利率和汇率市场化改革背景下，金融业有效管控风险实现可持续增长的压力日益突出。综合经营促进金融机构的业务和收入更加多元化和均衡化，更好地抵御周期性风险，提升跨周期经营能力。

三是从更好地满足实体经济需求看，综合经营是实现金融结构调整、培育发展新动能的必要措施。为推进供给侧结构性改革、落实"三去一降一补"的重点任务，金融业肩负着以金融创新推动企业去杠杆、补短板的重大使命。从去杠杆看，一直以来我国金融体系发展结构失衡，融资方式以银行间接融资为主。"要发展找贷款、要贷款去银行"造成企业债务持续攀升，杠杆率高企。在经济上行期，资产负债水涨船高，企业效益掩盖了债务压力；当经济下行压力加大，高杠杆则凸显为经济金融领域的突出风险。去杠杆需要创新思维。资产证券化和市场化债转股等必要手段客观上要求银行与其他金融机构和金融市场密切配合，联动创新。从近年来综合经营的效果看，一些金融机构整合不同行业子公司的优势，通过交叉销售、合作营销、联合投资等方式，满足了部分企业的多元化融资需求，有利于改变融资过度依赖银行体系的状况。从补短板看，我国企业长期依靠低成本劳动力、土地和资源取得比较优势，但企业科技创新能力不足，小微企业发展缺乏后劲。补短板同样需要新思维。针对科技创新企业和小微企业高风险—高收益的特殊性，各类金融机构应该共同采取投贷联动、股债结合等方式，多渠道支持科技企业发展；引进大数据技术，在高效率管理风险的前提下补足银行在长尾客户服务方面的短板。实践中，部分金融机构也已通过综合开展银行、信托、金融租赁、投资银行、保险等业务，在拓展战略性新兴产业、促进保障房建设、扶持中小企业、支持县域经济与"三农"等方面改进了金融服务。然而，受制于创新能力不足和现行监管约束，我国金融机构开展综合经营总体上还停留在追求金融全牌照的层面，不同金融业务的相互补充和联动仍然有限，母公司与子公司之间、子公司之间的协同效应还没有充分发挥，储蓄资金向股权投资的转化十分不足。金融业通过综合经营服务实体经济的效能还需要大幅提升。

实践表明，金融业综合经营增加了金融产品、服务供给的多样性和竞争性，使企业和消费者有了更多选择，促进了社会经济发展，也助推了金融业自身的改革开放，提升了我国金融业的国际竞争能力。虽然其间也还存在这样那样的问题，尤其是监管体制不相适应的矛盾日趋严重。但总体来说，继续发展综合经营符合金融业风险和收益平衡需要，也是当前服务供给侧结构性改革义不容辞的历史使命。尊重规律，敬畏市场，因势利导，应作为改革的基本原则。

第二，国际上金融业综合经营的步伐停滞了吗？

从世界范围看，综合经营一直都是金融业的主要经营模式。1929年，美国经济大萧条导致了美国银行业与证券业的严格分离，但与此同时以德国为代表的欧洲大陆国家一直实行全能银行(Universal Banking)制度。20世纪80年代，英国进行金融大爆炸(Big Bang)改革，提供综合化金融服务的金融集团广泛出现。受其影响，日本也于20世纪90年代通过立法，由此也带动了韩国等亚洲一些国家和地区的金融业综合经营。1999年，美国颁布《金融服务现代化法》，允许通过金融控股公司模式开展综合经营，标志着综合经营在全球范围内彻底取代了分业经营。这背后的驱动因素主要有两个：一是金融结构更加市场化，资本市场发挥的作用越来越大，商业银行很难完全不介入证券业务中；二是金融机构有追求规模效应、范围经济从而降低经营成本、提高盈利能力的内在动力。目前，主要发达经济体和主要新兴市场经济体均允许金融机构开展综合经营。从具体模式看，相当多国家主要通过控股公司结构实现综合经营，同时，银行、证券、保险的业务和产品交叉情况也很普遍。

从最新发展趋势看，后金融危机时期全球金融业总体方向是优化综合经营、加强宏观审慎管理。危机爆发后，有人认为金融业综合经营使金融机构的业务活动过于复杂，加剧了金融风险的识别和管理难度，是危机产生的重要因素之一，应限制金融机构的规模和经营范围。但国际社会经过不断反思，认识逐步由浅入深，由直观转入理性，一些观点和做法值得我们借鉴与讨论。

一是理性认识分业经营、综合经营与危机爆发的因果关系。2009年5月，美国国会授权6名民主党成员、4名共和党成员组成了"金融危机调查委员会"，目的是调查美国本次金融危机的成因。该委员会走访了700余位证人，举行了19天听证会，给出的危机成因是：监管失败、系统重要性金融机构公司治理和风险管理失败、过度借贷和高风险投资、应对危机准备不足与政策前后不一致、问责缺失、住房抵押贷款门槛过低、衍生品失控、评级机构失灵八大原因，其中并无综合经营。实践证明，在金融危机的暴风骤雨中，相比单一化经营，综合经营具有更强的抗风险能力。据麦肯锡公司统计，中小型单一业务银行占了金融危机中失败金融机构的绝大多数，在危机最严重的2008年和2009年，美国149家失败金融机构中综合经营集团只有3家。

二是优化综合经营格局。危机后，美国"沃尔克"规则、英国"威克斯规则"、欧盟"利卡宁报告"的主要内容是在商业银行的储蓄业务和高风险业务之间建立防火墙，目标是提高商业性金融机构的风险管理水平，并非禁止或限制综合经营。特别是，由G20引领、IMF和FSB等国际金融组织推动的国际金融监管改革更好地优化了金融业综合经营的顶层设计。危机后，一些金融机构也全面优化了综合经营格局。例如花旗集团将保险、证券经纪等集中纳入旗下的"花旗控股"，以减轻资本金压力。摩根大通仍然保持多元化业务结构，大力发展交叉销售和业务协同，降低投资银行经营成本。摩根斯坦利和高盛在转型为金融控股公司后，重新树立起在投资银行领域的优势地位，摩根斯坦利还由此进入商业银行业务领域。目前国际前20大银行集团、前20大保险公司都拥有多元化的业务结构和经营模式。在此可以做一个比喻：假如洗澡水是风险管理失控，婴儿是综合经营优势，倒洗澡水而不扔掉婴儿就是各国兴利除弊的良好实践。

三是加强宏观审慎管理制度建设。危机后，各国并不否定金融业的融合创新，而是从如何解决监管失败的角度构建着力防范系统性风险、有效管理系统重要性金融机构的新框架。宏观审慎管理制度随之建立并不断完善，在宏观审慎管理和微观审慎监管方面正在构建一套更加清晰而严格的监管规则，金融业综合经营将遵循新的监管要求进一步规范发展。

第三，在承认金融业综合经营是大势所趋的前提下，怎样建设良好的制度环境？

我们面临金融业融合创新的道路选择。综合国际实践经验、我国实体经济需要和金融业发展现状，发展金融控股公司是稳妥推进金融业综合经营的基本方向。可以按"集团综合经营、金融控股公司管理股权、子公司分业经营"模式设计并规范我国的金融机构跨业发展基本框架。这就要求我们全面完善金融机构公司治理和组织架构，落实风险管理主体责任，减少套利投机，建立完整的风险管理及内控机制和信息数据平台，提高持续的风险管控能力。

我们面临金融业融合创新的规制选择。必须承认，金融业综合经营使得金融体系的关联性增加，对金融规制提出了挑战。例如，金融控股公司监管真空导致层层控股和整体杠杆率上升，单体风险传染至整个系统，跨市场监管套利活动以及复杂而难以管理等问题。但是，我们不能因为金融创新而采取简单回归分业经营的监管"懒政"。建立面向所有投融资行为的功能监管以保证监管全覆盖，建立立足严格的消费者保护的行为监管以确保创新负作用最小化，建立穿透式监管以确保杠杆率保持在合理水平，才是合理的规制选择。同时还要建立良好的监管问责机制。

总书记在十八届五中全会上明确指出，"近年来，我国金融业发展明显加快，形成了多样化的金融机构体系、复杂的产品结构体系、信息化的交易体系、更加开放的金融市场，特别是综合经营趋势明显"。为此，明确要求我们"要坚持市场化改革方向，要统筹监管系统重要金融机构和金融控股公司"。积极响应总书记的号召，加大结构性改革力度，通过不断的融合创新积极支持实体经济发展和"三去一降一补"，努力防控风险，是我们应该而且必须坚持的方向。

G20杭州峰会的主题是"构建创新、活力、联动、包容的世界经济"。可以说，不论是经济还是金融，长远发展的动力都源自创新，良好的体制机制都立足于鼓励创新。综合经营作为一种制度创新，在设计合理的政策环境下，我国金融机构必将藉此实现由大到强的转变，成为全球金融体系中具有国际竞争力的中流砥柱！

(资料来源：中国人民银行官网)

问题：
1. 简述我国金融业开展综合经营的必要性。
2. 简述推进金融业综合经营的保障措施。

案例三　接管包商银行

1. 为什么要接管包商银行

包商银行出现严重信用风险，为保护存款人和其他客户合法权益，依照《中华人民共和国中国人民银行法》《中华人民共和国商业银行法》《中华人民共和国银行业监督管理法》有关规定，人民银行、银保监会会同有关方面于2019年5月24日依法联合接管包商银行，接管期限为一年。接管组由中国人民银行、中国银行保险监督管理委员会会同有关方面组建。自接管开始之日起，接管组全面行使包商银行的经营管理权，并委托中国建设银行股份有限公司(以下简称建设银行)托管包商银行业务。建设银行组建托管工作组，在接管组指导下，按照托管协议开展工作。接管后，包商银行正常经营，客户业务照常办理，依法保障银行存款人和其他客户合法权益。

2. 为什么由中国建设银行实施托管

托管的目的是保障包商银行正常经营，各项业务不受影响。

中国建设银行是中国最大的商业银行之一，综合实力强，经营管理规范，网点和客户服务体系完善。由中国建设银行实施托管，有利于保障包商银行各项业务正常开展，持续运营。

3. 个人储蓄存款本息是否得到全额保障

人民银行、银保监会和存款保险基金对个人储蓄存款本息全额保障，个人存取自由，没有任何变化。

4. 接管对个人理财业务有何影响

接管后，包商银行个人理财各项业务不受影响，原有合同继续执行，无须重签。

5. 持有包商银行银行卡怎么办，网上银行业务是否受影响

接管后，包商银行银行卡照常使用，具有银联标识的银行卡可继续在各家银行通存通兑，网上银行业务照常运营，不受影响。

6. 接管后，个人客户需要配合做什么

接管后，包商银行正常经营，个人存、贷、汇等各项业务照常办理，无须个人配合做任何工作。

7. 蒙商银行与包商银行是什么关系

2019年5月24日以来，包商银行被人民银行、银保监会依法接管已近一年。在2019年6月完成大额债权收购与转让后，7月至9月完成了清产核资，10月起接管领导小组启动了包商银行改革重组事宜。为稳妥处置包商银行风险、最大限度保护客户和员工合法权益，按照市场化、法治化原则，由存款保险基金管理有限责任公司联合内蒙古自治区、包头市两级财政及部分区属企业，并引入建设银行、徽商银行等优质机构，发起设立一家新银行(名称为蒙商银行)，收购承接包商银行的相关业务、资产和负债。2020年4月9日，中国银行保险监督管理委员会批准了新银行即蒙商银行的筹建申请；4月29日，中国银行保险监督管理委员会内蒙古监管局批准了蒙商银行的开业申请。蒙商银行已于2020年4月30日完成工商登记，依法设立。

蒙商银行是新设立且独立于包商银行的法人主体。蒙商银行定位为城市商业银行，经营范围界定为内蒙古自治区内，回归内蒙，服务内蒙经济社会发展。其经营宗旨为扎根内蒙，依法稳健经营，建成资本充足、内控严密、运营安全、服务和效益良好的区域性商业银行。

8. 蒙商银行成立后，包商银行客户原有业务如何划分，如何办理

包商银行客户原有业务划分的总体原则为包商银行总行及内蒙古自治区内各分支机构的相关业务由蒙商银行承接，内蒙古自治区外各分支机构的相关业务由徽商银行承接。

基于上述总体原则，对于个人客户而言，包商银行北京分行、深圳分行、成都分行、宁波分行个人业务(包括存款业务，贷款业务，信用卡业务，代销国债、保险、基金、信托及其他资管产品业务等)由徽商银行承接，总行及内蒙古自治区内各分支机构个人业务由蒙商银行承接。包商银行的个人理财产品由蒙商银行承接。个人客户通过包商银行"有氧金融"线上渠道或通过包商银行合作的第三方互联网平台办理的存款业务、贷款业务、基金业务，均由蒙商银行承接。

对于对公客户而言，包商银行内蒙古自治区外各分支机构的对公存款业务、同业负债业务、中间业务(包括委托贷款业务及现金管理业务等)由徽商银行承接，总行及内蒙古自治区内各分支机构的对公存款业务、同业负债业务和中间业务由蒙商银行承接。包商银行的对公理财产品由蒙商银行承接。对公贷款业务、表外业务(包括保函业务、信用证业务、银行承兑汇票业务等)、表内外投资的非标准化债权类资产和权益类资产按照客户/底层资产融资人注册地划分，注册地在内蒙古自治区外的业务由徽商银行承接，注册地在区内的业务由蒙商银行承接。其他同业资产类、金融市场相关资产类业务由蒙商银行承接。

少量未按照上述原则划分承接主体的对公客户，将另行通知。前述承接涉及的后续事项将根据法律法规的有关规定实施。

自《关于包商银行股份有限公司转让相关业务、资产及负债的公告》发布之日起，包商银行相关业务按照上述原则分别由蒙商银行、徽商银行承接。因银行系统切换和标识、凭证、印章的更换等工作尚在进行中，客户及相关权利人仍可继续至包商银行分支机构营业网点办理业务，也可继续通过包商银行的网上银行、手机银行或电话银行等渠道办理业务，客户及相关权利人办理各项业务不受影响。

9. 蒙商银行成立后，包商银行的个人存款如何保障

包商银行原个人存款分别由蒙商银行、徽商银行承接后，各项权利及业务办理不受影响，并由存款保险基金依法保障。

10. 蒙商银行成立后，包商银行的对公存款和同业负债如何保障

包商银行原对公存款和同业负债分别由蒙商银行、徽商银行承接后，各项权利及业务办理不受影响，并由存款保险基金依法保障。

11. 蒙商银行成立后，包商银行原有客户购买的理财产品业务如何办理

包商银行原有个人理财产品和对公理财产品全部由蒙商银行承接。因银行系统切换和标识、凭证、印章的更换等工作尚在进行中，客户仍可继续前往包商银行营业网点或通过包商银行的网上银行、手机银行办理理财产品的相关业务。

(资料来源：中国人民银行官网)

问题：

1. 商业银行经营过程中面临哪些风险？商业银行应如何规避这些风险？
2. 当商业银行破产倒闭时，一般采取哪些措施妥善处理？

第六章

中 央 银 行

中央银行是一国金融体系的领导核心，中央银行的金融调控对一国金融及经济的正常发展起关键作用。通过中央银行的业务操作使一国宏观金融调控的目标得以实现，保证货币币值的稳定，并以此促进经济的增长，这是摆在一国金融及经济发展中的重要问题。此外，中央银行与政府的关系，即中央银行的独立性问题，是关系到金融监管及宏观调控能否有效开展的重要前提。

第一节　中央银行的产生及类型

一、中央银行的产生与发展

(一) 中央银行的初创时期

如果从1656年最早成立中央银行的瑞典银行算起，到1913年美国联邦储备体系为止，中央银行的创立经历了257年的曲折历程。据不完全统计，这一时期世界上设立的中央银行有29家。设立于17、18世纪的仅有3家，设立于19世纪的有21家，设立于20世纪初的有5家。

成立于1656年的瑞典银行，是世界上最早执行中央银行职能的银行，是当时欧洲第一家发行银行券的银行。由于它最先享有发钞特权，最早由国家经营，因此被公认为中央银行的先驱。但其早期业务多属于商业性质，且随后多家银行均有货币发行权，直到1897年才独享货币的发行权，成为纯粹的中央银行。所以该行成立虽早于英格兰银行，但如果以集中发行作为衡量中央银行的标志，则远远落后于英格兰银行。

英格兰银行成立于1694年，是现代中央银行的"鼻祖"，是银行发展史上的里程碑。英格兰银行在成立之后，除具有一般商业银行的性质外，还享有某些特权。随着279家银行都发行银行券局面的结束，其他商业银行需要银行券时只有从英格兰银行提取，所以，其他商业银行必须在英格兰银行存款。1854年，英格兰银行成为票据交换中心，1872年承担在困难时提供资金支持(即"最后贷款者")的责任，随后在一定程度上具有了金融管理的职能。

美国联邦储备体系成立于1913年，它的产生经历了一个长期的过程。1776年美国独立，1782年建立具有现代意义的第一家银行——北美银行，1791年经国会批准改为美国第一银行，除经营商业银行业务外，独占货币发行权，代理国库，联邦政府投入资本200万美元，占总资本的五分之一，经营期限20年，期满后由于主张地方财政分权的州银行和其他部门的反对而关闭。停办后，各州银行滥发纸币导致纸币迅速贬值、物价上涨，面对很多银行破产倒闭的现实，国会接受教训，于1816年成立美国第二银行，政府仍保持20%份额的资本(总额由原1 000万增加到3 500万美元)，期限也仍为20年，至1825年设立了25家分支机构，拥有美国银行总存款的1/3，但它在行使职责中无法集中过去各州银行代理国库的财政存款，1836年期满后未获延期而改为一家州银行继续营业。1837—1863年为美国历史上的自由银行时期，在这一时期银行数量大量增加，不少银行纷纷破产，出现多次金融恐慌。1908年，国会成立了全国货币委员会。1913年12月，国会通过《联邦储备银行法》。1914年1月，建立联邦储备体系，即中央银行。

从以上看出，中央银行初创时期有以下几个特点：普通银行的自然演进；货币发行的逐步集中；政府控制动机的不断推进；对商业银行提供清算及资金支持；与法制的建立并行发展。

(二) 中央银行制度的普遍推行时期

这一时期是指20世纪初至20世纪中叶，即两次世界大战之间的这段时期，以1920年的布鲁塞尔会议为主要推动力，加上第一次世界大战后恶性通货膨胀后的经济形势与发展的需要，出现了中央银行设立的第二次高潮。这一时期各国改组或设立的中央银行有43家。在20世纪30年代经济大危机后，新、老中央银行均开始建立准备金制度并以重点管理其他金融机构为己任。

(三) 中央银行制度的强化时期

这一时期从20世纪中叶至今。"二战"后，一批经济落后的国家获得独立，它们皆视中央银行的建立为巩固民族独立和国家主权的一大标志，所以纷纷建立本国的中央银行。随着经济的发展，人们对中央银行的认识逐步加深，特别是20世纪30年代经济大危机的发生以及凯恩斯理论的出现，使得中央银行成为政府对宏观经济施以调节的重要工具之一。在这一时期，政府通过中央银行的国有化逐渐实现了由一般的发行银行向真正的发行银行的转化；由一般的代理国库款项收支向政府的银行的转化；由集中保管准备金向银行的银行转化；由货币政策的一般运用向综合配套运用的转化；各国中央银行的联系合作加强。我国的中央银行是中国人民银行，相关情况参见图6-1和表6-1。

(a) 北京总部   (b) 上海总部

图6-1 中国人民银行

表6-1 中国人民银行发展历程

1948年	成立,总部设在北京
1984年	专门行使中央银行职能
1992年	剥离证券业监管职能——证券委、证监会成立
1993年	职能界定——制定和执行货币政策、金融监管
1998年	剥离保险业监管职能——保监会成立
1999年	按经济区划设置九大分行、两个营业部(京、渝)
2003年	剥离银行业监管职能——银监会成立
2005年	央行第二总部落户上海

就中央银行这一组织机构而言,各国中央银行建立和发展的道路是不尽相同的,有的是从商业银行演化而来的,如英格兰银行;有的则是从它诞生的那一天起,就是中央银行,如美国联邦储备银行。究其原因,有如下几点。

1. 政府融资问题

银行是一个古老的行业,现代的银行业起源于文艺复兴时期的意大利。当时这些银行的贷款对象主要是商人和一些挥霍无度的王公贵族。国家机器的强化、自然灾害的发生和战争的频繁爆发,一方面减少了国家财政收入,另一方面则增加了财政开支。为弥补财政亏空,一国政府逐渐成为银行的常客。17世纪末,英国国王威廉三世执政时,国家财政陷于困境,需要大量举债,由英格兰银行向政府贷款120万英镑。从此,英格兰银行成为政府的融资者和国库代理人,成为历史上第一家具有"政府的银行"职能的银行。

2. 银行券发行问题

在银行业发展初期,差不多每个银行都有发行银行券的权力,许多商业银行除了办理存放款和汇兑等业务以外,都从事银行券的发行。银行券分散发行的弊病很大,一是在资本主义竞争加剧、危机四伏、银行林立的情况下,一些银行特别是小的商业银行,由于信用能力薄弱,经营不善或受同业挤兑,无法保证自己所发行银行券的兑现,从而无法保证银行券的信誉及其流通的稳定,由此还经常引起社会的混乱;二是一些银行限于实力、信用和分支机构等问题,其信用活动的领域受到限制,所发行的银行券只能在国内有限的地区流通,从而给生产和流通带来困难。由此,客观上要求有一个实力雄厚并在全国范围内有权威的银行来统一发行银行券。

3. 票据交换问题

随着经济和金融的发展,银行业务必然日趋扩大,银行每天收受票据的数量增多,各银行之间的债权债务关系复杂化,由各个银行自行轧差进行当日清算已发生困难。这种状况不仅表现为异地结算矛盾突出,即使同城结算也成问题。因此,客观上要求建立一个全国统一的、有权威的、公正的清算中心,而这个中心只能由中央银行承担。

4. 最后贷款人问题

随着商品生产和流通的扩大,对银行贷款的需求量也不断增加,并且要求贷款的期限延长。商业银行如果仅用自己吸收的存款来提供贷款,就远远不能满足社会经济发展的需要。如将吸收的存款过多地发放贷款,又会削弱银行的清偿能力,从而常常出现因支付能力不足而发生挤兑或破产的可能。因支付手段不足而大量倒闭的现象,始终贯穿20世纪30年代以前的银行史,对国民经济的稳定发展构成了极大的威胁。这就客观上要求有一个信用卓著、实力强大并具有提供有效支付手段能力的机构，适当集中各家商业银行的一部分现金准备，充当商业银行的最后支持者。

5. 金融监督与管理问题

同其他行业一样，银行业经营竞争也很激烈。而它们在竞争中的破产、倒闭给经济造成的动荡要比其他行业大得多。因此，客观上需要有一个代表政府意志的专门机构从事金融业管理、监督与协调的工作。

二、中央银行的组织形式

虽然目前世界各国基本上都实行中央银行制度，但并不存在一个统一的模式。归纳起来，大致有单一式中央银行制度、复合式中央银行制度、准中央银行制度和跨国中央银行制度4种类型，见表6-2。

表6-2　中央银行制度

类型	定义	特点	实行国家或地区
单一式	总、分支行	权力集中，职能齐全，分支机构众多	绝大多数国家
复合式	央行、商行职能合一	权利、职能相对分离，分支机构不多	苏联、东欧、1984年前的中国
准央行	多机构各执行央行部分职能	无专门的中央银行	新加坡、中国的香港地区
跨国型	多国共有一家央行	与货币联盟、经济联盟相联系	欧洲中央银行

（一）单一式中央银行制度

单一式中央银行制度是指国家建立单独的中央银行机构，使之全面行使中央银行职能的中央银行制度。这种类型又分为两种情况。

1. 一元式中央银行制度

一元式中央银行制度是指一国只设立一家统一的中央银行行使中央银行的权力和履行中央银行的全部职责，中央银行机构自身上下是统一的，机构设置一般采取总分行制，逐级垂直隶属。这种组织形式下的中央银行是完整标准意义上的中央银行，目前世界上绝大多数国家的中央银行都实行这种体制，如英国、法国、日本等。中央银行的总行或总部通常都设在首都，根据客观经济需要和本国有关规定在全国范围内设立若干分支机构。英国的中央银行英格兰银行总行设在伦敦，在伯明翰、利物浦等8个城市设有分行；日本的中央银行——日本银行，总行设在东京，在国内设有33家分行和13个办事处，还在纽约、伦敦、巴黎、法兰克福和中国的香港地区等地设有代表处。也有少数国家的中央银行总行不设在首都，而是设在该国的经济金融中心城市，如印度的中央银行印度储备银行总行设在孟买。一元式中央银行制度的特点是权力集中统一、职能完善、有较多的分支机构。1984年以后，我国的中央银行中国人民银行亦采用一元式组织形式。

2. 二元式中央银行制度

二元式中央银行制度是指中央银行体系由中央和地方两级相对独立的中央银行机构共同组成。中央级中央银行和地方级中央银行在货币政策方面是统一的，中央级中央银行是最高金融决策机构，地方级中央银行要接受中央级中央银行的监督和指导。但在货币政策的具体实施、金融监管和中央银行有关业务的具体操作方面，地方级中央银行在其辖区内有一定的独立性，与中央级中央银行也不是总分行的关系，而是按法律规定分别行使其职能。这种制度一般与联邦制的国家体制相适应，如目前的美国即实行此种中央银行制度。

美国的中央银行称为联邦储备体系。在中央一级设立联邦储备理事会，并有专门为其服务的若干职能部门；在地方一级设立联邦储备银行。美国联邦储备理事会设在华盛顿，负责管理联邦储备体系和做出全国的金融决策，对外代表美国中央银行。美国联邦储备体系将50个州和哥伦比亚特区划分为12个联邦储备区，每一个区设立一家联邦储备银行。联邦储备银行在各自的辖区内履行中央银行职责。

(二) 复合式中央银行制度

复合式中央银行制度是指国家不单独设立专司中央银行职能的中央银行机构，而是由一家集中央银行与商业银行职能于一身的国家大银行兼行中央银行职能的中央银行制度。这种中央银行制度往往与中央银行初级发展阶段和国家实行计划经济体制相对应，苏联和以前多数东欧国家即实行这种制度。我国在1984年前也实行这种制度。

(三) 准中央银行制度

准中央银行制度是指国家不设通常完整意义上的中央银行，而设立类似中央银行的金融管理机构执行部分中央银行的职能，并授权若干商业银行也执行部分中央银行职能的中央银行制度。采取这种中央银行组织形式的国家有新加坡、马尔代夫、斐济、沙特阿拉伯、阿拉伯联合酋长国、塞舌尔等。在这类中央银行制度下，国家设立的专门金融管理机构其名称和职责在各国也有所不同，如新加坡设立金融管理局，隶属财政部，该金融管理局不负责发行货币，货币发行权授予大商业银行，并由国家货币委员会负责管理；除此之外，金融管理局全面行使中央银行的其他各项职能，包括制定和实施货币政策、监督管理金融业、为金融机构和政府提供各项金融服务等。马尔代夫设立货币总局，负责货币发行和管理，制定和实施货币政策，同时授权商业银行行使某些中央银行职能。斐济设有中央金融局、沙特阿拉伯设有金融管理局、阿拉伯联合酋长国设有金融局、塞舌尔设有货币局，这些也都是类似中央银行的金融管理机构。这类准中央银行制度通常与国家或地区较小而同时又有一家或几家银行在本国一直处于垄断地位有关。

中国的香港地区在回归祖国之前，基本上也是属于准中央银行制度类型。中国香港地区在很长的时期内，并无一个统一的金融管理机构。在货币制度方面，港币发行由渣打银行和汇丰银行负责，长期实行英镑汇兑本位，1972年改行港币与美元挂钩，1983年10月开始实行与美元挂钩的联系汇率制度。20世纪60年代以前，中国香港地区基本上没有金融监管，1964年《银行业条例》颁布后，金融监管的趋势才有所加强，1993年4月1日中国香港地区成立了金融管理局，集中行使货币政策、金融监管和支付体系管理职能，但货币发行仍由渣打银行和汇丰银行负责。1994年5月1日起，中国银行香港地区分行成为中国香港地区的第三家发钞银行，票据结算仍然由汇丰银行负责。1997年香港地区回归祖国后，按照"一国两制"的原则和《中华人民共和国香港特别行政区基本法》的规定，香港地区仍然实行独立的货币与金融制度，其货币发行与金融管理自成体系。

(四) 跨国中央银行制度

跨国中央银行制度是指由若干国家联合组建一家中央银行，由这家中央银行在其成员国范围内行使全部或部分中央银行职能的中央银行制度。这种中央银行制度一般与区域性多国经济的相对一致性和货币联盟体制相对应。"二战"后，一些地域相邻的欠发达国家建立了货币联盟，并在联盟内成立了由参加国共同拥有的中央银行。这种跨国的中央银行为成员国发行共同使用的货币和制定统一的货币金融政策，监督各成员国的金融机构及金融市场，对成员国的政府进行融资，办理成员国共同商定并授权的金融事项等。实行跨国中央银行制度的国家主要在非洲和东加勒比海地区，目前，西非货币联盟、中非货币联盟、东加勒比海货币区属于跨国中央银行的组织形式。

随着欧洲联盟成员国经济金融一体化进程的加快，一种具有新的性质和特点的区域性货币联盟已经诞生。1998年7月1日欧洲中央银行(European Central Bank)正式成立，1999年1月1日欧元正式启动。欧洲中央银行的成立和欧元的正式启动，标志着现代中央银行制度又有了新的内容并进入了一个新的发展阶段。

三、中央银行的资本类型

(一) 资本全部为国家所有

目前，大多数国家中央银行的资本金是国家所有的。这分为两种情况：一是国家通过购买中央银行资本中原来属于私人的股份而对中央银行拥有了全部股权；二是中央银行成立时，国家就拨付了全部资本金。一般说来，历史比较久远的中央银行大多为私营银行或股份银行演变而来，最初的资本金大多为私人投资或股份合作。随着中央银行地位的上升和作用的增强，为了更好地行使中央银行职能，许多国家认为排除私人股本更为适宜，所以国家通过购买私人股份的办法逐渐实行了中央银行的国有化。如加拿大银行于1938年、法兰西银行于1945年、英格兰银行于1946年、荷兰银行于1948年、挪威银行于1949年、印度储备银行于1949年、德国联邦银行于1958年、西班牙银行于1962年分别被本国政府将其全部股本收归国有。1920年布鲁塞尔国际经济会议要求各国普遍建立中央银行制度以后，原来未建立中央银行制度的国家纷纷设立了自己的中央银行，这中间有许多国家是由政府直接拨款建立中央银行的。特别是第二次世界大战之后，一批新独立的国家在筹建中央银行时正赶上欧洲的国有化浪潮，更是由政府拨款直接建立了自己的中央银行。目前，中央银行资本为国家所有的国家有英国、加拿大、澳大利亚、挪威、瑞典、丹麦、俄罗斯、蒙古、泰国、新西兰、印度、巴哈马、肯尼亚、埃及、阿曼、尼日利亚、坦桑尼亚、印度尼西亚、阿拉伯联合酋长国等，并且中央银行的国有化已成为一种发展趋势。中国人民银行的资本组成也属于国家所有的类型，《中国人民银行法》第8条规定："中国人民银行的全部资本由国家出资，属于国家所有。"

(二) 资本部分为国家所有

资本部分为国家所有，即国家和民间股份混合所有的资本结构。这种资本组成类型，国家资本大多在50%以上，非国家资本即民间资本包括企业法人和自然人的股份低于一半。例如，日本银行，政府拥有55%的股份，民间持股为45%；墨西哥的中央银行，国家资本占53%，民间资本占47%；巴基斯坦中央银行的股份，政府持有51%，民间资本占49%。也有些国家如厄瓜多尔、委内瑞拉、卡塔尔等国中央银行的资本中政府和民间股份各占50%。在国家不拥有全部股份的中央银行中，法律一般都对非国家股份持有者的权利做了限定，如只允许有分取红利的权利而无经营决策权，其股权转让也必须经中央银行同意后方可进行等。对于一些具体事宜有些国家还做了更为详细的规定，如日本银行规定，私股持有者每年享受的最高分红率为5%。由于私股持有者不能参与经营决策，所以对中央银行的政策基本上没有影响。

(三) 资本全部为民间所有

这类中央银行，国家不持有股份，全部资本由其他股东投入，由法律规定执行中央银行职能，主要有美国和瑞士等少数国家。美国联邦储备银行的股本全部由参加联邦储备体系的会员银行所拥有，会员银行按自己实收资本和公积金的6%认购所参加的联邦储备银行的股份，先缴付所认购股份的一半，另一半待通知随时缴付。会员银行按实缴股本享受年息6%的股息。瑞士国家银行1905年创建时为联合股份银行，资本额为5 000万瑞士法郎，实收资本为2 500万瑞士法郎，其中多数股份由州政府银行持有，少数股份由私人持有，但必须是本国公民、本国公司企业或在瑞士建立总代表处的法人。瑞士政府不持有该银行的股份，但掌握其人事权，国家银行的董事大部分由政府指派。

(四) 无资本金的中央银行

韩国的中央银行是目前唯一没有资本金的中央银行。1950年韩国银行成立时，注册资本为15亿韩元，全部由政府出资。1962年，《韩国银行法》的修改使韩国银行成为"无资本的特殊法人"。该行每年的净利润按规定留存准备之后，全部汇入政府的"总收入账户"。会计年度中如发生亏损，首先用提存的准备弥补，不足部分由政府的支出账户划拨。

(五) 资本为多国共有

货币联盟中成员国共同组建中央银行的资本金是由各成员国按商定比例认缴的，各国以认缴比例拥有对中央银行的所有权。

中央银行的资本组成虽然有上述5种类型，但有一点是共同的，即无论是哪种类型的中央银行，都是由国家通过法律(跨国中央银行是通过成员国之间的条约)赋予其执行中央银行的职能，资本所有权的归属已不对中央银行的性质、职能、地位、作用等发生实质性影响。

第二节　中央银行的性质和职能

一、中央银行的性质

中央银行的性质是由其业务活动的特点和所发挥的作用决定的。从中央银行业务活动的特点看，它是特殊的金融机构：一方面，中央银行的主要业务活动同样具有银行固有的办理"存、贷、汇"业务的特征；另一方面，它的业务活动又与普通金融机构有所不同，主要表现在其业务对象不是一般的工商客户和居民个人，而是商业银行等金融机构。同时，国家还赋予中央银行一系列特有的业务权利，如垄断货币发行、管理货币流通、集中存款准备金、维护支付清算系统的正常运行、代理国库、管理国家黄金外汇储备等。从中央银行发挥的作用看，它是保障金融稳健运行、调控宏观经济的国家行政机构。中央银行通过国家特殊授权，承担着监督管理普通金融机构和金融市场的重要使命。同时，由于中央银行处于整个社会资金运动的中心环节，是国民经济运行的枢纽，是货币供给的提供者和信用活动的调节者，因此，中央银行对金融业的监督管理和对货币、信用的调控以及对宏观经济运行具有直接的重要影响。因此，中央银行又是宏观经济运行的调控中心。

作为国家管理金融业和调控宏观经济的重要部门，中央银行自然具有一定的国家机关的性质，负有重要的公共责任。并且，随着国家对金融和经济实施干预或调控力度的加强，中央银行的国家机关性质也趋于强化。中央银行具有国家机关的性质，但与一般的行政机关又有很大不同：①中央银行履行其职责主要是通过特定金融业务进行的，对金融和经济的管理调控基本上是采用经济手段，如调整利率和准备金率、在公开市场上买卖有价证券等，这些手段的运用更多地具有银行业务操作的特征，这与主要依靠行政手段进行管理的国家机关有明显不同；②中央银行对宏观经济的调控是分层次实现的，即通过货币政策工具操作调节金融机构的行为和金融市场运作，然后再通过金融机构和金融市场影响各经济部门，其作用比较平缓，市场的回旋空间较大，这与一般国家机关的行政决定直接作用于各微观经济主体而又缺乏弹性有较大不同；③中央银行在政策制定上有一定的独立性，这在后面还将专门论及。

表6-3集中对中央银行和商业银行进行了直观对比。

表6-3　中央银行和商业银行的对比

项目	中央银行	商业银行
性质	国家机关	企业
地位	核心、超然地位，管理者	金融业主体，被管理
业务目标	稳定货币、经济增长	以营利为目的
业务对象	政府、银行	企业、居民
业务内容	发行货币、金融管理	货币信用业务

总之，从中央银行业务活动的特点和发挥的作用看，中央银行既是为商业银行等普通金融机构和政府提供金融服务的特殊金融机构，又是制定和实施货币政策、监督管理金融业、规范与维护金融秩序、调控金融和经济运行的宏观管理部门。这可以看作对中央银行性质的基本概括。

二、中央银行的职能

中央银行是"发行的银行、银行的银行和政府的银行"，这是对早期中央银行职能的典型概括。尽管随着中央银行制度的发展，现代中央银行的职能有了更加丰富的内容，但由于这种概括由来已久，已被大家普遍接受，并且这种概括简明、形象、便于理解和记忆，因此，"发行的银行、银行的银行和政府的银行"仍被看作是中央银行的三大基本职能。另外，对中央银行职能的归纳与表述还有很多种。有的归纳为服务职能、调节职能和管理职能三大类；有的按照其性质归纳为政策功能、银行功能、监督功能、开发功能和研究功能五大类；还有的归纳为独立货币发行、为政府服务、保存准备金、最后融通者、管制作用、集中保管黄金和外汇、主持全国银行清算、检查与监督各金融机构的业务活动八大类；等等。在把"发行的银行、银行的银行和政府的银行"看作是中央银行职能时，中央银行的职能又可以概括归纳为制定和执行货币政策、对金融业实施监督管理、组织参与和管理支付清算3个基本方面。下面按照中央银行在国民经济中的地位进行职能分析。图6-2概括说明中央银行的职能。

(一) 中央银行是"发行的银行"

中央银行是"发行的银行"，指国家赋予中央银行集中与垄断货币发行的特权，是国家唯一的货币发行机构(在有些国家，硬辅币的铸造与发行由财政部门负责)。中央银行集中与垄断货币发行权是其自身之所以成为中央银行最基本、最重要的标志，也是中央银行发挥其全部职能的基础。几乎在所有的国家，垄断货币的发行权都是与中央银行的产生与发展直接相连的。从商业银行逐步演变而成为中央银行的发展进程看，货币发行权的独占或垄断是其性质发生质变的基本标志；从国家直接设立的中央银行看，垄断货币发行权是国家赋予的最重要的特权之一，是所有授权中首要的也是最基本的特权。一部中央银行史，首先是一部货币发行权逐渐走向集中、垄断和独占的历史。

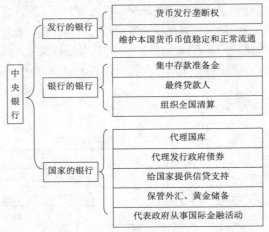

图6-2　中央银行的职能

中央银行垄断货币发行权是统一货币发行与流通和稳定货币币值的基本保证。在信用货币流通情况下，中央银行凭借国家授权以国家信用为基础而成为垄断的货币发行机构，中央银行按照经济发展的客观需要和货币流通及其管理的要求发行货币。

中央银行作为一国发行货币和创造信用货币的机构，在发行现钞、供给货币的同时，必须履行保持货币币值稳定的重要职责，这是社会经济正常运行与发展的一个基本条件。中央银行要根据一定时期内的经济发展需要以及物价水平等诸多因素，制定与实施货币政策，运用多种手段有效调控货币供应量，保持货币供应量与客观实际需要量的相对平衡，实现货币币值的基本稳定。随着信用制度的发展和现代科技成果在金融领域中的广泛应用，货币的存在形式和结构比例发生了很大变化，对货币供给的控制，已扩及存款货币，控制的最小口径也已是包括通货和活期存款在内的M_1，其中通货数量只占M_1的较小比例，控制的较大口径是包括通货和全部存款在内的M_2，M_2的状况与货币币值是否稳定有着密切的关系，二者的关联度越来越高。

货币发行是中央银行的重要资金来源，也为中央银行调节金融活动和全社会货币、信用总量，促进经济增长提供了资金力量。因此，具有"发行的银行"这一基本职能是中央银行实施金融宏观调控的充分与必要条件。

(二) 中央银行是"银行的银行"

中央银行是"银行的银行"，是指：①中央银行的业务对象不是一般企业和个人，而是商业银行和其他金融机构及特定的政府部门；②中央银行与其业务对象之间的业务往来仍具有银行固有的办理"存、贷、汇"业务的特征；③中央银行为商业银行和其他金融机构提供支持和服务，同时也是商业银行和其他金融机构的管理者。"银行的银行"这一职能，最能体现中央银行是特殊金融机构的性质，也是中央银行作为金融体系核心的基本条件。中央银行对商业银行和其他金融机构的活动能够施以有效影响也主要是通过这一职能。

"银行的银行"这一职能，也是与中央银行的产生与发展紧密相连的，是中央银行自身之所以成为中央银行的另一重要标志。中央银行作为银行的银行，具体表现在以下3个主要方面。

1. 集中存款准备金

在中央银行产生之后，为了保证商业银行和其他存款机构的支付和清偿能力，从而保障存款人的资金安全及合法权益，也为了保障商业银行等金融机构自身运营的安全，各国一般通过法律，明确规定商业银行及有关金融机构必须要按存款的一定比例向中央银行缴存存款准备金，中央银行充当法定存款准备金的唯一保管者。在商业银行及有关金融机构出现支付和清偿困难，并在中央银行认定的必要条件下，允许商业银行及有关金融机构动用其在中央银行的存款准备金。中央银行集中存款准备金的另一个目的是调节信用规模和控制货币供应量。此外，中央银行集中保管商业银行及其他存款机构的存款准备金，也增加了中央银行的资金实力，是中央银行的主要资金来源之一，它既增强了中央银行通过再贴现或再贷款支持商业银行及有关金融机构的能力，也使金融体系整体的支付保证能力增强。

2. 充当商业银行等金融机构的"最后贷款人"

(1) 当商业银行或其他金融机构发生资金周转困难、出现支付危机时，中央银行为其提供全力支持，以防银行挤提风潮的扩大导致支付链条中断以致引起金融恐慌甚至整个银行业的崩溃。

(2) 为商业银行办理资金融通，使其在同业拆借方式之外，增加银行资金头寸短期调剂的渠道，提供最终保障。

(3) 中央银行通过对商业银行等金融机构提供多种方式的资金支持，调节银行信用和货币供应量，传递和实施金融调控的意图。

3. 组织、参与和管理全国的清算

在存款准备金制度建立后，各商业银行都在中央银行设立了存款账户，这给中央银行负责全国的资金清算带来了极大便利。各金融机构之间的清算通过其在中央银行的存款账户进行转账、轧差，直接增减其存款金额便可完成。中央银行办理金融机构同城票据交换和同城、异地的资金清算，具有安全、快捷、可靠的特点。这一方面加速了资金周转，减少了资金在结算中的占用时间和清算费用，提高了清算效率，解决了非集中清算带来的困难；另一方面，中央银行通过组织、参与和管理清算，对金融机构体系的业务经营能够进行全面及时的了解和把握，为中央银行加强金融监管和分析资金流量提供了条件。目前，大多数国家的中央银行都已成为全国资金清算中心。

(三) 中央银行是"政府的银行"

中央银行是"政府的银行"体现在以下几点。

第一，中央银行根据法律授权制定和实施货币政策，对金融业实施监督管理，负有保持货币币值稳定和保障金融业稳健运行的责任。

第二，中央银行代表本国政府参加国际金融组织，签订国际金融协定，参与国际金融事务与活动。

第三，中央银行为本国政府代理国库，办理政府需要的银行业务，提供各种金融服务。

作为"政府的银行"，中央银行的职能具体主要包括以下内容：

(1) 代理国库；

(2) 代理政府债券的发行；

(3) 向政府融通资金；

(4) 为国家持有和经营管理国际储备;

(5) 代表本国政府参加国际金融活动;

(6) 制定和实施货币政策;

(7) 对金融业实施监管;

(8) 为政府提供经济金融情报和决策建议,向社会公众发布经济金融信息。

第三节 中央银行的业务

一、中央银行业务活动的原则

从总体上看,最基本的业务活动原则是必须服从于履行职责的需要。因为中央银行的全部业务活动都是为其履行职责服务的,是其行使特定职权的必要手段。所以,中央银行的各种业务活动必须围绕着各项法定职责展开,必须以有利于履行职责为最高原则。

在具体的业务经营活动中,中央银行一般奉行非营利性、流动性、主动性、公开性4个原则。

(一) 非营利性

非营利性指中央银行的一切业务活动都不以营利为目的。由于中央银行特殊的地位和作用,决定了中央银行以调控宏观经济、稳定货币、稳定金融、为银行和政府服务为己任,是宏观金融管理机构而非营业性金融机构,由此决定了中央银行的一切业务活动都要以此为目的,不能以追求利润为目标,只要是宏观金融管理所必需的,即使是没有利润的甚至亏损的业务也要去做。因此,在中央银行的日常业务活动中,利润不是其追逐和考虑的目的。当然,中央银行的业务活动不以营利为目的,并不意味着不讲经济效益,在同等或可能的情况下,中央银行的业务活动应该获得应有的收益,尽量避免或减少亏损,以降低宏观金融管理的成本。在实际业务活动中,中央银行以其特殊的地位、政策和权力开展经营,其结果也往往能获得一定的利润,但这只是一种客观的经营结果,并不是中央银行主观追逐的业务活动目的。

(二) 流动性

流动性主要是指资产业务需要保持流动性。因为中央银行在充当金融机构的"最后贷款人",进行货币政策操作和宏观经济调控时,必须拥有相当数量的可用资金,才能及时满足其调节货币供求、稳定币值和汇率、调节经济运行的需要。所以,为了保证中央银行资金可以灵活调度、及时运用,中央银行必须使自己的资产保持最大的流动性,不能形成不易变现的资产。以保持流动性为原则从事资产业务,就必须注意对金融机构融资的期限性,一般不发放长期贷款,许多国家的中央银行法明确规定贷款期限就是为了确保资产的流动性,如《中华人民共和国中国人民银行法》第27条规定对商业银行贷款的期限不得超过1年。同时,在公开市场买卖有价证券时,也要尽量避免购买期限长、流动性小的证券。

(三) 主动性

主动性在这里主要是指资产负债业务需要保持主动性。由于中央银行的资产负债业务直接与货币供应相联系,例如货币发行业务直接形成流通中货币,存款准备金业务不仅导致基础货币的变化，还会引起货币乘数的变化，再贴现、公开市场业务是提供基础货币的主要渠道等，因此，中央银行必须使其资产负债业务保持主动性，这样才能根据履行职责的需要，通过资产负债业务实施货币政策和金融监管，有效控制货币供应量和信用总量。

(四) 公开性

公开性主要指中央银行的业务状况公开化，定期向社会公布业务与财务状况，并向社会提供有关的金融统计资料。中央银行的业务活动保持公开性，一是可以使中央银行的业务活动置于社会公众监督之下，有利于中央银行依法规范其业务活动，确保其业务活动的公平合理性，保持中央银行的信誉和权威；二是可以增强中央银行业务活动的透明度，使国内外有关方面及时了解中央银行的政策、意图及其操作力度，有利于增强实施货币政策的告示效应；三是可以及时准确地向社会提供必要的金融信息，有利于各界分析研究金融和经济形势，也便于他们进行合理预期，调整经济决策和行为。正因为如此，目前各国大多以法律形式规定中央银行必须定期公布其业务财务状况和金融统计资料，中央银行在业务活动中也必须保持公开性，不能隐匿或欺瞒。

二、中央银行业务活动的分类

按中央银行的业务活动是否与货币资金的运动相关，一般可分为银行性业务和管理性业务两大类，如图6-3所示。

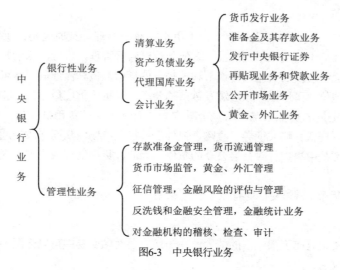

图6-3　中央银行业务

(一) 银行性业务

银行性业务是中央银行作为发行的银行、银行的银行、政府的银行所从事的业务。这类业务都直接与货币资金相关，都将引起货币资金的运动或数量变化，具体又可分为两种，见表6-4。

(1) 形成中央银行资金来源和资金运用的资产负债业务，主要有货币发行业务、存款准备金业务、其他存款业务或发行中央银行债券、再贴现业务和贷款业务、公开市场证券买卖业务、黄金外汇业务、其他贷款或融资业务等。

(2) 与货币资金运动相关但不进入中央银行资产负债表的银行性业务，主要有清算业务、经理国库业务、代理政府向金融机构发行及兑付债券业务、会计业务等。

表6-4　简化的中央银行资产负债表

资产	负债
有价证券(A_1)	通货发行(L_1)
再贴现贷款(A_2)	商业银行等金融机构存款(L_2)
财政借款或透支(A_3)	财政性存款(L_3)
黄金、外汇(A_4)	其他负债(L_4)
在途资金(A_5)	延期支付(L_5)
其他资产(A_6)	资本(L_6)
合计	合计

(二) 管理性业务

管理性业务是中央银行作为一国最高金融管理当局所从事的业务。这类业务主要服务于中央银行履行宏观金融管理的职责,其最大的特点:一是与货币资金的运动没有直接的关系,不会导致货币资金的数量或结构变化;二是需要运用中央银行的法定特权。管理性业务主要有金融调查统计业务,对金融机构的稽核、检查、审计业务等。

三、中央银行的负债业务

(一) 货币发行业务

在中央银行成立后,货币发行大都集中由中央银行统一办理。其原因是:①钞票可以整齐划一,在全国范围内流通,不会造成币制混乱;②便于政府监督管理,推行国家的货币政策;③中央银行可以随时根据社会经济发展变化进行调节和控制,使货币数量和流通需要尽可能相适应;④中央银行处于相对独立地位,可以抵制政府滥发钞票的要求,使货币供应量适当;⑤中央银行统一发行货币,可以掌握一定量的资金来源,增强金融实力,有利于调控货币供应量。中央银行发行纸币,是通过再贴现、再贷款、购买证券、收购金银外汇等投入市场,从而形成流通中的货币。但每张纸币投入市场后,都是中央银行对社会公众的负债。因此,货币发行成为中央银行一项重要的负债业务。

各国中央银行对货币(现钞)发行均有以下几个原则。

1. 集中垄断发行

中央银行发行的货币具有无限法偿的能力,在一切对公对私交易中可以无限使用,并且现代中央银行均不承担兑现义务。

2. 有可靠的信用基础

在纸币流通条件下,货币的发行是有客观限制的,不能随意发行,必须有一定的发行保证制度,必须有独立的发行体制,不受政治压力和外界影响,使货币的发行建立在可靠的信用基础之上。

3. 维持高度弹性

中央银行发行货币应当适应经济变化的客观要求,有一定的伸缩弹性。随着生产和流通的发展,中央银行应该相应增加货币数量,避免货币数量过少,形成通货紧缩,影响商品生产和流通的扩大;同时中央银行要适当控制,以免货币数量过多,形成通货膨胀,影响经济稳定。因此,要求中央银行经常研究市场，研究货币供应、需求和均衡，使市场货币供应适应经济发展的要求。

我国现行的货币发行原则是集中统一发行原则、经济发行原则、计划发行原则。

图6-4集中展示了中国人民银行人民币发行和回笼的过程。

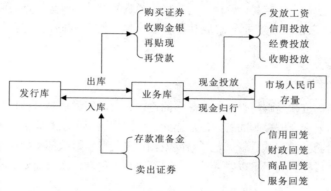

图6-4　人民币发行和回笼过程

(二) 代理国库业务

中央银行经办政府的财政收支，执行国库的出纳职能。如接受国库的存款，兑付国库签发的支票，替政府发行债券并还本付息等。此外，国家财政拨给经费的行政事业单位的存款，也都由中央银行办理。财政金库存款与机关、团体、部队等行政事业单位存款在其支出之前存在中央银行，属于财政性存款，是中央银行的重要资金来源，构成中央银行的负债业务。中央银行代理国库业务，可以维持财政与金融之间的联系，使国家的财源与金融机构的资金来源相联系，充分发挥货币资金的作用，并为政府资金的融通提供一个有力的调节机制。

(三) 集中存款准备金业务

各商业银行吸收的存款不能全部贷出，必须保留一部分现款，以备存款人提取。但是商业银行的现金准备，并不能都存在自己的金库里，必须按照规定的比率将其一部分存储于中央银行。这样就使商业银行的现金准备集中于中央银行，形成法定存款准备金和超额准备金。中央银行掌握了各商业银行的准备金存款，形成中央银行的资金来源，便可运用这些准备金支持银行的资金需要。现金准备集中存放于中央银行，除了增强整个银行系统的后备力量，防止商业银行倒闭外，更主要的是中央银行通过存款准备金可以控制商业银行的贷款量。中央银行降低法定存款准备金率，即可增加商业银行的贷款和投资；提高法定存款准备金率，就可减少商业银行的贷款和投资。在一般情况下，存款准备金率未达到规定比例时，中央银行就会提高再贴现率。日本银行规定法定存款准备金率的最高限度是20%，如果普通银行没有按规定比例交足法定存款准备金，就要再加3.75%的贴现率向日本银行付息。

四、中央银行的资产业务

(一) 再贴现和再贷款业务

全国商业银行缴存在中央银行的存款准备金，构成中央银行吸收存款的主要部分。当商业银行资金短缺时，可从中央银行取得借款。其方式是把工商企业贴现的票据向中央银行办理再贴现，或以票据或有价证券作为抵押向中央银行申请借款。意大利银行再贴现的额度相当于商业银行负债额的3%～5%。德意志联邦银行对金融机构发放的抵押放款期限最长为3个月。中央银行可以配合政府的经济政策，把贴现业务作为调节资金的一种手段。这主要是通过提高或降低再贴现率，紧缩或扩张信用，加强对商业银行的监督、管理，达到稳定通货的目的。中央银行对商业银行办理再贴现和再抵押业务，要注意这种资产业务的流动性和安全性，注意期限的长短，以保证资金的灵活周转。

(二) 对政府的贷款

中央银行对政府的贷款是政府弥补财政赤字的途径之一，但如果对这种贷款不加限制，则会从总量上削弱中央银行宏观金融控制的有效性，因此，各国中央银行法对此都做了明确的规定。美国联邦储备银行对政府需要的专项贷款规定了最高限额，而且要以财政部的国库券作为担保。英格兰银行除少量的政府隔日资金需要可以融通外，一般不对政府垫款，政府需要的资金通过发行国库券的方式解决。

《中华人民共和国中国人民银行法》规定，中国人民银行不得对政府财政透支，不得直接认购、包销国债和其他政府债券，不得向地方政府、各级政府部门提供贷款。

(三) 金银、外汇储备业务

目前各国政府都赋予中央银行掌管全国国际储备的职责。所谓国际储备，是指具有国际性购买能力的货币，主要有黄金(包括金币和金块)、白银(包括银币和银块)和外汇(包括外国货币、存放外国的存款余额和以外币计值的票据及其他流动资产)，此外，还有特别提款权和在国际货币基金组织的头寸等。中央银行执行这一职责的意义如下。

(1) 有利于稳定币值。不少国家的中央银行对其货币发行额和存款额，都保持一定比例的国际储备，以保证币值的稳定。当国内物资不足，物价波动时，可以使用国际储备进口商品或抛售黄金回笼货币，平抑物价，维持货币对内价值的稳定。

(2) 有利于稳定汇价。在浮动汇率制度下，各国中央银行在市场汇率波动剧烈时，可运用国际储备进行干预，以维持货币对外价值的稳定。

(3) 有利于保证国际收支的平衡。当外汇收支经常发生逆差时，中央银行可以使用国际储备抵补进口外汇的不足。当国际储备充足时，中央银行可以减少向外借款，用国际储备清偿债务或扩大资本输出。

由上可见，金银、外汇不仅是稳定货币的重要储备，而且也是用于国际支付的国际储备，因而，其成为中央银行的一项重要资产业务。当代世界各国国内市场上并不流通和使用金银币，纸币也不兑换金银，而且多数国家实行不同程度的外汇管理，纸币一般也不与外汇自由兑换，在国际支付中发生逆差时一般也不直接支付黄金，而是采取出售黄金换取外汇来支付。这样，各国的金银、外汇自然要集中到中央银行储存。需要金银、外汇者，一般向中央银行申请购买，买卖金银、外汇是中央银行的一项业务。

中央银行的金银、外汇储备业务，各国都有明确的规定。在瑞典，允许国家银行收购和出售黄金、白银、外汇，在国会许可下，可向国际金融机构贷款。在德国，规定联邦银行可以对信用机构买卖以外国货币支付的汇票、支票、有价证券，以及黄金、白银，可以从事所有与外国银行交往的业务。

(四) 证券买卖业务

各国中央银行一般都经营证券业务，主要是买卖政府发行的长期或短期债券。在一些经济发达国家，政府债券发行量大，市场交易量也大，仅以政府债券为对象进行买卖，中央银行即可达到调节金融的目的。一般说来，在金融市场不太发达的国家，中央政府债券在市场上流通量小，中央银行买卖证券的范围就要扩大到各种票据和债券，如汇票、地方政府债券等。

中央银行持有证券和买卖证券的目的，不在于获取利润，而是为了调节和控制市场货币供应量。中央银行买进有价证券，向市场投放了货币，可以增加商业银行的原始存款，用以创造存款货币，扩大货币供应量；反之，中央银行卖出有价证券，则可减少货币供应量。同时，中央银行买卖有价证券会影响利率的变化。当中央银行买进有价证券时，促使市场上有价证券减少，从而提高有价证券价格，降低银行利率；反之，中央银行卖出有价证券会造成银行可贷资金减少，致使利率上升。

可见，中央银行买卖证券会直接影响有价证券的价格和利率，影响商业银行现金准备的增减，从而影响信贷规模，影响货币供应量。但是中央银行经营这项业务，应当具备以下条件：一是中央银行处于领导地位，且有雄厚的资金力量；二是要赋予中央银行弹性操作的权力，即在买卖证券的数量、种类等方面有一定的机动权限；三是金融市场较发达，组织也较健全；四是证券的数量和种类要适当，长期、中期及短期各类齐备，便于选择买卖；五是信用制度要相当发达。各国中央银行买卖证券业务的做法基本上是一致的。我国中央银行已于1996年4月1日开始参与公开市场业务操作，主要是买卖国库券，近年来也买卖央行发行的定向票据。

五、中央银行的中间业务

由于各商业银行都有法定存款准备金存在中央银行，并在中央银行设有活期存款账户。这样就可以通过存款账户，在全国范围内划拨清算，了结银行之间的债权债务关系。中央银行的清算业务大体可分为3项：①办理票据集中交换，主办票据交换所；②办理交换差额的集中清算，通过各行在中央银行开设的账户划拨；③办理异地资金转移，提供全国性的资金清算职能。目前各国做法不一，英国以伦敦为全国清算中心；美国各联邦储备银行代收外埠支票，并以华盛顿为全国最后清算中心；德国、法国则利用遍布全国的中央银行机构，建立转账账户，为银行界服务。

(一) 集中票据交换

这项业务是通过票据交换所进行的。票据交换所是同一城市内银行间清算各自应收应付票据款项的场所。票据交换所一般每天交换两次或一次，根据实际需要而定。所有银行间的应收应付款项，都可相互轧抵后而收付其差额。

各行交换后应收应付差额，即可通过其在中央银行开设的往来存款账户，进行转账收付，不必收付现金。票据交换流程如图6-5所示。

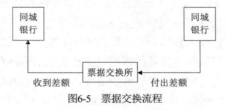

图6-5 票据交换流程

(二) 办理异地资金转移

各城市、各地区间的资金往来，通过银行汇票传递，汇进汇出，最后形成异地间的资金划拨问题。这种异地间的资金划拨，必须通过中央银行统一办理。

办理异地资金转移，各国的清算办法有很大不同，一般有两种类型：一是先由各金融机构内部自成系统，最后各金融机构的总管理处通过中央银行总行办理转账结算；二是将异地票据统一集中传送到中央银行总行办理轧差转账。异地资金转移示意图如图6-6所示。

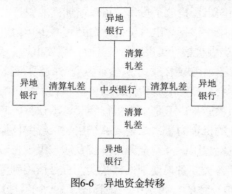

图6-6　异地资金转移

第四节　中央银行的独立性

在中央银行与政府的关系中，最基本、最重要的问题就是二者如何保持协调，又要保持各自的独立，寻找二者结合的均衡点，这就是中央银行与政府关系的核心内容，即中央银行的独立性只是一种相对的对立性。

一、中央银行相对独立性的含义

中央银行独立性是指中央银行履行自身职责时法律赋予或实际拥有的权力、决策与行动的自主程度。中央银行相对政府的独立性，主要是从法定职责，隶属关系，负责人产生程序、任期和权力大小，与财政的资金关系，最高决策机构政府参与程度等几个标准来判断。根据独立性程度，中央银行可分为强、居中、弱3种类型。中央银行的独立性比较集中地反映在中央银行与政府的关系上，这一关系包括两层含义：其一是中央银行应对政府保持一定的独立性；其二是中央银行对政府的独立性是相对的。在进行宏观调控时中央银行既要为政府服务，同时又要独立地制定和执行符合国民经济发展的根本需要，并适应国民经济发展特定阶段需求的货币政策措施，也就是说中央银行在处理与政府的关系时保持相对独立。中央银行的相对独立性具体是指：①中央银行要为政府服务，特别是在政府债务的筹集与管理方面给予支持，而不能完全独立于政府不受其约束，也不能凌驾于政府机构之上；②中央银行作为具体制定和贯彻执行宏观货币政策及相关措施的机构，要以国家经济发展目标为根本目标，遵从经济发展的客观规律和货币信用规律，独立地制定和执行符合国民经济发展的根本需要，并适应国民经济发展特定阶段需求的货币政策措施。这种相对独立性说明了中央银行不完全听命于政府控制的决策过程，能够对政府的超经济行为(如迎合特定政治需要或实行脱离实际的计划行动等)起到制约作用，以防止国民经济运行受短期行为影响而脱离正常轨道。

中央银行与财政部之间的资金关系,是其与政府之间关系的具体体现,因而也是其相对独立性强弱的重要决定因素。由于政府财政收支往往因季节、突发事件以及政治、外交需要等出现暂时的赤字,即收不抵支,因而需要中央银行以国债购买或短期借款等融资方式给予资金支持。在正常情况下,如政府财政出现长期或大量赤字,并以超经济手段直接或间接迫使中央银行予以融资,从而可能导致通货膨胀等灾难性后果,则中央银行从国民经济宏观管理的角度出发,不应屈从于此种要求。然而只有相对独立性较强的中央银行,才能够真正做到这一点。如果一国中央银行与政府(财政部)在关系上不能独立,受到许多牵制,那么在一些重大政策问题,特别是资金透支等问题上不得不妥协的话,也就是说相对独立性较差的话,在政府的压力前就可能"顶不住",而不得不实行增加货币供应量等不利于国民经济发展长远目标的政策与措施。

二、中央银行相对独立性的必要性

中央银行相对独立性的必要性体现在以下几个方面。

(1) 避免政治性经济波动产生的可能。例如,西方国家每隔几年举行一次大选,竞选双方为了拉选票,往往采取一些经济措施有利于政治目的的实现。因此,中央银行易于受到某种政治压力,使货币政策偏离原定目标。在大选前,政府往往实行宽松的财政与货币政策,刺激经济增长,以便争取选票,结果导致通货膨胀。如果中央银行有较强的独立性就可避免这类政治经济动荡对货币政策的干扰。

(2) 避免财政赤字货币化的需要。中央银行作为政府的银行,有义务帮助政府平衡财政预算和弥补赤字。但财政活动的客观结果并不一定是保持经济的稳定增长和物价稳定。如果财政出现了赤字,中央银行就要无条件去弥补,就谈不上独立的货币政策。但事实上,在凯恩斯主义盛行时期,货币政策常常要服从财政政策的需要。如财政需要在市场上筹款,中央银行就要想办法降低市场利率,减少财政借款的成本,或者直接对政府贷款、透支。这样就形成了财政赤字货币化、赤字与通货膨胀之间的恶性循环。中央银行货币政策的主要目标是稳定货币币值,它对财政只能是一般支持,而不是无条件支持,更不能通过发行货币去弥补财政赤字,因为这样只能助长通货膨胀。因此,中央银行保持相对独立性是很有必要的。

(3) 中央银行是负有社会性责任的机构,当政府与社会公众利益和银行综合利益发生矛盾时,中央银行需要具有一定的独立性来进行协调和选择。

(4) 为了适应中央银行特殊业务与地位的需要。中央银行既不是行政部门,也不同于一般的国有化企业,它的业务具有高度技术性,而且它的政策直接影响国民经济的各个部门。因此,中央银行的最高层管理人员必须具有丰富的国内外经济知识、熟练的技术和经验来制定货币政策,调节资金流向。中央银行的主要顾客虽然是政府和外国的中央银行,但它同时还要为其他顾客(商业银行和其他金融机构)服务,从这些方面看,中央银行也不应受政府的完全控制。

(5) 稳定经济和金融的需要。由于存在政治经济动荡,中央银行制定的货币政策应具有连贯性,不应受党派的干扰,其地位也应当比较超然。如果中央银行受政府的完全控制,其结果只能更便于政府推行通货膨胀政策,这将使经济更加不稳定。中央银行具有较大独立性,明确其首要任务是稳定物价,健全金融体制,以促进经济稳定增长和充分就业,这样,中央银行可以制定和执行正确的货币政策,对政府执行通货膨胀政策也可以起到约束作用。中央银行对政府的贷款一般只限于短期贷款,而且贷款金额规定有最高限额。其目的之一就在于限制政府推行通货膨胀政策。中央银行与政府所处的地位有所不同,因而它们在考虑一些经济政策的侧重点方面也不尽相同。就一个国家来说，比较侧重的是促进经济增长与解决失业问题，因而政策的重点往往放在推行赤字财政政策以刺激有效需求和增加就业上，结果往往导致通货膨胀。就一国的财政部来说，比较关心的是如何能更有效地从市场筹措资金，以维持政府机构的正常运行，因而其关注的是市场利率不但要稳定，而且要偏低，这样才有利于政府发行债券。但是就中央银行来说，它的首要任务在于稳定币值，如果市场银根偏松，便出现了通货膨胀的危险，这时中央银行只应优先考虑如何采取紧缩的措施，以制止通货膨胀，而不应仍维持低利率政策以利于财政筹措资金。

三、中央银行相对独立性的原则

中央银行保持其相对独立性，必须遵循两条基本的原则。

(1) 中央银行货币金融政策的制定及整个业务操作必须以国家的宏观经济目标为基本出发点，不能自行其是，既要考虑自身所承担的任务及责任，但也不能独立于国家的宏观经济目标之外，甚至与国家的宏观经济目标相对立。

(2) 中央银行货币金融政策的制定及整个业务操作都必须符合金融活动自身的规律性。也就是说，中央银行的业务操作及货币金融政策的制定，不能完全受制于政府的短期行为，而应遵循金融活动的特有规律，应对政府的短期行为起到一定的抑制作用，防止其为了特定的政治需要和一些脱离实际的发展计划而牺牲货币政策，使中央银行的决策也坠入短期化的陷阱，从而影响到社会经济的稳定与协调发展。在当今世界，若是丝毫不受政府的监督和制约，不顾货币金融政策与国家宏观经济政策的协调性，为所欲为地完全独立于政府的中央银行，那么它只是一个无政府集团，既不可能在现实中存在，也不可能在一定的经济生活中起到重要的作用；相反，若是对政府百依百顺，成为政府附庸的中央银行，这也不是真正意义上的中央银行，而只是政府的一个出纳机构，它既不可能担负起所负有的社会责任，也不可能在经济生活中有效地发挥作用。因此，中央银行完全独立于政府或附庸于政府都不可接受，与政府的关系只能是相对独立，即在政府的监督和国家总体经济政策指导下的独立。

四、中央银行相对独立性的内容

任何一个国家，中央银行的独立性再强，也不能脱离政府及政治的影响，而只能是相对独立。一般来说，中央银行的独立性主要体现在以下几个方面。

(1) 建立独立的货币发行制度，以维持货币的稳定。这里包括3层含义：一是货币发行权必须高度集中于中央银行，必须由中央银行垄断货币发行，不能搞多头发行，不能由政府或财政来发行，也不能由中央银行和财政及其他部门共同来发行。二是一定时期内，中央银行发行多少货币、什么时间发行、货币的地区分布、面额比例等，应由中央银行根据国家的宏观经济政策，以及经济发展的客观需要自行决定，而不应该受到来自政府或其他部门以及党派、个人的干扰，以保证中央银行独立地发行货币，从而保护货币的稳定。三是中央银行不应在政府的干预和影响下搞财政发行，也没有向财政长期无限地提供资金或为财政透支的义务。也就是说，中央银行应按经济的原则独立地发行货币，不能承担财政透支，不能在发行市场上直接购买政府公债，不能给财政长期融通资金，不能代为行使其他应由财政行使的职能，以保证货币发行权牢固地掌握在中央银行手中。

(2) 独立地制定或执行货币金融政策。内容包括：一是货币政策的制定权和操作执行权，必须是掌握在中央银行手中，而不是掌握在政府及政府其他部门的手中。当然，中央银行在制定货币政策时，必须体现或考虑政府的宏观经济政策及意图，尽可能地使中央银行的货币政策与国家的宏观经济政策保持一致，但是在货币政策的执行过程中，必须保持高度的独立性，不受各级政府和部门的干预。只要中央银行的货币政策没有违反国家的总体经济目标和其他的大政方针，政府和其他部门、党派、个人均无权干涉中央银行的政策行动。二是中央银行的货币政策在制定和执行上与政府发生分歧时，政府应充分尊重中央银行方面的经验和意见，尽可能地采取相互信任、相互尊重、平等讨论问题的方式来解决，以防止由政府对中央银行的行政干预而造成宏观决策的失误。三是在中央银行货币政策的执行过程中，各级政府及有关部门应尽可能给予配合，以便中央银行的货币政策能更有效地发挥作用，而不应采用各种直接或间接的方式来抵消货币政策的作用。

(3) 独立地管理和控制整个金融体系和金融市场。中央银行应在国家法律的授权和法律的保障下，独立地行使对金融体系和金融市场的管理权、控制权和制裁权。所谓管理权，就是说中央银行有权管理金融市场的交易，有权管理金融机构的建立和撤并，有权对金融机构的业务活动、经营状况进行定期或不定期的检查，并做出一些具体的规定。所谓控制权，就是说中央银行有权把金融体系和金融市场的业务活动置于自己的监督和控制之下，使整个金融活动按货币政策的需要而正常地进行。所谓制裁权，就是指中央银行有权对违反金融法规、抗拒管理的金融活动和金融机构给予经济的、行政的制裁。此外，中央银行在行使上述权力时，不应受到来自政府或其他部门的干扰。

五、中央银行独立性的模式

由于各国政治制度的不同，文化传统的差异，生产力水平的不同，以及经济运行模式、信用制度发达程度的差异，中央银行与政府之间关系的模式也存在着很大的差异。但是，随着商品经济的国际化，各国间经济制度、管理体制，特别是其中技术成分的相互渗透、相互学习与交流，中央银行与政府的关系也逐步趋同，形成几种模式，并被各国按照自己的需要，以法律的形式确定其基本框架、运作机制。

(一) 中央银行隶属于议会

在这种模式中，中央银行专门负责货币政策的决定和运作，直接向国会负责，不接受政府的指示，中央银行总裁由总统或皇室征得国会的同意后任命。中央银行是独立于政府之外的一个机构，中央银行与财政部之间是相互独立、协调配合的关系。

美国联邦储备委员会与政府的关系就是这种模式的典型。美国联邦储备委员会是独立于政府之外的一个机构，至少从形式上看是这样的。美国总统取得国会参议院同意，任命联邦储备委员会理事以及该委员会的主席或副主席，但由于理事任期与总统任期不一致，总统无法在其任期内更换绝大多数理事。联邦储备委员会独立自主地决定货币政策目标以及政策手段的运用，总统不能干预法律授予联邦储备委员会的各项权力，也不能直接向其发布指示，除非国会授权。美国联邦储备委员会向国会负责，每年要向国会众议院呈交其业务的详细报告，并印发给议员。只有国会有权改变联邦储备制度的体制和权限，但联邦储备委员会对国会也保持了一定程度的独立性。政府各部门每年的经费开支必须向国会申请核批，而按照法律的规定，各联邦储备银行则可以在自己每年的盈利中直接支付或提存一切必需开支的费用。

在中央银行与政府的关系中，与财政部的关系最为引人注目。美国联邦储备委员会与财政部形式上完全相互独立，在政策的制定和推行上相互无权干涉。联邦储备委员会作为"政府的银行"，重要职责之一就是代理国库和国债的发行，并有义务支持财政。但财政部在筹款困难的条件下，只能向其短期借款，并且数量受到限制，还要用特别债券作为抵押。不过，在实现国家经济政策目标这一点上，联邦储备委员会与财政部是一致的，只是分工不同而已。因此，二者之间相互协调，尽可能取得政策上的一致。

概括来说，美国联邦储备委员会不隶属于政府，只对国会负责，对金融政策的制定和推行具有绝对的权力，这就是美国模式的基本内容。这一模式的特点是：中央银行具有高度的独立性，法律赋予其与政府平行的地位，它与政府之间不是领导与被领导、指示与服从的关系，而是相互尊重与合作的关系。

(二) 中央银行隶属于政府

中央银行是"政府的银行"，因而世界上许多国家的中央银行在组织形式上都隶属于政府，但由于政府对中央银行职能与作用认识水平差异很大，政府金融素质高低不同，在这一模式下，中央银行实际独立性的差异较大。

前苏联和东欧国家，在原计划经济体制下，中央银行独立性十分有限，中央银行完全听命于政府，在货币金融政策的制定执行方面受政府的行政干预很大。但是随着这些国家经济体制转轨，市场经济体制逐步确立，中央银行独立性逐渐增强。20世纪90年代以来，随着经济转轨步伐的加快，这些转型经济国家逐渐认识到了中央银行的特殊地位与作用，纷纷通过制定或修改中央银行法律，明确中央银行货币金融政策的目标是稳定货币，减少政府直接任命中央银行理事的数量，中央银行总裁的任命也由政府直接任命改为政府提名，国会任命，限制政府或财政部长在中央银行理事会中的投票与发言决策权力，从而使中央银行的独立性逐渐有所提高。中国人民银行隶属于政府，与财政部并列。《中华人民共和国人民银行法》规定："中国人民银行是中央银行，中国人民银行在国务院领导下，制定和实施货币政策，对金融业实施监督管理。"

(三) 中央银行隶属于财政部

由于各国政治制度不同，国情不一样，中央银行资本所有权不同，因此，反映在中央银行与财政部关系上的差别较大。目前，有些国家中央银行在行政关系上隶属于财政部，在制定执行货币金融政策上也与财政部有密切的联系，有的国家中央银行完全听命于财政部，独立性很小；有的国家中央银行在行政关系上隶属于财政部，但在制定执行货币金融政策上独立性较大，因而形成了中央银行实际独立性差异较大的两种具体类型。

根据现行的《日本银行法》，日本银行作为日本政府的一个组成部分，隶属于财政部——大藏省，并接受大藏省的领导和监督，日本银行的独立性较差。《日本银行法》规定，日本银行专门以完成国家任务为目的而从事经营。日本银行的资本中，政府占55%，有关日本银行的经营目的、名称、总行及分支机构设置、资本金额及资产、高级官员、有关业务及执行、货币发行、财务等的任何变更，都要经大藏大臣批准。日本银行设立政策委员会，它是日本银行的最高权力机构，由7人组成，全体委员经国家参众两院同意后，由政府内阁任命。按惯例，日本银行总裁任委员会主席，但总裁以及副总裁都由日本政府内阁任免。日本银行每年的经费预算、盈利分配要经大藏大臣批准。大藏大臣有权命令日本银行办理必要业务或其他必要事项。为监督日本银行的业务状况，大藏大臣特设监察官，该监察官有权随时检查或命令日本银行报告业务及财务收支状况，并出席日本银行的各种会议，发表意见。日本银行代理国库事务，认购或承销政府公债，政府可以向日本银行借款，不需要担保。由上述日本银行与政府诸方面关系所决定，日本银行金融政策的制定和推行主要受政府经济政策的左右。正像《日本银行法》中所规定的那样："日本银行以谋求发挥全国经济力量、适应国家政策的需要，担任调节货币、调整金融及保持并扶植信用制度为目的。"概括日本银行与政府关系的特点就是：中央银行是政府的一个组成部分，隶属于大藏大臣领导，向政府负责，金融政策的制定和推行主要反映政府的意志，独立性很小。

另外，有些国家的中央银行名义上归财政部管辖，但实际上其独立性较强。如英格兰银行就是一家法律上独立性较小，但实际的独立性较强的中央银行。英格兰银行从1694年成立至1946年以前，一直为私人股份制银行，完全独立于政府之外发挥其中央银行的职能作用。1946年通过的关于英格兰银行国有化的法令，把英格兰银行收归国有，从此，英格兰银行与政府的关系进入了一个新的阶段。根据国有化法令，该行120万英镑的资本全部由政府买下，并接受财政部的领导，使其在形式上成为政府机构的一个组成部分，"财政部为了公共利益，认为必要时，无论何时，在与英格兰银行总裁协商后，就可发出指示。"英格兰银行的最高决策机构是董事会，其16名成员均由政府推荐，国王任命。英格兰银行代理国库，代理外汇平准账户；一般不向财政贷款，但在特殊情况下，可向财政贷款；该行还为政府发行、管理公债券；代表政府参加一切国际金融机构的活动。法律没有明确确定英格兰银行实现特定经济目标的义务，法定的职责只是与监督管理银行机构有关的事项。因此，它的主要实际职责是帮助政府制定和推行货币政策，以实现由政府确定的经济目标。尽管法律规定英格兰银行隶属于财政部，最高决策机构的人选由政府确定，财政部有权对英格兰银行发布指示(事实上财政部从来没有使用过这一权力)。但政府很尊重英格兰银行的意见和它在日常金融业务管理这一专门领域内的特殊地位和作用，英格兰银行也同样尊重政府的法定特权。导致这种结果的一个法定性因素，是英格兰银行在长期从事金融市场活动并与各类金融机构广泛接触中所积累起来的专门技术和知识，这是任何部门所无法忽视、任何专门技术无法取代的。英格兰银行与政府的关系可概括为：英格兰银行是政府控制下的机构，但在政府的授权下，它的独立性和影响作用比法律所规定的要大得多。这种关系表明了英格兰银行与政府关系的特点。

(四) 中央银行隶属于某一委员会

在瑞典，瑞典银行只接受银行委员会的指示，政府一般都无权干预中央银行决定的事项，中央银行具有较强的独立性。有的国家的中央银行虽然名义上隶属于某一个委员会，有形式上较强的独立性，但实际上仍然完全受政府的控制，独立性较小，如原比利时国民银行，当政府官员认为比利时国民银行的决定违反国家利益时，可以暂停决定的执行，并向财政部长通报，由财政部部长决定中央银行的决议是否执行。

(五) 中央银行几种模式评价

把各国中央银行与政府的关系归纳并划分为几种模式，本身就是一件困难的事情。这至少有3个原因：①仅仅由于不同国家的中央银行对应于不同的国家政府这一事实，就导致了中央银行与政府之间关系的千差万别。当进行上面的模式划分时，将归于同一模式中的各国的历史、文化传统、价值观念、政治制度、经济水平等因素对中央银行与政府之间关系所带来的影响大部分都忽略了。②中央银行与政府的关系在法律上规定的并不等于实际存在的，因此在模式的划分过程中难免顾此失彼。③各国中央银行与政府的关系不是固定不变的，而是经常处于调整过程中。

划分模式面对种种困难，现在又要比较各种模式的优劣，应当说这是更为困难、几乎无法解决的问题。这不仅是前述3个方面困难的自然延伸，而且它又向人们提出在比较各种模式时作为前提条件存在的问题：比较指标是什么？评价的标准又是什么？由于各国的政治制度不同，商品经济和信用制度的发达程度存在差异，几乎找不到一个统一的评价标准。这里仅把注意力集中于比较中央银行与政府关系中的中央银行的独立性程度这一点上面。下面仅就独立性问题比较和评价上述几种模式的优劣。

在上述几种模式中，不难看出，实际上在中央银行隶属于议会并对议会负责的模式中，中央银行的独立性较高，这是综合比较的结果。如果单就关系到中央银行独立性的个别因素来讲，则不完全是这样一个顺序。同样即便是同属于一个模式的中央银行，它们各自与政府之间的关系也是存在很大差异的。一国中央银行与政府的关系是否合理、协调，并不完全取决于中央银行的独立性。如果一国中央银行的权力过大，独立性过强，以至于它可以置政府的任何意见于不顾，那么当它能力不够或判断错误时，其后果是不堪设想的。因此，尽管像美国联邦储备体系和英格兰银行这样的世界一流水平的中央银行，有着制定和推行货币政策的丰富经验和辉煌的成就，其现有的独立性是否过大的问题也受到国内多方面的注意，限制它们权力的呼声时而可以听到。同样，前苏联和前东欧模式，中央银行完全依附于政府的情况，也是不可取的。在这一模式中，中央银行管理金融的技术性和专业性特点几乎全被抹杀了，政府决策同样存在着失误的危险。

没有政府的监督，不配合政府总的经济政策，中央银行的独立性就会造成经济的混乱和社会的不稳定；而没有中央银行的独立，摆脱各种干扰，客观地分析经济形势并提出货币政策的建议，政府就可能基于对金融形势的错误分析而对所要解决的经济问题开出错误的药方。基于这一点，在中央银行与政府的关系中，并不应推崇某一种固定的模式，关键是寻找到中央银行与政府结合的最佳均衡点。

六、中国人民银行独立性问题

随着改革开放政策的推行和商品经济的发展，中国人民银行作为中央银行的地位逐步得到了加强和提高，但是，与中国商品经济发展和实际需要对照，中国人民银行作为中央银行的作用还未完全发挥出来。

(一) 关于货币发行的独立性问题

中国的货币发行受到商业银行的信贷收支状况所制约。商业银行长期处于超贷状况，资金不能自求平衡，相当一部分资金都来源于中国人民银行的年度性贷款，并作为长期性资金来源使用，即使是临时贷款，也存在着大量的短贷长用的状况。由于过去商业银行盲目扩张信贷规模，最后迫使中国人民银行增加贷款的情况时有发生，最后不得不增加货币发行，以弥补信贷差额。

货币发行还受计划部门的制约。由于要根据计划部门确定的经济发展和投资规模来确定货币发行计划和信贷计划，有时信贷收支为了弥补计划缺口，就会影响货币发行；此外，在计划执行过程中，各经济主体又为完成国家计划挤占银行信贷，最后迫使中国人民银行增加货币发行。

(二) 关于制定和执行金融政策的独立性问题

在货币政策的制定和执行中，容易受到商业银行的制约。当中国人民银行所推行的有关货币政策与商业银行的利益相抵触时，商业银行可能会抵消货币政策的效果，使中国人民银行难以顺利地推行其货币政策。

在货币金融政策的制定和推行过程中，受各级地方政府的制约。在财政分税制体制下，每级政府都有独立的经济利益，加之各地相互攀比经济增长速度、领导人任职期内的政绩考核等，因此，都要从自身的经济利益出发，当中央银行的货币政策与地方的利益相冲突时，各级政府难以密切与之配合，这一点在紧缩银根时尤为突出。例如，紧缩银根时，地方政府就想方设法压缩中央企业的贷款、增加地方企业的资金投入，或挤占挪用农副产品收购资金，把资金硬缺口留给中央，迫使中央不得不放松银根。

(三) 关于监督和管理的独立性问题

监督管理权限相对分散，没有完全集中到中国人民银行。除中国人民银行领导下的正常分业监管在发挥金融监督与管理的职能之外，其他某些机构或部门也有相应的金融监督管理权。如对租赁公司的管理，外资或合资的租赁公司归中国对外经贸部管理，而中资公司归中国人民银行统一管理。这样，客观上形成了多头管理的局面，在一定程度上削弱了中国人民银行统一管理和监督金融机构和金融市场的权力，造成一些管理上的混乱。

中国人民银行在行使金融监督管理权时，有时会受到来自各方面的干扰。一是来自商业银行系统内的干扰；二是各级政府的行政干预。这样，中国人民银行就难以对整个金融体系和金融市场进行有效的控制与监督，对金融活动中所出现的一些违法行为，不能及时地给予经济或行政的制裁，从而影响到经济的稳定、有序发展。

七、增强中国人民银行的独立性

(一) 要独立于地方政府

中国人民银行的分支机构作为总行的派出机构，要坚决地贯彻执行来自总行的各种政策、指令，而不能为了地方的利益损害全局的利益。当总行的政策、指令与地方利益冲突时，应由地方政府与中央政府及总行协商解决，中国人民银行的分支机构可以及时向总行反映地方的实际情况，但在行动上必须坚决贯彻总行的指令。

应逐步改变中国人民银行分支机构干部任免由总行和地方双重管理，党的组织关系由总行党组织及地方党组织双重领导的局面，以保证中国人民银行的金融政策能顺利地贯彻实施。

(二) 要独立于商业银行

要理顺中国人民银行与商业银行的关系，明确以下两点：①中国人民银行是中央银行，是宏观调控的主体；②商业银行是经营货币商品的特殊企业，是中国人民银行宏观调控的对象之一。

中国人民银行对商业银行的贷款，应坚持以短期为主，以中国人民银行系统掌握为主的原则，应尽快克服长期性贷款比重过大、由商业银行系统内分配的再贷款指标比例过大的状况，以增强中国人民银行资金的流动性，增强中国人民银行系统的宏观调控能力。

中国人民银行应加强对商业银行实行资产负债比例管理，以克服目前商业银行争相贷款、盲目竞争及破坏性竞争的状况。强化商业银行的自我约束机制，促使国有商业银行资金自求平衡。

(三) 增强中国人民银行独立性应注意的问题

要理顺人民银行与政府的关系，一方面是改革人民银行的体制及机构，提高人民银行干部队伍素质，充分发挥人民银行作为中央银行的各项职能与作用；另一方面要提高政府素质，转变政府职能，增强对中央银行性质、任务特殊性及其重要性的认识，从而真正实现中央银行与政府之间的相互尊重，密切配合，真正发挥中央银行的作用。

中国人民银行作为国家的中央银行,其职能的发挥、任务的完成,必然涉及国家经济金融工作的各个方面,特别是在制定执行货币政策,加强金融监管,防范和化解金融风险的过程中,更需要各个方面的理解、支持与配合。中国人民银行要增强其独立性,提高其地位,结合目前金融工作实际,具体应从以下两方面入手。

(1) 中国人民银行要处理好与监管对象即各金融机构之间的关系。一方面要敢于监管,维护金融方针、货币政策和法规的严肃性,维护金融秩序的稳定。中国人民银行与各金融机构在业务上是领导与被领导、管理与被管理的关系。中国人民银行要根据货币政策、存款准备政策、利率政策、信贷政策以及其他各项金融监管的法规条例,对金融机构从设立到经营的每个重要环节进行严格的监管,维护本辖区金融秩序的稳定。另一方面要善于监管,在服务中加强管理,树立主动服务的观念和意识,做好对各金融机构的指导、协调与服务工作。这主要体现在对金融机构的信贷投向、投量、结构提出指导性意见,积极为金融机构办理再贴现业务;提高现金调拨供应与资金清算的速度和效率;协调金融机构在业务竞争中的关系;向金融机构提供各种政策和信息等。寓管理于服务之中,在服务中加强和改善金融监管。

(2) 要处理好与地方党政之间的关系。金融监管工作牵涉面广、政策性强,需要地方党政的支持。要处理好与地方党政之间的关系应做到以下几点。一是要向地方党委、政府多宣传国家的金融方针和货币政策,宣传金融监管的重要性。二是应维护金融秩序稳定,为地方经济发展创造良好的金融环境。三是积极开展调查研究,及时反映本辖区金融运行情况,以及新的金融政策措施出台后对辖区经济和社会发展带来的影响和变化,按照国家的金融方针和货币政策,结合当地实际,提出具体的对策和措施,为发展地方经济出谋划策。四是要积极开展短期资金融通和再贴现业务。在政策许可的范围内,通过各种渠道,运用各种调节手段,调整资金的区域分布结构,增加资金运筹总量。五是应贯彻国家产业政策,进一步优化信贷结构,把优先支持农业发展放在信贷工作的首位。中国人民银行分支行既要坚决维护货币政策和金融宏观调控的统一性、严肃性,又要从地方经济发展的实际出发,千方百计为地方经济发展提供金融支持和金融服务,将管理与服务有机地统一起来。

第五节　中央银行与金融监管

一、金融监管的含义和必要性

(一) 金融监管的含义

金融监管是金融监督与金融管理的复合称谓。从词义上讲,金融监督是指金融主管当局对金融机构实施全面的、经常性的检查和督促,并以此促使金融机构依法稳健地经营、安全可靠和健康地发展。金融管理是指金融主管当局依法对金融机构及其经营活动实行的领导、组织、协调和控制等一系列的活动。但在实际中,这两个词单独使用时,一般都分别包括了两个词的复合内容。

金融监管有狭义和广义之分。狭义的金融监管是指中央银行或其他金融监管当局依据国家法律法规的授权对整个金融业(包括金融机构以及金融机构在金融市场上所有的业务活动)实施的监督管理。广义的金融监管是在上述监管之外,还包括了金融机构的内部控制与稽核、同业自律性组织的监管、社会中介组织的监管等。

(二) 金融监管的必要性

我国央行肩负货币政策、宏观审慎政策的职责，即"货币政策和宏观审慎政策双支柱调控框架"(简称"双支柱")，发挥"一委一行两会"的金融监管体系的作用。保证经济平稳运行，成为一国金融及经济发展中的重要问题。

金融监管的必要性主要体现在以下3个方面。

(1) 金融是现代经济的核心，金融体系是全社会货币的供给者和货币运行及信用活动的中心，金融的状况对社会经济的运行和发展起着至关重要的作用，具有特殊的公共性和全局性。由于金融业在国民经济中处于特殊的重要地位，决定了对金融业的监管是一个国家社会经济稳定发展的必然要求。

(2) 金融业是一个存在诸多风险的特殊行业，又关系千家万户和国民经济的方方面面，一旦金融机构出现问题，将对整个经济与社会产生很大的影响。金融机构在经营中面临的风险，主要有以下几类：信用风险，即到期的贷款可能收不回来；流动性风险，即到期不能偿还负债；收益风险，即负债成本可能超过资产收入；市场风险，即资产现值可能低于购买时的价值；管理风险，即管理者不称职带来的风险；还有汇率风险、利率风险和许多其他风险等。一旦金融机构发生危机或破产倒闭，将直接损害众多债权人的利益，后果是十分严重的。金融监管可以帮助管理者将风险控制在一定范围之内，保证金融体系的安全。只有金融体系安全运行，才能保持公众对金融体系的信心，从而保证国民经济的健康发展。

(3) 维护金融秩序，保护公平竞争，提高金融效率。良好的金融秩序是保证金融安全的重要前提，公平竞争是保持金融秩序和金融效率的重要条件。为了金融业健康发展，金融机构都应该按照有关法律的规定规范地经营，不能搞无序竞争和不公平竞争。这就需要金融主管当局通过金融监管实现这一目的，以保证金融运行有序、竞争公平且有效率。

(三) 金融监管的特点

1. 法制性

法制性，是指国家的金融监管都是通过立法程序进行的，是一国金融体制的有机组成部分，属于国家的法定制度。金融监管当局在国家的授权下，依据法律规定的职责权限行使监管权，其管理行为具有权威性、严肃性和相对确定性。被监管者必须在法律许可的范围内从事金融活动并依法接受监管。

2. 社会性

社会性，是指广义上的金融监管。因为金融业有明显的"公共性"，其活动范围遍及社会各部门。因此，有效的金融监管应该是一种社会性的监管，需要社会各界的协调和配合。不仅要有监管机构的直接管理和被监管者的自律性监管，还要有行业公会等组织的同业横向监管、社会各部门及公众舆论的社会性监管等。

3. 系统性

系统性，指金融监管既包括监管的主体、客体，也包括监管的法律依据、监管的目标及监管的内容和手段等，因而金融监管是一个庞大的系统工程。各组成部分间存在有机联系，缺一不可，共同形成一个完整的系统。

二、金融监管的目标和原则

(一) 金融监管的目标

金融监管目标是实现金融有效监管的前提和监管当局采取监管行动的依据。金融监管的目标可分为一般目标和具体目标。世界各国都认为，一般目标应该是促成建立和维护一个稳定、健全和高效的金融体系，保证金融机构和金融市场健康地发展，从而保护金融活动各方特别是存款人的利益，推动经济和金融发展。但由于各国历史、经济、文化背景和发展的情况不同，也就使具体监管目标有所不同。世界大多数国家的具体监管目标体现在中央银行法或银行法上，其中也有一些国家的法规把中央银行的政策目标和其监管目标放在一起作为一个整体目标。从这些法规中可以看出其监管目标的侧重点。

十九大要求，健全货币政策和宏观审慎政策双支柱调控框架，深化利率和汇率市场化改革，健全金融监管体系，守住不发生系统性金融风险的底线。

中国现阶段的金融监管目标可概括如下。

(1) 一般目标：防范和化解金融风险，维护金融体系的稳定与安全，保护公平竞争和金融效率的提高，保证中国金融业的稳健运行和货币政策的有效实施。

(2) 具体目标：经营的安全性、竞争的公平性和政策的一致性。经营的安全性包括两个方面：一是保护存款人和其他债权人的合法权益；二是规范金融机构的行为，提高信贷资产质量。竞争的公平性是指通过中央银行的监管，创造一个平等合作、有序竞争的金融环境，鼓励金融机构在公平竞争的基础上，增强经营活力，提高经营效率和生存发展能力。政策的一致性，即通过监管，使金融机构的经营行为与中央银行的货币政策目标保持一致。通过金融监管，促进和保证整个金融业和市场经济的健康发展。

(二) 金融监管的原则

1. 依法管理原则

各国金融管理体制各有不同，但在依法管理这点上是共同的。这有两重含义：一方面金融机构必须接受国家金融管理当局的监督管理，要由法律来保证，不能有例外；另一方面管理当局实施监管必须依法而行。若非如此则难以保持管理的权威性、严肃性、强制性和一贯性，也就不能保证监管的有效性。

2. 合理、适度竞争原则

竞争是市场经济条件下的一条基本规律，是优胜劣汰的一种有效机制。金融管理当局的管理重心应放在创造适度竞争环境上，既要避免造成金融高度垄断，排斥竞争从而丧失效率与活力，又要防止出现过度竞争、破坏性竞争从而波及金融业的安全和稳定，甚至引起银行业破产倒闭及社会经济生活的剧烈动荡。为此，金融管理的目标应是创造一个公平、高效、适度、有序的竞争环境。

3. 自我约束与外部强制相结合原则

外部强制管理再缜密、严格也是相对有限的，如果管理对象不配合、不愿自我约束而是千方百计设法逃避、应付、对抗，那么外部强制监管也难以收到预期效果；相反，如果将希望全部放在金融机构本身自觉自愿的自我约束上，则实难有效避免种种不负责任的冒险经营行为与道德风险的发生。因此，时时要把创造自我约束环境和加强外部强制管理结合起来。

4. 安全稳健与经济效益相结合原则

要求金融机构安全稳健地经营业务历来都是金融监管的中心目的，为此所设的金融法规和一系列指标体系都是着眼于金融业的安全稳健及风险防范。但金融业的发展毕竟在于满足社会经济发展的需要，追求发展就必须讲求效益。因此，金融监管必须切实把防范风险同促进金融机构增加效益协调起来。

此外，金融监管还应注意如何顺应变化了的市场环境，对过时的监管内容、方式、手段等及时进行调整。进入20世纪90年代以来，金融自由化浪潮一浪高过一浪，金融衍生工具风险、金融业间的收购兼并风潮、风险的国际扩散等，已成为金融管理当局高度关注的问题，监管力度的松紧搭配和管理的更加审慎已逐渐上升为基本原则的一个重要延伸部分。我国设有金融监管网站，如图6-7和图6-8所示。

图6-7　金融监管网

图6-8　中国银行保险监督管理委员会

三、金融监管的内容和方法

(一) 金融监管的内容

中央银行或货币管理当局对金融业的监管包括对商业银行及非银行金融机构和金融市场的监管。具体监管内容主要有3个方面，即市场准入的监管、市场运作的监管、市场退出的监管。

1. 市场准入监管

所有国家对银行等金融机构的监管都是从市场准入开始，各个国家的金融监管当局一般都参与金融机构的审批过程。银行申请设立必须符合法律规定，主要包括两个方面：①具有素质较高的管理人员；②具有最低限度的认缴资本额。管理人员的条件和资本额的标准各国都有具体规定。我国金融机构的设立申请，一般也是主要审查这两个方面。

在我国，金融机构设立的最后批准的权限在中国人民银行总行。按照有关法律规定，我国商业银行应采取有限责任公司或股份有限公司的形式设立，城市和农村信用社及其联社都是采取合作制，最近几年也开始尝试股份制的模式。设立各类金融机构，都必须符合规定的最低资本金要求。我国金融机构的设立采取特许证制度。

2. 市场运作监管

金融机构经批准开业后，中央银行还要对金融机构的运作过程进行有效监管，以便更好地实现监控目标的要求。

(1) 资本充足性监管。对于商业银行的资本金，除注册时要求的最低标准外，一般还要求银行自有资本与资产总额、存款总额、负债总额以及风险投资之间保持适当的比例。银行在开展业务时要受自有资本的制约，不能脱离自有资本而任意扩大业务。2012年6月7日，银监会发布了《商业银行资本管理办法(试行)》(以下简称《资本办法》)，该办法相当于中国版的巴塞尔新资本协议，它将巴塞尔协议Ⅱ与巴塞尔协议Ⅲ统筹推进，于2013年1月1日起开始实施，商业银行应于2018年年底前全面达标。商业银行资本充足率监管要求包括：最低资本要求、储备资本要求以及逆周期资本要求、系统重要性银行附加资本要求、第二支柱资本要求。2013年1月1日，商业银行应达到最低资本要求；国内系统重要性银行还应满足附加资本要求。过渡期内，逐步引入储备资本要求(2.5%)，商业银行应达到分年度资本充足率要求；期间，如需计提逆周期资本或监管部门对单家银行提出第二支柱资本要求，将同时明确达标时限，商业银行应在规定时限内达标。《资本办法》将商业银行资本充足率监管要求分为4个层次：第一层次为最低资本要求，即核心一级资本充足率、一级资本充足率和资本充足率分别为5%、6%和8%；第二层次为储备资本要求和逆周期资本要求，分别为2.5%和0~2.5%；第三层次为系统重要性银行附加资本要求，为1%；第四层次为根据单家银行风险状况提出的第二支柱资本要求。《资本办法》实施后，我国大型银行和中小银行的资本充足率监管要求分别为11.5%和10.5%，符合巴塞尔最低监管标准，并与国内现行监管要求保持一致。多层次的监管资本要求既符合巴塞尔Ⅲ确定的资本监管新要求，又增强了资本监管的审慎性和灵活性，确保资本充分覆盖国内银行面临的系统性风险和个体风险。过渡期内分年度资本充足率要求详见表6-5。

表6-5 过渡期内分年度资本充足率要求

银行类别	项目	2013年年底	2014年年底	2015年年底	2016年年底	2017年年底	2018年年底
系统重要性银行	核心一级资本充足率	6.5%	6.9%	7.3%	7.7%	8.1%	8.5%
	一级资本充足率	7.5%	7.9%	8.3%	8.7%	9.1%	9.5%
	资本充足率	9.5%	9.9%	10.3%	10.7%	11.1%	11.5%
其他银行	核心一级资本充足率	5.5%	5.9%	6.3%	6.7%	7.1%	7.5%
	一级资本充足率	6.5%	6.9%	7.3%	7.7%	8.1%	8.5%
	资本充足率	8.5%	8.9%	9.3%	9.7%	10.1%	10.5%

注：系统重要性银行包括中国工商银行、中国农业银行、中国银行、中国建设银行、交通银行。

(资料来源：中国银行保险监督管理委员会)

2014年工商银行、农业银行、中国银行、建设银行、交通银行、招商银行6家银行实施资本管理高级方法，标志着我国银行业风险治理能力建设开始迈上新台阶。《资本办法》整合了巴塞尔资本协议Ⅱ和巴塞尔资本协议Ⅲ，确定了标准方法和高级方法两种计算资本充足率的方法。过去，我国商业银行资本充足率的计量均采取由监管部门统一规定的标准方法。高级方法则是使用银行内部模型计量风险和监管资本的方法。截至2020年第四季度，我国金融机构资本充足率情况如下：大型商业银行16.49%、股份制商业银行13.6%、城市商业银行12.99%、民营银行13.53%、农村商业银行12.37%、外资银行18.32%，总体情况较好。

(2) 流动性监管。各国金融监管当局对银行的流动性同资本充足性一样重视，只是监管流动性的方法有所不同。有的国家不正式规定流动性的具体界限，但经常予以检查监督，有的国家对银行资产负债分别设计比例来监视银行的清偿能力；有的国家对吸收短期存款而进行长期投资的银行单独进行管理，对其长期性投资加以特殊限制。对流动性的监管既包括本币流动性，也包括外币流动性。有的国家对这两个指标分开管理，有的国家合在一起管理，统一规定一个标准。在实践中要恰当地评价、准确地测量银行的流动性是很复杂的，也很困难。基本趋势是以考核银行资产负债期限和利率结构搭配是否合理为基础对流动性进行系统的评价。

(3) 业务范围监管。金融机构可经营哪些业务，不可以经营哪些业务一般是有限制的。一些国家把商业银行业务与投资银行业务分开，并禁止商业银行认购股票；一些国家则限制银行对工商企业的直接投资。有的国家禁止在银行内把银行业务与非银行业务混在一起，但允许通过银行控股公司、附属机构等参与某些风险较大的非银行活动；有的国家允许银行经营非银行业务，但限制投资规模；有的国家允许受特殊管理的银行进行大范围的经营活动；有的国家对银行经营的业务种类很少施加限制。各国普遍监督保险企业的运营。

(4) 贷款风险的控制。追求最大限度的利润是商业银行经营的直接目的，商业银行把吸收的资金尽可能地用于贷款和投资，尽可能地集中投向盈利高的业务。由于获利越多的资产，风险相对就越大，因而大多数国家的中央银行都尽可能限制贷款投向的过度集中，通常限制一家银行对单个借款者提供过多的贷款，以分散风险。分散风险既是银行的经营战略，也是金融监管的重要内容。经验表明，在经济、金融环境不断变化的情况下，任何形式的风险集中都有可能使一个营运正常的银行步入险境。因此，如何对风险集中进行准确的估计和有效的控制，成为近年来备受关注的一个问题。如意大利规定对单个客户的贷款不得超过银行自有资本；美国规定不得超过自有资本的10%；日本规定不得超过自有资本的20%。从风险管理和风险监管的角度上讲，仅对各种风险进行逐项控制是远远不够的，更重要的是应当将注意力放到各类风险之间的相互联系和相互影响上。既要考虑表内业务风险，也要考虑表外业务风险，既要注意资产风险，也要注意负债风险。在金融创新日新月异的情况下，要对银行的风险集中程度做出客观准确的评价，不仅要对银行的整体业务状况进行深入的了解，而且还必须有一套科学的考核参数和分析方法。

(5) 外汇风险管理。在外汇风险管理领域里，大多数国家对银行的国际收支的趋向很重视，并制定适当的国内管理制度，但各自的管理制度有着显著的差别。美国、法国、加拿大等国对外汇的管制较松；而英国、日本、荷兰、瑞士等国对外汇的管制较严。如英格兰银行对所有在英国营业的银行的外汇头寸进行监控，要求任何币种的交易头寸净缺口数均不得超过资本金的10%，各币种的净空头数之和不得超过资本金的15%。对于外国银行分支机构，英格兰银行要求其总部及母国监管当局要对其外汇交易活动进行有效的控制；日本要求经营外币的银行在每个营业日结束时，其外汇净头寸(包括即期和远期外汇)不得突破核准的限额；荷兰、瑞士对银行持有未保险的外币款项，要求增加相应的资本金等。

(6) 准备金管理。银行的资本充足性与其准备金政策之间有着内在的联系，因此，对资本充足性的监管必须考虑准备金因素。监管当局的主要任务是确保银行的准备金是在充分考虑谨慎经营和真实评价业务质量的基础上提取的。各国金融监管当局已经普遍认识到准备金政策是增强国际金融体系稳健性的一个重要因素，也有助于银行业在国际范围内的公平竞争。因此，监管当局之间的协商与合作将会推动在准备金问题上达成共识。

(7) 存款保险管理。为了维护存款者利益和金融业的稳健经营与安全，有些国家建立了存款保险制度。在金融体制中设立负责存款保险的机构，规定本国金融机构按吸收存款的一定比率向专门的保险机构交纳保险金，当金融机构出现信用危机时，由存款保险机构向金融机构提供财务支援，或由存款保险机构直接向存款者支付部分或全部存款，以维护正常的金融秩序。对于存款保险制度，多数学者持赞同态度。也有人认为，存款保险制度的存在使存款者和金融机构本身会受到直接的保护，有可能促使银行无所顾忌地从事过度的冒险活动。从国际金融业的实践来看，存款保险制度对促进金融业稳定发展的作用是明显的。

2015年5月1日《存款保险条例》施行，我国存款保险制度正式建立。按照国务院工作部署和要求，人民银行认真履行职责，精心组织、扎实做好存款保险制度实施的各项工作。全国3 959家吸收存款的银行业金融机构已全部办理了投保手续，风险差别费率平稳实施，存款保险制度功能不断完善。2017年，大中小银行存款的格局保持稳定，银行业金融机构经营秩序正常，各方反应积极正面。存款保险制度作为金融业的一项重要基础性制度安排，在完善金融安全网、加强存款人保护、推动形成市场化的金融风险防范和处置机制，建立维护金融稳定的长效机制等方面发挥积极作用。根据《存款保险条例》规定，投保机构向存款保险基金管理机构交纳保费，形成存款保险基金。存款保险基金由人民银行开立专门账户，分账管理，单独核算。截至2020年年末，全国4 024家吸收存款的银行业金融机构按规定办理了投保手续。按照《存款保险条例》规定，投保机构每6个月交纳一次保费。2020年，共归集保费423.88亿元，为推进金融风险化解，使用存保基金676亿元开展风险处置，截至2020年年末，存款保险基金存款余额620.4亿元。

3. 市场退出监管

金融机构市场退出的原因和方式可以分为两类：主动退出与被动退出。主动退出是指金融机构因分立、合并或者出现公司章程规定的事由需要解散，因此而退出市场的。其主要特点是"主动地自行要求解散"。被动退出则是指由于法定的理由，如由法院宣布破产或因严重违规、资不抵债等原因而遭关闭；中央银行将金融机构依法关闭，取消其经营金融业务的资格，金融机构因此而退出市场。

我国对金融机构市场退出的监管也是由法律予以规定，一般有以下几种形式：接管、解散、撤销、破产。

(二) 金融监管的方法

中央银行的金融监管主要依据法律、法规来进行。在具体监管过程中，主要运用金融稽核手段。

1. 依法实施金融监管

中央银行实施金融监管的依据是国家的法律和法规，中央银行依法对金融机构及其经营活动实行外部监督、稽核、检查和对违法者进行处罚。各国金融监管体制和风格虽各有不同，但在依法管理这一点上是共同的，这是由金融业的特殊地位和对经济的重大影响所决定的。金融机构必须接受国家金融管理当局的监管，金融监管必须依法进行，这是金融监管的基本点。要保证监管的权威性、严肃性、强制性和一贯性，才能保证它的有效性。而要做到这一点，金融法规的完善和依法监管是绝对不可少的。市场经济就是要充分发挥各个生产要素和环节的主动性和积极性，鼓励和支持竞争，而竞争要做到规范有序，必须而且只能由法律作保障。

2. 运用稽核手段实施金融监管

"稽"，就是审查；"核"，就是认真地对照、考查、核算、核实。金融稽核，是中央银行或监管当局根据国家规定的稽核职责，对金融业务活动进行的监督和检查。它是由管辖行的稽核机构派出人员以超脱的、公正的客观地位，对辖属行、处、所，或业务领导范围内的专业行处，运用专门的方法，就其真实、合法、正确、完整性，做出评价或建议，向派出机构及有关单位提出报告。因此，金融稽核是做好金融宏观控制的一项重要手段，是经济监督体系中的一个重要组成部门，与监察、审计工作有着紧密的联系。

在我国，中国人民银行稽核、检查监督的主要内容包括以下方面。

(1) 业务经营的合法性。即对金融机构遵守国家和中央各项方针、政策、法律、制度的情况进行检查，其中包括：货币政策和利率政策的执行，存款准备金的缴存，代理财政性存款的划缴，联行资金的清算，业务经营范围的划分，存、贷款及办理结汇的情况，贷款期限的管理，拆入、拆出资金的管理，债券的发行，新增机构的报批等。

(2) 资本金的充足性。即金融机构实收资本的构成及来源是否适当，以及资本金与资产总额、存款总额、负债总额的比例等。

(3) 资产质量。从稽核金融机构资产的流动性、安全性和效益性的角度来评价其资产质量，主要检查：贷款投向是否正确，贷款结构是否合理，贷款风险程度，贷款担保状况，信贷的集中程度等。

(4) 负债的清偿能力。检查金融机构可变现资产的数量、质量，以保证存款的支付，主要稽核存入中国人民银行的备付金数量及占存款总额的比例，联行和同业往来可调用的资金数量，近期内难以收回的贷款数量，可以取得中国人民银行借款和再贴现的数量，可以拆入资金的数量等。

(5) 盈利情况。主要稽核金融机构的收益率，以及利润来源和结构是否合理、适当。

(6) 经营管理状况。主要稽核金融机构的内部控制制度以及基本制度的执行情况，包括：主要负责人的决策和组织领导能力，高中级管理人员的工作胜任情况，内部控制构成因素的状况，如组织结构、岗位责任、业务程序、处理手续、检查标准、人员素质、内部稽核等。

中国人民银行的稽核分两类，即全面稽核与专项稽核。

全面稽核，指中国人民银行对金融机构的全面业务、经营管理和财务状况按照稽核程序进行检查。检查以业务经营合法性、资本金的充足性、信贷计划的适度性、资产的风险性、负债清偿的保证性、经营的效益性、管理的科学性为主要内容。

专项稽核，指中国人民银行对金融机构的业务经营活动、财务活动或经营管理的某一方面、某一层次、某一项目、某一问题的真实性或合规性进行专项的检查监督。

中国人民银行在进行具体稽核时，又有以下几种方式：现场稽核方式、报表稽核方式、委托稽核方式、联合稽核方式。

四、中国金融监管体系

目前，我国实行金融分业经营体制，并依据中国人民银行法、商业银行法、证券法、保险法和银行业监管法的规定实施具体的金融监管。兼顾监管效率提升与防范风险的功能，金融监管的顶层设计和布局已率先落子。2017年全国金融工作会议结束不久，国务院金融稳定发展委员会，迅即成立；随着2018年全国两会落下帷幕，银监会和保监会合并，组建中国银行保险监督管理委员会，作为国务院直属事业单位，并将银监会和保监会拟订银行业、保险业重要法律法规草案和审慎监管基本制度的职责划入央行。金融监管框架由之前的"一行三会"分而治之的模式转变为"一委一行两会"统筹协调模式，更加有利于新形势下的监管职能发挥和跨领域协调。审计机关、税务机关等分别履行部分国家职能。在这种分业监管体制中，中国人民银行处于核心地位，是全国金融业的最高主管机关。宏观层面，由中国人民银行负责货币政策、宏观审慎(即双支柱)，双支柱分别致力于实现币值稳定和金融稳定，同时也在一定程度上参与审慎监管。微观层面，由银保监会、证监会负责具体的监管措施落实，这是双支柱的柱础。而宏观、微观之间由金稳委等机构实现协调。同时，我国法律还规定由金融业的自律监管和社会监管作为辅助监管，自律监管包括金融机构自我监管和行业自律监管，社会监管主要是指中介机构的监管。具体情况如图6-9和图6-10所示。

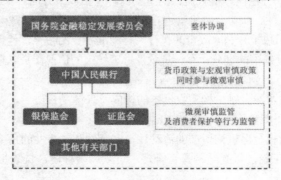

图6-9 "一委一行两会"金融监管体系

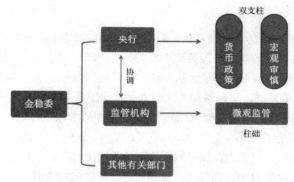

图6-10 金融监管的"双支柱+柱础"模式

(一) 中国人民银行

我国央行肩负货币政策、宏观审慎政策的职责，即"货币政策和宏观审慎政策双支柱调控框架"，并被国务院赋予金融稳定、反洗钱、征信管理等和监管有关的重要职能。

首先是金融稳定职能，国务院从金融运行和风险防范、金融监管协调等综合角度，进一步明确了中国人民银行担负金融稳定的重要职责。中国人民银行作为重要银行，具有维护金融稳定的便利性。

其次是反洗钱职能。近年来国际社会越来越重视反洗钱工作，有关国家和国际组织对中国积极参与反洗钱的国际合作和做好相关工作提出了很高要求。支付清算系统是资金流动的重要渠道，中央银行作为社会资金清算服务的最终提供者，能通过对大额资金流动的监测发现可疑资金的线索。因此，国家明确由中国人民银行组织协调全国的反洗钱工作，指导、部署金融业反洗钱工作，承担全社会反洗钱的资金监测职责。

最后是征信管理职能。按照国务院关于征信管理工作先从信贷征信起步的要求，国家安排中国人民银行管理全国的信贷征信业，进而推动社会体制的建设。中国人民银行的征信管理主要有5个方面：一是开展企业和个人征信系统建设；二是征信法规建设；三是培育征信服务市场，并对其进行监督管理；四是开展征信宣传，促进公众信用意识和信用水平的提高；五是制定信用服务行业标准，推动信息共享，加快社会信用体系建设。根据要求，中国人民银行设立征信管理局。同时，中国人民银行还负有建设和管理全国征信数据库的责任。

(二) 中国银行保险监督管理委员会

中国银保监会依照法律法规统一监督管理银行业和保险业，防范和化解金融风险，如依法制定并发布对银行业金融机构及其业务活动进行监督管理的规章、规则；监管银行业的设立、运营的全过程；会同有关部门建立银行业突发事件处置制度，制定银行业突发事件处置预案，明确处置机构和人员及其职责、处置措施和处置程序，及时、有效地处置银行业突发事件；开展与银行业监督管理有关的国际交流、合作活动；对已经或者可能发生信用危机，严重影响存款人和其他客户合法权益的银行业金融机构实行接管或者促成机构重组；对有违法经营、经营管理不善等情形的银行业金融机构予以撤销；负责国有重点银行业金融机构监事会的日常管理工作；对于"长险短做"或者停售的保险要核查清理；加强管理保险公司的信息披露情况；对有问题的保险产品要责令停止并限期修改；对自查不力、整改不到位的公司，依法从重处理等。

(三) 中国证券监督管理委员会

1992年10月,国务院证券委员会(简称国务院证券委)和中国证券监督委员会宣告成立,标志着中国证券市场统一监管体制开始形成。国务院证券委员会是国家对证券市场进行统一宏观管理的主要机构,中国证监会是国务院证券委的监管执行机构,依照法律法规对证券市场进行监管。1998年4月,根据国务院机构改革方案,决定将国务院证券委与中国证券会合并成国务院直属正部级事业单位。经过这些改革,中国证监会职能明显加强,集中统一的全国证券期货监管体制基本形成。

中国证监会统一监管全国的证券期货业,其重要职能有:建立统一的证券期货监管体系,按规定对证券期货监管机构实行垂直管理;加强对证券期货业的监管,强化对证券期货交易所、上市公司、证券期货经营机构、证券投资管理公司、证券期货投资咨询机构和从事证券期货中介业务的其他机构的监管,提高信息披露质量;加强对证券期货市场金融风险的防范和化解工作,指导、协调、监督和检查各地区、各有关部门与证券市场有关的事项;对期货市场试点工作进行指导、规划和协调等。

本 章 小 结

1. 中央银行制度的类型有单一式中央银行制度、复合式中央银行制度、准中央银行制度和跨国中央银行制度4种类型。

2. 中央银行职能有发行的银行、银行的银行和政府的银行。

3. 中央银行相对独立性,是指中央银行要为政府服务,同时中央银行独立地制定和执行符合国民经济发展根本需要,并适应国民经济发展特定阶段需求的货币政策措施。

4. 在具体的业务经营活动中,中央银行一般奉行非营利性、流动性、主动性、公开性4个原则。

5. 按中央银行的业务活动是否与货币资金的运动相关,一般可分为银行性业务和管理性业务两大类。主要有货币发行业务、存款准备金业务、其他存款业务或发行中央银行债券、再贴现业务和贷款业务、公开市场证券买卖业务、黄金外汇业务、其他贷款或融资业务等。

6. 中国现阶段的金融监管目标可概括为一般目标与具体目标。一般目标:防范和化解金融风险,维护金融体系的稳定与安全,保护公平竞争和金融效率的提高,保证中国金融业的稳健运行和货币政策的有效实施。具体目标:经营的安全性、竞争的公平性和政策的一致性。

7. 中央银行金融监管内容主要有3个方面,即市场准入监管、市场运作监管和市场退出监管。

8. 中国金融业实行"一委一行两会"金融监管体系和"双支柱+柱础"模式。

习 题

一、单项选择题

1. 货币发行属于中央银行的( )。
   A. 资产业务　　　　　　　　　　B. 负债业务
   C. 中间业务　　　　　　　　　　D. 表外业务

2. 中国人民银行成立于(   )。
    A. 1948年   B. 1949年
    C. 1984年   D. 1983年

3. 我国的中央银行制度属于(   )。
    A. 单一制   B. 多元制
    C. 跨国中央银行制度   D. 准中央银行制度

4. 目前世界上多数国家实行的是(   )。
    A. 一元中央银行制   B. 二元中央银行制
    C. 多元中央银行制   D. 复合中央银行制

5. 中国模仿西方国家设立的最早的中央银行是(   )。
    A. 交通银行   B. 中国银行
    C. 中央银行   D. 户部银行

6. 再贴现属于中央银行的(   )业务。
    A. 资产   B. 负债
    C. 中间   D. 所有者权益

7. 中央银行在公开市场上主要是买卖(   )。
    A. 政府债券   B. 股票
    C. 公司债券   D. 商业票据

8. 中央银行之所以成为中央银行的最基本、最重要的标志是(   )。
    A. 独占货币发行权   B. 充当最后贷款人
    C. 成为全国的资金清算中心   D. 制定执行货币政策

二、多项选择题

1. 当代中央银行的突出职能是(   )。
    A. 货币政策的制定和实施   B. 金融监管
    C. 提供支付清算服务   D. 统一货币发行
    E. 制约政府权力

2. 下列选项中，属于中央银行资产业务的有(   )。
    A. 通货   B. 黄金和外汇储备
    C. 商业银行存款   D. 政府存款
    E. 持有的政府债券

3. 实行二元式中央银行制度的国家有(   )。
    A. 美国   B. 德国
    C. 瑞士   D. 新加坡
    E. 意大利

4. 下列选项中，属于中央银行负债业务的有(   )。
    A. 通货   B. 黄金和外汇储备
    C. 商业银行存款   D. 政府存款
    E. 持有的政府债券

5. 中国人民银行是( )。
   A. 发行的银行
   B. 专业银行
   C. 政府的银行
   D. 银行的银行
   E. 政策性银行

6. 中国人民银行是由( )三家根据地银行合并而成的。
   A. 华北银行
   B. 西北农民银行
   C. 北海银行
   D. 中国农民银行
   E. 东北银行

7. 中央银行的存款主要来自( )。
   A. 政府和公共部门
   B. 工商企业
   C. 居民
   D. 金融机构
   E. 国外部门

8. 中央银行业务活动以( )为基本原则。
   A. 非营利性
   B. 流动性
   C. 主动性
   D. 公开性
   E. 营利性

9. 在假设其他情况不变的前提下,( )会使一国的基础货币增加。
   A. 央行增加黄金储备
   B. 商业银行向央行归还借款
   C. 财政部向央行透支
   D. 央行在二级市场上买入国债
   E. 央行以外汇储备偿还到期的外债

10. 中央银行对财政资金支持的正确做法为( )。
    A. 提供短期贷款
    B. 提供长期贷款
    C. 承购包销政府债券
    D. 为财政筹资创造有利条件
    E. 保证随时对财政透支

三、判断正误题

1. 货币是一种债务凭证,是货币发行人即中央银行对社会公众的负债。( )

2. 我国人民币的发行有发行保证的规定。( )

3. 中央银行在处理与政府的关系时,可以保持完全独立。( )

4. 中央银行自有资本的形成都是通过政府出资。( )

5. 单一中央银行制即一元中央银行制。( )

6. 货币发行主体多元化有利于经济发展。( )

7. 西方国家中央银行领导人的任期通常长于总统的任期,这是为了保证货币政策的连续性和独立性。( )

四、简答题

1. 简述中央银行产生及存在的必要性。

2. 简述中央银行的性质。

3. 简述中央银行的主要业务。

4. 简述中央银行保持相对独立性的必要性和内容。

5. 简述中央银行金融监管体系。

6. 简述中央银行金融监管模式。

五、论述题

1. 结合实际论述中央银行的三大职能。

2. 论述中央银行金融监管内容与监管方法。

案 例 分 析

案例一 易纲：建设现代中央银行制度

党的十九届五中全会提出"建设现代中央银行制度"，为做好新时代中央银行工作指明了方向。我们要以习近平新时代中国特色社会主义思想为指导，坚持党中央对中央银行工作的集中统一领导，通过夯实现代中央银行制度，为开启全面建设社会主义现代化国家新征程提供战略支撑。

一、建设现代中央银行制度的重要意义

中国人民银行于1948年12月成立，1984年起专门行使中央银行职能。党的十八大以来，以习近平同志为核心的党中央高度重视中央银行工作。习近平总书记指出，"千招万招，管不住货币都是无用之招""加强金融基础设施的统筹监管和互联互通""打好防范化解重大风险攻坚战，重点是防控金融风险""要提高金融业全球竞争能力，扩大金融高水平双向开放，提高开放条件下经济金融管理能力和防控风险能力，提高参与国际金融治理能力"，全面深刻概括了现代中央银行制度的内涵。党的十九届四中全会从推进国家治理体系和治理能力现代化出发提出建设现代中央银行制度。党的十九届五中全会立足推动高质量发展、统筹发展和安全，对建设现代中央银行制度做出战略部署，具有重要意义。

建设现代中央银行制度是推进国家治理体系和治理能力现代化的重大任务。金融制度是经济社会发展中重要的基础性制度，货币是金融的根基，中央银行负责调节货币总闸门。因此，现代中央银行制度是现代化国家治理体系的重要组成部分。在现代信用货币体系下，中央银行对货币管理得好，就能够发挥出货币跨时空配置资源的积极作用，促进经济持续健康发展；中央银行对货币管理得不好，不是出现货币超发导致通货膨胀和资产泡沫，就是发生信用收缩，甚至造成经济金融危机。改革开放以来，我国中央银行制度建设取得重要阶段性成果，但仍不够成熟、定型，需要按照推进国家治理体系和治理能力现代化的要求建设现代中央银行制度。

建设现代中央银行制度是推动高质量发展的内在需要。一段时间以来，金融风险成为重大风险之一，其形成和我国中央银行制度还不完全适应高水平社会主义市场经济体制有关，体现为货币政策易松难紧，政策传导效率存在体制机制性梗阻，中央银行对系统性金融风险的统筹监管不足等问题。当前我国转向高质量发展阶段，正处于转变发展方式、优化经济结构、转换增长动力的攻坚期，需要以现代中央银行制度作为重要支撑，既支持经济转型升级，又防止发生严重通货膨胀或通货紧缩以及系统性金融风险，确保我国现代化进程顺利推进，维护国家安全。

建设现代中央银行制度是应对国际中央银行制度演变挑战的必然要求。从国际中央银行制度演变历史看，最初中央银行的主要任务是向政府融资，后来转为专门管理货币，并逐步建立起通过调

节货币和利率维护币值稳定的现代中央银行制度。20世纪70年代全球中央银行开始重视充分就业，2008年国际金融危机后又关注金融稳定和国际协调合作。在我国，中国人民银行自1984年不再向企业和个人提供金融服务而是专门行使中央银行职能以来，一直以维护币值稳定作为首要目标，并以此促进经济增长，而且比较早地关注了金融稳定和国际收支平衡目标，近年来又重视充分就业目标。在世界百年未有之大变局的深刻背景下，为应对国际中央银行制度的演变，我们要立足中国国情，对国际中央银行的做法进行科学分析和借鉴，加快建设现代中央银行制度。

二、建设现代中央银行制度的内涵

现代中央银行制度是现代货币政策框架、金融基础设施服务体系、系统性金融风险防控体系和国际金融协调合作治理机制的总和。建设现代中央银行制度的目标是建立有助于实现币值稳定、充分就业、金融稳定、国际收支平衡四大任务的中央银行体制机制，管好货币总闸门，提供高质量金融基础设施服务，防控系统性金融风险，管控外部溢出效应，促进形成公平合理的国际金融治理格局。

健全现代货币政策框架。现代货币政策框架包括优化的货币政策目标体系、创新的货币政策工具体系和畅通的货币政策传导机制。货币政策以币值稳定为首要目标，更加重视充分就业。丰富货币政策工具箱，健全结构性货币政策工具体系。以深化利率市场化改革为抓手疏通货币政策传导机制，更好服务实体经济。中央银行要实现币值稳定目标，需要以市场化方式对银行体系货币创造行为进行调控，前提是中央银行能够保持资产负债表的健康可持续。为此，必须实行独立的中央银行财务预算管理制度，防止财政赤字货币化，在财政和中央银行两个"钱袋子"之间建起"防火墙"，同时要防止中央银行资产负债表承担企业信用风险，最终影响人民币信用。

建设金融基础设施服务体系。中央银行通过金融基础设施为金融体系和社会提供最基础的金融服务，金融基础设施是中央银行实现四大任务的重要支撑，经济发展和对外开放对金融基础设施服务的便捷性、联通性、安全性不断提出新的要求，需要持续加强金融基础设施建设，优化结构布局，统一监管标准，确保安全高效运行。

构建系统性金融风险防控体系。我们在打好防范化解重大风险攻坚战中积累了经验，形成了若干行之有效的处置风险模式，但金融监管和风险处置中的道德风险问题依然突出，市场纪律、破产威慑和惩戒机制尚未真正建立。中央银行作为金融体系的最后贷款人，必须在事前事中事后全过程切实履行防控系统性金融风险的责任。从事前防范看，一是健全宏观审慎管理体系，应对金融机构顺周期行为和金融风险跨机构跨市场传染；二是完善审慎监管基本制度，强化金融监管协调机制，促使微观审慎监管不留空白；三是指导行为监管，保护金融消费者合法权益。从事中处置看，要落实股东、各类债权人、地方政府和金融监管部门责任。从事后问责看，要对重大金融风险形成过程中金融机构、监管部门、地方政府的责任进行严肃追究和惩戒，有效防范道德风险。

完善国际金融协调合作治理机制。中国经济是大国经济，有很强的溢出效应和溢回效应，人民币会以市场化方式逐渐成为国际货币。在此背景下建设现代中央银行制度，要求我们必须从完善国际金融协调合作治理机制的高度出发，推动国际货币体系和金融监管改革，积极参与构建全球金融安全网，完善人民币汇率形成机制，推进金融双向开放。

三、建设现代中央银行制度的重大举措

完善货币供应调控机制。完善中央银行调节银行货币创造的流动性、资本和利率约束的长效机制，保持货币供应量和社会融资规模增速与反映潜在产出的名义国内生产总值增速基本匹配。增强货币政策操作的规则性和透明度，建立制度化的货币政策沟通机制，有效管理和引导预期。稳妥推

进数字货币研发，有序开展可控试点，健全法定数字货币法律框架。完善以公开市场操作利率为短期政策利率和以中期借贷便利利率为中期政策利率的央行政策利率体系，健全利率走廊机制，引导市场利率围绕央行政策利率波动。深化贷款市场报价利率改革，带动存款利率逐步走向市场化，使央行政策利率通过市场利率向贷款利率和存款利率顺畅传导。破除贷款利率隐形下限，引导金融资源更多配置至小微、民营企业，提高小微、民营企业信贷市场的竞争性，从制度上解决小微、民营企业融资难融资贵问题。

构建金融有效支持实体经济的体制机制。在宏观层面搞好跨周期政策设计，以现代化的货币管理促进经济高质量发展。在微观层面引入激励相容机制，创新结构性货币政策工具，引导金融机构优化信贷结构，支持国民经济重点领域和薄弱环节，打通金融向实体经济的传导，加快构建以国内大循环为主体、国内国际双循环相互促进的新发展格局。贯彻新发展理念，坚持创新发展，完善金融支持创新体系，围绕创新链和产业链打造金链，形成金融、科技和产业三角良性互动；坚持协调发展，健全农村金融服务体系，保持县域金融机构法人地位总体稳定，保持金融体系完整性，促进城乡协调发展；坚持绿色发展，发展绿色金融，推动绿色低碳发展，推进碳排放权市场化交易；坚持开放发展，推进金融双向开放，各类金融机构平等竞争；坚持共享发展，加大对小微、民营企业的金融支持力度，提升金融科技水平，增强金融普惠性。

建立现代金融机构体系。按照市场化、法治化、国际化原则，健全具有高度适应性、竞争力、普惠性的现代金融机构体系。以强化公司治理为核心，深化国有商业银行改革，更好服务小微、民营企业。从完善制度入手，支持中小银行和农村信用社持续健康发展，形成各类银行公平竞争的银行体系结构。改革优化政策性金融，实施政策性业务与商业性业务分账管理，提升支持国家战略的能力。改善融资结构，大力发展债券市场和多层次资本市场，提高直接融资比重。统筹规划金融业综合统计、反洗钱以及金融市场登记托管、清算结算、支付、征信等金融基础设施，推动境内外各类金融基础设施互联互通，构建适应金融双向开放的金融基础设施管理体系。

推进金融双向开放。在金融领域加快实现准入前国民待遇加负面清单管理。在坚持金融业务和金融机构持牌经营的前提下，统一准入标准，鼓励各类资本依法平等进入金融行业。稳慎推进人民币国际化，坚持市场驱动和企业自主选择，营造以人民币自由使用为基础的新型互利合作关系。保持人民币汇率弹性，发挥好宏观经济自动稳定器功能，实现内部均衡和外部均衡的平衡。提高参与国际金融治理能力，积极参与国际金融规则制定，加强与国际组织合作，推动建立多元、稳定的国际货币体系。

健全金融风险预防、预警、处置、问责制度体系。维护金融安全，守住不发生系统性风险底线。完善宏观审慎管理体系，加强对系统重要性金融机构、金融控股公司与金融基础设施统筹监管，逐步将主要金融活动、金融市场、金融机构和金融基础设施纳入宏观审慎管理，发挥宏观审慎压力测试在风险识别和监管校准中的积极作用。建立权威高效的重大金融风险应急处置机制，完善存款保险制度，在股东、债权人等依法合规承担损失的前提下，发挥好存款保险基金的处置平台作用，中央银行依法履行好最后贷款人职责。严肃市场纪律，对重大金融风险形成进行问责，金融机构、地方政府、金融监管部门要依法承担责任。

(资料来源：中国人民银行官网)

问题：
1. 简述现代中央银行制度的内涵。
2. 简述建设现代中央银行制度的意义及重大举措。

案例二　金融支持保市场主体

2020年以来，人民银行认真贯彻党中央、国务院关于"六稳""六保"工作的决策部署，果断加大货币政策逆周期调节力度，创新货币政策工具，千方百计帮助市场主体渡过难关、平稳发展。在这个过程之中，人民银行系统和各金融机构共同努力，不断完善内部管理机制，创新金融产品，提高金融服务效率和水平，取得了积极的成效。

一、金融支持稳企业保就业工作进展情况及成效

2020年以来，人民银行认真贯彻落实党中央、国务院关于做好"六稳"工作、落实"六保"任务的决策部署，切实履行金融支持稳企业保就业的牵头责任。统筹金融系统力量，持续加大对各类市场主体的支持力度，力争做到在政策层面上点面结合、综合施策，同时也兼顾长远的机制建设。

一是保持流动性合理充裕。灵活运用中期借贷便利、公开市场操作、再贷款、再贴现等工具，促进市场整体利率稳中有降。

二是持续释放LPR改革红利，引导公开市场逆回购的操作利率、中期借贷便利利率、贷款市场报价利率分别下行，同时启动了存量浮动利率贷款定价基准转换，推动降低存量贷款利率。

三是用好结构性的货币政策工具。先后出台了3 000亿元的专项再贷款和1.5万亿元的普惠性再贷款、再贴现，全力支持运行保证。创新支持中小微企业贷款的延期还本付息以及普惠小微信用贷款两项直达实体经济的政策工具，精准滴灌中小微企业。

四是拓宽各类主体的融资渠道。支持国债、地方政府债和专项债券顺利低成本发行。设立公司信用债的绿色发行通道，扩大企业直接融资规模。发展供应链金融，支持各类供应链平台接入相关的票据平台。发布《标准化票据管理办法》，支持中小微企业通过标准化票据融资。

五是强化政策的协调联动。联合银保监会等八部委出台了《进一步强化中小微企业金融服务的指导意见》，优化银行的内部政策安排，完善地方融资环境，提升金融服务能力，同时印发了《金融支持稳企业保就业工作指引》。

"一分部署、九分落实"。人民银行各分支行和各金融机构在认真贯彻落实相关政策方面，勇于担当，迎难而上，做了大量工作，加大了对重点行业和重点企业等各类市场主体的金融支持，同时也创新了很多有效的典型经验做法。

在金融系统和各级政府、有关部门的共同努力及社会各界的全力支持之下，金融支持稳企业、保就业政策初见成效，总体上实现了融资服务"量增、面扩、价降"，市场主体经营状况趋于向好。一是贷款的覆盖面明显提升。2020年7月末普惠小微贷款余额13.7万亿元，同比增长27.5%，连续5个月创有统计以来的新高；前7个月增加2.2万亿元，同比多增8 810亿元，支持小微经营主体3 007万户，同比增长21.7%。二是信用贷款、首贷占比持续提升。2020年7月末单户授信1 000万元以下的小微企业贷款中信用贷款占比17%，比上年年末提高了3.8个百分点，前7个月新增首贷户超过167万户，占新发放贷款户数的16%，较上年年末高了10多个百分点。三是贷款利率持续下降。7月份新发放的小微企业贷款平均利率5.27%，较去年同期下降了0.91个百分点。四是重点领域行业贷款快速增长。7月末单户授信1 000万以下小微企业贷款中，制造业、批发零售业贷款余额3.5万亿元，占比68%；前7个月增加了4 272亿元，占比63%，有力地推动了稳企业、保就业。此外，外贸行业有贷户数和贷款余额也分别较4月末增长了76.5%和27.5%。五是债券市场融资作用提升。前7个月，共发行公司信用类债券7.1万亿元，净融资3.4万亿元，同比多增1.7万亿元，其中大家关注的民营企业发债4 762亿元，同比增长47.9%，债券的发行和净融资规模都创近三年的新高。此外，还

支持25家商业银行发行小微金融债券2 789亿元。六是市场主体经营状况总体改善。据了解，7月末全国共有各类市场主体1.3亿家，较上年年末增加约900万家。以上是面上的数据。

一些具体的政策措施也取得了积极进展，比如说再贷款和再贴现方面，3 000亿元专项再贷款已经基本投放完毕，支持了防疫保供企业7 600余家。1.5万亿元再贷款、再贴现已经发放超过了1万亿元，支持企业超过140万户。从两个直达工具的进展情况看，6至7月份已经对50.6万家企业的1.44万亿元到期贷款本金实施延期，其中普惠小微贷款本金延期4 126亿元；发放普惠小微信用贷款1.6万亿元，同比多发放5 017亿元。从重点企业融资对接看，经过各分行、发改、工信部门以及各金融机构的共同努力，据不完全统计，走访对接了10.4万家重点企业，有4.5万家企业获贷1.6万亿元，带动稳定企业就业人数1 154万。

二、"敢贷、愿贷、会贷、能贷"机制建设

银保监会高度重视小微企业金融服务工作，特别是2020年以来按照党中央、国务院决策部署，会同相关部门围绕"增量扩面、提质降本"的目标，督促银行业金融机构加大对小微企业的金融服务力度。引导建立"敢贷、愿贷、能贷、会贷"的机制，一直是监管政策的一大特点。近年来，银保监会围绕信贷投放、资本监管、不良容忍、尽职免责、外部环境建设等方面，出台了一系列差异化的鼓励支持政策。今年主要从以下3个方面开展工作。

一是迅速出台金融惠企的金融保障措施，指导银行精准加大信贷投放力度。针对疫情冲击下小微企业资金周转面临的突出困难，与人民银行等部门共同制定实施贷款阶段性延期还本付息政策；在部分省份试点推进应急贷款工作。大力推动金融支持产业链协同复工复产，鼓励有条件的银行开发供应链业务系统，与核心企业、政府部门相关系统对接，为上下游小微企业提供供应链融资服务。

二是将阶段性纾困与长效机制建设相结合，进一步强化监管激励约束。明确普惠型小微企业贷款不良率高于各项贷款不良率三个百分点以内的容忍标准，督促银行对受疫情影响严重地区的分支机构，在内部考核中适当提高容忍度。对因疫情影响发生的小微企业不良贷款，有充分证据应视为不可抗力，对相关人员免予追责；对此类贷款损失可适当简化内部认定手续，加大核销力度。同时出台《商业银行小微企业金融服务监管评价办法》，引导和激励商业银行"锻长板、补短板"，提升服务小微企业的能力。

三是联动多部门协同发力，进一步优化外部配套支持。推动财税部门对普惠型小微企业贷款的利息收入继续免征增值税。与税务总局、发展改革委等部门深化"银税互动""信易贷"的相关工作，推动地方政府搭建信用信息综合服务平台，加大数据整合共享，为银行提供依法合规对接涉企数据的便利渠道。

在监管引领和各项政策共同支持下，银行业金融机构持续加大创新力度，依托大数据、云计算等技术，改进风控模型和业务流程；完善内部绩效考核和激励约束机制，畅通政策传导渠道，调动基层人员积极性，逐步建立完善了"敢贷、愿贷、能贷、会贷"机制。小微企业信贷投放呈高速增长态势。截至2020年7月末，全国小微企业贷款余额40.83万亿元，较年初增长10.62%。其中，单户授信总额1 000万元及以下的普惠型小微企业贷款余额13.91万亿元，与2018年年初相比，两年多时间，余额将近翻了一倍；较年初增速19.2%，比各项贷款增速高10.43个百分点；有贷款余额户数2 397.16万户，较年初增加285.23万户，阶段性实现增速和户数"两增"目标。五家大型银行普惠型小微企业贷款增速37.1%，全年有望超额实现《政府工作报告》提出的40%增速目标。2020年1至7月，全国银行业新发放普惠型小微企业贷款利率为5.93%，较2019年全年利率水平下降0.77个百分点；其中五家大型银行新发放此类贷款利率为4.25%，较好地体现了降成本的"头雁"作用。

下一步，银保监会将继续认真贯彻党中央、国务院决策部署，持续督促银行业金融机构完善内部机制体制，确保各项稳企惠企的金融支持政策精准落地，不断深化推进小微企业金融服务。

江苏是制造业大省、外贸大省，中小企业众多，面对疫情带来的前所未有的冲击，在中国人民银行总行的统一部署下，人民银行南京分行紧密结合江苏实际，以实施金融支持稳企业保就业"8+10"专项行动为抓手，以开展"商业银行中小微企业金融服务能力提升工程"为突破，将金融支持稳企业保就业工作融入"敢贷、愿贷、会贷、能贷"长效机制和能力建设，取得明显成效。2020年7月末全省金融机构本外币贷款余额15.1万亿元，同比增长16.4%，增速比去年同期提高1.8个百分点；中小微企业贷款余额6.8万亿元，同比增长14.5%，增速比去年同期提高4.7个百分点；普惠小微贷款余额1.32万亿元，同比增长39.3%；制造业本外币贷款比年初新增1 302亿元，创7年来新高。2020年6至7月江苏法人银行普惠小微贷款延期本金352.5亿元，延期率达47.5%；前7个月江苏1至5级地方法人银行普惠小微贷款新增额中信用贷款占比达22.4%。人民银行南京分行会同相关部门主要抓了以下几方面工作。

一是消除银行机构对风险和追责的担忧，调动基层行和一线人员"敢贷"的积极性。推动银行机构有效落实尽职免责制度，2020年1至8月全省主要银行机构累计进行责任认定人数2.57万，其中免予追责2.1万人，占比达81.7%。充分发挥融资担保、财政资金和出口信用保险的风险分担作用。协调推进信用信息共享，加强地方征信体系建设，在苏州高标准建设全国首家小微企业数字征信实验区，累计帮助4万户小微企业获得1 000亿元的贷款。

二是建立健全银行机构外部和内部的激励约束机制，增强银行机构"愿贷"的主动性。前8个月，全省人民银行系统共发放再贷款再贴现1 566亿元，引导银行机构向农户和中小微企业发放优惠利率贷款，惠及市场主体13万户。完善再贷款展期制度，重启人民银行南京分行再贴现窗口，在全国率先完成地方法人银行存量浮动利率贷款LPR定价转换，理顺价格机制，增强银行机构投放中小微企业贷款的动力。督促指导各银行机构完善中小微企业贷款内部转移定价，推动各商业银行将普惠金融内部绩效考核权重提升至10%以上。部分银行还推出具有自身特色的小微贷款奖励制度，如有的银行将发放普惠小微信用贷款的考核奖励提高50%，有的银行对客户经理推荐并审批成功的普惠小微信用贷款按每笔100元进行奖励。

三是创新技术、产品和业务模式，提高银行机构"会贷"的专业性。截至2020年7月末，江苏省内107家银行机构依托230个线上金融产品，对10.5万户中小微企业发放贷款1 012亿元。指导推动各银行机构积极开展中小微企业金融产品创新，提升"直达小微"的金融服务能力。积极推广"应收账款质押融资""微贷技术""信贷工厂"等信贷模式，助力中小微企业信贷"增量扩面"。

四是提升内部经营要素质量，强化银行机构"能贷"的可持续性。2020年上半年全省城商行和农商行通过各种渠道补充资本830亿元。各银行机构大力引进金融科技人才，持续提升客户经理综合素养，努力培养一支适应小微金融业务发展需要的高素质专业人才队伍。加大科技开发投入，强化信息化系统建设，不断提升银行机构科技水平，增强银行服务中小微企业的科技支撑。

(资料来源：根据中国人民银行官网"金融支持保市场主体"系列新闻发布会(第一场和第二场)文字实录整理)

问题：

1. 央行采取了哪些措施支持稳企业保就业工作？
2. "敢贷、愿贷、会贷、能贷"机制建设应选择哪些方面作为切入点？

第七章

其他金融机构

作为一国金融体系的重要补充，其他金融机构开展的业务对微观经济主体也是十分必要的，如信托、保险等业务。因此，了解其他各类金融机构的职责及业务分工对各经济主体的融资也是必需的。对从事重点项目的开发、进出口贸易等方面的各经济主体来说，尤其需要熟悉和掌握政策性银行的业务。我国的金融机构如图7-1所示。

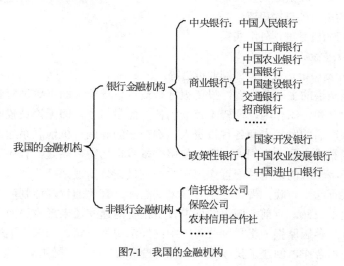

图7-1　我国的金融机构

第一节　专业银行

专业银行，是指有专门经营范围和提供专门性金融服务的银行。这类银行一般都有其特定的客户。这类银行的存在是社会分工发展在金融领域中的表现，随着社会分工的不断发展，要求银行必须具有某一方面的专门知识和专门职能，服务于某一方面的专门客户，从而推动着各式各样的专业银行不断出现。

一、投资银行

投资银行是专门对工商企业办理投资和长期信贷业务的银行。投资银行的名称，在欧洲大陆及美国等工业化国家都不相同。英国称为商人银行，日本则称证券公司，德国称私人承兑公司，法国称实业银行，泰国称金融证券公司，新加坡称商人银行或证券银行。

较早建立的英国商人银行是在伦敦为海外贸易活动融通资金而设立的银钱商号，它的鼻祖是18世纪中叶英国的承兑所。

投资银行的资金主要依靠发行自己的股票和债券来筹集，即便有些国家的投资银行被允许接受存款，也主要是定期存款。此外，它们也从其他银行取得贷款，但都不构成其资金来源的主要部分。

一般来说，投资银行的主要业务包括以下几个方面。

(1) 帮助筹资者设计与发行新证券，进行直接融资，包括为政府、企业向国内外资本市场发行各种债券、股票。

(2) 充当发行人与投资人的中介，代理客户买卖和承销股票、债券，从事自营买卖，进行股票、债券的国内外二级市场交易。

(3) 投资基金的发起和管理。

(4) 企业重组、兼并和收购。

(5) 项目融资顾问、投资顾问及其他顾问业务。

(6) 自有资本的境内外直接投资。

(7) 代理客户和为自身进行外汇买卖。

(8) 各种资产管理业务。

(9) 国内和国际货币市场业务，如同业拆借等。

从投资银行所从事的主要业务看，投资银行是资本市场资金的重要供应者和需求者。由于投资银行的金融中介和组织作用，使资本市场的各方面参与者，即无论是政府、企业、机构和个人，抑或是金融产品的发行人和各种投资人，都在它的周围有机地联系起来。投资银行是资本市场的关键要素和最主要的组织者，它是使整个资本市场得以高效、有序运转的核心力量，市场机制对社会经济资源的决定性配置作用在此得到最充分体现。

我国的投资银行起步较晚，现正处于方兴未艾之际，有关的管理体制尚未完备，适合我国国情的具体做法也不成熟。目前，国内的标准投资银行的建立还未形成局面。

中国建设银行、美国摩根·士丹利公司、中国经济担保公司、中国香港地区的名力集团、新加坡政府投资公司合作，创建了我国第一家合资投资银行——中国国际金融公司，于1995年8月11日正式营业。至于"中国投资银行"，实际上是一家以办理外汇投资信贷为主，兼营其他金融业务的商业银行，并非严格意义上的投资银行，并已于1998年被光大银行和国家开发银行收购。

商业银行与投资银行的区别详见表7-1。

表7-1 投资银行与商业银行的区别

项目	投资银行	商业银行
机构性质	金融中介机构	金融中介机构
本源业务	证券承销与交易	存贷款业务
融资功能	直接融资	间接融资

(续表)

项目	投资银行	商业银行
活动领域	主要是资本市场	主要是货币市场
利润来源	佣金	存贷款利差
业务特征	无法用资产负债表反映	表内与表外业务
监管部门	证券监管当局	银行监管当局

二、储蓄银行

储蓄银行是指办理居民储蓄并以吸收储蓄存款为主要资金来源的银行。世界第一家地方储蓄银行是1817年由慈善团体在荷兰建成的。英、德等国也于18世纪末和19世纪初相继设立。就经营组织形式而言，西方国家的储蓄银行既有私营的，也有公营的，有的国家绝大部分储蓄银行都是公营的。

储蓄银行的类型有：互助储蓄银行、信托储蓄银行、储蓄会、储蓄与放款协会、储金局、邮政储蓄系统等。互助储蓄银行属于互助储金性质的银行，它将存户资金集中起来，以优惠的条件再贷给存户。这种银行最早在美国建立，至今已很普遍。储蓄银行所汇集起来的储蓄存款余额较为稳定，所以主要用于长期投资，如发放不动产抵押贷款(主要是住房贷款)，投资于政府公债、公司股票及债券，对市政机构发放贷款等。中国目前没有真正专业的储蓄银行。

三、抵押银行

抵押银行是"不动产抵押银行"的简称，是以土地、房屋等不动产抵押办理放款业务的专业银行。这种放款一般期限较长，属于长期信贷。不动产抵押银行的业务对象在西方国家大体可分为两类：一类是办理以土地为抵押的长期放款，主要贷给土地所有者或购买土地的农业主；另一类是办理以城市房屋为抵押的长期放款，主要贷给房屋所有者或经营建筑业的企业。法国的房地产信贷银行、德国的私人抵押银行和公营抵押银行等，均属此类。这类银行作为抵押品的除土地、房屋外，也收受股票、债券和黄金作为贷款的抵押品。抵押银行的贷款资金来源主要靠发行不动产抵押证券。这种不动产抵押证券以抵押在银行的土地及其他不动产作保证，可以买卖转让。

中国没有专设的抵押银行。只是在《中华人民共和国民法典》和《借款合同条例》中规定了可以开展抵押的条款。

四、合作银行

合作银行是由私人和信用合作社组成的互助性合作金融机构。它一般是在信用合作社的基础上建立和发展起来的，具有与信用合作社相同的宗旨和经营原则。合作银行的组织形式有两种：一是在各类信用合作社以外单独建立自己的机构体系，并与其他信用合作社相互协调、相互配合。如丹麦的合作银行，各类合作社约占60%，个人社员约占40%。资金来源主要是合作社、农民、其他个人的存款，贷款对象主要是合作社，约占贷款总额的2/3。二是合作银行作为信用合作社的地区或全国的联合组织，大多数国家都如此。

合作银行的负债业务主要是通过组织合作社存款、发行债券和向国外借款等方式筹集长期资金。

合作银行的资产业务主要是向下一级合作银行或信用合作社提供贷款，或者直接发放长期、大额的贷款，以弥补合作社资金的不足。

在我国，中共中央《关于建立社会主义市场经济体制若干问题的决定》和国务院《关于金融体制改革的决定》中指出要"有步骤地组建农村合作银行和城市合作银行"和"积极稳妥地发展合作银行体系，在城市信用合作社的基础上试办城市合作银行"。先在几个大城市试点后，再逐步推开。目前，城市合作银行已经更名为城市商业银行。

五、清算银行

清算银行亦称"交换银行""划拨银行""汇划银行"。它是能直接在票据交换所进行票据清算的银行。在英国，清算银行实质上就是商业银行，不过这些商业银行能在伦敦票据交换所办理票据清算，而其他银行必须通过这些清算银行才能进行票据清算。票据交换是指在同城范围内银行间相互代收、代付票据进行相互清算，这是一种集中办理转账清算的制度。票据清算一般由中央银行管理，通过票据交换所进行。应收大于应付款的差额增加在中央银行的存款；应收小于应付款的差额减少在中央银行的存款。票据清算的结算原则是维护收付双方的正当权益，中央银行不予垫款。其特点是：便利资金清算，节省大量现金使用，国际上最早的票据交换组织为英国伦敦的票据交换所，成立于1775年。

第二节　政策性银行

政策性银行是指那些多由政府创立、参股或保证的，不以营利为目的，专门为贯彻并配合政府社会经济政策或意图，在特定的业务领域内，从事政策性融资活动，充当政府发展经济、进行宏观经济管理的金融机构。政策性银行也具有专业性银行的特征，但是专业性银行并非都是政策性银行。一般来说，大多数国家成立的政策性银行主要有开发银行、农业政策性银行、进出口政策性银行。

一、开发银行

开发银行是指那些专门为经济开发提供长期投资贷款的金融机构。第一家开发银行1822年诞生于比利时，主要职能是促进新工业的创立。

开发银行可分为国际性和国家性两个类型。国际性开发银行由若干个国家出资共同设立，其又可分为全球性和区域性两种，前者如世界银行、国际开发协会；后者如亚洲开发银行、泛美开发银行、非洲开发银行等。国家性开发银行又可分为全国性开发银行和地方性开发银行。前者一般由一国中央政府建立，服务于全国；后者一般由地方政府设立，专为本地区经济开发服务，如巴西东北部开发银行等。由于各国的国情差异，开发银行的资金来源与运用各有不同。开发银行资金来源渠道主要有以下几种。

(1) 资本金大多依靠政府资金，有的由政府提供全部资本金和部分营运资金。

(2) 发行债券。开发银行发行债券一般由政府担保或被视为"政府债券"，风险很小，具有较大吸引力，成为主要的筹资手段和来源。

(3) 吸收存款。主要吸收定期存款、储蓄存款，发行大额可转让存单。吸收存款易与商业银行形成竞争局面，有悖于开发银行的宗旨。因此，广泛吸收存款的开发银行为数不多，且主要集中在发展中国家。

(4) 借入资金。开发银行可从政府得到官方资助，还可以从中央银行、其他金融机构借入资金。借用政府资金一般条件极为优惠，成本低廉，数额庞大，有助于开发银行降低经营成本，保持充足的资金量，致力于有宏观价值的项目，并能承担由于发放优惠贷款和投资所造成的利差"损失"。

(5) 借入外资。开发银行一般通过借入一定比例的外资，引进技术设备，建设重要项目，发放贷款和投资，支持经济的发展。

开发银行资金运用主要有3种途径。一是贷款。开发银行主要业务是对开发项目提供贷款，满足开发项目对资金的需求。其特点是中长期、资本性，条件是支出项目要符合政府经济政策，尤其是产业政策的意图。开发银行贷款除直接发放外，还采取联合贷款的方式，以满足大型建设项目的资金需求。二是投资。指开发银行的直接投资，即参与某一项目的筹建并购买一定量的股权资本。开发银行的投资活动要遵循投资面宽，减少风险损失，投资比例适当，持有股份比例适当等原则。三是债务担保。开发银行从事担保的目的在于使项目(企业)能得到更广泛的融资渠道，从而获得更多的开发资金。

国家开发银行(以下简称"国开行")成立于1994年，是直属中国国务院领导的政策性金融机构。2015年3月，国务院明确将国开行定位为开发性金融机构。2017年4月，"国家开发银行股份有限公司"名称正式变更为"国家开发银行"，组织形式由股份有限公司变更为有限责任公司。国开行注册资本4 212.48亿元，股东是中华人民共和国财政部、中央汇金投资有限责任公司、梧桐树投资平台有限公司和全国社会保障基金理事会，持股比例分别为36.54%、34.68%、27.19%、1.59%。国开行主要通过开展中长期信贷与投资等金融业务，为国民经济重大中长期发展战略服务。截至2019年年末，资产总额16.5万亿元，贷款余额12.2万亿元；净利润1 185亿元，资产收益率0.73%，净资产收益率8.80%，资本充足率11.71%，可持续发展能力和抗风险能力进一步增强。穆迪、标准普尔等专业评级机构，连续多年对国开行评级与中国主权评级保持一致。国开行是全球最大的开发性金融机构，中国最大的中长期信贷银行和债券银行。

国家开发银行是一个政策性金融机构，它同商业性金融机构相比，有其不同的特性：一是任务特殊，着重于贯彻政府政策意图，支持国家进行宏观经济管理，促进经济和社会的发展；二是经营目标特殊，不以营利为目的，而主要从经济发展的角度来评价和选择项目；三是融资原则特殊，它的主要资金来源是国家财政划拨的资金和其他财政性资金，向金融机构发行的债券，向社会发行的由财政担保的建设债券和经批准在国外发行的债券，它不吸收居民储蓄存款。开发银行不以营利为目的，但必须按照市场经济的原则，讲求效益，择优选定项目，建立投资约束和风险责任机制。

国家开发银行主要支持国家基础设施、基础产业、支柱产业及战略性新兴产业等领域发展和国家重点项目建设；促进区域协调发展，支持城镇化、中小企业、"三农"、教育、中低收入家庭住房、医疗卫生以及环境保护等瓶颈领域的发展；支持国家"走出去"战略，积极拓展国际合作业务。总体来说，国开行一直致力于主动发挥开发性金融与中长期投融资优势，以市场化的方式服务国家发展战略，大力支持实体经济，基础设施、民生金融和国际合作三大业务均迈上新台阶。

国家开发银行具体在中国的业务范围如下：支持国家重点建设，独家支持三峡工程起步，支持全国铁路建设，推动公路大发展，支持核电加快发展；推动新型城镇化建设，大力支持城市基础设施建设，支持中低收入家庭住房建设；促进区域协调发展，鼎力支持西部大开发，支持东北老工业基地振兴，积极支持沿边开发开放；助力产业转型升级，助力钢铁产业技术升级和结构调整，助力石油石化行业做大做强，支持煤炭产业可持续发展，促进中国造船业、航运业发展，扶持战略性新兴产业发展，助力提升装备制造业综合实力，绿色信贷支持节能环保，加大新能源开发支持力度，推动物流业健康发展，促进文化产业繁荣；普惠金融改善民生，推进中小企业贷款业务，引入微贷款国际先进模式，助学贷款惠及千万学生，支持新农村建设和县域发展，支持抗震救灾和灾后重建；服务国家"走出去"战略，服务经济外交大局，开展国际能源合作，支持中资企业"走出去"；履行社会责任。

二、农业政策性银行

为贯彻配合政府农业政策，为农业提供特别贷款，主要是低利中长期优惠性贷款，促进和保护农业生产与经营，这种农业金融机构，一般被称为农业政策性银行。德国是世界上最早建立农业金融制度的国家，至今已有200多年的历史。

农业政策性银行的资金来源呈多样化，主要包括借入政府资金、发行债券、借入其他金融机构资金、国外借款和吸收存款等。

(1) 借入政府资金，各国在程度上有所不同。例如，美国农业合作信贷机构均由联邦政府出资建立；法国农业信贷银行在较长时期内一直向政府借款，只是近些年逐步减少；印度国家农业和农村开发银行等均以向政府借款为主要来源。一般而言，发展中国家的农业政策性银行比发达国家的农业政策性银行，更多地依赖政府资金。

(2) 发行由政府担保的债券筹措资金。例如，美国农业合作信贷机构发行联合的统一债券，法国农业信贷银行、韩国"农协"均发行债券，筹措社会资金。由于这些债券得到政府担保，被视为政府债券，颇受欢迎，筹资能力较强。

(3) 向中央银行和其他金融机构借入资金。一些国家，尤其是发展中国家农业政策性银行还从中央银行借款，即由中央银行充当农业信贷"最后贷款人"。此外，有些国家的农业政策性银行机构还从商业性金融机构借入资金，满足短期周转需求。

(4) 从国外借款。借款途径有国际金融机构，如世界银行及其附属机构——国际开发协会、国际农业开发委员会、外国政府和外国金融机构等。

(5) 少数农业政策性银行吸收存款。如法国农业信贷银行吸收存款，拓展业务范围，逐步向"综合性"银行发展。中国农业发展银行也吸收存款。

农业政策性银行资金运用主要有3种途径。一是贷款。贷款是最主要的资金运用形式，通过贷款向农业生产经营者提供所需的资金和特别资助。日本农林渔业金融公库贷款包括土地改良贷款、自耕农维持贷款、农业结构改善贷款、综合设施贷款等，基本上是根据农业发展的要求而增加贷款项目，利率优惠3%～7.9%，期限10年以上，最长可达45年，并成为日本农业贷款的第二大来源。二是担保。担保是以承保金融机构自身的实力弥补农贷生产经营者担保力不足的弱点，目的在于扩大农业融资规模。三是发放补贴。美国商品信贷公司对遭受洪水、干旱等自然灾害而造成的种植面积减少或较大减产给予灾害补贴。

农业政策性银行的主要职责是：①提供农业低利贷款，弥补农业信贷资金"缺口"，满足农业资金需求；②提供特别政策性贷款、补贴或补偿，配合实施政府农业政策。

中国农业发展银行成立于1994年，是国家出资设立、直属国务院领导、支持农业农村持续健康发展、具有独立法人地位的国有政策性银行。其主要任务是以国家信用为基础，以市场为依托，筹集支农资金，支持"三农"事业发展，发挥国家战略支撑作用。其经营宗旨是紧紧围绕服务国家战略，建设定位明确、功能突出、业务清晰、资本充足、治理规范、内控严密、运营安全、服务良好、具备可持续发展能力的农业政策性银行。

中国农业发展银行支持的领域主要包括：办理粮食、棉花、油料、食糖、猪肉、化肥等重要农产品收购、储备、调控和调销贷款，办理农业农村基础设施和水利建设、流通体系建设贷款，办理农业综合开发、生产资料和农业科技贷款，办理棚户区改造和农民集中住房建设贷款，办理易地扶贫搬迁、贫困地区基础设施、特色产业发展及专项扶贫贷款，办理县域城镇建设、土地收储类贷款，办理农业小企业、产业化龙头企业贷款，组织或参加银团贷款，办理票据承兑和贴现等信贷业务；吸收业务范围内开户企事业单位的存款，吸收居民储蓄存款以外的县域公众存款，吸收财政存款，发行金融债券；办理结算、结售汇和代客外汇买卖业务，按规定设立财政支农资金专户并代理拨付有关财政支农资金，买卖、代理买卖和承销债券，从事同业拆借、存放，代理收付款项及代理保险，资产证券化，企业财务顾问服务，经批准后可与租赁公司、涉农担保公司和涉农股权投资公司以合作等方式开展涉农业务；经国务院银行业监督管理机构批准的其他业务。

三、进出口政策性银行

进出口政策性银行是一个国家支持和推动进出口尤其是出口，促进国际收支平衡，带动经济增长的重要金融机构。从其命名看，有的国家称作进出口银行或输出入银行、外贸银行；有的国家称为出口信贷公司、出口信贷担保公司、出口信贷保险公司等。进出口银行的建立和发展源于进出口贸易成为各国经济的重要组成部分。这些政策性进出口金融机构承担商业性金融机构和普通出口商不愿或无力承担的高风险，弥补商业性金融机构贷款不足，改善本国出口融资条件，增强本国商品出口竞争能力。最早出现的专门从事进出口融资的金融机构是1919年成立的英国出口信贷担保局。

进出口政策性银行，从其所有权看，多为官方或半官方所有，极少数为私营机构。从职能上看，主要有4项。一是融通资金。如提供出口信贷和各种有利于刺激出口的贷款。二是为融资提供便利，提供贷款担保、保险等。三是提供其他服务，如提供咨询服务等。四是经办对外援助，服务于政府的对外政策。

进出口政策性银行的资金来源有政府拨入资金、借入资金、发行债券和其他渠道等，各国又有所不同。其资金运用主要有贷款、担保与保险等。各国金融机构一般均以不同方式提供贷款，支持出口。开展担保活动，使进出口政策性银行成为进出口商获得银行贷款的保证人，一旦借款人不能偿还债务，则由这些金融机构予以偿还全部或部分贷款。保险业务在绝大多数国家由保险公司经营，银行等其他金融机构不经营保险业务。唯有出口信贷保险，除有专门的出口信贷保险机构经营外，进出口银行等金融机构也经营保险业务。

中国进出口银行于1994年4月组建并于7月1日正式开业，是由国家出资设立、直属国务院领导、支持中国对外经济贸易投资发展与国际经济合作、具有独立法人地位的国有政策性银行。依托国家信用支持，积极发挥在稳增长、调结构、支持外贸发展、实施"走出去"战略等方面的重要作用，加大对重点领域和薄弱环节的支持力度，促进经济社会持续健康发展。

进出口银行的经营范围：经批准办理配合国家对外贸易和"走出去"领域的短期、中期和长期贷款，含出口信贷、进口信贷、对外承包工程贷款、境外投资贷款、中国政府援外优惠贷款和优惠出口买方信贷等；办理国务院指定的特种贷款；办理外国政府和国际金融机构转贷款(转赠款)业务中的三类项目及人民币配套贷款；吸收授信客户项下存款；发行金融债券；办理国内外结算和结售汇业务；办理保函、信用证、福费廷等其他方式的贸易融资业务；办理与对外贸易相关的委托贷款业务；办理与对外贸易相关的担保业务；办理经批准的外汇业务；买卖、代理买卖和承销债券；从事同业拆借、存放业务；办理与金融业务相关的资信调查、咨询、评估、见证业务；办理票据承兑与贴现；代理收付款项及代理保险业务；买卖、代理买卖金融衍生产品；资产证券化业务；企业财务顾问服务；组织或参加银团贷款；海外分支机构在进出口银行授权范围内经营当地法律许可的银行业务；按程序经批准后以子公司形式开展股权投资及租赁业务；经国务院银行业监督管理机构批准的其他业务。

2015年4月12日，中国政府网公告了国务院正式批准三大政策性银行的深化改革方案，本次改革重新强调政策性职能，是对政策性银行走商业化道路后的"归位"，除此之外，改革的另一大重点是提高政策性银行的抗风险能力。根据国务院的批复内容显示，三大政策性银行中，"国家开发银行要坚持开发性金融机构定位"，"中国进出口银行改革要强化政策性职能定位"，"中国农业发展银行改革要坚持以政策性业务为主体"。通过改革，中国农业发展银行和中国进出口银行政策性功能和定位更加突出，资本实力和抗风险能力显著增强。治理结构、约束机制、内部管理进一步健全，金融服务和可持续发展能力稳步提升，从而在支持外贸发展、实施"走出去"战略、服务"三农"、推进城乡协调发展、维护国家粮食安全等方面发挥更加重要的作用。同时，国家开发银行通过深化改革，开发性金融机构的功能和定位更加明确，有助于发挥其在重点领域、薄弱环节、关键时期的重要作用。此次的批复方案针对国开行提出的"合理补充资本金，强化资本约束机制"的要求，进出口银行提出的"提升资本实力，建立资本充足率约束机制"的要求，农发行提出的"确立以资本充足率为核心的约束机制"的要求，规定资本充足率统一按照10.5%的标准实施。

第三节　非银行金融机构

一般来说，人们把商业银行、专业银行、政策性银行及中央银行以外的金融机构列入非银行金融机构，就是说，它们属于金融机构，但又不是银行。如前所述，非银行金融机构构成庞杂，如信托机构、保险机构、租赁公司、财务公司、信用合作组织、消费信贷机构、证券公司等。

一、保险公司

保险公司是金融机构的一个组成部分，是经营保险业务的经济组织。它是以集合多数单位或个人的风险为前提，用其损失概率计算分摊金，以保险费的形式聚集起来，建立保险基金，用于补偿因自然灾害或意外事故造成经济损失的具有法人资格的企业。

各国按照保险种类分别建有形式多样的保险公司，如财产保险公司、人寿保险公司、火灾和事故保险公司、老年和伤残保险公司、信贷保险公司、存款保险公司等，其中，一般又以人寿保险公司的规模为最大。我国保险业发展到今天，全国已经有300多家保险公司。表7-2和表7-3列出了我国主要的保险公司和2020年保险业经营情况，从中可以了解保险公司及其业务种类和开展情况。

表7-2　我国主要的保险公司

人身保险公司			财产保险公司			
资本结构	公司名称		资本结构	公司名称		
中资	国寿股份	合众人寿	英大人寿	中资	人保股份	亚太财险	渤海
	太保寿险	太平养老	泰康养老		大地财产	中银保险	华农
	平安寿险	人保健康	幸福人寿		出口信用	安信农业	国寿财产

（续表）

人身保险公司				财产保险公司			
资本结构	公司名称			资本结构	公司名称		
中资	新华	华夏人寿	阳光人寿	中资	中华联合	永诚	安诚
	泰康	君康人寿	百年人寿		太保财险	安邦	长安责任
	太平人寿	信泰	中邮人寿		平安财险	信达财险	国元农业
	建信人寿	农银人寿	安邦人寿		华泰	安华农业	鼎和财产
	天安人寿	长城	利安人寿		天安	合众	中煤财产
	光大永明	昆仑健康	前海人寿		易安	阳光财产	英大财险
	民生人寿	和谐健康	华汇人寿		华安	阳光农业	浙商财险
	富德生命人寿	人保寿险	东吴人寿		永安	都邦	紫金财险
	国寿存续	国华	珠江人寿		太平保险	秦山财产	富德财产
	平安养老	国寿养老	弘康人寿		长江财产	众诚保险	北部湾财产
	中融人寿	长江养老	吉祥人寿		诚泰财险	锦泰财险	泰康在线
	安邦养老	渤海人寿	国联人寿		东海航运	久隆财产	安心财产
	太保安联健康	上海人寿	中华人寿		前海联合	珠峰财产	众惠互助
外资	中宏人寿	中英人寿	中美联泰	外资	美亚	安联	爱和谊
	中德安联	中荷人寿	平安健康		东京海上	日本财产	国泰财产
	工银安盛	招商信诺	中银三星		瑞再企商	利宝互助	日本兴亚
	信诚	长生人寿	恒大人寿		安达保险	中航安盟	乐爱金
	交银康联	恒安标准	新光海航		劳合社	苏黎世	富邦财险
	中意	瑞泰人寿	汇丰人寿		三井住友	现代财产	史带财险
	友邦	中法人寿	君龙人寿		三星	中意财产	信利保险
	北大方正人寿	华泰人寿	复星保德信				
	同方全球人寿	国泰人寿	德华安顾				
	陆家嘴国泰	中韩人寿					

（资料来源：中国银行保险监督管理委员会）

表7-3 2020年保险业经营情况表

单位：亿元、万件

项目	本年累计/截至当期
原保险保费收入	45 257
1. 财产险	11 929
2. 人身险	33 329
（1）寿险	23 982
（2）健康险	8 173
（3）人身意外伤害险	1 174
保险金额	87 099 109
保单件数	5 263 396
原保险赔付支出	13 907
1. 财产险	6 955
2. 人身险	6 952

（续表）

项目	本年累计/截至当期
(1) 寿险	3 715
(2) 健康险	2 921
(3) 人身意外伤害险	316
业务及管理费	5 728
资金运用余额	216 801
其中：银行存款	25 973
债券	79 329
股票和证券投资基金	29 822
资产总额	232 984
其中：再保险公司	4 956
资产管理公司	761
净资产	27 525

（资料来源：中国银行保险监督管理委员会）

保险作为正式行业来经营，最早开始于14世纪，即1347年在意大利一名叫乔治·勒克维伦的热那亚商人签发的第一张海运保险单，承担"圣·克勒拉"号货船从热那亚到马乔卡的海运保险。1949年10月20日，我国正式成立了中国人民保险公司。中国人民保险集团公司于1996年7月23日正式成立，这是中国第一家保险集团公司，下设中保财产保险有限公司、中保人寿保险有限公司、中保再保险有限公司3个专业子公司。中保集团以控股公司的形式对其子公司投资并实施领导、管理和监督。中保集团的成立，是中国人民保险公司发展史上的一个里程碑。

由于保险公司获得的保费收入经常远远超过它的保费支出，因而聚集起大量的货币资金。这些货币资金比银行存款往往更为稳定，是国家金融体系长期资本的重要来源。保险公司的资金运用业务，主要是长期证券投资，如投资于公司债券和股票、市政债券、政府公债以及发放不动产抵押贷款、保单贷款等。

二、信用合作社

信用合作社是由个人集资联合组成，以互助为主要宗旨的合作金融组织。其基本的经营目标，是以简便的手续和较低的利率，向社员提供信贷服务，帮助经济力量薄弱的个人解决资金困难，以免遭高利盘剥。

信用合作社资金主要来源于其成员缴纳的股金和吸收存款，贷款主要用于解决其成员的资金需要。起初，信用合作社主要发放短期生产贷款和消费贷款。现在，一些资金充裕的信用社已开始为解决生产设备更新、改进技术等提供中期、长期贷款，并逐步采取了以不动产或有价证券为担保的抵押贷款方式。按照地域不同，信用合作社可分为农村信用合作社和城市信用合作社。目前，中国的农村信用合作社和城市信用合作社正在向合作银行和商业银行转变。

三、财务公司

财务公司亦称"财务有限公司"。它是经营部分银行业务的非银行金融机构。其中，有的专门经营抵押放款业务，有的依靠吸收大额定期存款作为贷款或投资的资金来源；有的专门经营耐用品的租购或分期付款销货业务。财务公司在18世纪始建于法国，后美、英等国相继开办。我国财务公司的产生既是我国企业集团发展到一定程度的客观要求，又是我国经济体制改革和金融体制改革的必然产物。中国的财务公司都是由企业集团内部集资组建的，其宗旨和任务是为本企业集团内部各企业筹资和融通资金，促进其技术改造和技术进步。财务公司的短期资金来源主要是通过银行借款和卖出公开市场票据；长期资金来源于推销企业股票、债券和发行公司本身的证券。多数财务公司接受定期存款。当代西方财务公司业务几乎与投资银行无异。除上述业务外，大的财务公司还兼营外汇、联合贷款、包销证券、不动产抵押、财务及投资咨询服务等。

四、信托投资公司

信托投资公司属于信托公司类型之一。它除办理一般信托业务外，其突出的特点在于从事投资业务。信托投资公司活动方式是：通过发行股票和债券来筹集本公司的资本并用以投资其他公司的债券、股票；再以购入这种证券做担保，增发新的投资信托证券。

现代信托业务源于英国。但历史上最早办理信托业务的经营性机构却产生于美国。我国最早的信托公司是1921年在上海成立的"上海通商信托公司"。1979年以后，我国开始恢复信托业务。1979年中国银行恢复设立信托咨询部；同年10月，中国国际信托投资公司成立。1980年，中国人民银行系统试办信托业务。

我国信托投资公司的业务内容主要分为以下4类。

(1) 信托业务类，包括：信托存款、信托贷款、信托投资、财产信托等。

(2) 代理业务类，包括：代理发行债券和股票、代理收付款项、代理催收欠款、代理监督、代理会计事务、代理保险、代保管、代理买卖有价证券等。

(3) 租赁业务类，包括：直接租赁、转租赁、代理租赁、回租租赁等。

(4) 咨询业务类，包括：资信调查、商情调查、投资咨询、介绍客户、金融业务咨询等。

五、证券公司

证券公司是专门从事各种有价证券经营及相关业务的金融企业。证券公司有独资、合伙或股份公司等形式，它主要由一些经纪人组成。证券公司既是证券交易所的重要组成成员，又是有价证券转让柜台交易的组织者、参加者。

证券公司的主要业务包括证券经纪、证券投资咨询、与证券交易及证券投资活动有关的财务顾问、证券承销与保荐、证券自营、证券资产管理。此外，还办理如下业务。

(1) 为客户保存证券。这样，交易时就不必每次携带证券实物。此外，证券公司还代理客户收取债券的利息或股票的分红等。

(2) 为客户融资和融券。当客户采用信用交易方式，如保证金交易，证券公司给予贷款，贷款利率通常略高于银行贷款利率。如果客户采用卖空方式交易，证券公司可以贷给证券，到期由客户购买证券再归还。

(3) 提供证券投资的信息。

六、租赁公司

租赁公司是通过融物的形式起融资作用的企业。美国是最先出现现代租赁的国家。第二次世界大战后，美国企业界迫切需要巨额投资，以实现军需品生产向民用品生产的转变。由于科技飞速发展与设备陈旧落后的矛盾日益突出，促使投资需求不断增大。当时，企业界获得中长期贷款的来源有限，从而传统的融资方式已不能满足这种需求，于是，出现了新型的信贷方式——融资租赁。1952年5月，在美国旧金山创立了第一家现代专业租赁公司，现为美国国际租赁公司。这家公司的建立，标志着现代租赁体制的确立和现代租赁业务的真正开始。20世纪60年代，现代租赁业扩展到欧洲和日本，20世纪70年代开始向世界各地渗透，进入20世纪80年代后期，已成为一种国际性设备投资的多功能新兴产业。中国第一家专业租赁公司是1982年2月在北京成立的中国东方租赁有限公司。

七、典当行

典当，是指当户将其动产、财产权利作为当物质押或者将其房地产作为当物抵押给典当行，交付一定比例费用，取得当金，并在约定期限内支付当金利息、偿还当金、赎回当物的行为。

典当行，是指依法设立的专门从事典当活动的企业法人，其组织形式与组织机构适用《中华人民共和国公司法》的有关规定。

商务主管部门对典当业实施监督管理，公安机关对典当业进行治安管理。典当行的名称应当符合企业名称登记管理的有关规定。典当行名称中的行业表述应当标明"典当"字样。其他任何经营性组织和机构的名称不得含有"典当"字样，不得经营或者变相经营典当业务。

《典当管理办法》对申请设立典当行、典当行的变更和终止、经营范围、当票、经营规则、监督管理、罚则等，均做出详细的规定。典当行可以经营下列业务：动产质押典当业务；财产权利质押典当业务；房地产(外省、自治区、直辖市的房地产或者未取得商品房预售许可证的在建工程除外)抵押典当业务；限额内绝当物品的变卖；鉴定评估及咨询服务；商务部依法批准的其他典当业务。

本 章 小 结

1. 专业银行是指有专门经营范围和提供专门性金融服务的银行。如投资银行等的业务是很多微观经济主体需要的。

2. 政策性银行是指那些多由政府创立、参股或保证的，不以营利为目的，专门为贯彻并配合政府社会经济政策或意图，在特定的业务领域内，从事政策性融资活动，充当政府发展经济、进行宏观经济管理的金融机构。政策性银行主要有开发银行、农业政策性银行、进出口政策性银行。

3. 非银行金融机构构成庞杂，如保险机构、信用合作组织、财务公司、信托投资公司、证券公司、租赁公司、典当行等。

习 题

一、单项选择题

1.(　　)不属于存款型金融机构。

A. 商业银行

B. 储蓄银行

C. 信用社

D. 投资基金

2. (　　)不属于投资型金融机构。

    A. 共同基金　　　　　　　　　　　　B. 金融公司

    C. 货币市场共同基金　　　　　　　　D. 养老基金

3. (　　)不是政策性银行的资金来源。

    A. 政府资金　　　　　　　　　　　　B. 发行债券

    C. 发行货币　　　　　　　　　　　　D. 借入资金

4. (　　)属于政策性银行。

    A. 中国人民银行　　　　　　　　　　B. 中国进出口银行

    C. 中国农业银行　　　　　　　　　　D. 交通银行

5. 信用合作社属于(　　)。

    A. 存款型金融机构　　　　　　　　　B. 契约型金融机构

    C. 投资型金融机构　　　　　　　　　D. 政策型金融机构

6. 典当行可以经营的业务是(　　)。

    A. 吸收存款　　　　　　　　　　　　B. 质押贷款业务

    C. 商品寄售　　　　　　　　　　　　D. 旧物收购

7. 进出口银行不可以经营的业务是(　　)。

    A. 贷款业务　　　　　　　　　　　　B. 保险业务

    C. 股票业务　　　　　　　　　　　　D. 担保业务

8. (　　)不是投资基金的特点。

    A. 专家理财　　　　　　　　　　　　B. 投资组合

    C. 规模经营　　　　　　　　　　　　D. 收益率特别高

二、多项选择题

1. 投资银行的主要业务包括(　　)。

    A. 投资基金的发起和管理　　　　　　B. 企业重组、兼并和收购

    C. 各种资产管理业务　　　　　　　　D. 同业拆借

    E. 居民储蓄

2. 下列属于政策性银行的是(　　)。

    A. 工商银行　　　　　　　　　　　　B. 国家开发银行

    C. 中国农业发展银行　　　　　　　　D. 中国农业银行

    E. 中国进出口银行

3. 开发银行的资金运用包括(　　)。

    A. 贷款　　　　　　　　　　　　　　B. 投资

    C. 债务担保　　　　　　　　　　　　D. 贴现

    E. 再贴现

4. 下列金融机构与投资银行本质相同的是(　　)。

    A. 商人银行　　　　　　　　　　　　B. 商业银行

    C. 实业银行　　　　　　　　　　　　D. 证券公司

    E. 中央银行

5. 下列属于非银行金融机构的是(   )。

    A. 银保监会
               B. 交通银行

    C. 信托投资公司
          D. 金融租赁公司

    E. 商业银行

6. 证券公司的主要业务通常由(   )组成。

    A. 证券自营
               B. 证券承销与保存

    C. 外汇买卖业务
          D. 证券经纪

    E. 贵金属买卖业务

三、判断正误题

1. 投资银行是专门对工商企业办理投资和长期信贷业务的银行。　　　　　　　　(　　)

2. 中国邮政储蓄银行是真正专业的储蓄银行。　　　　　　　　　　　　　　　　(　　)

3. 合作银行是由私人和信用合作社组成的互助性合作金融机构。　　　　　　　　(　　)

4. 抵押银行是"不动产抵押银行"的简称，是以土地、房屋等不动产抵押办理放款业务的专业银行。　　　　　　　　　　　　　　　　　　　　　　　　　　　　　　　　　(　　)

5. 在我国，住房储蓄银行属于政策性银行。　　　　　　　　　　　　　　　　　(　　)

6. 开发银行是指那些专门为经济开发提供短期投资贷款的金融机构。　　　　　　(　　)

7. 在西方国家，储蓄银行和商业银行同样受到严格监管，因为它们也创造存款，这些存款是货币供应的重要组成部分。　　　　　　　　　　　　　　　　　　　　　　　　　(　　)

8. 信用合作社属于契约型金融机构。　　　　　　　　　　　　　　　　　　　　(　　)

9. 农业政策性银行，为农业提供特别贷款，主要是低利中长期优惠性贷款。　　　(　　)

四、简答题

1. 简述开发银行的业务范围。

2. 简述各种专业银行的业务范围。

3. 政策性银行的资金来源一般包括哪些？

五、论述题

1. 试述我国金融机构体系的结构与职能。

2. 试述投资银行的主要业务活动并说明投资银行与商业银行的区别。

案 例 分 析

案例一　2020年国家开发银行部分贷款情况

1. 国家开发银行2020年6 287亿元贷款支持京津冀协同发展

国家开发银行2020年深入贯彻落实党中央、国务院关于京津冀协同发展的决策部署，发挥开发性金融作用，全年向京津冀地区发放贷款6 287亿元，为京津冀协同发展提供了有力金融支持。

为做好金融支持京津冀协同发展各项工作，国开行成立由行领导任组长的京津冀协同发展暨雄安新区规划建设领导小组，召开支持京津冀协同发展工作推进会，建立信息动态反馈机制及重大项目库管理机制，统筹协调和推动落实国开行支持京津冀协同发展各项工作。

在服务京津冀协同发展过程中，国开行抓住疏解北京非首都功能这个"牛鼻子"，支持雄安新区、北京城市副中心等重点区域建设，积极推动交通一体化、生态环保、产业升级转移三大重点领域率先实现突破。交通一体化方面，融资支持太行山、京津、塘承等高速公路项目，北京新机场线、CBD线、石家庄地铁等轨道交通项目，以及京沪、津秦等铁路项目。生态环保方面，融资支持永定河流域综合治理与生态修复、雄安新区10万亩储备林等项目。产业发展方面，推动产业升级转移实现突破，向京东方、河钢产业升级及宣钢产能转移等项目提供支持。

在服务北京2022年冬奥会筹办方面，国开行认真学习贯彻总书记关于冬奥会筹办工作的重要指示精神，围绕交通基础设施、赛会配套基础设施等领域持续发力，融资支持了京张高铁、张家口机场、北京冬奥村等一批重点项目，为冬奥会各项筹办工作提供了高效金融保障。

探索金融创新是国开行推进京津冀协同发展的重要手段。国开行牵头组建银团支持大兴区四个镇集体经营性建设用地入市项目，开辟开发性金融支持城乡融合发展和乡村振兴的新路径；推动制造业资金合作计划落地北京中关村示范区，致力解决区内先进制造业企业融资难、融资贵问题，助力中关村打造世界级先进制造业集群；综合运用供应链金融产品支持雄安集团、天津渤海化工、河北正定新区管廊等项目建设；创新评审模式推动张家湾设计小镇城市有机更新项目落地，助力完善城市副中心建设。

2. 国开行2020年3 660亿元融资支持粤港澳大湾区建设

2020年，国开行深入贯彻党中央、国务院关于粤港澳大湾区建设的战略部署，坚守开发性金融定位，建立完善开发性金融支持粤港澳大湾区建设的体制机制，持续加大支持力度，全年在粤港澳大湾区实现融资总量3 660亿元，其中发放本外币贷款近3 000亿元，为大湾区建设提供了高质量金融支持。

为做好服务粤港澳大湾区建设各项工作，国开行成立由行领导任组长的专项工作领导小组，制定印发工作要点文件，对支持粤港澳大湾区建设的工作目标、工作重点及保障措施予以明确。同时，建立重点事项和重大项目清单，以"项目化、清单化、责任化"方式，推动相关工作落实。

加强基础设施建设，提升互联互通水平，能够为粤港澳大湾区经济社会发展提供有力支撑。在我国的香港地区，国开行牵头组建银团支持香港机场第三跑道建设，为巩固香港航空枢纽地位提供助力。在广东，国开行融资支持广湛高铁、深圳地铁三期工程建设，服务构建粤港澳大湾区现代化综合交通运输体系。同时，融资支持广州白云机场三期扩建及相关拆迁安置工程，助力广州实现"四个出新出彩"。

加大科技创新力度，构建具有国际竞争力的现代产业体系，能够推动粤港澳大湾区进一步深化供给侧结构性改革，加速向全球价值链高端迈进。国开行聚焦服务先进制造业发展，融资支持TCL、格力等制造业龙头企业，以及广州国际生物岛等重大产业平台建设，助力核心技术和关键零部件科技攻关。助力生物医药产业发展，推动设立广东中医药基金，通过专项贷款支持康泰生物、东阳光、稳健医疗等深圳医疗健康领军企业复工复产并加速研发创新，服务疫情防控大局和医疗健康领域高质量发展。同时，国开行在东莞落地"制造业资金合作计划"，支持东莞制造业中小企业发展；与深圳市发改委和两家政策性担保机构联合建立高技术中小微制造业贷款专项合作机制，着力解决科技型中小企业融资难题，向40余家5G、医疗医药、高端制造等领域"专精特新"中小企业提供了低成本资金支持。

大力推进生态文明建设，是粤港澳大湾区践行新发展理念的必然要求，也是人民群众的真切期盼。在我国香港地区，国开行与同业组建银团支持青山发电公司海上LNG接收站建设项目。该项目为香港地区首个海上LNG接收站，其建设有助于保障香港地区能源供应稳定和安全，推动进一步优化能源供给结构，提升香港地区生态环境质量。在广东，国开行发放79亿元贷款，支持东莞、肇庆等地水环境治理项目。2020年，肇庆在生态环境部公布的国家地表水考核断面水环境质量状况排名中名列前茅，东莞顺利完成213条污染河涌整治。同时，国开行积极践行绿色金融理念，融资支持以比亚迪为代表的新能源汽车产业发展，以及光大国际、中广核、深能源等企业重点清洁能源项目建设，为大湾区绿色低碳发展做出贡献。

此外，国开行还融资支持了深圳市首个"平方公里级"老旧工业区城市更新项目——宝安新桥东项目，为粤港澳大湾区优化城市空间布局、推动产业转型升级起到积极示范意义。成功发行3、5年期"粤港澳大湾区建设"专题人民币金融债券共计100亿元，相关发行信息在澳门交易所启动挂牌，为深入推动澳门地区与内地金融市场互联互通、助力澳门债券市场金融基础设施建设发挥了积极作用。

(资料来源：国家开发银行官网)

问题：

1. 依据上述资料，试概括国家开发银行的业务范围。
2. 试分析国家开发银行对中国经济的贡献。

案例二　市场主导模式与银行主导模式两种金融体系的比较

金融结构一般可分为英美式(普通法系)的市场主导型模式和德日式(大陆法系)的银行主导型模式。在英美体系中，公司主要依赖内源融资，较独立于大银行。美国、加拿大和英国企业的内源融资占所有投资来源的比重超过3/4；在美国，公司的资金更多地来源于证券的销售。美国和加拿大，债券、短期证券和股票提供的资金相当于从银行借款总额的50%～70%，而在日本和欧洲大陆国家，这一比例则少于30%。

这些差别最终的净效果很难总结。通常认为，基于强大的证券市场的金融系统更灵活、更适合于风险项目。面对非金融公司，银行没有能力处于支配地位，非金融公司大部分依赖于内源融资(未分配利润加上折旧)，外源融资则相对次要，而且外源融资也主要通过出售证券，而不是依靠银行贷款。因此，所导致的结果是银行对融资没有垄断权，即使银行拒绝对一特定项目进行融资，这一项目仍有可能进行。相反，银行主导型模式下，银行和金融机构则有能力对非金融公司的投资决策施加影响。这两种模式都有其优点和局限性：市场主导型模式通常被认为更富竞争性，而银行主导型模式则被认为是一种能够降低风险、减少银行破产和减少不稳定性的模式。

银行导向型和市场导向型的金融系统之间最根本的区别，在于集中性系统和分散性系统之间的差别。以集中性金融机构为基础的金融系统更适合于为大型长期项目动员资金，这些项目通常只在未来的很长时期以后才会产生效益，但不适合于对数以百万计的中、短期风险项目进行评估和融资。分散化的、以证券为基础的金融系统则能够为每一个项目标价，但是这些风险由投资者自己而不是由中介机构来承担。

美国的公司管理者常常羡慕日本的同行能从银行获得稳定的项目融资，而且可以不去考虑那些小股东，以至于很长时期内不用给那些小股东支付高额的股利；与此同时，日本的投资者也在羡慕美国金融系统所能提供的大量投资机会。在以证券为基础的体系中，风险是由市场自身决定的，而在以机构为基础的体系中，投资项目由银行来评估，银行通常对于承担风险持更保守的态度。失败的概率和代价在美国模式下显得更大，然而投资于有利可图的风险项目，其前景和收益也同样大得多。

金融系统的差异也导致公司治理模式的差异，因为公司治理的根本问题就是所有权与经营权分离的问题。而所有权与经营权的取得方式是与一国的金融体系有直接联系。英美等国的金融体系对企业只提供短期贷款，企业长期发展所需资金只能通过企业的留存收益和证券市场来筹集。同样，德日等国的企业资金主要靠银行，很少通过市场来筹集。融资体制的不同使得公司治理模式也产生差异。

（资料来源：上海财经大学《货币银行学》教学网，http://course.shufe.edu.cn/jpkc/hbyhx/kccl.html）

问题：

1. 市场主导型模式与银行主导型模式各有什么缺点？
2. 中国目前的金融结构是怎样的？中国应怎样深化金融体制改革？

案例三 新型农村金融机构——村镇银行

新型农村金融机构是指银监会发布《关于调整放宽农村地区银行业金融机构准入政策 更好地支持社会主义新农村建设的意见》后，经中国银行业监督管理委员会批准设立的村镇银行、贷款公司、农村资金互助社三类农村金融机构。

由于农业自身抵御自然灾害能力差、风险高和收益不稳定等特点，中国的农村金融长期面临着"失血"难题，很多商业银行纷纷弱化农村市场，减少分支机构，而不良资产率偏高的农村信用社对农民提供的信贷支持也非常有限。

为解决这一难题，中国政府从2006年开始试点发展农村资金互助社、小额贷款公司和村镇银行三类新型农村金融组织。因为植根于社会基层，直接服务于农村、广大中小企业等基层对象，这类新型农村金融组织在中国被形象地称为"草根金融"。

与国有商业银行和地方性金融机构相比，这些蓬勃发展的新型农村金融机构贷款具有方式灵活、放款及时、利率机动三大特点，因此受到农户广泛欢迎。

村镇银行已成为服务乡村振兴战略、助力普惠金融发展的金融生力军。同时，主发起人制度是村镇银行助力乡村振兴战略的有力保障。不同类型主发起人发起的村镇银行带有浓厚的"母行基因"，在经营发展中呈现出百花齐放、风格各异的特点。

村镇银行机构组建数量不断由"数量"向"质量"转变。至2019年年末，村镇银行组建数量为1 637家，开业数量为1 630家，覆盖了全国31个省份的1 306个县(市、旗)，县域覆盖率达70%，且新设机构主要集中在中西部地区。与此同时，村镇银行坚持专注"存贷汇"等基础金融服务，近六成资产为贷款，近九成负债为存款，吸收资金主要用于当地；持续加大涉农和小微企业贷款的投放力度，农户和小微企业贷款合计占比92%，坚持按照小额分散原则开展信贷业务，户均贷款余额37万元，连续5年下降。

资产负债规模增速居银行业首位。2018、2019年年末，全国村镇银行资产总额分别为1.51万亿元、1.69万亿元，负债总额分别为1.33万亿元、1.5万亿元，总资产、总负债两年平均增速为14.52%、15.09%，较银行业金融机构整体平均增速分别高3.9和5.1个百分点，居传统银行业金融机构首位，整体发展态势良好。

支农支小特色明显，对县域、农村地区持续"供血"成效显著。截至2019年年末，村镇银行支农支小的贷款余额连续7年保持在90%以上，累计发放农户及小微贷款余额达5.59万亿元，存贷比78.5%；坚持"小额、分散"授信原则，户均贷款余额33.4万元，连续8年保持稳步下降。

流动性总体较好，风险抵补能力较强。2018、2019年年末村镇银行流动性比例分别为69.13%、74.4%，均与主发起行签订了流动性支持协议，流动性风险整体可控；不良贷款率分别为3.66%、3.7%，资本充足率为18.3%、17.2%。

主发起行对村镇银行可持续发展有积极促进作用。截至2019年年末，4家大型商业银行累计设立村镇银行139家，6家股份制银行设立村镇银行69家，95家城商行在215个市发起设立村镇银行463家，175家农商银行在271个市发起设立村镇银行935家。不同类型主发起行的管理模式、公司治理理念、经营策略及风险控制策略对村镇银行的发展具有重要作用。其中，大型商业银行有强大的管控能力、战略引领能力、品牌影响力和科技服务能力；股份制银行有较强的市场反应能力，特色鲜明的管理模式和经营策略；城商行的小微信贷理念、技术、模式和管理经验能较好地传递给村镇银行；农商行较好地传承了"农村"基因，与村镇银行的定位较为契合，在文化、服务、产品方面和农村、农民更近、更接地气，能帮助村镇银行找准差异化经营理念和特色化发展模式，引领村镇银行实现高质量可持续发展。

村镇银行的发展机遇在于县域经济发展、普惠金融、差异化竞争优势和体制机制改革红利，挑战集中在宏观经济、同业竞争、金融科技、品牌认可度等方面。应引导村镇银行坚守支农支小市场定位、下沉服务重心、专注信贷主业、完善公司治理，持续增加对当地"三农"和小微企业、社区客户的金融供给，全面提升金融服务能力。

(资料来源：中国银行业协会官网)

问题：
1. 简述主发起行对村镇银行发展的作用。
2. 简述村镇银行经营中存在的主要问题。

第八章

货币供求与均衡

货币供给、货币需求及均衡理论是当代西方主要的货币经济理论，其理论基础是供求规律。货币需求理论要解决和研究的主要问题是：货币需求内涵的界定，决定货币需求的因素，西方货币需求理论的借鉴意义等。货币供给理论侧重于研究影响中央银行和商业银行货币供给能力的因素及供给过程。只有在分析货币供求理论的基础上，才能进一步研究和阐明货币供求均衡的不同状态对就业、物价、国民收入等各经济变量的影响。

第一节　货币需求理论

人们对货币需求的研究已有一百多年历史，迄今为止，已形成相对完整的货币需求理论，并且，随着社会的发展和货币信用关系的发达，对货币需求理论的研究仍在不断深化。

一、马克思货币需求理论的一般内容

按照马克思对货币需要量的论述，流通中必需的货币量为实现流通中待售商品价格总额所需的货币量。在商品流通中，货币是交换的媒介，因此，待售商品的价格总额决定了所需要的货币数量。但考虑到单位货币可以多次媒介商品交易，由商品价格总额决定的货币量应当是货币流量而非存量。用公式表示待售商品价格总额与货币需要量的关系，可以写为

货币需要量＝商品价格总额/单位货币流通速度

若以 M 表示货币需要量，Q 表示待售商品数量，P 表示商品平均价格，V 表示货币流通速度，则有

$$M = P \cdot \frac{Q}{V}$$

马克思的货币需要量公式具有重要的理论意义。它反映了商品流通决定货币流通这个基本原理。货币是为适应商品交换的需求而产生的，因商品的交换进入流通，并因交换的需求改变数量(无论该数量变化是自发进行还是政府部门人为调整)。这种分析，对于人们了解日趋发达的货币信

用关系，了解商品流通与货币流通的内在联系，均具有重要的指导意义。

由于马克思的货币需要量模型建立在金属货币流通基础上，因此对该模型的理解必须注意以下几个问题。

(1) 货币需要量理论强调待交换的商品价值决定其价格，货币数量不影响价格水平。这个论断适用于金属货币流通时期。由于金本位制度下铸币可以自由地进入或退出流通，因此，流通中的铸币量可以在价值规律下，自发地调节商品流通对货币的需要量。当流通中货币量大于需要量时，有相应数量的货币退出流通；当流通中货币量小于需要量时，又有相应数量的货币进入流通。因此，商品价格不会由于货币量的大量匮缺或严重过剩而出现大幅度波动。但是，当金属货币的流通为纸币及不兑现信用货币流通取代时，必须考虑货币供应对货币需求的反作用。

不兑现信用货币流通使货币供应量失去自动适应货币需要量的性能。流通中货币量对货币需要量经常存在的差异，必然引起商品价格的变动。这就是说，通过商品价格变动，使原来过多的货币为流通所吸收，变成价格上升后货币需要量的组成部分。这种货币供给对货币需求的反作用，在现代经济中是显著的，不容忽视。

针对不兑现信用货币流通下货币量对价格的影响，马克思在货币需要量规律的基础上提出了纸币流通规律，指出在纸币流通下，单位纸币所代表的金属货币量等于流通中所需的金属货币量除以流通中的纸币总额，即

单位纸币代表的金属货币量＝流通中所需的金属货币量/流通中的纸币总额

在这个公式中，可以明显看出货币供应量对货币币值从而对物价的影响。在货币需求不变的条件下，如果纸币供应量增加，则有币值下降和物价上升的变化。

(2) 货币需要量规律及其模型为人们提供了对货币需求进行理论分析的思路，但直接运用这个模型测算实际生活中的货币需求，还存在很多难题。例如，在货币需要量公式中，$P \cdot Q$ 代表待售商品价格总额，可是实际生活中很难确切统计某一时刻有多少商品正处于销售中，有多少处于储存状态，又有多少处于积压状态。因此，人们一般以国内生产总值(GDP)作为测算 $P \cdot Q$ 的替代物，但 GDP 并不等于 $P \cdot Q$。GNP 指年度内新生产的商品价格总额，它包括了待销售商品以及储存商品这两个部分。至于货币需要量公式中的 V，表示进入流通的、不断充当流通与支付手段的货币周转次数，这也是很难测算的。现实生活中，人们对 V 只根据某一时期 GDP 与同期货币供应量平均值的比值计算。由此得出的货币流通速度不可能与货币需要量公式中的 V 完全一致。

由于货币需要量公式中各因素测算上的困难，该公式所指出的货币需要量还只能是理论分析中一个定性的量，并非实践中可以测算的量。

(3) 货币需要量公式反映的是货币的交易需求。所谓交易需求，是指人们进行商品与劳务交换时所需要的货币量。随着社会商品货币关系的发展，金融交易开始越来越多地进入人们交易的范围，成为资金融通、资产保值及升值的一种重要方式。因此，要求对货币需要量的考察不仅应从商品交易需求的角度，而且应从金融交易的角度进行。

二、费雪方程式与剑桥方程式

费雪方程式与剑桥方程式是古典货币数量理论中的两个经典论述。19世纪，古典货币数量学说有了进一步的发展，首先是美国经济学家欧文·费雪提出了交易方程式，或称费雪方程式。

费雪认为，如果用 M 表示一定时期内流通货币的平均数量，用 V 表示货币流通速度，用 P 表

示各类商品的加权平均价格，用 T 表示各类商品的交易量，那么，货币量 M 与其他 3 个经济变量间的关系可以由以下的方程式表示

$$MV = P \cdot T$$

在这个方程式中，M 是可以由模型之外因素决定的外生变量；V 是由制度性因素决定的，因而短期内不变，可以视之为常数；T 是由生产决定的，可以视之大体稳定。因此，只有 P 与 M 的关系最为密切。或者说，货币数量的变化会主要影响价格的变化。

如果将上式两边同除以 V，可以得出

$$M = \frac{PT}{V}$$

此式即为费雪方程式。从形式上看，费雪方程式与马克思的货币需要量公式没有大的区别，但二者的含义是截然不同的。前者强调货币数量变化对商品价格的影响，后者则特别强调商品生产过程对商品价格的决定作用。

费雪方程式没有考虑微观经济主体动机对货币需求的影响，这是一个很大的缺陷。以马歇尔和庇古为代表的剑桥学派对货币需求的研究更多地重视微观主体的行为。

剑桥学派认为，经济社会中个人对货币的需求，实质是选择以怎样的方式保持自己的资产。因此，个人的财富水平、利率变动以及持有货币可能拥有的便利等诸多因素，均会影响个人的持币需求。微观主体的货币需求可表达为

$$M_d = kPY$$

式中：Y 代表总收入，P 表示价格水平，k 表示以货币形式保有的财富占名义总收入的比例。此式即为剑桥方程式。

如果令 $k = \dfrac{1}{V}$，剑桥方程式与费雪方程式的形式基本一致。但二者在内容上还是有很大差异的：首先，费雪方程式强调货币的交易手段职能，剑桥方程式则强调货币作为一种资产的性质。因此，费雪方程式侧重分析货币总流量与总产出和价格水平的关系，剑桥方程式则侧重分析货币存量占收入的比例。其次，费雪方程式从宏观的角度分析货币需求，完全不考虑利率等因素对微观主体持币动机的影响，剑桥方程式则从微观角度分析货币需求。尽管利率因素并没有在方程式中明确表述出来，但已隐含在对 k 的分析中。

三、凯恩斯货币需求理论的一般内容

凯恩斯早期是剑桥学派的一员。在1936年出版的《就业、利息和货币通论》一书中，凯恩斯系统地提出了他的货币需求理论。所谓流动性偏好，是指人们在心理上偏好流动性，愿意持有货币而不愿意持有其他缺乏流动性资产的欲望。这种欲望构成了对货币的需求。凯恩斯认为，人们的货币需求行为由3种动机决定，分别为交易动机、预防动机和投机动机。

(1) 交易动机。即人们为了应付日常的商品交易而需要持有货币的动机。他把交易动机又分为所得动机和业务动机两种。所得动机主要是对个人而言，业务动机主要是对企业而言。基于所得动机与业务动机而产生的货币需求，凯恩斯称之为货币的交易需求。

(2) 预防动机。即人们为了应付不测之需而持有货币的动机。凯恩斯认为，出于交易动机而在手中保存的货币，其支出的时间、金额和用途一般事先可以确定。但是生活中经常会出现一些未曾

预料的、不确定的支出和购物机会。为此，人们也需要保持一定量的货币在手中，这类货币需求可称为货币的预防需求。

(3) 投机动机。投机动机是指由于未来利息率的不确定，人们为避免资本损失或增加资本收益，及时调整资产结构而形成的对货币的需求。即人们根据对市场利率变化的预测，需要持有货币以便满足从中投机获利的动机。因为货币是最灵活的流动性资产，具有周转灵活性，持有它可以根据市场行情的变化随时进行金融投机。出于这种动机而产生的货币需求，称之为货币的投机需求。凯恩斯认为投机动机的货币需求是随利率的变动而相应变化的需求，它与利率成负相关关系，利率上升，需求减少，反之，则投机动机货币需求增加。

由于交易动机而产生的货币需求，加上出于预防动机和投机动机而产生的货币需求，构成了货币总需求。

很明显，货币的交易需求取决于待交易的商品与劳务，交易量越大，社会对货币的需求就越大。由于收入水平可以在较大程度上反映待交易的商品与劳务规模，因此，货币的交易需求可以表示为收入的函数

$$M_1 = L_1(Y)_+$$

式中：M_1 表示货币的交易需求，加号($_+$)表示货币的交易需求随收入同向变化。

资产需求分析是凯恩斯货币需求理论中最有特色的部分。为便于分析，凯恩斯将用于贮藏财富的资产分为两类：货币与债券。货币是不生息资产，债券是生息资产。当利率上升时，人们会预期未来利率下降，因而未来债券价格上升。因此，人们倾向于少持有货币，多持有债券，以实现资本收益。同样道理，当利率下降时，人们会产生利率上升的预期，因而增加现期货币的持有，减少对债券的持有。根据以上分析，货币的资产需求可表达为利率的函数

$$M_2 = L_2(r)_-$$

式中：M_2 表示货币的资产需求，负号($_-$)表示货币的资产需求随利率反向变化。

由于货币需求可以被看成是交易需求与资产需求的总和，货币需求函数可以写成

$$M = M_1 + M_2 = L_1(Y)_+ + L_2(r)_-$$

凯恩斯货币需求函数的一个重要意义在于，将利率引入货币需求决定因素中，意味着通过利率这个变量，可以将货币供求与实际经济的供求(社会总产出与社会总需求)联系起来，分析货币市场供求的变化对商品市场供求的影响。由于利率是货币资金市场供求关系的反映，货币供应量的变动能够迅速影响利率，所以，货币供给不仅通过价格的变动调节货币需求，而且可以通过利率的变化调节货币需求。根据这一思想，凯恩斯提出了一个重大的政策理论，即国家可以在社会有效需求不足情况下扩大货币供应量，降低利率，通过降低利率诱使企业家扩大投资，增加就业和产出。这样做的结果，并不会对价格产生较大冲击，因为前提是有效需求不足。并且产出扩大会给物价的稳定提供保证。凯恩斯这一理论表明，货币供给对货币需求的影响，不能仅仅理解为一种扰乱价格稳定的消极影响，也可以是促进产出、稳定物价的积极影响。

凯恩斯货币需求理论的提出，为资产选择方法这一现代货币分析的基础理论框架的建立与发展奠定了基础。资产选择方法是根据凯恩斯提出的货币资产需求的假设，分析在人们追求利润最大化和风险最小化的过程中货币政策手段的实施，借助利率的变化实现货币传递过程并实现对最终目标的调整。为此，凯恩斯学派做了大量研究，进一步提出，利率的变动不仅影响资产需求，而且影响交易需求。由于货币(钞票和活期存款)本身不带来利息收入，企业在不妨碍生产和交易的前提下，

必然尽可能将用于交易的货币存量减少至最低额。企业根据利率变动和交易成本的变化购买证券以获利，并在商品交易到来之前迅速将证券变现以应支付之需。这种论点，更加强调了利率在制约货币总需求中的作用。

四、弗里德曼的货币需求理论

现代数量论的货币需求理论是指以米尔顿·弗里德曼为代表的芝加哥学派的货币需求理论。货币数量是弗里德曼全部理论体系的支柱，而货币需求理论又是其货币数量的核心。

弗里德曼一方面采纳了剑桥学派和凯恩斯把货币看作是一种资产的核心思想，另一方面又基本上承袭了传统货币数量说的长期结论，即货币量的变动反映于物价的变动上。他认为，影响货币需求的因素是多种多样的，他用一个多元函数来表示货币需求，即

$$M_d = f(P,\ r_b,\ r_e,\ \frac{1}{P}\frac{\mathrm{d}P}{\mathrm{d}t};\ Y,\ W,\ U)$$

式中：M_d 表示名义货币需求量；f 表示函数关系；P 表示物价水平；r_b 表示固定收益的债券利率；r_e 表示非固定收益的证券利率；$\frac{1}{P}\frac{\mathrm{d}P}{\mathrm{d}t}$ 表示物价变动率；Y 表示永恒所得；W 表示非人力资本对人力资本之比率；U 表示反映主观偏好和风尚及客观技术与制度等因素的综合参数。

在影响货币需求的多种因素中，作为各种形式资产总和的总财富是最重要的变量。总财富的衡量实际上是很难做到的，但可以用收入来代替。弗里德曼使用的收入概念是恒久性收入，不是统计学家所使用的现期收入，因为现期收入的波动性很大。

弗里德曼进一步把财富分为人力财富和非人力财富，对于大多数财富持有者来说，他的主要资产是个人的能力。

对于货币需求来说，货币和其他资产的预期收益率也是一个很重要的因素，这个因素与通常的消费者需求理论中的商品价格及其替代品与互补品相类似。弗里德曼认为，货币的名义收益率可以为零，也可以是正的或负的。其他资产的名义收益率由两部分构成：一部分是现期支付的收益或成本，如债券的利息、股票的股息和红利、物质资产的会计储存费用等；另一部分是在通货膨胀或紧缩条件下，这些资产名义价格的变化。

影响货币需求的还有其他一些因素，如货币提供的效用、对未来经济波动程度的预测、现有资本品的交易量等。

弗里德曼提出的函数关系式是指单个财富持有者的货币需求。但是，只要略去分配对 Y 和 W 这些变量的影响，把 M 和 Y 分别作为按人口平均的货币持有量和实际收入，W 为以非人力财富持有的总财富中的一部分，这个函数就能适用于整个社会。

弗里德曼货币需求函数的最主要特点就是强调恒久性收入对货币需求的主导作用。他认为，货币需求也像消费需求一样，主要由恒久性收入决定。从长期看，货币需求必定要随恒久性收入的稳定增加而增加。这一结论是他用统计方法进行实证研究的结果。在对一个较长时期的收入数量进行统计时，一个统计周期收入的平均值就可以看作是恒久性收入的近似值。当然，恒久性收入在周期内也发生波动，在扩张时期里增加，在收缩时期里下降，但恒久性收入波动的幅度比现期收入的波动要小得多，既然实际货币需求取决于恒久性收入，那么实际余额就完全等于预期的余额，货币流通速度(恒久性收入除以货币存量)在扩张时期下降，在收缩时期上升或以较小的比率下降，由于恒久性收入在周期里不会发生较大幅度的变化，故货币流通速度也比较稳定，从而货币需求也是稳定的。

弗里德曼货币需求理论的另一个特点是：他的货币对总支出和产量实际发生影响的传递机制假说与凯恩斯学派的理论存在显著不同。凯恩斯学派认为货币数量的变化首先影响利息率，利息率的变化能使盈利能力和投资力量发生变化，间接地影响投资支出，投资支出再通过乘数作用影响总收入水平，因此，凯恩斯非常重视货币需求和投资支出的利率弹性。弗里德曼则强调现金余额的作用，他认为能够对总支出即总需求水平直接和广泛发挥影响的是货币数量。在所考虑的资产范围上，凯恩斯学派注重的是较小范围的金融资产和市场利息率，弗里德曼考虑的则是广义的资产和利息率，如耐久和半耐久性消费品、建筑和其他一类资产等。既然货币需求是由恒久性财产决定的稳定的函数，既然能对总需求发生最直接、最广泛影响的是货币数量，那么，弗里德曼自然就主张采取稳定货币供应增长率的货币政策。他认为，货币政策的首要任务是防止货币本身成为经济波动的主要源泉，货币当局应避免剧烈地和反复无常地改变货币政策的宏观调节方向，只有这样，才能给经济提供一个稳定成长的条件。

通过以上的概要介绍可以看出，现代西方的货币需求理论具有以下几个特点。

(1) 无论是古典学派、凯恩斯学派，还是弗里德曼，他们分析的货币需求实际上指的是对现金的需求，至于个人的储蓄存款和企业在银行的存款是不包括在内的。

(2) 从剑桥学派开始到凯恩斯学派和弗里德曼，当他们注重分析货币持有者的动机和行为时，分析对象总是个人和微观经济单位。

(3) 西方学者的货币需求分析，不仅注意了再生产对货币流通量的决定性影响，而且还注意了追求物质利益极大化时人们的行为对货币需求量的重要影响作用。

(4) 西方学者的货币需求分析，不仅运用了一般理论方法，而且还注意运用了精巧的数学分析工具。

(5) 西方学者的货币需求分析大都是为制定和选择货币政策奠定理论基础。

五、中国对货币需求理论的研究

在中国的经济运行过程中，许多经济学家都对货币的需求问题进行了研究。研究中一般使用货币需要量概念表达货币需求量。讨论的中心内容是如何理解和应用马克思的货币需要量公式。在改革开放之前，中国关于马克思货币需要量公式的讨论主要集中于以下几个方面。

(1) 讨论流通中需要的货币之外延是否包括现金与银行存款两部分内容。在相当长的时期内，占统治地位的观点是，货币需要量即指现金需要量。20世纪80年代以后，随着中国经济体制改革与对外开放，商品流通范围扩大，对现金与银行存款使用范围的限定放松，曾经占统治地位的现金等于货币的观点让位于现金加各项活期存款的观点，并自1994年起，中国人民银行开始正式按规定的货币层次定期公布各层次货币的统计指标。显然，这一讨论目前已告结束。

(2) 关于纸币贮藏是否也构成对货币的需求。一种观点认为，纸币没有十足的价值，不具备自发调节流通中货币量的功能，也不具备货币贮藏功能。纸币一旦退出流通，就失去了货币的意义，纸币进入贮藏实际上只能说是"沉淀"，社会对纸币贮藏的需求不构成货币需要量内容。但是，当人们看到现实社会中纸币的确是作为一种可以选择的金融资产时，无论持有纸币用于交易还是用于贮藏，均会对货币的需求量产生影响。在这一点上，似乎也没有进一步争论的必要。

根据马克思货币需要量公式，人们发现，在经济体制不变的情况下，社会商品零售总额与流通中货币(现金)之比为8∶1时，社会的商品供求关系处于稳定和基本均衡的状态，物价的上涨压力较低，货币流通状况正常。因此，"8∶1"或"1∶8"(指流通中现金与社会商品零售总额之比)便成为衡量流通中货币是多是少，或者说货币的供应量是否等同于货币需要量的一个简明又实用的尺度。如果比值低于8∶1，则可以认为货币流通量多于货币需要量；反之，则可以认为货币量不足。

"8∶1"实际上是货币流通速度的一个经验数字。在该速度下的货币供应量较好地适应了在特定经济环境下货币的需要量。直到20世纪80年代初期以前，"8∶1"已成为马克思货币需要量原理在中国的具体化。但是，随着20世纪80年代以后经济体制改革的深化，"8∶1"这个经验数字已不再能够成为衡量货币流通正常与否的尺度。并且，由于商品流通的范围扩大，渠道增加，货币的外延也发生变化。继续运用马克思货币需要量公式的原理，寻找简便易行的经验数字作为衡量货币供应量正常与否的尺度，已经不是一件易事了。

20世纪90年代以来，对我国货币政策实践有较大影响力的货币需求公式是

$$M=Y+P$$

即，货币供给增长率M等于经济增长率Y加预期的物价上涨率P。

在这个公式中，经济增长率用国民生产总值增长速度表示。显然，这个概念涵盖的内容远远大于商品零售总额，可以更好地反映商品与劳务交换对货币需求的影响。其次，货币的定义也不仅仅指现金，可以灵活地使用不同层次的货币，如M_1、M_2。再次，将预期物价上涨率加入模型，实际上是承认了物价上涨对名义货币需求的作用。因此，此公式比"8∶1"这个经验数字更接近体制改革后的中国现实。

第二节　货币需求

一、货币需求的含义

在现代高度货币化的经济社会里，一切经济活动都离不开货币信用形式。由于货币具有一般购买力与支付能力，因此，社会各部门(个人、企业、单位和政府)在经济活动中必须持有一定的货币量，才能去进行媒介交换、支付费用、偿还债务、从事投资或保存价值等活动，由此产生了对货币的需求。

所谓货币需求，是指社会各部门在既定的收入或财富范围内能够而且愿意以货币形式持有的数量。在理解货币需求的含义时，需要把握以下几点。

(1) 货币需求是一个存量的概念。它主要考察在特定的时点和空间范围内(如某年年底、某国)，社会各部门在其拥有的全部资产中愿意以货币形式持有的数量或份额，因而是一个存量的概念。尽管存量的多少与流量的大小、速度相关，但货币需求理论研究的主要是存量问题。

(2) 货币需求是有条件限制的，是一种能力与愿望的统一。它以收入或财富的存在为前提，是在具备获得或持有货币的能力范围之内愿意持有的货币量。因此，货币需求不是一种纯主观的或心理上的占有欲望，不是人们无条件地"想要"多少货币的问题，人们对货币的欲望可以是无限的，但对货币的需求却是有限的。只有同时满足两个基本条件才能形成货币需求：一是必须有能力获得或持有货币；二是必须愿意以货币形式保有其资产。有能力而不愿意不会形成对"货币"的需求，而愿意却无能力只是一种不现实的幻想。

(3) 现实中的货币需求不仅仅是指对现金的需求，而且包括了对存款货币的需求。因为货币需求是对所有商品、劳务的流通以及一切有关货币支付、贮藏所提出的需求，除了现金，存款货币同

样能满足这种需求。

(4) 人们对货币的需求既包括了执行流通手段和支付手段职能的货币需求，也包括了执行价值贮藏手段职能的货币需求。前者是对货币作为交换媒介和延期支付手段的需求，后者是对货币作为资产保存形式的需求，二者的差别只在于持有货币的动机不同或货币发挥职能作用的形式不同，但都在货币需求的范畴之内。如果仅囿于前者，显然不能涵盖货币需求的全部，并与现实经济不符。

二、货币需求的微观角度和宏观角度

所谓货币需求分析的微观角度，就是从微观主体的持币动机、持币行为考察货币需求变动的规律性。在前面介绍过的货币需求方程和货币需求函数中，剑桥方程式、凯恩斯货币需求模型、弗里德曼货币需求函数，都是从微观角度分析货币需求的典型。

货币需求的研究任务首先是识别货币需求的决定因素并辨明各因素对货币需求量的影响。对于货币需求的决定因素，通常划分为3类：一类为规模变量，如收入和财富；一类为机会成本变量，如利率、物价变动率；余下的则称之为其他变量，如制度因素等。

将机会成本变量引入货币需求模型或函数，是从微观角度考察货币需求问题的典型表现。其目的在于说明利率和价格变动这类因素对货币保有主体可能造成的潜在收益或损失，以及这种潜在收益或损失对微观主体货币需求行为的影响。早期货币需求模型都未考虑机会成本因素。剑桥方程式在对实际现金余额与收入的比率k做注解时强调了利率因素的作用，可以说是引入机会成本因素的开端。但在模型上并未直接表示出来。直到凯恩斯的货币需求的动机分析，才建立起内容和形式相一致的微观货币需求研究方法，而后则不断有所发展。

从微观角度考察货币需求的方法有4点长处：①在规模变量为一定时，解释货币流通速度的变动；②提醒人们注意，货币不仅有交易媒介功能，而且还有资产和价值贮藏功能；③强调利率、价格等市场信号对货币需求也能产生相当程度的影响；④有可能使短期货币需求分析更精确化。

货币需求的宏观分析是货币当局决策者为实现一定时期的经济发展目标，确定合理的货币供给增长率，从总体上考察货币需求的方法。准确地判断总体货币需求的数量是决定货币供给量的关键。

从宏观角度估算货币需求，需要利用货币需求的宏观模型。马克思的货币必要量公式、费雪的交易方程式、上面介绍的我国近年提出的"$M=Y+P$"公式都是宏观模型。这些模型的共同特点是都没有顾及微观主体的心理、预期及行为等因素，不考察各种机会成本变量对货币需求的影响，而主要是从市场供给、收入这类指标的变化来考察("$M=Y+P$"中有个P，但如果考察实际货币需求，公式中的这个因素就不存在了)。也可这样理解：机会成本因素及微观主体行为对货币需求的影响都已纳入货币流通速度这一吸纳性极强的变量之中。但货币流通速度由于综合的内容太多，很难据此对货币需求进行具体分析。特别是它不像利率那样以一个独立的、毫不含糊的数值存在，而只是已发生的货币流量与货币存量的比值，不同的观点、不同的计算方法可以使这个比值有很大的出入。因而宏观货币需求分析必须发展。

在西方经济学中，实际的途径是在建立起微观货币需求模型之后，进一步研究这个模型能否直接用于，或经过修订用于宏观分析。例如，弗里德曼的微观货币需求模型，对其中个别变量加以解释，就变成了宏观模型。

三、名义货币需求与实际货币需求

在通货膨胀条件下，货币需求可分为名义货币需求与实际货币需求，如同利率区分为名义利率和实际利率一样。

所谓名义货币需求，是指社会各经济部门所持有的货币单位的数量，如1万美元、5万元人民币、8 000英镑等，通常以M_d表示。实际货币需求则是指名义货币数量在扣除了通货膨胀因素之后的实际货币购买力，它等于名义货币需求除以物价水平，即$\frac{M_d}{P}$。因此，名义货币需求与实际货币需求的根本区别在于是否剔除了通货膨胀(或物价变动)的影响。对于货币需求者来说，重要的是货币所具有的购买力的高低而非货币数量的多寡，但在物价总水平有明显波动的情况下，区分并研究名义货币需求对于判断宏观经济形势和制定并实施货币政策具有重要意义。

四、影响我国货币需求的因素

不管是货币需求的理论分析，还是货币需求的实践研究，核心内容都不外乎是考察影响货币需求量的经济因素。但由于不同国家在经济制度、金融发展水平、文化和社会背景以及所处经济发展阶段的不同，影响货币需求的因素也会存在差别。如果把我国现阶段的货币需求也视作个人、企业等部门的货币需求之和的话，那么，影响我国现阶段货币需求的主要因素如下。

(一) 收入

在市场经济中，各微观经济主体的收入最初都是以货币形式获得的，其支出也都要以货币支付。一般情况下，收入提高，说明社会财富增多，支出也就会相应扩大，也就需要更多的货币量来媒介商品交易。因此，收入与货币需求总量呈同方向变动。

国民收入的变动对货币需求变动的影响可以用$\frac{\Delta M_d}{M}$除以$\frac{\Delta Y}{Y}$来反映。也就是当收入变化一个微小的百分比时，货币需求所变化的数量。这通常被称为货币需求的收入弹性。若用E_m表示货币需求的收入弹性，则

$$E_m = \frac{\Delta M_d}{M} \div \frac{\Delta Y}{Y}$$

改革开放以来，我国个人的收入水平增长较快，对货币需求发生了重大影响。随着市场经济的进一步发展和市场机制的不断完善，传统体制下的实物分发与福利制度正在被废除，人们的劳动收入更多地以货币形式获得，人们的消费所需也更多地通过货币的支付来实现，货币收支的增加必然对货币需求产生重大影响。同时，企业之间随着计划性实物调配方式的废除，货币收支迅速增加，也对我国货币需求产生重要影响。因此，在经济货币化程度全面提高的过程中，货币需求有增加的趋势。

(二) 价格

从本质上看，货币需求是在一定价格水平下人们从事经济活动所需要的货币量。在商品和劳务量既定的条件下，价格越高，用于商品和劳务交易的货币需求也必然增多。因此，价格和货币需求，尤其是交易性货币需求之间，是同方向变动的关系。

实际经济生活中，物价变动率对货币需求的影响很大。由商品价值或供求关系变化所引起的物价变动率对货币需求的影响是相对稳定的，二者之间通常可以找到一个相对稳定的比率。而由通货膨胀造成的非正常的物价变动对货币需求的影响则极不稳定。因为这种非正常的物价变动不仅通过价格总水平的波动影响货币需求，而且通过人们对未来通货膨胀的预期来影响货币需求。例如在通货膨胀率极高的时期，通常会出现抢购和持币待购等非正常行为，必然带来对货币需求的超常增长。如果对这类货币需求的变动，货币当局不采取措施予以调节，则会使通货膨胀更加恶化。至于这部分货币需求究竟会增加多少，因其决定因素过于复杂而难于确定，但绝不能据此而忽视物价变动对货币需求产生的巨大影响。

(三) 利率

利率变动与货币需求量之间的关系是反方向的。一般来说，利率越高，各微观经济主体的货币需求将减少；利率越低，货币需求将增多。然而微观经济行为主体的货币需求又有不同的目的(交易或投资)，因此，利率与货币需求量之间的关系十分复杂，需要具体情况具体分析。

(四) 货币流通速度

从动态的角度考察，一定时期的货币总需求是指该时期货币的流量。而流量又不外乎是货币平均存量与货币流通速度的乘积。现假定用来交易的商品与劳务总量不变，而货币流通速度加快，从而便可以减少现实的货币总需求。反之，如果货币流通速度减慢，则必然增加现实的货币需求量。因此，货币流通速度与货币总需求是反向变动的关系，并且在不考虑其他因素的条件下，二者之间的变化存在固定的比例关系。

(五) 金融资产收益率

金融资产的收益率是指债券的利息率或股票的收益率。在金融制度发达和比较发达的国家和地区，人们往往有投资性货币需求，亦即以营利为目的、以资产选择为内容的货币需求。当金融资产收益率明显高于存款利率时，人们理所当然地愿意购买有价证券，因而便会增加投资性货币需求。金融资产的收益率对货币需求的影响也很复杂，既然它是一种资产选择行为，因而便包含着人们对流动性与安全性的权衡，并非单纯追求收益。与此同时，它更多地影响货币需求的结构，使不同的货币需求动机间产生此消彼长的替代关系。由于我国金融市场发展迅速，对这类因素需要进行深入分析和研究。

(六) 企业和个人对利润与价格的预期

当企业对利润预期很高时，往往有很高的交易性货币需求，因此，它同货币需求呈同向变化。当人们对通货膨胀的预期较高时，往往会增加消费、减少储蓄，抢购和持币待购成为普遍现象。因此，它同货币需求呈反向变动。

(七) 财政收支状况

当财政收入大于支出且有结余时，一般意味着对货币需求的减少，因为社会产品中的一部分无须货币去分配和使用，从而减少了一部分交易货币需求。反之，当财政支出大于收入出现赤字时，则表现为对货币需求的增加。赤字的弥补不管是通过向社会举债还是向中央银行短期透支，都会引起货币需求的增加。

(八) 其他因素

这些因素主要包括以下3个方面。

(1) 信用的发展状况。若信用关系不发达，信用形式单一，则对现实的货币需求就大。

(2) 金融机构技术手段的先进程度和服务质量的优劣。先进的技术手段和高质量的金融服务往往能提高货币流通速度，减少现实的货币需求；反之，则增加货币需求。

(3) 国家的政治形势对货币需求的影响。此外，一国的民族特性、生活习惯、文化传统等也对货币需求有一定的影响。

在上述影响货币需求的诸因素中，收入、物价、利率和货币流通速度的影响是主要的，这在货币需求理论发展中已有分析。而企业和个人对利润和价格的预期、财政收支状况等因素，则是我国经济条件下，促使货币需求扩张的常见动因。需要注意的是，在影响我国货币需求的因素分析中，伴随着市场经济的发展，需要给予足够的关注和不断地进行研究。

第三节　货币供给

一、货币供给与货币供给量

(一) 货币供给

货币供给是指一国经济体系中货币的投入、创造和扩张(或收缩)的过程。它主要包括货币供给的变量及其层次、货币供给控制机制与控制工具、货币供给与货币收支、货币供应量的决定机制等。

在研究货币供给问题时还需要说明名义货币供给与实际货币供给。名义货币供给指以货币单位来表示的货币供给，表现为通货净额与存款净额之和，名义货币供给主要是由中央银行通过准备金及流通中现金来控制。实际货币供给指以流通中货币所能购买的商品和劳务表示的货币供给，它以真实的物品和劳务表示。

(二) 货币供应量

货币供应量，是指一国在某一时点上为社会经济运转服务的货币存量，它由包括中央银行在内的金融机构供应的存款货币和现金货币两部分构成。货币供应量分散由政府、企事业单位、社会公众等持有，是银行体系所供应的债务总量。货币供应量有狭义与广义之分。狭义的货币供应为M_1，广义的货币供应为M_2。研究货币供应量的目的是使银行体系实际提供的货币量与社会经济总体对货币的需要量保持一致，并能不断保持经济的稳定增长。

在研究货币供应量时需要说明内生变量与外生变量、货币存量与货币流量的概念。

所谓内生变量，也称非政策变量，它是指在经济机制内部由纯粹的经济因素所决定的变量，即货币供给取决于客观的经济运行过程本身，而不是取决于货币当局的主观意志，如收入、储蓄、投资、消费等。所谓外生变量(又称政策变量)，是指在经济运行中，由经济循环外部因素即非经济因素所决定的变量，也就是说货币供给将完全由货币当局的行为特别是货币政策决定，而与经济运行过程及经济内部各种因素无关，如再贴现、公开市场业务等。

所谓货币存量，是指中央银行通过自己的资产活动，形成社会经济体系中现有的货币量。所谓

货币流量,是指已经形成的货币存量经过多次易手,媒介数倍于货币存量的社会产品和劳务。也可以这样表示

$$货币流量=货币存量×货币流通速度$$

二、货币供给的层次划分

各国中央银行对货币层次的划分不尽相同。货币供给层次的划分一般考虑的原则是货币的流动性程度。所谓流动性程度是指货币变为现款的能力,也就是变为现实流通手段和支付手段的能力。层次划分还要考虑到与有关经济变化有较高的相关程度,具有划分层次所需的统计资料和数据,并且银行具有调控能力。显然,现金与活期存款是流动性最强的货币,通常被列为货币的第一层次;银行定期存款和储蓄存款的流动性次之,但较其他货币形态要强,因而在第一货币层次上加入该两项存款,形成货币的第二层次;货币的第三层次则是在第二层次货币基础上加入各种非银行金融机构的存款;由于非金融机构发行的各种短期金融工具比上述各种货币的变现能力要弱,但比其他长期证券要强,因此将其列入第四货币层次。

上述货币层次划分的内容可用公式表述为

$$M_1=C+D$$

式中:C表示现金;D表示活期存款。

$$M_2=M_1+(D_s+D_t)$$

式中:D_s表示在银行的储蓄存款;D_t表示在银行的定期存款。

$$M_3=M_2+D_n$$

式中:D_n表示各种非银行金融机构的存款。

$$M_4=M_3+L$$

式中:L表示非金融机构发行的所有短期金融工具。

因此,M_4是货币的最广义定义。

我国从1984年开始对货币层次进行划分,1994年第三季度起定期向社会公布货币供应量的统计监测指标,按照货币流动性的强弱将货币供应量分为4个层次。

M_0=现金流通量

$M_1=M_0+$企业活期存款+机关团体存款+农村存款+个人持有的信用卡存款

$M_2=M_1+$城乡居民储蓄存款+企业机关定期存款+外币存款+信托类存款+证券公司客户保证金

$M_3=M_2+$金融债券+商业票据+大额可转让定期存单

货币层次的划分与中央银行公布的货币层次的数字区别如下。

(1) 每季公布的货币供应量只到M_2,M_3是考虑到金融不断创新的现状而增设的,目前不公布M_3。

(2) 目前本外币的金融统计尚未并账,M_2中的外币存款暂无法合并,因而不包括在公布的货币供应量中。

货币当局对不同口径货币的监测和控制,也促使各类金融机构做出相应的反应。例如,定期存

款到期前不便于流动，于是创造易于变现的可转让大额定期存单；定期存款不能开支票，于是创造了自动转账制度；储蓄存款不能开支票，于是创造了货币市场互助基金账户；等等。这些都使得流动性加强了，并大大突破了原有货币层次的界限。界限变得模糊起来，以致各国货币统计口径每过一段时期就不得不进行调整。如图8-1所示为2016年以来中国广义货币供应量增长率情况。如表8-1所示为2016年以来中国货币供应量及各层次情况。

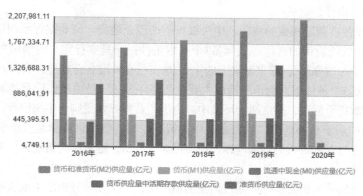

图8-1　中国广义货币供应量增长率情况

(资料来源：国家统计局)

表8-1　中国货币供应量及各层次情况

单位：亿元人民币

时间 项目	2016年	2017年	2018年
货币和准货币(M_2)	1 550 066.67	1 690 235.31	1 826 744.20
货币(M_1)	486 557.4	543 790.15	551 685.90
流通中货币(M_0)	68 303.87	70 645.60	73 208.40
时间 项目	2019年	2020年	2021年8月
货币和准货币(M_2)	1 986 488.82	2 186 795.89	2 312 267.68
货币(M_1)	576 009.15	625 580.99	626 658.69
流通中货币(M_0)	77 189.47	84 314.53	85 059.20

注：自2011年10月起，货币供应量已包括住房公积金中心存款和非存款类金融机构在存款类金融机构的存款。2018年1月，人民银行完善货币供应量中货币市场基金部分的统计方法，用非存款机构部门持有的货币市场基金取代货币市场基金存款(含存单)。

(资料来源：中国人民银行)

三、货币供给过程

在现代信用货币制度下，货币供给的主体是银行。流通中的货币都是通过银行供给的，货币供给与银行的资产负债活动密切相关。在具有货币收支的各经济部门中，企业和个人等经济单位一律不能擅自发行货币，也不能开空头支票创造货币，而只能在既定的收入规模内安排自己的支出。假定现有货币总量1 500元，甲部门1 000元，乙部门500元。又假定甲部门用500元向乙部门购买商品。于是，甲部门的货币减少了500元，乙部门的货币增加了500元。虽然既定的货币量在不同的部门之间进行了重新分配，但货币总量并不因交易活动而发生变化。这说明单纯的非银行经济单位之间的经济活动不创造货币。

在实行中央银行制度下，货币供应量是通过中央银行创造基础货币和商业银行创造存款货币而注入流通领域的。这一供应过程具有以下3个特点。

(1) 货币供给形成的主体是中央银行和商业银行(包括接受活期存款的金融机构)，亦即银行系统，一般不包括非银行金融机构。

(2) 两个主体各自创造相应的货币。中央银行创造现金通货，商业银行则创造存款货币。

(3) 银行系统供给货币的过程必须具备3个基本条件：一是实行完全的信用货币流通，即流通中不存在金属货币和国家纸币(原来意义上的)；二是实行存款准备金制度；三是广泛采用非现金货币结算方式。在这3个条件下，货币的形成主要有两个环节：一是由中央银行控制的货币供给；二是商业银行的存款货币创造。在这两个环节中，由于商业银行要受制于中央银行，因此，中央银行在整个货币供给中居于核心地位。换言之，中央银行控制的货币供应量是货币供给过程的主流部分。关于商业银行与存款货币的创造问题，前面已做了分析，这里不再赘述，仅对中央银行控制的货币供给做些剖析。

中央银行控制的货币供给，一般通过两条渠道产生：一是在公开市场上购买有价证券或外汇；二是对商业银行办理再贴现或发放再贷款。中央银行这两种货币供应方式尽管不同，但其产生的效果却并无本质区别。为了分析方便，下面举例说明货币供给过程，用T型账户表示，如图8-2所示。

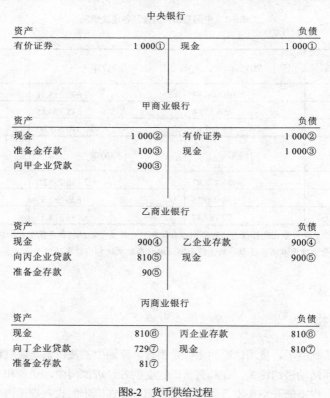

图8-2　货币供给过程

现假定中央银行从甲商业银行通过公开市场业务购买有价证券1 000元(或为商业银行办理票据贴现，其结果相同)，付给甲商业银行1 000元现金(中央银行此时可以给付支票，亦可给现金，亦可记入甲商业银行的存款账户。本例为简化易懂，假设支付的是现金)。甲商业银行以这1 000元资金来源的10%(假定为法定准备金率)作为准备金，其余都贷给甲企业。甲企业用这笔贷款支付乙企业的购货款，乙企业便有了900元的销售收入。乙企业又将这笔货币交存其开户行——乙商业银行，致使乙商业银行存款增加900元。乙商业银行又以这笔存款的10%作为准备金，其余810元又向丙企业发放贷款。以此类推，中央银行通过购买有价证券所形成的货币供给过程就开始了。

这个例子包含着银行系统创造货币的基本原理，即中央银行不论是购买有价证券，还是向商业银行开展再贷款业务，都会通过商业银行存款创造的机能，使货币供给量得到多倍扩大。至于货币供给量的减少，其道理与货币供给增加如出一辙，只不过方向相反而已。

另外需要说明的是：商业银行的货币创造活动虽然在多数情况下可以自主进行，但从总体上看，这一过程仍然置于中央银行的宏观调控约束之下。一般情况下，中央银行可以根据法定存款准备金率、商业银行的超额准备金率和公众的提现率等因素，较为科学地计算该时期的货币乘数，以此来监视货币流通总量。当中央银行感到货币供给量已经超过预测的货币需求量时，便会采取措施限制商业银行存款派生能力，以维持货币总供求的均衡。不过最基础的货币供给形式，还是由中央银行向商业银行贷款或购买有价证券。在我国，再贷款目前是我国基础货币投放的主要渠道。1994年汇改以后，中央银行通过外汇占款渠道投放的基础货币大量增加。1996年，我国开办本币公开市场业务，现已成为我国又一条货币供给的渠道。除此以外，还有银行收购黄金，以及中央银行上缴财政税利或财政向银行短期透支等都将形成基础货币的投放。

四、影响货币供给的因素

(一) 货币供给模型

根据商业银行存款货币扩张与收缩过程的分析，存款货币的变动与存款准备金率的变动之间存在着一种乘数或倍数关系。在这一基础上，接下来进一步讨论货币供给的理论模型。首先引入基础货币(Monetary Base)和货币乘数(Money Multiplier)的概念。

基础货币又称强力货币(High-powered Money)或高能货币，是指处于流通界为社会公众所持有的通货及商业银行存于中央银行的准备金的总和。实际上也是中央银行对社会公众的负债总额。上述两项由于可以作为准备金或基础来支撑数倍货币供给额，故称为基础货币或高能货币。又因为基础货币构成中央银行负债，是中央银行为影响货币供给额所能强力控制的，所以也称强力货币。

货币乘数就是基础货币每增加或减少一个单位所引起的货币供给额增加或减少的倍数，亦称货币供给的扩张倍数，它反映货币供应量与基础货币之间的数量关系。

令M_s表示货币供给额，B表示基础货币，k表示货币乘数，则货币供给的基本模型为

$$M_s = B \cdot k$$

从上述理论模型可以看出，货币供应量的多少基本上取决于基础货币和货币乘数两个因素。在货币乘数k不变时，基础货币B的变动直接引起货币供应的增加或减少，而且二者具有同向变动关系。由于基础货币基本上受中央银行货币政策左右，所以从该模型的这一决定因素看，货币供给具有外生性，是外生变量。当基础货币B不变时，货币供给量取决于另一变量——货币乘数k。

(二) 决定货币供给的因素

理论和实践都已证明，中央银行能对基础货币进行有效的控制。如果把货币供应量的变动与基

础货币的变动联系起来考察，又可推导出货币乘数及其决定因素。货币的创造和扩张过程因金融体制不同而异，即使在同一经济金融体制下，认识上也会有所不同。但有一点是明确的，即基础货币是货币供给扩张的决定因素，基本上是货币供给中的外生变量。而从中央银行投放基础货币到形成货币供应量之间的传导过程，则要受包括体制在内的多种因素影响，因此，货币供给的内生性就包含在货币乘数的影响因素之中。下面就对这些因素进行分析。

1. 基础货币与货币供应量

基础货币作为整个银行体系内存款扩张、货币创造的基础，其数额大小对货币供应总量具有决定性的影响。

既然基础货币由现金和存款准备金两部分构成，而现金是中央银行对社会公众的负债，存款准备金是中央银行对商业银行的负债，两者都是中央银行的负债，所以，通过中央银行资产负债表就能考察影响基础货币变动的因素。表8-2是西方中央银行高度简化的资产负债表。

表8-2　高度简化的中央银行资产负债表

资产	负债
国外净资产	
对政府债权净额	流通中货币
对商业银行债权	准备金存款
其他项目净值	
资产合计	负债合计

从表8-2可以看出，基础货币的增减变化，通常要取决于4个因素：国外净资产、对政府债权净额、对商业银行债权和其他项目净值。其中，对商业银行的债权变化为最重要因素。

国外净资产由外汇、黄金占款和中央银行在国际金融机构的净资产构成。其中，外汇、黄金占款是中央银行用基础货币来收购的。一般情况下，若中央银行放弃稳定汇率的目标，则通过该项资产业务投放的基础货币有较大的主动权；但若中央银行追求稳定汇率的目标，由于需要买卖外汇调节供求关系以平抑汇率，外汇市场的供求状况对中央银行的外汇占款有很大影响，通过该渠道投放的基础货币就有相当的被动性。

就对政府债权净额而言，中央银行代理政府发行证券，但中央银行一般不能直接认购；中央银行虽可持有证券，却都是从事公开市场业务的结果。因此，中央银行如果对政府债权净额增加，或是由于直接认购了政府债券，或是贷款给财政弥补了财政赤字。无论哪种方式，都表明中央银行通过财政部门把基础货币注入流通领域。

中央银行对商业银行债权的增加，意味着中央银行再贴现或再贷款资产的增加，说明通过商业银行注入流通的基础货币增加，这必将引起商业银行超额准备金增加，使货币供给量多倍扩张。相反，如果中央银行对商业银行的债权减少，意味着中央银行减少了再贴现或再贷款资产，货币供应量必将大幅收缩。一般来说，在市场经济中，对商业银行的债权，中央银行具有较强的控制力。

其他项目(净额)主要是指固定资产的增减变化以及中央银行在资金清算过程中应收应付的增减变化。它们都会对基础货币量的增减产生影响。

2. 货币乘数与货币供应量

在货币供给过程中，中央银行的初始货币提供量与社会最终形成货币量之间存在着数倍扩张(或收缩)的效果或反应，即所谓的乘数效应。乘数效应的实质，是要揭示基础货币与货币供应量之间的倍数扩张关系。

根据最近几年的实际情况看，决定货币乘数的主要因素有3项，即现金比率(提现率)、超额准备金率、法定存款准备金率。

现金比率即流通中的现金与商业银行活期存款的比率。现金比率受经济的货币化程度、居民货币收入、储蓄倾向以及对通货膨胀的心理预期等多种因素影响，不是中央银行所能完全控制的。但它对乘数的确定有重大影响。一般来说，现金比率低，货币乘数高；反之，货币乘数低。

超额准备金率的大小主要取决于商业银行自身的经营决策。超额准备金是指商业银行持有的超过法定准备金率的准备金。超额准备金与存款总额的比率即为超额准备金率。商业银行愿意持有多少超额准备金，一是取决于超额准备金的机会成本；二是取决于借入准备金的成本大小；三是取决于经营风险和资产的流动性。总之，商业银行持有的超额准备金越多，货币乘数就越小；反之，货币乘数就越大。

法定存款准备金率的高低由中央银行直接决定。法定存款准备金率越高，货币乘数越小；反之，货币乘数越大。近年来法定存款准备金率会考虑到大型金融机构和中小型金融机构以及县域金融机构等有所不同，中央银行通过频繁调整法定存款准备金率来调控货币供应量。

上述分析说明，货币供应量是由中央银行、商业银行体系及居民共同决定的。中央银行只能直接控制基础货币的供应，并通过对货币乘数施加影响，借以控制货币供应量。图8-3诠释了货币供给调控机制。

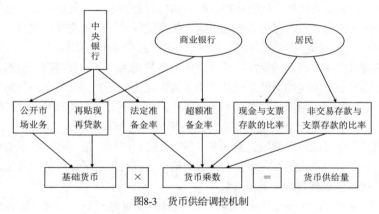

图8-3 货币供给调控机制

第四节 货币均衡

一、货币供求与总供求的均衡

现代经济中，人们十分关注总供求的均衡状态。如果总需求大于总供给，意味着市场处于供求的紧张状态，物价上涨和社会不稳定；如果总需求小于总供给，意味着市场处于疲软状态，企业开工不足，失业率上升和经济萧条。显然，无论哪种情况出现，都不为人们所期望。政府采取经济与行政手段调节经济运行的目的，无非是促使经济在总供求完全均衡的基础上运行。在这个过程中，社会的总供求均衡状态与货币的供应状况之间，始终存在紧密的联系。

在货币经济中，所有的供给(商品与劳务)的目的，均为获取等值的货币，以做进一步的购买，并进行连续的生产与消费过程，表现为商品与劳务的供给和货币需求的联系；而货币的供给，又会在一定程度上形成对商品与劳务的需求。这种联系表现为

$$AS \rightarrow M_d$$

$$AD \rightarrow M_s$$

式中：AS表示社会总供给，AD表示社会总需求。

由于总供给与总需求之间存在密切的联系，并且总需求更多地制约总供给的变化，而货币供给，从根本上说受制于货币需求，因此，上述关系可以进一步表示为图8-4。

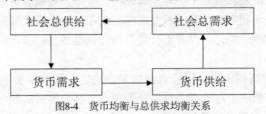

图8-4 货币均衡与总供求均衡关系

在这个关系图中，如果有AS＝AD，则会有$M_d＝M_s$。总供求的均衡与否与货币供求的均衡与否密切相关。

事实上，人们对总供求均衡状态的关注只是在货币经济产生后，或者说，只是在有了货币以后，才产生总供求失衡的可能性。物物交换下，总供给与总需求间总是平衡的。这时，一切对商品和劳务的需求都来自需求者对商品与劳务的供给，供给的同时创造出需求，供给与需求不仅在价值上相等，而且在时空上同步。例如，甲与乙之间，甲对乙产品需求的满足，来自甲向乙提供的产品。反之，乙的需求由甲的产品满足，乙的供给成为甲的需求。当所有物物交换都是这样进行时，社会总供求在任何时点上都是均衡的。但是，货币的出现使上述物物交换中必然的均衡被打破了。以货币为媒介，甲对社会供给商品后可以不马上购买，亦即不马上实现对社会商品的需求。乙的需求便会由于自己的产品供给无法实现得不到满足，形成供过于求。

货币的出现，为总需求与总供给失衡创造了技术上的可能性，是导致总供求失衡的外部原因。但事情也有相反的一面。货币的存在尽管会促成失衡，也同时创造了运用货币政策，调节货币供应以调节总需求，使总供求恢复均衡的可能性。

因此，货币经济中，注重货币供求的研究是十分重要的。通过这项研究，可以分析货币供给与货币需求之间的内在联系及实现均衡的条件，探索寻求货币供求及总供求均衡的途径。

二、货币供求均衡的含义

实际货币需求量在现实中并不直接表现出来。形象地说，它是看不见、摸不着的，无法进行实际统计。事实是，现实生活中可以直接统计的货币需求量是名义货币需要量，它等于同时存在的货币供应量。由于在货币供给一定情况下，无论货币需求如何，社会公众持有的货币额不可能超过当时整个经济体系中的货币存量，也不会少于这个存量，因此，若不考虑其他因素，仅从名义量上看，货币供给与货币需求总是数量相等的。因此，在任何一个时点上，货币供给同时代表当时的名义货币需求量。

这样看来，该如何理解货币供求的均衡与否呢？其实，前文所述及的货币需求，是指人们愿意持有的货币量，可称之为实质货币需求。计划的货币需求并不一定等同于实质货币需求。因此，关于货币供求关系的研究，实质是货币供给与实质货币需求关系的研究。

货币供给与实质货币需求间存在3种对比状态，即

$$M_s = M；M_s > M；M_s < M$$

式中：M表示实质货币需求。

当货币供给与实质货币需求平衡时，表现为经济的长期稳定增长及物价的相对稳定；当货币供给大于实质货币需求时，表现为经济增长速度减缓，物价上涨速度超出人们在经济上和心理上可以承受的程度；当货币供给小于实质货币需求时，表现为经济增长停滞甚至负增长，商品严重滞销，失业率上升。因此，为货币供求均衡状态下定义时，应当是对这样一种状态的描述，即货币供求均衡表现为物价相对稳定、经济稳定增长的长期趋势。在这种状态下，不存在由于购买与支付手段不足出现的商品滞销，也不存在因购买与支付手段过多而形成的物价上涨。

三、货币供求均衡的条件

无论货币在现代经济中的作用有多大，货币存在的基础之一在于它充当商品交换的中间媒介。因此，商品的交易及经济的运行对货币供应状态起决定性作用。按前文所述内容，总供求与货币供应之间的密切联系说明了总供求的均衡态必然影响货币供求的均衡态。例如，当总供给小于总需求时，必然有货币供给大于实质货币需求的情况发生。那么，实现货币供求的均衡，也必须从恢复总供求均衡开始。这就是说，实现货币供求的均衡实际是实现总体供求的均衡。这个过程侧重于以下几个方面。

(1) 运用货币政策调节总需求，实现总均衡。在总需求不足时，采取扩张的货币政策，如扩大货币供应量或降低利率，以增加社会总需求，减少储蓄。在总需求过高时，采取紧缩的货币政策，减少货币供给，提高利率，以抑制总需求，增加储蓄。后一种情况发生时，一般存在两种选择：一种选择是严厉紧缩，另一种选择是温和的紧缩。严厉紧缩，是指短期内迅速减少货币供给或大幅度提高利率，使总需求的膨胀趋势很快被抑制。但与之相伴的往往是总供给增长减速或停滞。当总需求的减速大于总供给的减速时，总供求在低水平上恢复均衡；当总需求的减速小于总供给的减速时，总供求的均衡会迟迟无法实现，并伴有持续存在的总需求大于总供给并发通货膨胀。显然，这是不希望出现的局面。这种选择一般针对严重通货膨胀时期。温和的紧缩，是指货币供给紧缩速度较慢，其目的在于紧缩总需求的同时保证总供给的正常增长，从而实现总供求均衡。

(2) 采取正确的财政收支政策保证实现总均衡。财政政策对总供给与总需求的调节往往比货币政策的效果更好。但是，必须强调财政政策，尤其赤字财政政策的实施必须注意对货币供给的影响。如果财政赤字导致货币增加的量超出实质货币需求，就会形成货币供求失衡与总供求失衡。所以，当总需求不足时，运用赤字财政政策刺激总需求必须适度。在总需求过多时，财政赤字的存在只会加剧两个失衡。这时，实现总供求均衡及货币供求均衡首先要缩小甚至消灭财政赤字，在财政收支均衡的基础上实现总体均衡。

本 章 小 结

1. 在西方货币需求理论中，货币需求是指经济主体持有货币的意愿。现实的主流观点是指社会各部门在既定的收入或财富范围内能够而且愿意以货币形式持有的数量。

2. 西方货币需求理论按其影响程度和先后顺序主要有古典学派的货币需求理论(包括现金交易

数量说和现金余额数量说)、凯恩斯的货币需求理论和弗里德曼的现代货币数量说。当然,中国长期关注的是马克思的货币需要量学说。

3. 货币供给是指经济主体把所创造的货币投入流通的过程。货币供给量通常是指一国经济中的货币存量。在货币供给过程中,中央银行直接控制基础货币的规模,商业银行则通过其存款货币的创造机制来扩大货币供给量,两者对货币供给的扩张或收缩都发挥着重要作用。

习　题

一、单项选择题

1. 根据凯恩斯流动性偏好理论,当预期利率上升时,人们就会(　　)。
   A. 抛售债券而持有货币　　　　　　　　B. 抛出货币而持有债券
   C. 只持有货币　　　　　　　　　　　　D. 以上说法均不正确

2. 根据凯恩斯流动性偏好理论,当前市场利率比正常水平高时,人们就会(　　)。
   A. 抛售债券而持有货币　　　　　　　　B. 抛出货币而持有债券
   C. 只持有货币　　　　　　　　　　　　D. 以上说法均不正确

3. 超额准备金率的变动主要取决于(　　)的行为。
   A. 中央银行　　　　　　　　　　　　　B. 社会公众
   C. 商业银行　　　　　　　　　　　　　D. 监管当局

4. 在其他条件不变的情况下,存款准备金率越高,则货币乘数(　　)。
   A. 越大　　　　　　　　　　　　　　　B. 越小
   C. 不变　　　　　　　　　　　　　　　D. 不一定

5. 在基础货币一定的条件下,货币乘数越大,则货币供应量(　　)。
   A. 越多　　　　　　　　　　　　　　　B. 越少
   C. 不变　　　　　　　　　　　　　　　D. 不确定

6. 在其他条件不变的情况下,商业银行的超额准备金率越高,则货币乘数(　　)。
   A. 越大　　　　　　　　　　　　　　　B. 越小
   C. 不变　　　　　　　　　　　　　　　D. 不确定

7. 在其他条件不变的情况下,商业银行的超额准备金率越低,则货币供应量(　　)。
   A. 越多　　　　　　　　　　　　　　　B. 越少
   C. 不变　　　　　　　　　　　　　　　D. 不确定

8. 在货币供应量决定因素中,商业银行能控制的是(　　)。
   A. 基础货币　　　　　　　　　　　　　B. 法定准备率
   C. 现金比率　　　　　　　　　　　　　D. 超额准备率

9. 货币供应量一般是指(　　)。
   A. 流通中的现金量　　　　　　　　　　B. 流通中的存款量
   C. 流通中的现金量与存款量之和　　　　D. 流通中的现金量与存款量之差

10. 基础货币是由(　　)提供的。
   A. 投资基金　　　　　　　　　　　　　B. 商业银行
   C. 中央银行　　　　　　　　　　　　　D. 财政部

二、多项选择题

1. 基础货币包括(   )。
   A. 公众的手持现金
   B. 财政存款
   C. 法定存款准备金
   D. 超额准备金
   E. 同业存款

2. 下列哪些情况可引起基础货币减少(   )。
   A. 央行收回再贷款
   B. 央行增加再贷款
   C. 央行购买国债
   D. 央行卖出国债
   E. 央行减少外汇储备

3. 中央银行增加基础货币供给的途径有(   )。
   A. 再贴现
   B. 再贷款
   C. 财政借款
   D. 从市场上买入国债
   E. 买入黄金与外汇

4. 马克思认为,一定时期流通中的货币需要量取决于(   )。
   A. 商品价格
   B. 货币价值
   C. 商品数量
   D. 货币储藏量
   E. 货币流通速度

5. 凯恩斯认为,人们持有货币的动机有(   )。
   A. 储备动机
   B. 消费动机
   C. 交易动机
   D. 预防动机
   E. 投机动机

6. 商业银行存款创造的前提条件是(   )。
   A. 全额准备金制度
   B. 部分准备金制度
   C. 转账结算制度
   D. 现金结算制度
   E. 支付清算制度

7. 制约商业银行不能无限制创造存款的因素有(   )。
   A. 利率
   B. 法定准备率
   C. 超额准备金率
   D. 现金漏损率
   E. 汇率

三、判断正误题

1. 货币需求完全是人们的一种主观愿望需求。   (   )
2. 一个人的物质财富在其总财富中所占比例越大,对货币的需求越小。   (   )
3. 基础货币增加,货币供应量一定增加。   (   )
4. 商业银行的活期存款是现代信用货币经济中最主要的货币形式。   (   )
5. 货币需求是指经济主体持有货币的意愿,是指社会各部门在既定的收入或财富范围内能够而且愿意以货币形式持有的数量。   (   )
6. 中央银行直接控制基础货币的规模,商业银行则通过其存款货币的创造机制来扩大货币供给量。   (   )

四、简答题

1. 为什么在货币供给大于货币需求时出现经济过热与物价上涨？
2. 为什么在货币供给小于货币需求时出现物价下降？
3. 决定货币供给的因素有哪些？
4. 中央银行哪些资产业务会影响基础货币的变化？
5. 凯恩斯货币需求理论的主要内容是什么？
6. 货币供求均衡的条件是什么？
7. 决定货币需求的因素有哪些？

五、论述题

1. 中央银行如何对货币失衡进行调节？
2. 试分析在货币供给中，商业银行、中央银行的作用。
3. 论述货币供给的过程。

案 例 分 析

案例一　正确理解中央银行资产负债表与货币供应的关系

传统观点认为，广义货币M2的变动是基础货币变动通过货币乘数放大而引起的。由于基础货币主要由现金、法定存款准备金和超额存款准备金构成，是中央银行负债的主体和货币政策实施结果的反映，数值上接近央行资产负债表规模，因此央行资产负债表规模变动容易被视同为货币政策取向发生变化。但事实上，广义货币M2增长与央行资产负债表规模、基础货币之间并无固定关联。

广义货币创造的直接主体是银行而非央行，现实中的广义货币M2由银行通过贷款等信用扩张创造而来，是由银行自主实现的，并不需要用到基础货币。中央银行通过调节基础货币为银行货币创造提供支持和约束，银行贷款创造存款货币时，要根据央行的要求将数量上等同于新增存款货币一定比例的超额存款准备金转存为法定存款准备金，但中央银行并不是货币创造的主体。

应当看到，超额存款准备金是可以支持银行货币创造的银行体系流动性，而法定存款准备金是被"冻结"的银行体系流动性，不能支持银行货币创造。央行资产负债表和基础货币中包含了上述两项的加总，简单用于分析货币政策取向的意义不大。比如，2008年国际金融危机前美联储资产负债表规模保持基本不变，但主要通过政策利率调节使货币政策松紧发生了变化。再如，从2000年年初至2013年末，我国中央银行资产负债表累计扩张了8倍，但期间我国货币政策也经历过不同取向。

拉长时间轴看，我国央行扩表幅度与主要发达经济体央行扩表幅度大体相当。从2000年年初至2020年年9月末，我国央行资产负债表扩张了9.6倍，与同期美国(9.5倍)、欧元区(7.1倍)和日本央行(5.2倍)的扩表幅度大体相当(见图8-4)。我国央行扩表始于21世纪初，属于外汇占款增长引起的被动扩表模式，对应基础货币增长主要来自于被"冻结"的法定存款准备金，降准会将部分法定存款准备金"解冻"转为超额存款准备金，这可以增加银行体系流动性、支持货币创造，但央行资产负债表规模和基础货币保持不变，甚至因银行把释放的存款准备金用于归还对央行的借款，短期内还可能有所减少。相较而言，主要发达经济体央行大幅扩表多始于2008年国际金融危机后，是其在正常货币政策空间耗尽的情况下，进一步通过量化宽松政策投放流动性以刺激经济所引起的，央行扩表与超额存款准备金增加基本对应，与我国存在本质差异。

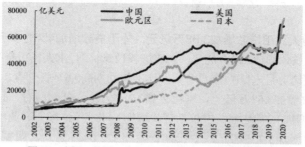

图8-4　中国、美国、欧元区、日本央行资产负债表规模

(资料来源：Wind 数据库)

　　近年来，我国央行摆脱了外汇占款增长导致的被动扩表模式，货币政策自主性明显增强，银行作为货币创造中枢的作用充分发挥。2020年以来，中国人民银行主要运用降准和再贷款工具对冲新冠肺炎疫情影响，但反映在央行资产负债表上，缩表的降准和扩表的再贷款两者相互抵消，央行资产负债表规模保持基本稳定，同时广义货币M2和社会融资规模增速明显高于2019年，对比主要发达经济体央行资产负债表规模大幅上升，突出反映了我国保持了正常货币政策且传导顺畅。

　　需要强调的是，货币乘数是广义货币M2和基础货币之间的恒等式比例。广义货币 M2的创造取决于银行行为，而银行贷款创造存款后所产生的缴纳法定准备金的需求，央行既可以通过缩表的降准对冲，也可以通过扩表的再贷款工具提供，这意味着货币乘数其实是一种事后的恒等式结果，并不存在分子和分母之间的直接逻辑关联。传统货币乘数观点反映了对货币创造的机械式观察，未充分认识到商业银行才是货币创造的主体，已不适用于对货币的现实分析。

　　总体而言，央行资产负债表规模、货币乘数与广义货币M2增长之间并无必然的逻辑关联，且我国作为全球为数不多的仍坚持货币政策正常化的大型经济体，不需要以央行大规模扩表的方式投放流动性，不宜简单根据央行资产负债表扩张幅度、货币乘数来衡量货币政策效果。观察货币政策的松紧，关键还是看作为货币政策中介目标的货币供应量和社会融资规模。只要保持了货币信贷合理增长，就说明银行货币创造的市场化功能正常发挥，中央银行提供的基础货币是适度的。下一步，中国人民银行将继续按照党中央、国务院部署，稳健的货币政策更加灵活适度、精准导向，搞好跨周期政策设计，完善货币供应调控机制，发挥基础货币投放对推动经济高质量发展的积极作用。

　　(资料来源：中国货币政策执行报告，2020年第三季度.)

问题：

1. 根据资料分析央行资产负债表规模、货币乘数与广义货币M2增长之间的关系。
2. 根据资料分析外汇占款导致的央行被动扩表模式的含义。
3. 分析说明商业银行通过哪些方面促成了货币供应量增大。

案例二　2021年1月金融统计数据报告

一、广义货币增长9.4%，狭义货币增长14.7%

2021年1月末，广义货币(M2)余额221.3万亿元，同比增长9.4%，增速比上月末低0.7个百分点，比上年同期高1个百分点；狭义货币(M1)余额62.56万亿元，同比增长14.7%，增速分别比上月末和上年同期高6.1个和14.7个百分点；流通中货币(M0)余额8.96万亿元，同比下降3.9%。当月净投放现金5 310亿元。

二、2021年1月份人民币贷款增加3.58万亿元，外币贷款增加450亿美元

1月末，本外币贷款余额182.23万亿元，同比增长12.5%。月末人民币贷款余额176.32万亿元，同比增长12.7%，增速比上月末低0.1个百分点，比上年同期高0.6个百分点。

1月份人民币贷款增加3.58万亿元，同比多增2 252亿元。分部门看，住户贷款增加1.27万亿元，其中，短期贷款增加3 278亿元，中长期贷款增加9 448亿元；企(事)业单位贷款增加2.55万亿元，其中，短期贷款增加5 755亿元，中长期贷款增加2.04万亿元，票据融资减少1 405亿元；非银行业金融机构贷款减少1 992亿元。

1月末，外币贷款余额9 122亿美元，同比增长14.6%。当月外币贷款增加450亿美元，同比多增361亿美元。

三、2021年1月份人民币存款增加3.57万亿元，外币存款增加500亿美元

1月末，本外币存款余额222.22万亿元，同比增长10.4%。月末人民币存款余额216.14万亿元，同比增长10.4%，增速分别比上月末和上年同期高0.2个和2.1个百分点。

1月份人民币存款增加3.57万亿元，同比多增6 245亿元。其中，住户存款增加1.48万亿元，非金融企业存款增加9 484亿元，财政性存款增加1.17万亿元，非银行业金融机构存款减少1 120亿元。

1月末，外币存款余额9 392亿美元，同比增长19.9%。当月外币存款增加500亿美元，同比多增245亿美元。

四、2021年1月份银行间人民币市场同业拆借月加权平均利率为1.78%，质押式债券回购月加权平均利率为2.07%

1月份，银行间人民币市场以拆借、现券和回购方式合计成交106.88万亿元，日均成交5.34万亿元，日均成交同比增长8.4%。其中，同业拆借日均成交同比下降17.7%，现券日均成交同比下降5.4%，质押式回购日均成交同比增长16.7%。

1月份同业拆借加权平均利率为1.78%，比上月高0.48个百分点，比上年同期低0.21个百分点；质押式回购加权平均利率为2.07%，比上月高0.71个百分点，比上年同期低0.01个百分点。

五、2021年1月份跨境贸易人民币结算业务发生6 021亿元，直接投资人民币结算业务发生3 996亿元

1月份，以人民币进行结算的跨境货物贸易、服务贸易及其他经常项目、对外直接投资、外商直接投资分别发生4 499亿元、1 522亿元、1 273亿元、2 723亿元。

(资料来源：中国人民银行网站)

问题：

1. 衡量金融运行情况的主要指标有哪些？
2. 比较近三年内金融运行情况的主要指标，说明变化趋势。

第九章

通货膨胀与通货紧缩

通货膨胀与通货紧缩是当今世界各国经济发展中普遍存在的问题，也是西方经济理论中的重要组成部分。科学地定义和衡量通货膨胀与通货紧缩，揭示它们产生的原因，分析它们对经济社会的影响，熟悉通货膨胀和通货紧缩的治理对策，对经济社会发展具有重要的意义。近年来，通货紧缩问题以及通货膨胀问题成为一个备受世界关注的经济问题。

第一节　通货膨胀概述

一、通货膨胀的含义

研究通货膨胀首先要弄清楚什么是通货膨胀。但恰恰在这一基本问题上，经济学家们存在着激烈的争论，而且至今还没有一个被普遍接受的定义。

一种最常见的定义是通货膨胀表现为物价水平的普遍上升，托宾、萨缪尔森等人都持这种观点。这一定义的要点有3点：①通货膨胀不是价格水平短期或一次性的上升，而是价格水平的持续上升。②通货膨胀不是指个别商品价格水平的上升，而是指价格总水平，即所有商品与劳务价格的加权平均值上升。③价格总水平每年上升多少即为通货膨胀是很难判断的。这里有一个主观判断标准，即经济主体对价格上升的敏感程度。

持上述观点的经济学家也被称为"物价派"。而另一些经济学家则不同意上述定义，他们强调了通货膨胀与货币量的联系，可以称之为"货币派"。

货币主义代表人物弗里德曼虽然认为"物价的普遍上升就叫通货膨胀"，但他又强调"无论何时何地大规模的通货膨胀总是个货币现象"。这种把通货膨胀与货币量联系起来的定义实际上是着重从通货膨胀的根源，而不是从现象上来给通货膨胀下定义。

本书将通货膨胀定义为：通货膨胀是指流通中的货币量超过了客观需要量，从而引起货币贬值和物价普遍、持续上涨的经济现象。

全面理解这一定义，要把握以下5个要点。

(1) 通货膨胀只发生在纸币流通情况下。

(2) 流通中的或客观需要的"货币量"应包括纸币、活期存款乃至全部存款。

(3) "物价"是指一般物价水平,或者说物价总水平。

(4) 物价水平的起伏波动或间歇性上涨,一般不视为通货膨胀。

(5) 物价水平的上涨,需达到一个量的界限才视为通货膨胀。

二、通货膨胀的度量

我国采取的主要度量指标包括:居民消费价格指数、商品零售价格指数、农业生产资料价格指数、农产品生产价格指数、工业生产者出厂价格指数、工业生产者购进价格指数、固定资产投资价格指数等。下面择其主要的指标加以介绍。

(一) 居民消费价格指数

居民消费价格指数(Consumer Price Index,CPI)是度量居民生活消费品和服务价格水平随着时间变动的相对数,综合反映居民购买的生活消费品和服务价格水平的变动情况,包括城市居民消费价格指数和农村居民消费价格指数。全国居民消费价格指数(CPI)涵盖全国城乡居民生活消费的食品烟酒、衣着、居住、生活用品及服务、交通和通信、教育文化和娱乐、医疗保健、其他用品和服务八大类、268个基本分类,其中既有价格上涨的商品,也有价格下降的商品。数据来源于全国31个省(区、市)、500个市(县)、6.3万家价格调查点,包括食杂店、百货店、超市、便利店、专业市场、专卖店、购物中心以及农贸市场与服务消费单位等。国家统计局采用抽样调查方法抽选确定调查网点,按照"定人、定点、定时"的原则,直接派人到调查网点采集原始价格。我国2015年以来全国居民、城市居民、农村居民消费价格指数变化趋势见图9-1。

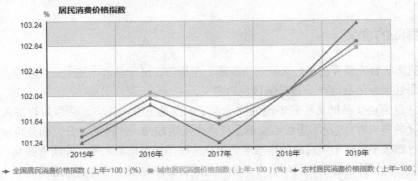

图9-1　全国居民、城市居民、农村居民消费价格指数变化趋势

(资料来源: 中华人民共和国国家统计局)

以居民消费价格指数度量通货膨胀,其优点在于消费品的价格变动能及时反映消费品供给与需求的对比关系,直接与公众的日常生活相联系,在检验通货膨胀效应方面有其他指标难以比拟的优势。多数国家度量通货膨胀时采用这一尺度。其局限性在于消费品只是社会最终产品的一部分,从而不足以说明全面的情况。用生活费用指数度量通货膨胀与用消费品价格指数度量,其性质类似,但前者包括的范围较广,作为度量尺度似乎更好一些。

(二) 工业生产者价格指数

工业生产者价格指数包括工业生产者出厂价格指数(Producer Price Index for Industrial Products, PPI)和工业生产者购进价格指数。

工业生产者出厂价格指数反映工业企业产品第一次出售时的出厂价格的变化趋势和变动幅度。工业生产者购进价格指数反映工业企业作为中间投入产品的购进价格的变化趋势和变动幅度。2018—2020年工业生产者出厂价格和购进价格分类指数见图9-2和图9-3。工业生产者出厂价格统计调查涵盖1 702个基本分类的11 000多种工业产品的价格；工业生产者购进价格统计调查涵盖900多个基本分类的6 000多种工业产品的价格。工业生产者价格调查采取重点调查与典型调查相结合的调查方法。年主营业务收入2 000万元以上的企业采用重点调查方法；年主营业务收入2 000万元以下的企业采用典型调查方法。工业生产者价格调查涉及全国400多个城市的近6万家工业企业。

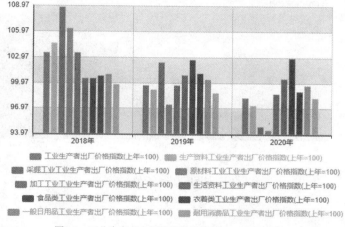

图9-2 工业生产者出厂价格分类指数(2018—2020年)

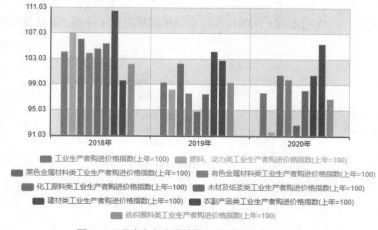

图9-3 工业生产者购进价格分类指数(2018—2020年)

(资料来源: 中华人民共和国国家统计局)

以工业生产者价格指数度量通货膨胀，其优点是能在最终产品价格变动之前获得工业投入品及非零售消费品的价格变动信号，进而能够判断其对最终进入流通的零售商品价格变动可能带来的影响。这个指标的变动规律同消费物价的变动规律有显著区别。在一般情况下，即使存在过度需求，其波动幅度也常常小于零售商品的价格波动幅度。因而，在使用这一指标判断总供给与总需求对比关系时，可能会出现信号失真现象。

国内生产总值(GDP)受物价的影响程度很大，这可以从国内生产总值(GDP)冲减指数上得到反映。

国内生产总值(GDP)冲减指数是一个能反映综合物价水平变动情况的指标。它的优点是覆盖范围全面，能度量各种商品价格变动对价格总水平的影响，但它容易受价格结构因素的影响。例如，虽然与公众生活密切相关的消费品价格上涨幅度已经很大，但其他产品价格却变动幅度不大，就会出现GDP冲减指数虽然不高但公众的日常消费支出已明显增加的状况。它的主要用途是对国民经济的综合指标进行名义值与实际值的换算。2015—2019年，我国国内生产总值及增长率情况见图9-4。

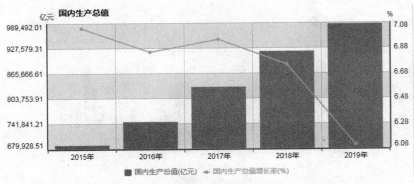

图9-4 我国国内生产总值及增长率

(资料来源：中华人民共和国国家统计局)

三、通货膨胀的分类

在经济分析过程中，人们还以不同的标准，对通货膨胀进行了分类。具体分类大致可归纳为如图9-5所示。

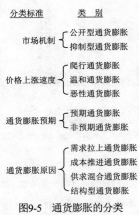

分类标准	类别
市场机制	公开型通货膨胀 抑制型通货膨胀
价格上涨速度	爬行通货膨胀 温和通货膨胀 恶性通货膨胀
通货膨胀预期	预期通货膨胀 非预期通货膨胀
通货膨胀原因	需求拉上通货膨胀 成本推进通货膨胀 供求混合通货膨胀 结构型通货膨胀

图9-5 通货膨胀的分类

第二节 通货膨胀的成因

在西方,有众多解释通货膨胀成因的理论,这些理论分别从总需求、总供给以及总需求与总供给相结合的角度分析了通货膨胀的成因。

一、需求拉上型通货膨胀

需求拉上型通货膨胀,又称超额需求通货膨胀,是指总需求超过总供给所引起的价格水平的持续显著的上涨。需求拉上型通货膨胀理论是一种比较古老的通货膨胀理论,这种理论把通货膨胀解释为"过多的货币追求过少的商品",如图9-6所示。

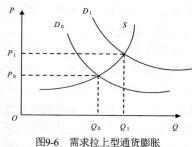

图9-6 需求拉上型通货膨胀

根据这种观点,总需求增加引起的通货膨胀可以分为3个阶段:首先是由于价格对总需求的反应慢于生产,所以产量增加,而价格水平并未上升;然后是当产量继续增加时,价格开始上升,这时出现了通货膨胀;最后产量下降,但价格仍然上升,就出现了滞胀现象。

此外,对需求拉上型通货膨胀还有一种解释,就是以弗里德曼为首的现代货币主义者认为,总需求的增长最终是由于货币量过多所造成的,用货币供给增长和货币供给的加速可以分别解释通货膨胀率和通货膨胀的加速。这样,便把现代通货膨胀归因于凯恩斯主义国家干预经济的政策所引起的货币量过度发行。

二、成本推动型通货膨胀

成本推动型通货膨胀理论是西方学者试图从供给方面说明为什么会发生一般价格水平上涨的一种理论。它是指在没有超额需求的情况下,由于供给方面成本的提高所引起的一般价格水平持续和显著的上涨,如图9-7所示。

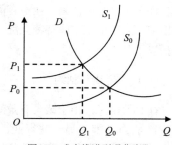

图9-7 成本推进型通货膨胀

西方学者着重论述了两种类型的成本推动,即工资推动和利润推动。

工资推动通货膨胀是指不完全竞争的劳动市场造成的过高工资所导致的一般价格水平的上涨。据西方学者解释,在完全竞争的劳动市场上,工资率完全取决于劳动力的供求,工资的提高不会导致通货膨胀;而在不完全竞争的劳动市场,由于强大的工会组织的存在,工资不再是竞争的工资,而是工会和雇主集体议价的工资,并且由于工资的增长率超过生产率的增长率,工资的提高就导致成本提高,从而导致一般价格水平上涨。这就是所谓工资推动通货膨胀。西方学者进而认为,工资提高和价格上涨之间存在因果关系:工资提高引起价格上涨,价格上涨又引起工资提高。这样,工资提高和价格上涨形成了螺旋式的上升运动,即所谓工资—价格螺旋。

利润推动通货膨胀是指垄断企业和寡头企业利用市场势力谋取过高利润所导致的一般价格水平的上涨。西方学者认为,就像不完全竞争的劳动力市场是工资推动通货膨胀的前提一样,不完全竞争市场是利润推动通货膨胀的前提。在完全竞争的产品市场上，价格完全取决于商品的供求，任何企业都不能通过控制产量来改变市场价格，而在不完全竞争的产品市场上，垄断企业和寡头企业为了追求更大的利润，可以操纵价格，把产品价格定得很高，致使价格上涨的速度超过成本增长的速度。

三、供求混合型通货膨胀

供求混合型通货膨胀的论点是将供求两个方面的因素综合起来，认为通货膨胀是由需求拉上和成本推进共同起作用而引发的，如图9-8所示。

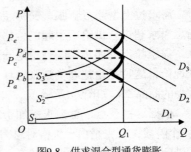

图9-8　供求混合型通货膨胀

这种观点认为，在现实经济社会中，通货膨胀的原因究竟是需求拉上还是成本推进很难分清：既有来自需求方面的因素，又有来自供给方面的因素，即所谓"拉中有推，推中有拉"。例如，通货膨胀可能从过度需求开始，但由于需求过度所引起的物价上涨会促使工会要求提高工资，因而转化为成本(工资)推进的因素。另一方面，通货膨胀也可能从成本方面开始，如迫于工会的压力而提高工资等。但如果不存在需求和货币收入的增加，这种通货膨胀过程是不可能持续下去的。因为工资上升会使失业增加或产量减少，结果将会使"成本推进"的通货膨胀过程终止。可见，"成本推进"只有加上"需求拉上"才有可能产生一个持续性的通货膨胀。现实经济中，这样的论点也得到论证：当非充分就业均衡非常严重时，则往往会引出政府的需求扩张政策，以期缓解矛盾。这样，成本推进与需求拉上并存的混合型通货膨胀就会成为经济生活的现实。

四、结构型通货膨胀

许多经济学家认为，在没有需求拉动和成本推动的情况下，只是由于经济结构因素的变动，也会出现一般价格水平的持续上涨。他们把这种价格水平的上涨叫作结构型通货膨胀。这些结构因素包括以下几点。

(一)　"瓶颈"制约

在有的国家，由于缺乏有效的资源配置机制，使得资源在各部门之间的配置严重失衡，有些行业生产能力过剩，另一些行业，如农业、能源、交通等部门则严重滞后，形成经济发展的"瓶颈"。当这些"瓶颈"部门的价格因供不应求而上涨时，便引起了其他部门，甚至是生产过剩部门的连锁反应，形成一轮又一轮的价格上涨。

(二)　需求移动

社会对产品和服务的需求不是一成不变的，它会不断地从一个部门转移到另外一个部门，而劳动力及其他生产要素的转移则需要时间。因此，原先处于均衡状态的经济结构可能因需求的移动而出现新的失衡。那些需求增加的行业，价格和工资将上升；但是需求减少的行业，由于价格和工资刚性的存在，却未必会发生价格和工资的下降。其结果，需求的转移导致了物价的总体上升。

(三) 劳动生产率增长速度的差异

部门间劳动生产率增长速度的不同会引起整体物价水平的上升，这是结构性通货膨胀理论最津津乐道的一个命题。其基本的逻辑是，一国经济可根据劳动生产率增长速度的差异而划分为不同的部门。为方便起见，不妨将生产率增长较快的部门称为先进部门，将生产率增长较慢的部门称为落后部门。如果不同部门内的货币工资增长率都与本部门的劳动生产率增长率相一致，则价格水平便可以维持在原有的水平上。但是落后部门的工人往往会要求向先进部门的货币工资增长率(它等于该部门劳动生产率的增长率)看齐，因为如果不这样的话，他们的相对实际工资就要下降，而这显然是他们所不愿意的。不少经济学家甚至相信，工人对相对实际工资的关心要超过对实际工资的关心。由于这一压力，货币工资的整体水平便与先进部门的劳动生产率同比例增长。其结果，落后部门的生产成本便上升，进而造成物价整体水平的上升。

结构型通货膨胀理论标志着人们对通货膨胀成因认识的进一步深化，特别是在许多发展中国家，经济结构的失衡和部门间劳动生产率增长的差异确实在促成通货膨胀方面扮演着重要的角色。但是结构型通货膨胀的发生同样要以货币扩张为条件，因为在货币总量不变的条件下，这些结构性的因素也只能导致相对价格的变化，而不是整体价格的上涨。

五、其他原因

通货膨胀是一种非常复杂的经济现象，往往是由多种原因引起的。除了需求拉上、成本推动和结构因素以外，还存在一些诸如供给不足、预期不当、体制因素等其他原因。

(一) 供给不足

在社会总需求不变的情况下，社会总供给相对不足，也会引起物价上涨，出现通货膨胀。社会总供给不足的原因，可能是生产性投资不足，以致产出减少；也可能是由于劳动生产率低下，企业管理水平不高，以致高收入、低效益；还可能是由于产品质量低劣，样式陈旧，品种、功能单一，不能满足人们的需要，从而不能形成有效供给。这几种情况都会导致社会总需求与社会总供给失衡，出现通货膨胀。

(二) 预期不当

在持续的通货膨胀情况下，公众对通货膨胀会产生预期，提前做出反应。例如，雇员要求增加工资时就会加入预期的通货膨胀率，而雇主则会按其预期的通货膨胀率提高产品价格。如果预期不当，通常是公众对未来通货膨胀的走势产生过于悲观的估计，以致其预期的通货膨胀率往往高于实际将要发生的通货膨胀率，这样，物价就会以更快的速度上涨，形成实际上的本期通货膨胀，而实际上的通货膨胀又会对下一轮的公众预期产生不良影响。

(三) 体制因素

体制不完善也会引发通货膨胀，尤其是在体制转型国家，新、旧体制交替中各种错综复杂的矛盾交织到一起，可能产生或助长通货膨胀。在我国，影响通货膨胀的体制因素主要表现在以下几方面。

(1) 企业制度不完善。产权关系不明晰，不能真正成为自主经营、自负盈亏、自担风险、自我发展的独立法人，这就使得企业缺乏自我预算约束，出现企业间攀比收入，不顾收益，盲目投资，以致投资需求膨胀等不正常现象，诱发通货膨胀。

(2) 财政金融体制不完善。中央银行的独立性、权威性不够，缺乏对宏观经济的有效调控手段，以致对控制货币供应量心有余而力不足，同时银行缺乏自我约束机制和风险防范机制，这些都致使货币供应量经常性失控，引发通货膨胀。

(3) 流通体制不完善。流通秩序混乱，流通环节过多，物价管理制度措施不完善，都为哄抬物价、变相涨价等行为提供了温床。

以上对通货膨胀的主要原因进行了概括性的介绍，在通货膨胀产生的现实过程中，上述因素通常是综合起作用的。当然，具体到每一次通货膨胀，可能某一种原因或某几种原因起着主要的作用。

第三节　通货膨胀的经济效应

一、通货膨胀与经济增长

关于通货膨胀对经济增长的影响，主要有3种观点：促进论、促退论和中性论。

所谓促进论，就是认为通货膨胀具有正的产出效应。持这一观点的人认为，在资本主义经济长期处于有效需求不足、实际经济增长率低于潜在经济增长率的状态下，政府可以实施通货膨胀政策，用增加赤字预算、扩张投资支出、提高货币供给增长率等手段刺激有效需求，促进经济增长。

促退论正好与促进论相反，是一种认为通货膨胀会损害经济增长的理论。具体表现在以下几方面。

(1) 通货膨胀会降低借款成本，从而诱发过度的资金需求。而过度的资金需求会迫使金融机构加强信贷配额管理，从而削弱金融体系的运营效率。

(2) 较长时期的通货膨胀会增加生产性投资的风险和经营成本，资金从生产性部门流向非生产性部门。

(3) 通货膨胀持续一定时间后，政府可能采取全面价格管制的办法，削弱经济的活力。

中性论是认为通货膨胀对产出、对经济成长既无正效应也无负效应的理论。这种理论认为，由于公众预期，在一段时间内人们会对物价上涨做出合理的行为调整，就会使通货膨胀各种效应的作用相互抵消。

二、通货膨胀的分配效应

通货膨胀的分配效应，是指通货膨胀对社会不同成员所占有的实际收入和财富的数量结构的变化所起的作用。

(一) 通货膨胀对收入的分配效应

在通货膨胀时期，人们的名义收入和实际货币收入之间会产生差距，物价总水平上涨时有些人的收入水平会下降，而有些人的收入水平反而会提高。但是，只要存在着工资对于物价调整滞后，企业的利润就会增加，企业家的收入增加，而出卖劳动力获取工资的人就会受到损失。

(二) 通货膨胀对财富的分配效应

一个家庭的财富或资产由两部分构成：实物资产和金融资产。许多家庭同时还有负债。因此，一个家庭的财产净值是它的资产价值与债务价值之差。

在通货膨胀环境下，实物资产的价格一般随通货膨胀率的变动相应向正方向变化，但是一般变动幅度大小不同，而金融资产则较复杂。例如，股票价格在通货膨胀之下呈上升趋势，但影响股市的因素很多，因此股票并不是通货膨胀中保值资产的稳妥形式。

在通货膨胀环境下，债权人和债务人之间也存在着财富的再分配。也就是通货膨胀将一部分财富从债权人手中转移到了债务人手中。因此，政府作为最大的债务人，在通货膨胀中往往受益。

三、通货膨胀的资本积累效应

通货膨胀对资本的积累效应是指通过价值再分配影响剩余价值转化为追加资本数量的变化效果。关于该效应，主要存在两种观点。

(一) 通货膨胀对资本积累的正面效应

(1) 在一定时期内，通货膨胀具有强制储蓄作用。在通货膨胀未被预期、名义工资没有变动的情况下，按原来的模式和数量进行的消费和储蓄，两者的实际数额均减少，减少部分相当于政府运用通货膨胀强制储蓄的部分。

(2) 在物价上涨，名义工资不变的情况下，企业获得较多利润，从而增加生产，加大积累。

(二) 通货膨胀对资本积累的负面影响

从长远来看，通货膨胀不会增加资本积累，而且还会对金融、财政的积累产生破坏性影响。

(1) 造成金融萎缩，使其无法发挥正常功能。在通货膨胀造成货币贬值时，以实物形式保存财产的倾向导致储蓄和存款被提取，信贷资金来源减少，加之提供信用的不利，银行就会压缩信贷业务和其他正常业务，使正常的融资渠道受到阻塞。此外，随着物价上涨，融资须以高利率为代价，而高利率又难以为所有的投资者所接受，结果必然是造成金融萎缩，使金融机构丧失集中社会资金的应有作用。

(2) 恶化财政收支状况。财政赤字是产生通货膨胀的主要原因之一。为了弥补财政赤字，一般采用发行国库券、公债或向银行透支等方式。这样，在通货膨胀时期，政府作为国家信用的债务人可以减轻一定的债务负担。同时，为弥补财政赤字，增发货币可以获得追加的财政收入，也就是西方经济学者所说的"通货膨胀税"。但从根本上说，当通货膨胀发展到一定程度后，对财政也同样产生消极影响，因为严重的通货膨胀会引起经济衰退，破坏、缩减财政收入的来源，而财政支出却不能减少，相反还要增加，导致财政收支状况的进一步恶化。

另外，一国的通货膨胀率如果经常地高于国际平均通货膨胀率，还会引起国际收支恶化，黄金和外汇储备外溢。

四、通货膨胀的资源配置效应

资源配置是指不同的生产要素，如生产资料和劳动力的组合形式。将社会资源按比例地分配到各个生产部门和环节，即为资源的合理配置。

通货膨胀对资源的配置效应，是通过不同商品相对价格变动引导的。通货膨胀的资源配置效应表现为以下两个方面。

(一) 优化组合作用

在某种特定条件下，通货膨胀对资源配置可以起到优化组合的作用。在某些行业和部门有发展潜力而资源供应短缺的情况下，通货膨胀可能使其供不应求的产品价格迅速上升，吸引资源，使资源向需要发展的部门和行业转移。

(二) 阻碍效应

通货膨胀发展到一定程度以后，它会对资源的优化组合产生阻碍效应。从总体角度分析，这种阻碍合理配置资源的效应才是经常出现的局面，而且破坏严重。

(1) 使生产领域的资本流向流通领域，导致生产萎缩。通货膨胀时期，进行投机的商业资本周转快，获利大。而生产领域的资本一般是投资周期较长，在物价不稳定的条件下，进行生产性投资是不利的。这样，部分生产资本就会转入流通领域，结果使生产资本减少，生产规模缩减。

(2) 改变生产格局，导致资源浪费和国民经济的畸形发展。在通货膨胀期间，由于物价上涨的不平衡使得各个生产部门和企业利润的分配严重不平衡，加之价格变动无法预测，结果导致社会资源随价格无规则的盲目流动，分配不当，造成浪费，使一些生产部门急剧扩大，或使一些生产部门日渐萎缩，使本来就不协调的产业结构更加不合理，对经济造成长期损害。

(3) 使正常的商品流通遭到破坏。由于各种商品的价格上涨幅度在各地区之间不平衡，因而使商品不再遵循从产地到销地的正常路线流动，而是根据价格的上涨幅度来流通，甚至出现从销售地向产地逆流的现象。物价的此起彼伏造成商品的盲目流转，正常的商品流通过程遭到破坏，必然使各地区、各部门之间的经济联系发生困难，加剧整个国民经济的混乱状态，导致资源严重浪费。

(4) 使商品需求发生变态。在通货膨胀时期，货币持有者为避免货币进一步贬值产生损失，纷纷抢购商品，甚至不考虑是否需要，使得商品供应减少，货币流通速度加快，这又会进一步加剧通货膨胀。随着通货膨胀的加剧，助长投机活动的猖獗，使流通领域愈来愈混乱，正常的商品流通被买空卖空、囤积居奇等投机活动所代替。

第四节　通货膨胀的治理

一、西方国家治理通货膨胀的对策

通货膨胀严重影响了资本主义国家经济的正常发展，为此，各主要资本主义国家都十分重视平抑通货膨胀，将其视为经济工作的主要任务之一，并采取了一系列措施来抑制通货膨胀。概括而言，主要的治理措施有下列几种。

(一) 紧缩性货币政策

由于通货膨胀是纸币流通条件下出现的经济现象，引起物价总水平持续上涨的主要原因是流通中的货币量过多。因此，各国在治理通货膨胀时，所采取的重要措施之一就是紧缩货币政策，即中央银行实行抽紧银根政策，即通货紧缩或紧缩货币，通过减少流通中货币量的办法以提高货币购买力，减轻通货膨胀压力。掌握货币政策工具的中央银行一般采取下列措施。

(1) 出售政府债券，这是公开市场业务的一种方法，中央银行在公开市场上出售各种政府债券，就可以缩减货币供应量和货币供应量潜在的膨胀，这是最重要且经常被利用的一种抑制政策工具。

(2) 提高贴现率和再贴现率，以影响商业银行的贷款利息率，这势必带来信贷紧缩和利率上升，有利于控制信贷的膨胀。

(3) 提高商业银行的法定准备金率，以减少商业银行放款，从而减少货币供应。

(4) 直接提高利率，紧缩信贷。利率的提高会增加使用信贷资金的成本，借贷就将减少，同时利率提高，还可以吸收储蓄存款，减轻通货膨胀压力。

(二) 紧缩性财政政策

用紧缩性财政政策治理通货膨胀就是紧缩财政支出、增加税收、谋求预算平衡、减少财政赤字。

(三) 收入政策

收入政策就是政府为了降低一般物价水平上涨的幅度而采取的强制性或非强制性的限制货币工资和价格的政策。其目的在于力图控制通货膨胀而不至于陷于"滞胀"。

收入政策一般包括下列几方面内容。

(1) 确定工资—物价指导线，以限制工资—物价的上升。这种指导线是政府当局在一定年份内允许总货币收入增加的一条目标数值线，即根据统计的平均劳动生产率的增长，政府当局估算出货币收入的最大增长限度，而每个部门的工资增长率应与全社会劳动生产率增长趋势相匹配，不允许超过。只有这样，才能维持整个经济中每单位产量的劳动成本的稳定，因而预定的货币收入增长就会使物价总水平保持不变。

(2) 工资管制(或冻结工资)。即强制推行的控制全社会职工货币工资增长总额和幅度，或政府强制性规定职工工资在若干时期内的增加必须固定在一定水平上的措施。管制或冻结工资被认为可以降低商品成本，从而减轻成本推动通货膨胀的压力。这是通货膨胀相当严重时采取的非常措施，但正是因为通货膨胀严重，使人民收入及生活水平持续下降，从而使冻结或管制工资措施实施起来更为困难。

(3) 以纳税为基础的收入政策。这是指通过一种对过多地增加工资的企业按工资增长超额比率征以特别税款的办法，来抑制通货膨胀。一般认为，实行这种税收惩罚办法，可以使企业有所约束，拒绝工资超额提高，并同工会达成工资协定，从而降低工资增长率，减缓通货膨胀率。

(四) 价格政策

通过反托拉斯法限制价格垄断，这是价格政策的基本内容。价格垄断有可能出现定价过高和哄抬物价的现象，为了治理通货膨胀，就必须限制价格垄断。

(五) 供应政策

提高劳动生产率，降低商品成本，增加有效供给。供应政策的主要内容包括：①减税，即降低边际税率；②削减社会福利开支；③稳定币值；④精简规章制度，给企业松绑，刺激企业创新积极性，提高生产率等。

二、发展中国家治理通货膨胀的对策

为了更好地抑制愈来愈高的通货膨胀率,20世纪60年代以来,发展中国家从各自不同的社会经济条件出发,先后采取过许多不同的反通货膨胀对策。概括起来,这些对策有两种类型。

第一种是"传统疗法",即采取紧缩的财政和金融政策。包括:①紧缩财政,增收节支。即精减行政机构和行政人员,压缩行政费用,减少福利费用和物价补贴,控制基建规模,整顿国有企业,改革税制,提高税率。这一政策旨在改善财政收支状况,减少财政赤字,减少财政货币发行。②紧缩金融,提高利率,控制信贷规模和货币供应量。③控制工资增长,减轻市场的消费需求压力。

第二种是"冲击疗法",即反传统疗法。其主要内容是:冻结物价,限定工资和公用事业收费标准,改革货币体制,废除旧币,发行新币等。

这些措施对不同的发展中国家来说,效果极不相同。有些国家和地区的通货膨胀得到了有效的控制,保证了经济的稳定增长,而有些国家不仅未能将通货膨胀控制住,反而愈演愈烈。

三、中国治理通货膨胀的对策

近30年来,我国先后发生了几次较为严重的通货膨胀,国家均采取有效措施进行了治理,取得较好的效果。

(一) 1993—1996年通货膨胀

"八五"期间,经济发展取得了很大的成就,但由于固定资产投资和消费基金增长过快,通货膨胀问题又接踵而至。

这一阶段通货膨胀的成因很复杂,有过度追求经济的高速度发展而引致的财政赤字、信用膨胀问题,即"需求拉上型通货膨胀";有国家调整物价结构、提高农产品物价而引致物价总水平上升,即"成本推进型通货膨胀";有我国长期未得到解决的经济结构问题,瓶颈产业的短线产品物价上涨而引致的物价总水平上升,即"结构型通货膨胀";还有我国国际收支连年顺差,外汇储备大幅度上升而引致的中央银行货币供给增加,即"输入型通货膨胀"。

国家采取"适度从紧"的财政、货币政策,于1996年基本实现了经济的"软着陆"。

(二) 2007—2008年通货膨胀

2007—2008年的物价持续上涨被称为非典型性的通货膨胀,主要是因为此次持续近一年的物价上涨结构性明显,持续时间不长,且成因也是多方面的。2007—2008年物价上涨原因复杂,有多方面因素:①供需失衡,比如食品行业,这是需求拉上型的通胀;②成本推进,比如原油铁矿等国际价格上升,国内某些行业的价格上涨;③国内投资过热,大量流动性流向楼市股市,流动性过剩导致通胀压力加大;④国内突发事故灾难,如雪灾,地震等造成短期物价反弹压力;⑤对外贸易失衡,巨额顺差的长期存在,外汇占款过多,人民币投放多;⑥人民币升值预期使得大量国际资本流入国内。

治理措施表现在2007—2008年年初中央银行采取连续14次上调存款准备金率、多次加息、发行中央银行票据等从紧货币政策,同时执行稳健的财政政策,主要体现在税收手段的运用,还有对房地产和股市的调控等方面。

(三) 2009—2010年通货膨胀

通胀压力居高不下。2010年出现较大的通货膨胀压力的原因是复杂的：①货币超发是推动物价上涨的最根本的因素；②我国现阶段的通货膨胀主要表现为重要农产品和关键生产或生活用品价格的上涨；③成本推进性物价上涨是引起全面通胀的主要因素；④共同理性预期的形成放大通货膨胀效应。

通货膨胀治理的政策措施：①货币政策开始转向；②引导社会公众对通胀的心理预期。

第五节　通货紧缩

一、通货紧缩概述

(一) 通货紧缩的定义和判断标准

关于通货紧缩的定义，国内目前有3种不同观点：一种观点认为，通货紧缩是物价的普遍持续下降。这种观点和国外经济学界关于通货紧缩的主流观点比较接近。另一种观点认为，通货紧缩是物价持续下跌，货币供应量持续下降，与此相伴随的是经济衰退。还有一种观点认为，通货紧缩是经济衰退的货币表现，因而必须具有3个特征：物价持续下跌，货币供应量持续下降；有效需求不足，失业率高；经济全面衰退。综合以上观点，国内比较正统的通货紧缩定义如下。

通货紧缩是与通货膨胀相对立的一个概念，通常意义上是指一般物价水平的持续下跌。巴塞尔国际清算银行提出的标准是一国消费的价格连续两年下降可被视为通货紧缩。

人们认为，通货紧缩是与通货膨胀相反的一种经济现象。通货膨胀是货物与服务价格普遍持续上升，通货紧缩则是货物和服务价格普遍持续下跌。价格是货物和服务价值的货币表现，价格普遍持续下降，表明单位货币所反映的商品价值在增加，即通货在收缩，因而通货紧缩与通货膨胀一样，也是一种货币现象。通货紧缩所反映的物价下跌，必须是普遍的、持续的。个别货物和服务价格的下降，是由于某些货物或服务供大于求或技术进步、市场开放、生产效率提高降低了成本所致，反映了不同货物和服务之间比价的变化，不是通货紧缩。货物和服务价格的暂时或偶然下跌，是受诸如消费心理变化、季节性因素等某些非货币因素影响而引起的，其与货币本身没有必然联系，也不是通货紧缩。

在经济实践中，判断某个时期的物价下跌是否是通货紧缩，一看通货膨胀率是否由正转变为负；二看这种下降的持续是否超过了一定时限。有的国家以一年为界，有的国家以半年为界，我国通货膨胀潜在压力较大，可以一年为界。只要具备两条中的一条，就可以认为是通货紧缩。

以物价普遍持续下跌判断通货紧缩，并不排斥对货币供应量和经济增长率的分析。通货紧缩是一种货币现象，但物价总水平的持续下跌有可能与广义货币供应量(M_2)适度增长并存。这一现象的出现与特定的货币结构有关，如货币供应的流动性(M_1/M_2)下降，即M_2中储蓄存款比重大。例如，我国1998年下半年以来M_2增量中几乎全部是储蓄存款，而企业存款(特别是活期存款)则是零增长或负增长。这种特定的货币结构下的通货紧缩现象，实质上是通货中强流动性部分发生了紧缩。

总之，尽管关于经济增长和货币供应状况的分析对于判断通货紧缩非常重要，但通货紧缩的最终判断标准还是物价的普遍持续下跌。从某种意义上说，经济下滑是通货紧缩的结果，货币供应收缩是通货紧缩的原因之一，它们都不是通货紧缩本身。

(二) 通货紧缩的分类

1. 按产生机理划分为需求不足型通货紧缩和供给过剩型通货紧缩

需求不足型通货紧缩，总需求不足使得正常的供给显得相对过剩，由此引发的通货紧缩称为需求不足型通货紧缩。由于引起总需求不足的原因可能是消费需求不足，投资需求不足，也可能是国外需求减少或者几种因素共同造成的不足，因此，依据造成需求不足的主要原因，可以把需求不足型的通货紧缩细分为消费抑制型通货紧缩、投资抑制型通货紧缩和国外需求减少型通货紧缩。

供给过剩型通货紧缩，由于技术创新和生产效率的提高，会出现供给的相对过剩。这种状态并非指社会物质产品极其丰富，超出了人们的需求，而是指面对消费升级，产品供给未能及时跟上，出现了产品断层，某个层次的产品供给能力过剩了，而新产品的开发、升级换代正处于试验阶段。产业结构的调整也需要一个过程，而这一过程同样可能造成通货紧缩的局面。

2. 按紧缩程度划分为相对通货紧缩和绝对通货紧缩

相对通货紧缩，是指物价水平在零值以上，在适合一国经济发展和充分就业的物价水平区间以下，在这种状态下，物价水平虽然还是正增长，但已经低于该国正常经济发展和充分就业所需要的物价水平，通货处于相对不足的状态。这种情形已经开始损害经济的正常发展，虽然是轻微的，但如果不加重视，可能会有量变到质变，对经济发展的损害会加重。

绝对通货紧缩，是指物价水平在零值以下，即物价出现负增长，这种状态说明一国通货处于绝对不足状态。这种状态的出现，极易造成经济衰退和萧条。根据对经济的影响程度，又可以分为轻度通货紧缩、中度通货紧缩和严重通货紧缩。而这三者的划分标准主要是物价绝对下降的幅度和持续的时间长度。一般来说，物价出现负增长，但幅度不大(比如下降5%)，时间不超过两年的称为轻度通货紧缩。物价下降幅度较大(比如下降5%～10%)，时间超过两年的称为中度通货紧缩。物价下降幅度超过两位数，持续时间超过两年甚至更长的情况称为严重通货紧缩。

严重的通货紧缩往往伴随经济衰退。20世纪30年代美国经济大萧条是最典型的例子。从1929年10月24日股票市场崩溃开始，美国经济陷入严重的通货紧缩和衰退之中，一直延续到1933年，这期间消费价格指数年均下降6.7%，实际国内生产总值年均下降8.2%，失业率连续几年超过20%。但是，不能据此认为只有出现经济衰退才可判定为通货紧缩。通货紧缩并不一定导致经济衰退，轻度通货紧缩一般不会造成经济下滑，中度通货紧缩可以引起经济下滑，如得不到治理，发展成严重的通货紧缩，就可能导致经济衰退。但是，通货紧缩只是经济下滑或经济衰退的一个原因，而不是唯一的原因。人们可以用经济下滑或衰退来判断通货紧缩的严重程度和危害程度，但不能用经济是否下滑、是否衰退作为判断通货紧缩是否存在的依据。

(三) 通货紧缩的国际传导

1997年7月爆发亚洲金融危机以来，世界上遭受金融危机困扰的国家及与这些国家经济关联度较高的国家和地区都程度不同地遇到了一个新的棘手问题，即经济衰退和通货紧缩。英国《经济学家》杂志则干脆说："目前正处于全球性的通货紧缩时期。"

为什么全世界都在谈论和思考通货紧缩的治理问题？原因就在于：持续的通货紧缩必然会导致经济衰退。其作用机理如下。

(1) 由于产品销售价格下降，但公司或工厂员工的工资存在着下限刚性，因此，企业利润就会下降甚至企业出现亏损。

(2) 在竞争市场上企业的产品降价会产生连锁反应，一旦出现降价大战，所谓"宁让利润，不让市场"的行为会使整个行业处于逆向选择的洪流中。

(3) 由企业利润的损失到全行业的不景气会进一步影响投资者的意愿，在持续一段时间后，消费者也会由于缺少收入增长的预期而调整支出计划，这样，投资需求和消费需求双双出现萎缩，经济就步入了"通货紧缩→利润减少→生产水平下降→总需求收缩→经济衰退→进一步通货紧缩"的恶性循环。

在经济全球化的时代，通货紧缩同通货膨胀一样，也会发生国际传递，其主要渠道有两条。

第一条是货物贸易渠道。在通货紧缩条件下，如果某一外向型经济比重较高的贸易伙伴国的商品价格普遍下跌，在汇率结构大体不变的情况下，其产品的出口竞争力自然会下降，国外市场萎缩势必要影响外贸企业特别是出口产品生产企业的市场规模，而外贸产品积压和涌入内销渠道，会进一步加剧产品过剩，从而促使国内市场上的商品价格下跌。这种现象持续一定时间和发展到一定程度，自然会使该国出现通货紧缩传染。

第二条是资本渠道。通货紧缩持续一段时期后，企业利润水平的下降会降低国外投资者的投资意愿。同时，在通货紧缩的国家一般都要采取降低名义利率的措施，在其他条件不变时，由于追逐利差的套利行为无利可图，短期资本的流入量也会锐减。按照一般规律，当外部资本流入时，一国用本币购买外汇不进行对冲操作就会相应增加货币供给量，正由于这一点，当一国通货紧缩反作用于资本国际流动时，由于外部因素近乎强制形成的货币供给增长因素的作用会自动减弱甚至消失。

在20世纪经济发展史上，美国从1929年至1933年所经历的经济大萧条和通货紧缩给人们留下了十分痛苦的回忆。但从理论上正确认识通货紧缩并在政策上寻求恰当的解决方案依然是十分重要的。

(四) 中国通货紧缩的发展过程

1999年10月，中国经济理论界和决策层似乎已基本接受了这种观点：中国当时已出现了一定程度的通货紧缩。那么，当时的通货紧缩的发展过程是怎样的呢？

当时的通货紧缩是逐步加重的。我国通货膨胀水平从1994年年底达到21.7%(零售物价)的峰值后逐年回落，到1996年10月，生产资料批发价格首先出现负增长，1997年10月和1998年3月，零售商品价格和居民消费价格也相继变成负增长。1997年前的通货膨胀率下降，是宏观调控的结果，对经济的健康发展起着十分重要的作用。但是1997年以后物价的普遍持续下跌，就不能不被视为通货紧缩，而且不能简单地视为轻度通货紧缩。因为企业产销率降低、人民收入增长趋缓、市场消费不旺、下岗职工增加等与中度通货紧缩相联系的问题相继出现，并日益加重。此时的物价下跌，既非技术进步、效率提高带来的，也非宏观调控所要求的。可以认为，1997年通货紧缩已见端倪。1998年，亚洲金融危机使我国商品国外净需求大幅降低，国内需求也相对不足，经济增长率继续下降，物价水平也持续下跌。到1998年年底，商品零售价格、居民消费价格上涨率分别为-2.6%和-0.8%，创改革开放以来物价水平之最低。通货紧缩已经明显显现。1999年上半年这种趋势继续保持，零售物价和居民消费物价上涨率分别从1月的-2.8%、-1.2%降到5月末的-3.5%和-2.2%，通货紧缩正在趋于严重。

这次通货紧缩和经济周期大体一致。改革开放以来，我国经济大致经历了4个周期。1981年、1986年、1990年分别为前3个周期的谷底。从1990年起的这个周期，到1992年达到高峰后下滑。物价水平的变化趋势与经济增长率的变化趋势大体一致，1981年、1986年、1990年三次谷底基本重合。1993年宏观调控采取了"软着陆"方式，经济增长率平滑下降，物价水平则在经济增长率下滑两年后大幅下降。

二、通货紧缩的原因

(一) 西方通货紧缩理论

1. 债务通货紧缩理论
这种观点把通货紧缩与债务联系起来，从过度债务引起货币信贷紧缩来分析通货紧缩的原因。英国经济学家费雪认为，美国大萧条时的通货紧缩是经济中的过度负债造成的。

2. 资本边际效率理论
这是凯恩斯提出来的。资本边际效率理论偏重于分析资本边际效率的波动在经济周期中的作用。他强调，资本的边际效率不只依赖于现有的资本品的多少及其生产成本的大小，而且依赖于人们对资本品未来收益的预期。资本边际效率的崩溃常常伴随着利率的上涨，后者又使投资量减少加速，从而加剧经济中的失望情绪，进一步推动通货紧缩。

3. 货币供应收缩论
这种观点认为，由于货币供给不能满足经济增长需要，影响总需求的扩大，结果导致通货紧缩，这是由戴维·E. W. 莱德勒提出的。

货币主义学派更为直接地从货币供应的收缩中寻找通货紧缩的答案。美国经济学家弗里德曼认为，通货膨胀是一种货币现象，通货紧缩也是一种货币现象。

4. 心理因素论
除了上述观点之外，国外学者还有从公众心理角度来分析通货紧缩原因的。G. 莱斯根在《通货膨胀和通货紧缩的周期》这本书中认为通货紧缩是经济周期现象，而周期是心理因素引起的。

(二) 通货紧缩的具体原因

尽管不同国家在不同时期发生通货紧缩的具体原因各不相同，但从国内外经济学家对通货紧缩的理论分析中，仍可概括出引起通货紧缩的一般原因。

1. 紧缩性的货币财政政策
如果一国采取紧缩性的货币财政政策，降低货币供应量，削减公共开支，减少转移支付，就会使商品市场和货币市场出现失衡，出现"过多的商品追求过少的货币"，从而引起政策紧缩性的通货紧缩。

2. 经济周期的变化
当经济到达繁荣的高峰阶段，会由于生产能力大量过剩，商品供过于求，出现物价的持续下降，引发周期性的通货紧缩。

3. 投资和消费的有效需求不足
当人们预期实际利率进一步下降，经济形势继续不佳时，投资和消费需求都会减少，而总需求的减少会使物价下跌，形成需求拉下性的通货紧缩。

4. 新技术的采用和劳动生产率的提高

由于技术进步以及新技术在生产上的广泛应用，会大幅度地提高劳动生产率，降低生产成本，导致商品价格的下降，从而出现成本压低性的通货紧缩。

5. 金融体系效率的降低

如果在经济过热时，银行信贷盲目扩张，造成大量坏账，形成大量不良资产，金融机构自然会"惜贷"和"慎贷"，加上企业和居民不良预期形成的不想贷、不愿贷行为，必然导致信贷萎缩，同样减少社会总需求，导致通货紧缩。

6. 体制和制度因素

体制变化(企业体制、保障体制等)一般会打乱人们的稳定预期，如果人们预期将来收入会减少，支出将增加，那么人们就会"少花钱，多储蓄"，引起有效需求不足，物价下降，从而出现体制变化性的通货紧缩。

7. 汇率制度的缺陷

如果一国实行钉住某种货币如美元的联系汇率制度，本国货币又被高估，那么，会导致出口下降，国内商品过剩，企业经营困难，社会需求减少，则物价就会持续下跌，从而形成外部冲击性的通货紧缩。

三、通货紧缩对经济社会的影响

通货紧缩的危害很容易被人忽视，因为表面上看，一般价格的持续下跌会给消费者带来一定的好处，在低利率和低物价增长的情况下，人们的购买力会有所提高。

然而，通货紧缩的历史教训令人胆战心惊，这就是20世纪30年代的全球经济大危机。通货紧缩与通货膨胀一样，对经济发展造成不利影响。通货紧缩会加速实体经济进一步紧缩，因此，它既是经济紧缩的结果，又反过来成为经济进一步紧缩的原因。通货紧缩一旦形成，如果不能及时处理好，可能会带来如下一系列问题。

(一) 通货紧缩可能形成经济衰退

通货紧缩是经济衰退的加速器。由于通货紧缩增加了货币的购买力，使人们仍保留更多的储蓄、更少的支出，尤其是耐用消费品的支出。这样，通货紧缩使个人消费支出受到抑制。与此同时，物价的持续下跌会提高实际利率水平，即使名义利率下降，资金成本仍然比较高，致使企业投资成本巨大，投资项目变得越来越没有吸引力，企业因而减少投资支出。此外，商业活动的萎缩会造成更低的就业增长，并形成工资下降的压力，最终造成经济衰退。

(二) 通货紧缩会加重债务人的负担

通货紧缩的情况下，企业负债的实际利率较高，而且产品价格出现非预期下降，收益率也随之下降，企业进一步扩大生产的动机会随之下降。生产停滞，企业归还银行贷款的能力有所减弱，这便使银行贷款收回面临更大的风险。而银行资产的质量变坏，使得个人更倾向于持有现金，从而可能出现"流动性陷阱"。

当企业持续降低产品价格而且产量难以保证时，企业就会减少就业岗位、减少资本支出，消费者因此产生的第一反应是减少消费。这样，降低成本成为企业共同防护的手段，竞争导致价格下跌、再下跌，从而形成通货紧缩。

(三) 通货紧缩使消费总量趋于下降

初看起来，通货紧缩对消费者是一件好事，因为消费者只需支付较低的价格便可获得同样的商品。但是，在通货紧缩的情况下，就业预期、价格和工资收入、家庭资产趋于下降。消费者会因此而缩减支出增加储蓄。在通货紧缩条件下，工人如果要得到同样多的收入，就得工作更长的时间。综合来说，通货紧缩使消费总量趋于下降。

(四) 通货紧缩容易使银行业产生大量不良资产

通货紧缩可能使银行业面临困境，当银行业面临一系列系统恐慌时，一些资不抵债的银行会因存款人"挤提"而被迫破产。

通货紧缩一旦形成，便可能形成"债务—通货紧缩陷阱"。此时，货币变得更为昂贵，债务则因货币成本上升而相应上升。虽然名义利率未变甚至下调，但实际利率仍然较高，债务负担有所增加，企业经营的困难会最终体现在银行的不良资产上。因此，通货紧缩对于银行来说，容易形成大量的不良资产。

四、通货紧缩的治理

(一) 扩张性的财政政策

扩张性的财政政策主要包括减税和增加财政支出两种。减税涉及税法和税收制度的改变，不是一种经常性的调控手段，但在对付较严重的通货紧缩时也会被采用。财政支出是总需求的重要组成部分，因此，增加财政支出可以直接增加总需求。同时，财政支出增加还可能通过投资的乘数效应带动私人投资的增加。政府既可增加基础设施的投资和加强技术改造投资，以扩大投资需求，又可通过增发国家机关和企事业单位职工及退休人员的工资，以扩大消费需求；既要适度扩大财政支出的总量，又要注重优化财政支出的结构；既要增加中央政府投资，又要鼓励和带动地方和民间投资；既要坚持立足内需为主，又要千方百计开拓国际市场，积极扩大外需；既要解决需求不足的问题，又要解决供给刚性和产业结构问题。

财政政策历来被视为扩张支出的法宝。因为同货币政策相比，财政政策具有以下优点。

(1) 动作迅速。财政政策是政府手中的武器，它可以经过相对简单的决策程序，通过国债等手段迅速筹集资金。

(2) 作用直接。政府掌握的资金可以根据宏观经济调节需要指定投向，在短时间内转化为购买支出，直接消化某行业过量库存或形成新的生产能力及设施建设。

(3) 以公益目的为主。以扩张为目的的财政性投资或财政支出转化的投资，并不需要进行长时间的市场论证或风险考虑——如同民间资本那样奉行私利至上的原则。

当然，增加财政支出只是弥补总需求缺口的临时性应急措施：一方面，政府举债能力有限，在国民经济中存在闲置资源时，财政支出虽可以扩大，但社会闲置资源毕竟有限，实行积极的财政政策也要适度，否则财政赤字会超过承受能力，引发通货膨胀；另一方面，积极的财政政策对经济的带动作用也有限。如果通货紧缩的根本原因是缺乏有利可图的机会，那么用赤字财政政策来对付通货紧缩，就不能从根本上解决问题，长期扩大低效率和无效率的投资，会导致经济衰退和通货膨胀并存。

(二) 扩张性的货币政策

扩张性的货币政策有多种方式，如扩大中央银行基础货币的投放、增加对中小金融机构的再贷款、加大公开市场操作的力度、适当下调利率和存款准备金等。适当增加货币供应，促进信用的进一步扩张，从而使货币供应量与经济正常增长对货币的客观需求基本平衡。在保持币值稳定的基础上，对经济增长所必需的货币给予足够供应。货币政策的重点是：一是以间接调控为主；二是调控货币总量与调节货币层次相结合；三是在进行需求管理的同时兼顾供给管理；四是寻找稳定币值、经济增长和防范金融风险的结合点。

(三) 加快产业结构的调整

无论是扩张性的财政政策还是扩张性的货币政策，其作用都是有限的，因为作为需求管理的宏观经济政策工具，它们的着眼点都是短期的。对于因生产能力过剩等长期因素造成的通货紧缩，短期性的需求管理政策难以从根本上解决问题，当供需矛盾突出时，在供需矛盾的背后，往往存在结构性的矛盾。因此，要治理通货紧缩，必须对产业结构进行调整。就产业结构的调整来说，主要是推进产业结构的升级，培育新的经济增长点，同时形成新的消费热点。对于生产过剩的部门或行业要控制其生产，减少产量。同时，对其他新兴行业或有发展前景的行业应采取措施鼓励其发展，以增加就业机会，提高居民收入，增强社会购买力。产业组织结构的调整也是在中长期内治理通货紧缩的有效手段。在生产能力过剩时，很多行业会出现恶性市场竞争，为了争夺市场，价格战会不断出现，行业利润率不断下降，如果价格战能在较短的时间里使一些企业退出市场，或者在行业内部出现较大范围的兼并与重组，即产业组织结构发生调整，则在调整后的产业组织结构中，恶性市场竞争会被有效制止，因恶性竞争带来的物价水平大幅度下降的情况也就有可能避免。

(四) 其他措施

除了以上措施外，对工资和物价的管制政策也是治理通货紧缩的手段之一，比如，可以在通货紧缩时期制订工资增长计划或限制价格下降，这与通货膨胀时期的工资—物价指导线措施的作用方向是相反的，但作用原理是相同的。此外，通过对股票市场的干预也可以起到一定的作用，如果股票市场呈现牛市走势，则有利于形成乐观的未来预期，同时股票价格的上升使居民金融资产的账面价值上升，产生财富增加效应，也有利于提高居民的边际消费倾向。

本 章 小 结

1. 通货膨胀是指流通中的货币量超过了客观需要量，从而引起货币贬值和物价普遍、持续上涨的经济现象。

2. 通货膨胀的度量，我国主要采用居民消费价格指数、商品零售价格指数、农业生产资料价格指数、农产品生产价格指数、工业生产者出厂价格指数、工业生产者购进价格指数、固定资产投资价格指数等。

3. 通货膨胀的成因包括需求拉上、成本推动、供求混合推进、经济结构因素的变动等。

4. 通货膨胀的经济效应包括：经济增长效应、分配效应、资本积累效应、资源配置效应。

5. 治理通货膨胀的对策主要有：紧缩性货币政策、紧缩性财政政策、收入政策、价格政策、供应政策等。

6. 通货紧缩是与通货膨胀相对立的一个概念，通常意义上是指一般物价水平的持续下跌。巴塞尔国际清算银行提出的标准是一国消费的价格连续两年下降可被视为通货紧缩。

7. 通货紧缩对经济社会的影响：可能形成经济衰退，会加重债务人的负担，使消费总量趋于下降，容易使银行业产生大量不良资产。

习　题

一、单项选择题

1. 认为通货膨胀的原因在于经济发展过程中社会总需求大于总供给，从而引起一般物价水平持续上涨，是(　　)。
 A. 需求拉上论
 B. 成本推进论
 C. 开放型通货膨胀
 D. 隐蔽型通货膨胀

2. 认为通货紧缩完全是一种货币现象是(　　)的观点。
 A. 凯恩斯主义
 B. 后凯恩斯学派
 C. 货币主义学派
 D. 马克思主义

3. 有关通货膨胀成因的凯恩斯的需求拉上假说的理论缺陷在于(　　)。
 A. 假定通货膨胀与充分就业共生
 B. 假定通货膨胀与充分就业不共生
 C. 假定通货膨胀与失业共生
 D. 假定通货膨胀与失业不共生

4. 通货膨胀从本质上讲，是一种(　　)。
 A. 经济现象
 B. 社会现象
 C. 货币现象
 D. 价格现象

5. 通货膨胀对策中，通过公开市场业务出售政府债券属于(　　)。
 A. 控制需求
 B. 改善供给
 C. 收入指数化政策
 D. 紧缩性财政政策

6. 治理通货膨胀对策中，压缩财政支出属于(　　)。
 A. 改善供给
 B. 紧缩性收入政策
 C. 收入指数化政策
 D. 紧缩性财政政策

7. 在通货膨胀中，最大的受益者是(　　)。
 A. 从企业的利润中取得收益者
 B. 国家机关工作人员
 C. 科技工作者
 D. 政府

8. (　　)不属于紧缩性财政政策。
 A. 削减政府支出
 B. 减少公共事业投资
 C. 增加税收
 D. 制定物价、工资管制政策

9. ( )不属于通货紧缩有害的方面。

    A. 容易使银行业产生大量不良资产

    B. 实际利率上升，债务人负担加重

    C. 实际利率上升，投资吸引力下降

    D. 促进企业在市场竞争中为占领市场份额而运用降价促销战略

10. ( )不是通货膨胀的成因。

    A. 银行信用膨胀   B. 财政赤字

    C. 经常项目顺差   D. 资本项目逆差

11. 以存在强大的工会力量，从而存在不完全竞争的劳动力市场为假设前提的通货膨胀理论是( )型通货膨胀。

    A. 需求拉动   B. 工资推动

    C. 利益推动   D. 混合推动

二、多项选择题

1. 下列选项中，( )属于通货紧缩三要素定义。

    A. 物价水平持续下降   B. 货币供应量持续下降

    C. 社会总需求上升   D. 经济衰退

    E. 经济增长

2. 通货紧缩成因包括( )。

    A. 有效需求不足   B. 生产力过剩

    C. 产业结构不合理   D. 本币高估

    E. 金融体系效率低下

3. 下列说法中正确的有( )。

    A. 物价水平的持续下降意味着实际利率的上升，投资项目的吸引力下降

    B. 物价水平的持续下降意味着货币购买力不断提高，从而消费者会增加消费，减少储蓄

    C. 通货紧缩可能引发银行业危机

    D. 通货紧缩可能会造成失业率上升

    E. 通货紧缩可能会造成失业率下降

4. 根据通货膨胀在不同经济体制下的不同的表现形式，可以划分为( )形式。

    A. 爬行式通货膨胀   B. 温和式通货膨胀

    C. 奔腾式通货膨胀   D. 公开型通货膨胀

    E. 隐蔽型通货膨胀

5. 根据物价上涨速度的不同，可将通货膨胀划分为( )等类型。

    A. 公开型通货膨胀   B. 恶性通货膨胀

    C. 爬行通货膨胀   D. 隐蔽型通货膨胀

    E. 温和通货膨胀

6. 根据通货膨胀产生的原因，可将其划分为( )等类型。

    A. 投资膨胀型   B. 需求拉上型

    C. 成本推动型   D. 供求混合推动型

    E. 结构型

7. 成本推动假说认为，引起生产成本上升而导致通货膨胀的根据在于(　　)。

    A. 工资推动
                B. 投资推动

    C. 供求推动
                D. 需求推动

    E. 利润推动

8. 紧缩的货币政策实施的手段主要包括(　　)。

    A. 提高法定存款准备金率
        B. 提高存贷款利率

    C. 提高再贴现率
             D. 央行出售政府债券

    E. 增加公开市场的货币投放

9. 宽松的货币政策主要包括(　　)。

    A. 提高存款准备金率
         B. 降低存款准备金率

    C. 降低贴现率
             D. 中央银行在公开市场上卖出证券

    E. 中央银行在公开市场上买入证券

10. 在通货膨胀中，最大的利益受损者主要包括(　　)。

    A. 商人
                B. 固定利息债权人

    C. 工人
                D. 国家公务员

    E. 农民

三、判断正误题

1. 在通货膨胀时期，物价上涨，债务人受益，债权人受损。　　　　　　　　　　(　　)

2. 如果人们能对通货膨胀率进行正确的预期，则可用相应降低借贷利率的方式来规避债权人的损失。　　　　　　　　　　(　　)

3. 通货紧缩从本质上讲是一种货币现象。　　　　　　　　　　(　　)

4. 供给过剩型的通货紧缩指的是商品和服务的相对过剩。　　　　　　　　　　(　　)

5. 经济学家弗里德曼和费尔普斯指出，通货膨胀与失业之间的负相关关系在短期内是不成立的，但在长期中可以成立。　　　　　　　　　　(　　)

6. 通货膨胀不是一次性的或短暂的物价水平上涨，而是持续的不可逆转的物价上涨的现象。　　　　　　　　　　(　　)

7. 需求拉上型通货膨胀认为，通货膨胀的原因在于产品成本的提高，因而推动着物价上涨。　　(　　)

8. 判断一国是否出现了通货紧缩，主要是看通货膨胀率是否由正变负和物价的下降是否超过了一定期限。　　　　　　　　　　(　　)

9. 采用向中央银行、商业银行、企业和个人发行债券的方法弥补财政赤字，一般不会扩大货币总量，引发通货膨胀。　　　　　　　　　　(　　)

10. 普遍、持续的物价下降意味着单位货币购买力的不断上升，对投资者来说意味着投资成本降低，对经济发展是有利的。　　　　　　　　　　(　　)

11. 经常项目顺差会造成国内市场货币流通量过多，造成通货紧缩压力。而资本项目顺差则不形成通货膨胀压力。　　　　　　　　　　(　　)

12. 供应学派主张通过降低税率促进生产发展，治理通货紧缩。　　　　　　(　　)

13. 收入指数化既能剥夺政府从通货膨胀中获得收益，又可抵消或缓解物价波动对个人收入水平的影响。　　　　　　　　　　(　　)

14. 通货紧缩会影响货币政策的实施，使货币政策失去灵活性。　　　　　（　　）

15. 价格上涨就意味着通货膨胀。　　　　　（　　）

16. 通货膨胀一定意味着人们生活水平的下降。　　　　　（　　）

四、简答题

1. 什么是通货膨胀？简述通货膨胀的类型。

2. 什么是通货紧缩？简述通货紧缩的类型。

3. 简述通货膨胀成因的理论观点。

4. 比较居民消费价格指数和工业生产者价格指数的优缺点。

5. 在治理通货紧缩的过程中，宽松财政政策的优点是什么？

五、论述题

1. 为什么促进论者会认为：适度的通货膨胀有利于促进经济的增长？而其效果在发展中国家表现得尤为明显？

2. 论述通货膨胀的成因、影响及治理对策。

3. 论述通货紧缩的成因、影响及治理对策。

案 例 分 析

案例一　2020—2021年我国CPI和PPI的变化

一、2020年CPI逐步回落，PPI低位回升

2020年，各地区各部门认真贯彻落实党中央决策部署，统筹疫情防控和经济社会发展，扎实做好"六稳"工作，全面落实"六保"任务，积极恢复生产生活秩序，全力保障民生产品供应，市场供求关系不断好转，CPI从高点逐步回落，PPI从低位稳步回升，全年物价走势基本平稳。

1. 消费领域价格涨幅回落

CPI月度同比前高后低。2020年，CPI上涨2.5%，涨幅比上年回落0.4个百分点。分月看，同比总体呈前高后低走势。前两个月，受新冠疫情、"猪周期"和春节等因素叠加影响，猪肉等食品价格上涨较快，带动CPI上涨较多，同比分别上涨5.4%和5.2%；随着疫情防控形势持续向好，生猪产能不断恢复，各项保供稳价措施持续发力，CPI涨幅从3月份开始回落；6、7月份，由于高温和降雨等极端天气影响，涨幅略有扩大；8月份CPI继续回落，至11月份转为下降0.5%；12月份，受低温天气、需求增加及成本上升等因素影响，CPI上涨0.2%。

食品价格涨幅较大。2020年，食品价格上涨10.6%，涨幅比上年扩大1.4个百分点，影响CPI上涨约2.20个百分点，是推动CPI上涨的主要因素。食品中，在非洲猪瘟疫情、周期性因素等共同作用下，猪肉价格上涨49.7%，涨幅比上年扩大7.2个百分点，影响CPI上涨约1.60个百分点，占CPI总涨幅的六成多。在猪肉价格上涨带动下，牛肉和羊肉价格也分别上涨14.4%和8.5%，合计影响CPI上涨约0.11个百分点。2020年夏季多地发生洪涝灾害，加之冬季持续低温影响，全年鲜菜价格上涨

7.1%，影响CPI上涨约0.18个百分点。受上年同期对比基数较高影响，鲜果和鸡蛋价格分别下降11.1%和10.8%，合计影响CPI下降约0.27个百分点。其他食品中，水产品价格上涨3.0%，禽肉类价格上涨2.2%，粮食和食用植物油等价格基本稳定。

非食品价格总体变动较小。2020年，非食品价格上涨0.4%，涨幅比上年回落1.0个百分点，影响CPI上涨约0.28个百分点。非食品中，受需求偏弱以及国际原油价格走低影响，工业消费品价格由上年上涨0.6%转为下降0.8%。其中，汽油、柴油和液化石油气价格分别下降14.1%、15.4%和4.8%；家用器具、鞋类和服装价格分别下降1.8%、0.8%和0.1%。由于疫情影响，服务消费受到一定抑制，服务价格上涨0.6%，涨幅比上年回落1.1个百分点。其中，飞机票、景点门票和宾馆住宿等出行类服务价格分别下降18.2%、5.5%和4.2%。全年扣除食品和能源价格的核心CPI上涨0.8%，涨幅比上年回落0.8个百分点。

2. 生产领域价格低位回升

PPI整体先降后升。2020年，PPI下降1.8%，降幅比上年扩大1.5个百分点。分月看，年初受疫情等因素影响，工业品需求低迷，2月份起PPI环比和同比进入下降区间；随着国内疫情防控形势持续向好，工业生产稳定恢复，基建和房地产投资持续发力，加之部分国际大宗商品价格波动上行，6月份起PPI环比止降转涨，同比降幅稳步收窄。12月份，PPI环比上涨1.1%，为2017年1月份以来最大涨幅；同比下降0.4%，降幅比5月份的最低点收窄了3.3个百分点；从绝对价格看，已大体接近疫情冲击前的水平。

石油、钢材和煤炭等相关行业价格下降。2020年，受国际原油价格震荡下跌叠加疫情等因素影响，国内石油相关行业价格总体下行。石油和天然气开采业、石油煤炭及其他燃料加工业、化学原料和化学制品制造业、化学纤维制造业等石油相关行业价格全年平均降幅在5.9%~27.4%，合计影响PPI下降约1.27个百分点，占PPI总降幅的七成。疫情严重冲击钢材需求，黑色金属冶炼和压延加工业价格同比从2月份起由涨转降，随着需求逐步恢复，加之成本因素推动，9月份起走出下降区间，四季度涨势加速，全年平均下降2.1%，影响PPI下降约0.12个百分点。煤炭整体供大于求，全年平均下降5.4%，影响PPI下降约0.13个百分点。

其他主要行业价格有涨有跌。2020年，受牲畜屠宰、植物油加工和饲料加工等价格上涨影响，农副食品加工业价格上涨4.8%；文教工美体育和娱乐用品制造业、酒饮料及精制茶制造业、医药制造业、食品制造业价格涨幅在0.6%~3.3%。上述五个行业合计影响PPI上涨约0.36个百分点。有色金属冶炼和压延加工业价格上涨0.8%。装备制造业价格总体平稳，其中铁路、船舶、航空航天和其他运输设备制造业价格上涨0.4%，仪器仪表制造业价格上涨0.2%；计算机、通信和其他电子设备制造业价格下降1.5%，汽车制造业价格下降0.4%。

二、2021年1月份居民消费价格同比下降0.3%，环比上涨1%

2021年1月份，全国居民消费价格同比下降0.3%。其中，城市下降0.4%，农村下降0.1%；食品价格上涨1.6%，非食品价格下降0.8%；消费品价格下降0.1%，服务价格下降0.7%。

2021年1月份，全国居民消费价格环比上涨1.0%。其中，城市上涨1.0%，农村上涨1.1%；食品价格上涨4.1%，非食品价格上涨0.3%；消费品价格上涨1.5%，服务价格上涨0.2%。具体情况详见图9-9。

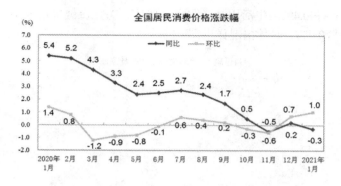

图9-9 全国居民消费价格涨跌幅

1. 各类商品及服务价格同比变动情况

2021年1月份，食品烟酒类价格同比上涨1.4%，影响CPI(居民消费价格指数)上涨约0.41个百分点。食品中，鲜菜价格上涨10.9%，影响CPI上涨约0.24个百分点；粮食价格上涨1.6%，影响CPI上涨约0.03个百分点；鲜果价格上涨1.3%，影响CPI上涨约0.02个百分点；蛋类价格上涨1.2%，影响CPI上涨约0.01个百分点；畜肉类价格下降0.4%，影响CPI下降约0.02个百分点，其中猪肉价格下降3.9%，影响CPI下降约0.09个百分点。

其他七大类价格一涨两平四降。其中，医疗保健价格上涨0.4%；生活用品及服务、教育文化娱乐价格均持平；交通通信、其他用品及服务价格分别下降4.6%和0.9%，居住、衣着价格分别下降0.4%和0.2%。具体情况详见图9-10。

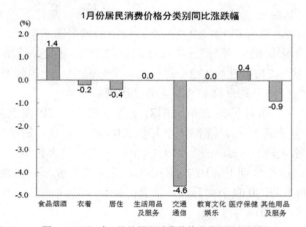

图9-10 2021年1月份居民消费价格分类同比涨跌幅

2. 各类商品及服务价格环比变动情况

2021年1月份，食品烟酒类价格环比上涨2.8%，影响CPI上涨约0.80个百分点。食品中，鲜菜价格上涨19.0%，影响CPI上涨约0.40个百分点；蛋类价格上涨9.4%，影响CPI上涨约0.06个百分点；畜肉类价格上涨3.7%，影响CPI上涨约0.16个百分点，其中猪肉价格上涨5.6%，影响CPI上涨约0.12个百分点；水产品价格上涨3.3%，影响CPI上涨约0.06个百分点；鲜果价格上涨2.3%，影响CPI上涨约0.04个百分点；粮食价格上涨0.3%，影响CPI上涨约0.01个百分点。

其他七大类价格环比六涨一降。其中，交通通信、其他用品及服务、教育文化娱乐价格分别上涨0.9%、0.5%和0.4%，生活用品及服务、居住、医疗保健价格分别上涨0.2%、0.1%和0.1%；衣着价格下降0.4%。具体情况详见图9-11。

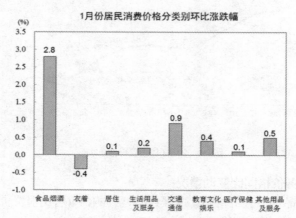

图9-11　2021年1月份居民消费价格分类环比涨跌幅

三、2021年1月份CPI和PPI环比继续上涨，同比一跌一涨

1. CPI环比涨幅扩大，同比由涨转降

从环比看，受节日临近、局部地区疫情和低温天气等因素影响，CPI上涨1.0%，涨幅比上月扩大0.3个百分点。其中，食品价格上涨4.1%，涨幅扩大1.3个百分点，影响CPI上涨约0.78个百分点。食品中，受部分地区出现降温及雨雪天气影响，鲜菜生产储运成本增加，价格上涨19.0%，涨幅扩大10.5个百分点；由于产蛋鸡存栏有所下降，加之疫情影响部分地区鸡蛋外销，鸡蛋价格上涨11.1%，涨幅扩大8.2个百分点；受节前消费需求增加、饲料成本上升等因素影响，猪肉、牛肉和羊肉价格分别上涨5.6%、1.2%和2.7%。非食品价格上涨0.3%，涨幅比上月扩大0.2个百分点，影响CPI上涨约0.22个百分点。非食品中，受国际原油价格波动影响，汽油、柴油和液化石油气价格分别上涨4.2%、4.6%和5.0%。

从同比看，由于春节错月导致去年同期对比基数较高，CPI由上月上涨0.2%转为下降0.3%。其中，食品价格上涨1.6%，涨幅比上月扩大0.4个百分点，影响CPI上涨约0.30个百分点。食品中，鲜菜价格上涨10.9%，涨幅扩大4.4个百分点；猪肉价格下降3.9%，降幅扩大2.6个百分点；鸡肉和鸭肉价格分别下降10.7%和6.8%，降幅均有收窄。非食品价格由上月持平转为下降0.8%，影响CPI下降约0.64个百分点。非食品中，交通通信价格下降4.6%，居住价格下降0.4%，医疗保健价格上涨0.4%。

据测算，在2021年1月份0.3%的同比降幅中，去年价格变动的翘尾影响约为-1.3个百分点，新涨价影响约为1.0个百分点。扣除食品和能源价格的核心CPI同比下降0.3%，主要受服务价格同比下降较多所致。2020年1月份恰逢春节，且疫情影响还未显现，服务价格上涨较多，其中飞机票和旅行社收费价格环比分别上涨31.3%和10.1%，美发和家庭服务价格环比分别上涨5.2%和3.2%。2021年2月份过春节，加之受局部出现疫情影响，1月份居民出行及一些接触式服务消费均有减少，出行类服务价格同比下降较多，其中飞机票和旅行社收费价格同比分别下降33.2%和9.9%；其他服务价格同比也有所下降，其中美发价格同比下降1.3%，家庭服务价格同比涨幅则从去年的3.5%回落至今年的0.9%。

2. PPI环比继续上涨，同比由降转涨

从环比看，国内需求持续改善，原油、铁矿石等国际大宗商品价格延续上涨势头，带动PPI上涨1.0%。其中，生产资料价格上涨1.2%，涨幅比上月回落0.2个百分点；生活资料价格上涨0.2%，涨幅扩大0.1个百分点。调查的40个工业行业大类中，价格上涨的有25个，比上月减少1个；下降的10个，增加4个；持平的5个，减少3个。近期国际原油价格继续上涨，带动国内石油相关行业价格上涨较多，石油和天然气开采业价格上涨8.2%，石油、煤炭及其他燃料加工业价格上涨5.3%，化学原料和化学制品制造业价格上涨1.0%，合计影响PPI上涨约0.36个百分点。需求改善、成本上升拉动金属相关行业价格继续上涨，黑色金属冶炼和压延加工业价格上涨3.8%，有色金属冶炼和压延加工业价格上涨0.9%，合计影响PPI上涨约0.29个百分点。年初寒潮低温天气频发，加之工业生产稳定增长，居民取暖用电和工业用电需求大幅增加，带动煤炭开采和洗选业价格上涨6.4%。另外，取暖需求也拉动燃气生产和供应业价格上涨3.9%。

从同比看，PPI由上月下降0.4%转为上涨0.3%。其中，生产资料价格由上月下降0.5%转为上涨0.5%；生活资料价格下降0.2%，降幅比上月收窄0.2个百分点。主要行业中，价格涨幅扩大的有黑色金属冶炼和压延加工业，上涨9.9%，扩大4.9个百分点；煤炭开采和洗选业，上涨9.1%，扩大7.8个百分点；有色金属冶炼和压延加工业，上涨8.9%，扩大0.6个百分点。价格降幅收窄的有石油和天然气开采业，下降21.9%，收窄5.1个百分点；石油、煤炭及其他燃料加工业，下降9.0%，收窄3.5个百分点。此外，化学原料和化学制品制造业价格由持平转为上涨1.2%。

(资料来源：国家统计局官网)

问题：

1. 我国CPI指数用哪些类别指标进行衡量？变化趋势如何？
2. 我国PPI指数相对保持低位的原因是什么？变化趋势如何？

案例二 20世纪90年代的日本通货紧缩

自20世纪90年代初日本经济泡沫破灭后，日本经济陷入了衰退的困境：股票市场和房地产市场长达十多年的持续下跌，银行系统坏账如山、运转失灵，政府债务居高不下，物价持续下降。在这些问题中，通货紧缩是困扰日本经济的最大难题之一。从经济增长速度来看，1990年至1994年经济一直处于下滑状态，GDP增长速度从1990年的5.5%下降到0.7%。1997年至1998年，日本首次出现了连续两年的经济负增长，经济增长率分别为-0.4%和-1.9%。在物价方面，1992至1995年间，日本的批发物价指数每年都在下降，1996—1997年转为上升，但从1998年开始又转为下降，1998至2001年分别比上年下降了1.6%、3.3%、0.1%和0.9%，2002年1月至3月和4月至6月又分别比上年同期下降了1.4%和1.1%。

愈演愈烈的通货紧缩，严重影响了日本经济。它使得企业经营环境日趋恶化，企业利润降低，破产公司数量大增，失业率升高。同时加重了财政赤字危机。据统计，从1997至2000年，日本的国税收入由539 415亿日元减少为456 780亿日元，3年净减少15.3%，经济增长情况和物价水平变化的实际情况表明，日本自1992年以来开始出现通货紧缩，1997年后半年以来通货紧缩局势进一步恶化。

1. 日本出现通货紧缩的主要原因

日本泡沫经济的破灭对其通货紧缩的形成产生了重要影响，其对经济最直接的负面影响是使日本资产价格大量缩水。仅在1990年以后的5年间，日本全国资产损失达800亿日元，其中土地等资产减少了379亿日元，股票减少了420亿日元，两者相加接近当时日本两年的GDP。

(1) 资产的缩水降低了居民个人拥有的金融资产财富，对其消费需求产生了巨大的负财富效应，国民消费意识由热转冷，个人消费趋于不振。

(2) 金融机构的资产大量缩水，银行自有资产急剧下降。大量的贷款无法收回，造成了银行出现巨额不良债权。不良债权的产生，一方面严重影响了整个金融体系的安全，另一方面使金融机构大量压缩贷款，导致社会的货币供应量更加不足，给日本经济带来严重冲击。

(3) 企业投资需求不足。资产的缩水使企业的股票资产大大减少，同时企业在泡沫经济膨胀时期也存在着盲目投资、重复建设，生产力大量过剩，企业被迫调整存量资产。这一切都导致企业的投资裹足不前。

2. 日本治理通货紧缩的对策

针对通货紧缩情况，日本政府采取多种措施以刺激经济增长。

(1) 扩张性财政政策。为了刺激经济增长，抑制物价下降，从1992年起，日本政府连续10次推出以减税和增加公共事业投资为主要内容的扩张性财政政策，涉及财政收支规模达130万亿日元之巨。例如，1998年4月，日本政府宣布了一项历史上规模最大的、价值16.6万亿日元的综合经济对策，包括的内容如下：1998至1999年减少4.6万亿日元的所得税和其他税收；增加各类公共工程开支7.7万亿日元；增加各种政府开支4.3万亿日元。

(2) 扩张性货币政策。在货币政策方面，日本政府也在不断推出以降息为中心的扩张性货币政策，力图通过降低利率来扩大货币发行量，刺激民间消费和投资的增长，达到抑制通货紧缩、促进经济增长的目的。从1991年7月起，日本银行连续下调官方利率。到1995年9月，日本的再贴现率降到了0.5%，并一直维持了5年之久。此后，日本银行又于1999至2000年实行了"零利率"政策，到2001年2月又两次下调再贴现率，当时再贴现率为0.25%，处于历史上的最低水平。

(3) 通过立法，整顿金融秩序。在运用财政和货币政策刺激经济增长的同时，日本政府采取了一些金融体制改革和结构调整措施。在1998年12月，日本国会相继通过了《金融重建关联法》和《金融功能早期健全法》，对濒临破产和已破产的金融机构由政府注入资金，取得控股权，由政府主导来处理金融机构的不良资产。截至1999年3月末，日本政府已对15家主要银行投入7.5万亿日元的资金，加上银行自身获得的2.2万亿日元，补充资本近9.6万亿日元。政府出面对金融机构进行整顿，可以保护存款人的利益，稳定民心，防止出现挤兑行为，同时也避免了这些金融机构的破产对日本经济和国际金融市场造成的危机。

(资料来源：林毅夫，张永军. 通货紧缩的理论与现实[M]. 北京：中国经济出版社，2000)

问题：

1. 对比日本与我国，分析两国各自曾经发生的通货紧缩的相同与不同之处。

2. 日本通货紧缩治理给我国什么启示？

第十章

货币政策

2020年以来中国人民银行实施稳健的货币政策，综合运用降准、再贷款、再贴现、中期借贷便利、公开市场操作等多种货币政策工具，保持流动性合理充裕，货币市场利率运行平稳。同时注重发挥结构性货币政策工具作用，引导金融机构加大对中小微企业、绿色发展等重点领域和薄弱环节的支持力度。本章将对货币政策的目标、工具、传导机制及效应进行深入的分析与探讨。

第一节　货币政策目标

一、货币政策概述

(一) 货币政策的含义

货币政策是指中央银行为实现一定的经济目标，运用各种工具调节和控制货币供给量，进而影响宏观经济的方针和措施的总和。货币政策在国家的宏观经济政策中居于十分重要的地位。货币政策的变化会引起总需求和总供给的变化、一般价格水平的变化、经济增长速度和经济结构的变化、国际收支平衡的变化等，因而它是现代市场经济国家最重要的宏观经济调控手段之一。中央银行在国家法律授权的范围内独立地或在中央政府领导下制定货币政策，并运用其拥有的货币发行特权和各种政策手段，利用其领导和管理全国金融机构的特殊地位，组织货币政策的实施。

(二) 货币政策的内容

货币政策包括政策目标、实现目标的政策工具、监测和控制目标实现的各种操作指标和中介指标、政策传递机制和政策效果等基本内容。这些基本内容紧密联系，构成一个国家货币政策的有机整体。在制定和实施货币政策时，必须对这一有机整体进行统筹考虑。

(三) 货币政策的功能

货币政策作为国家重要的宏观调控工具之一，主要具有以下5个方面的功能。

1. 促进社会总需求与总供给的均衡，保持币值稳定

社会总需求与总供给的均衡是社会经济平稳运行的重要前提。社会总需求是有支付能力的需求，它是由一定时期的货币供给量决定的。中央银行通过货币政策的实施，调节货币供给量，影响社会总需求，从而促进社会总需求与总供给的平衡，有利于币值稳定。

2. 促进经济的稳定增长

人类社会是在不断发展的，而它的发展离不开经济增长。由于各种因素的影响，经济增长不可避免地会出现各种波动。剧烈的波动对经济的持续稳定增长是有害的。"逆风向行事"的货币政策具有促进经济稳定增长的功能。在经济过度膨胀时，通过实施紧缩性货币政策，有利于抑制总需求的过度膨胀和价格总水平的急剧上涨，实现社会经济的稳定；在经济衰退和萧条时，通过实施扩张性货币政策，有利于刺激投资和消费，促进经济的增长和资源的充分利用。

3. 促进充分就业，实现社会稳定

非充分就业既不利于劳动力资源的充分利用，又可能导致社会的不稳定。因而，促进充分就业，实现社会稳定就成为宏观经济调控的重要目标之一。就业水平的高低受经济规模、速度和结构等因素的影响。货币政策通过一般性货币政策工具的运用可对货币供给总量、经济规模和速度产生重要影响，从而对就业水平产生影响；通过选择性货币政策工具的运用可对货币供给结构、经济结构产生影响，从而对就业水平产生影响。

4. 促进国际收支平衡，保持汇率相对稳定

在经济和金融日益全球化、国际化的宏观环境下，一个国家汇率的相对稳定是保持其国民经济稳定健康发展的必要条件。而汇率的相对稳定又是与国际收支平衡密切相关的。货币政策通过本外币政策协调、本币供给的控制、利率和汇率的适时适度调整等，对促进国际收支平衡，保持汇率相对稳定具有重要作用。

5. 保持金融稳定，防范金融危机

保持金融稳定是防范金融危机的重要前提。货币政策通过一般性政策工具和选择性政策工具的合理使用，可以调控社会信用总量，有利于抑制金融泡沫和经济泡沫的形成，避免泡沫的突然破灭对国民经济，特别是金融部门的猛烈冲击，有利于保持金融稳定和防范金融危机。

二、货币政策的最终目标

货币政策的最终目标包括币值稳定、经济增长、充分就业和国际收支平衡。

(一) 币值稳定

抑制通货膨胀，避免通货紧缩，保持价格稳定和币值稳定是货币政策的首要目标。通货膨胀特别是严重通货膨胀，将导致严重后果，主要包括：①社会分配不公。一些人的生活水平因此而下降，社会矛盾尖锐化。②借贷风险增加。通货膨胀突然加速时贷出资金的人将遭受额外的损失；通货膨胀突然减速时借入资金的人将遭受额外的损失，正常的借贷关系将遭到破坏。③相对价格体系遭到破坏。价格信号作为市场机制有效配置资源的基础遭到破坏，经济秩序混乱，并最终影响经济的稳定增长。④严重的通货膨胀导致货币的严重贬值，可能导致其货币体系的彻底崩溃。通常，通货膨胀与货币供给的过度扩张紧密相关，抑制通货膨胀，保持价格稳定和币值稳定就成为货币政策

的首要目标。

但是，抑制通货膨胀的目标并非通货膨胀率越低越好。价格总水平的绝对下降，即负通胀率，将会带来通货紧缩。通货紧缩将严重地影响企业和公众的投资和消费预期，制约其有效的投资需求和消费需求的增长，使企业销售下降、存货增加、利润下降，企业倒闭和失业率上升，经济增长停滞甚至严重衰退，陷入经济危机。因此，抑制通货膨胀和避免通货紧缩是保持币值稳定的货币政策目标不可分割的两个方面。

坚守币值稳定这个根本目标，同时中央银行也要强化金融稳定目标，把保持币值稳定和维护金融稳定更好地结合起来。保持币值稳定，并由此为经济增长营造适宜的货币环境，是货币政策的根本目标。要根据形势发展，探索更为科学合理地确定和衡量价格水平的方式、方法。当前，我国金融体系和资产市场规模巨大，且容易产生顺周期波动。因此，必须强化宏观审慎政策，更好地维护金融体系稳定。

(二) 经济增长

经济增长是提高社会生活水平的物质保障，任何国家要不断地提高其人民的生活水平，必须保持一定速度的经济增长。经济增长也是保护国家安全的必要条件，一个国家的经济实力，是决定其在激烈的国际经济和政治、军事竞争中的竞争能力的重要因素。因此，加速经济发展，对发展中国家尤为重要。一国经济为了有效地竞争并且快速增长，必须有效地利用自己的资源，并为了增加生产潜力而进行投资。低于潜在水平的增长将会导致资源的浪费，高于潜在水平的增长将会导致通货膨胀和资源的过度利用。

作为宏观经济目标的增长应是长期稳定的增长。过度追求短期的高速甚至超高速增长可能导致经济比例的严重失调和经济的剧烈波动。货币政策作为国家干预经济的重要手段，保持国民经济的长期稳定增长是其不可推卸的责任。

(三) 充分就业

所谓充分就业，是指任何愿意工作并有能力工作的人都可以找到一个有报酬的工作，这是政府宏观经济政策的重要目标。非充分就业，表明存在社会资源特别是劳动力资源的浪费，失业者生活质量下降，并导致社会的不稳定。因此，好多国家都把充分就业作为最重要的宏观经济目标之一。但是，充分就业并不是追求零失业率。由于摩擦性失业、结构性失业、季节性失业和过渡性失业的存在，一定程度的失业在经济正常运行中是不可避免的，这种失业被称为自然失业。而由于总需求不足所导致的失业则是应该尽量避免的。因此，充分就业的目标就是要把失业率降低到自然失业率水平。就业水平受经济发展的规模、速度和结构以及经济周期的不同阶段等众多因素的影响。货币政策对国民经济发展的规模、速度、结构以及经济周期变动等方面具有重要影响，特别是在经济衰退、失业严重的时候，实行扩张性的货币政策，对扩大社会总需求，促进经济发展，降低失业率具有重要意义。

(四) 国际收支平衡

保持国际收支平衡是保证国民经济持续稳定增长和经济安全甚至政治稳定的重要条件。一个国家国际收支失衡，无论是逆差还是顺差，都会给该国经济带来不利影响。巨额的国际收支逆差可能导致外汇市场对本币信心的急剧下降，资本会大量外流，外汇储备急剧下降，本币将会大幅贬值，并导致严重的货币和金融危机。20世纪90年代的墨西哥金融危机和亚洲金融危机的爆发就是这方面的最好例证。而长期的巨额国际收支顺差，即使大量的外汇储备闲置，造成资源的浪费，又要为购买大量的外汇而增发本国货币，可能导致或加剧国内通货膨胀；此外，巨额的经常项目顺差或逆差还可能加剧贸易摩擦。当然，相比之下，逆差的危害比顺差更大，因此各国调节国际收支失衡主要是为了减少甚至消除国际收支逆差。

货币政策在调节国际收支方面具有重要作用。在资本项目自由兑换的情况下，提高利率将吸引国际资本的流入，降低资本项目逆差或增加其盈余；反之亦然。汇率的变动对国际收支平衡也具有重要影响。本币贬值有利于促进出口，抑制进口，降低贸易逆差或增加其盈余，但却不利于资本项目的平衡。反之，本币升值将吸引国际资本流入，有利于资本项目平衡，但却抑制出口，鼓励进口，不利于经常项目平衡。因此，货币政策的目标之一，就是要通过本外币政策的协调，实现国际收支的平衡。

需要特别强调的是，保持金融稳定，是避免货币危机、金融危机和经济危机的重要前提。货币危机是由货币严重贬值带来的货币信用危机。在不兑现的信用货币条件下，一旦发生信用危机，将可能直接威胁到该货币的流通及其货币制度的稳定。货币危机既可能由国内恶性通货膨胀、货币对内严重贬值引致，也可能由对外严重贬值引致。

货币危机通常会演变为金融危机。金融危机主要指由银行支付危机带来的大批金融机构倒闭，并威胁到金融体系的正常运行。东南亚国家由于本币大幅贬值，使企业和银行所借大量短期外债的本币偿债成本大幅上升，导致大量的企业和金融机构无力偿债而破产。

金融危机处理不当通常引发经济危机。经济危机是经济的正常运行秩序遭受严重破坏，企业大量破产，失业大幅上升，经济严重衰退，甚至濒临崩溃的一种恶性经济灾害。历史上出现的经济危机，大多是由金融危机引发的。在当今世界经济一体化、金融一体化的浪潮冲击下，保持一个国家的金融稳定具有更加重要的意义。

三、货币政策最终目标的统一性与矛盾性

货币政策最终目标之间既有统一性，又有矛盾性。

(一) 充分就业与经济增长的关系

按照奥肯定律，GDP增长比潜在GDP增长每快2%，失业率下降1个百分点；GDP增长比潜在GDP增长每慢2%，失业率上升1个百分点。失业与经济增长之间通常存在负相关关系，因而，充分就业与经济增长之间通常存在正相关关系。但是，由于经济增长可以采取劳动密集型、资本密集型或资源密集型、知识密集型等不同的发展模式，除劳动密集型外，其他几种增长模式都与充分就业有一定的矛盾。

(二) 稳定币值与经济增长和充分就业的关系

根据菲利普斯曲线和奥肯定律，通货膨胀与经济增长和就业之间通常存在正相关关系。但过高的通货膨胀将破坏正常的经济秩序，从而迫使经济进行紧缩调整，从而降低经济增长和就业。

(三) 稳定币值与国际收支平衡的关系

币值稳定和汇率稳定，有利于国际收支平衡。但为了贸易平衡而对外贬值则可能导致国内通货膨胀加剧。有时为拯救濒临破产的银行而增发货币，可能导致通货膨胀。国际收支平衡有利于金融

的稳定。国际收支失衡，如贸易赤字和资本大量外流，将导致货币危机。金融的稳定也有利于国际收支的平衡，金融动荡将加剧资本外流，加剧国际收支失衡。

表10-1介绍了西方各主要国家货币政策最终目标的发展变化情况。

表10-1　西方各国货币政策目标的发展变化情况

国别	20世纪五六十年代	20世纪七八十年代	20世纪90年代以来
美国	以充分就业为主	以币值稳定为主	以反通胀为唯一目标
日本	对外收支平衡，物价稳定	币值稳定，对外收支平衡	物价稳定，对外收支平衡
德国	以币值稳定为主，兼顾国际收支平衡	以币值稳定为主，兼顾国际收支平衡	以币值稳定为主，兼顾国际收支平衡
英国	以充分就业为主，兼顾国际收支平衡	以币值稳定为主	以反通胀为唯一目标
加拿大	充分就业，经济增长	以币值稳定为主	以反通胀为唯一目标
意大利	充分就业，经济增长	以币值稳定为主，兼顾国际收支平衡	以币值稳定为主，兼顾国际收支平衡

四、货币政策中介指标

从货币政策工具的运用到货币政策目标的实现之间有一个相当长的作用过程，在这一过程中有必要及时了解政策工具是否得力，估计政策目标能不能实现，这就需要借助于中介目标的设置。事实上，中央银行本身并不能直接控制和实现诸如经济稳定增长这些货币政策目标。它只能借助于货币政策工具，并通过对中介指标的调节和影响最终实现政策目标。因此，中介指标就成了货币政策作用过程中一个十分重要的中间环节，对它们的选择是否正确以及选定后能否达到预期调节效果，关系到货币政策最终目标能否实现。通常认为中介目标的选取要符合如下5个标准。

(一) 可控性

可控性即是否易于为中央银行所控制。通常要求中介指标与所能适用的货币政策工具之间要有密切的、稳定的和统计数量上的联系。

(二) 可测性

可测性包括两个方面：一是中央银行能够迅速获取有关中介指标的准确数据；二是有明确的定义并便于观察、分析和监测。

(三) 相关性

相关性是指只要能达到中介指标，中央银行在实现或接近实现货币政策最终目标方面不会遇到障碍和困难。也就是说，要求中介指标与货币政策的最终目标之间要有密切的、稳定的和统计数量上的联系。

(四) 抗干扰性

货币政策在实施过程中常会受到许多外来因素或非政策因素的干扰。只有选取那些受干扰程度较低的中介指标，才能通过货币政策工具的操作达到最终目标。

(五) 与经济体制、金融体制有较好的适应性

经济及金融环境不同，中央银行为实现既定的货币政策目标而采用的政策工具就不同，选择作为中介指标的金融变量也必然有区别，这是不言自明的。

根据以上5个条件，尤其是前3个条件所确定的中介指标一般有利率、货币供应量、超额准备金和基础货币等。根据这些指标对货币政策工具反应的先后和作用于最终目标的过程，又可分为两类：一类是近期指标，即中央银行对它的控制力强，但距离货币政策的最终目标较远；另一类是远期指标，即中央银行对它的控制力较弱，但距离货币政策最终目标较近。

1. 利率指标

作为中介指标，利率的优点表现在如下方面。

(1) 可控性强，中央银行既可以直接调节再贴现率，也可以通过公开市场业务或再贴现政策，间接调节市场利率的走向。

(2) 可测性强，中央银行在任何时候都能观察到市场利率的水平及结构。

(3) 相关性强，中央银行能够通过利率影响投资和消费支出，从而调节总供求。

但是利率作为中介指标也有不理想之处。即利率指标往往具有双重性质：一方面，作为经济内生变量，它们的变动会受到社会经济状况的影响；另一方面，作为政策变量，它们的变动又带有政策性因素，这种状况往往会给中央银行的判断带来麻烦，使中央银行分辨不清这种变动是来自社会经济状况的影响，还是政策产生的效果，有时甚至会产生"误诊"。

2. 货币供应量

以货币供应量作为中介指标，首先遇到的困难是确定以哪种口径的货币供应量作为中介指标：是现金，是M_1，还是M_2。就可测性、可控性来说，3个指标均可满足，它们随时都分别反映在中央银行和商业银行及其他金融机构的资产负债表上，可以进行测算和分析。现金直接由中央银行发行并注入流通，通过控制基础货币，中央银行也能有效地控制M_1和M_2。问题在于相关性，到底是哪一个指标更能代表一定时期的社会总需求和购买力，从而通过对它的调控就可直接影响总供求。现金在现代经济生活中已经起不了这种作用，问题是M_1和M_2的优劣比较，对此有颇不相同的见解。就抗干扰性来说，货币供应量的变动作为内生变量是顺循环的，而作为政策变量则应是逆循环的。因此，政策性影响与非政策性影响，一般说来不会互相混淆。

以上两种指标一般视为远期目标。这类中介指标距离货币政策最终目标较近，但中央银行对这些指标的控制力弱于像超额准备金和基础货币这样的短期指标。

3. 超额准备金和基础货币

超额准备金对商业银行的资产业务规模有直接决定作用。存款准备金、公开市场业务和再贴现等货币政策工具，都是通过影响超额准备金的水平而发挥作用的。但是，作为中介指标，超额准备金往往因其取决于商业银行的意愿和财务状况而不易为货币当局测度和控制。

基础货币是流通中的现金和商业银行的存款准备金的总和，它构成了货币供应量倍数伸缩的基础。不像超额准备金，它可满足可测性和可控性的要求，数字一目了然，数量也易于调控，不少国家把它视为较理想的近期指标。

第二节 货币政策工具

一、货币政策工具概述

货币政策工具是中央银行为了实现货币政策的终极目标而采取的措施和手段。为了实现货币政策的终极目标，中央银行不仅要设置用于观测和跟踪的中介目标，还需要有强有力的货币政策工具。

判断一项货币政策工具是否强有力，有以下几个标准。

(一) 控制货币供应量的能力

由于货币供应量的增减变动能直接影响总支出，而且也能影响金融市场资金的松紧，甚至影响利率及资产重估，再间接影响整个经济活动，所以，货币政策工具的优劣主要看对货币供应量的影响力如何。优良的货币政策工具对货币供应量的控制力强，相反则对货币供应量的控制力弱。

当然，不能期望货币政策工具对货币供应量有完全的控制力，因为商业银行和一般大众的活动对货币供应量都或多或少发挥影响，但货币当局所能操作的政策工具具有更大的影响力。

(二) 对利率的影响程度

利率也是货币政策的一个中介目标，它是借贷市场上资金的价格，其变动在一定程度上影响融资成本和投资收益。所以，货币政策工具的任务之一是影响利率水平，借以影响经济活动。

货币政策工具不仅应当对利率总水平有所影响，而且还应当影响长短期利率的结构变化，从而影响资金的使用方向。大体上说，提高短期利率，将减少大众持有货币及向银行借款的需求；提高长期利率，产生长期投资支出趋减的效果。所以，货币政策工具必须产生对利率结构的影响力。

(三) 对商业银行行为的影响

商业银行创造的存款是货币供应量的主要部分，商业银行的经营活动直接影响企业和个人的支出，如果货币政策工具不能强有力地影响商业银行的行为，那么实现货币政策的终极目标就是一句空话。货币政策工具对商业银行行为的影响主要是通过商业银行的准备金变动来实现的，因此，货币政策工具必须能有效地制约准备金的变动。

(四) 对大众预期的影响

货币政策对大众预期心理有着十分重要的影响。某一货币政策工具，经过实施之后，就会立刻产生"告示作用"，从而对企业及大众的心理预期产生影响。而这种心理预期变化，有可能加深货币政策的效果，也有可能抵消货币政策的效果。因此，在选择货币政策工具时，必须注意它对大众心理预期影响的方向，如果产生的影响是正方向的，则可视为工具，反之则相反。

(五) 伸缩性

货币政策当然要以解决经济问题进而实现货币政策目标为任务。但是，经济形势是时常变化的，有时货币政策必须随时进行调整，以适应经济形势的变化。因此，货币政策工具必须具备充分的伸缩性，可以根据任何经济形势的新变化而进行调整。当然，这种伸缩性必须是有限制的，如果伸缩性太大，就会引起货币政策多变，使受影响的经济部门无所适从。

二、一般性货币政策工具

一般性货币政策工具是对货币供给总量或信用总量进行调节和控制的政策工具，包括存款准备金、中央银行贷款和公开市场业务三大政策工具，俗称"三大法宝"；也包括常备借贷便利、中期借贷便利和抵押补充贷款等近年创立的货币政策工具。一般性货币政策工具的根本特点在于：它是针对总量进行调节的。中央银行经常使用且对整个宏观经济运行发生影响。

(一) 存款准备金

1. 存款准备金政策的含义

存款准备金是指金融机构为保证客户提取存款和资金清算需要而准备的资金，金融机构按规定向中央银行缴纳的存款准备金占其存款总额的比例就是存款准备金率。存款准备金分为法定存款准备金和超额存款准备金。中央银行通过调整存款准备金率，影响金融机构的信贷资金供应能力，从而间接调控货币供应量。

法定存款准备金是指中央银行对商业银行等存款货币机构的存款规定法定存款准备金率，强制性地要求商业银行等存款货币机构按规定比率上缴存款准备金，中央银行通过调整法定存款准备金率以增加或减少商业银行的超额准备金，以收缩或扩张信用，实现货币政策所要达到的目标。

超额存款准备金是金融机构存放在中央银行、超出法定存款准备金的部分，主要用于支付清算、头寸调拨。

调控经济方面，以法定存款准备金为主、超额存款准备金为辅。比如，2021年7月15日，大型银行的法定存款准备金率为10.5%，中型银行为8.5%，小型银行为5.5%。金融机构平均存款准备金率为8.9%。2021年6月末金融机构超额准备金率为1.2%。

商业银行将吸收的存款保留一部分用作支付准备金是由来已久的做法，把这种做法写入法律，最早见于1842年美国的路易斯安那州银行法，而将存款准备金集中于中央银行，则最初始于英国。以法律形式规定商业银行必须向中央银行上缴存款准备金并规定法定准备金率，则始于1913年美国的联邦储备法。但是，存款准备金制度建立之初其并不是作为中央银行货币政策的调节工具而设立，而是为了保持商业银行的清偿力而设立。1935年，美联储首次获得了改变法定存款准备金率的权利，存款准备金制度才真正成为中央银行货币政策的重要工具。就目前来看，凡是实行中央银行制度的国家，一般都实行法定存款准备金制度。

2. 法定存款准备金政策的作用

(1) 保证商业银行等存款货币机构资金的流动性。商业银行等存款机构为保持自己资金的流动性，一般都会自觉地保留一定的现金准备，以备客户提取。在没有法定存款准备金制度规定时，商业银行可能受较好的贷款条件的诱惑而将资金大量贷出，从而影响银行的流动性和清偿力。法定存款准备金制度的建立，强制商业银行将准备金存入中央银行，可从制度上避免这种情况的发生，以保证银行资金的流动性。

(2) 集中一部分信贷资金。存款准备金缴存中央银行，使中央银行可以集中一部分信贷资金，用以履行其中央银行职能，如办理银行同业之间的清算，向金融机构提供信用贷款和再贴现贷款，以调剂不同地区和不同银行间短期资金的余缺。

(3) 调节货币供给总量。法定存款准备金制度的建立为商业银行等存款货币机构派生存款规定了一个量的界限。法定存款准备金率的调整将直接影响商业银行等存款货币机构创造派生存款的能力，从而影响货币乘数。同时，法定存款准备金率的调整还直接影响商业银行等存款货币机构的准备金结构，当提高法定存款准备金率时，商业银行的法定准备金增加，超额准备金减少，将降低商业银行的存款创造能力；反之亦然。如果法定存款准备金率的调高使法定准备金的增加超过商业银行超额准备金的数量，则将迫使商业银行迅速收回其已贷出款项或投资，其紧缩作用相当明显。因此，法定存款准备金政策为中央银行提供了一个调节货币供给总量、实施货币政策的强有力工具。

3. 法定存款准备金政策工具的优缺点

法定存款准备金政策作为一种货币政策工具，其优点在于：它对所有存款货币银行的影响是平等的，对货币供给量具有极强的影响力，力度大，速度快，效果明显。

但是，它作为一种货币政策工具，也有一定的局限性。其一，对经济的振动太大。由于整个银行存款规模巨大，法定存款准备金率的轻微变动将会带来法定存款准备金量的巨大变动。通过货币乘数的放大作用，将对货币供给总量产生巨大的影响，甚至可能带来经济的强烈振荡。其二，法定准备金率的提高，可能使超额准备金率较低的银行立即陷入流动性困境。为了减少这种冲击力，中央银行将被迫通过公开市场业务或贴现窗口向急需流动性的银行提供流动性支持。由于法定存款准备金政策对经济的极大冲击力，因而中央银行使用时一般都比较慎重。

4. 法定存款准备金率的调整

法定存款准备金率的适时调整，是该政策工具发挥作用的基本方式。我国自1984年开始实施存款准备金制度，截至2021年7月15日，经历了60余次调整，总体趋势显现为降低状态，以保持金融体系流动性合理充裕，引导货币信贷平稳适度增长，为供给侧结构性改革营造适宜的货币金融环境。图10-1介绍的是2018年至2021年6月金融机构加权平均法定存款准备金率变动情况。表10-2介绍了截至2021年7月15日，金融机构法定存款准备金率情况，平均存款准备金率为8.9%。

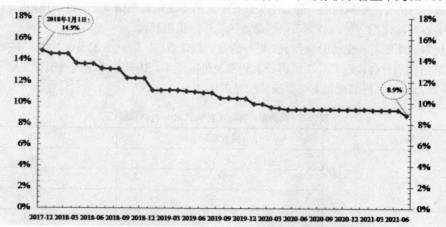

图10-1 金融机构加权平均法定存款准备金率变动情况

(资料来源：金融界网站)

许多国家商业银行存入中央银行的存款准备金一般是无息的。这种无息的准备金存款相当于对商业银行征收一种赋税。因而，当法定准备金率过高时，将削弱这些金融机构与其他不缴存款准备金的金融机构的竞争能力。因此，国外有人建议中央银行应该对金融机构的存款准备金支付利息。我国商业银行存入中央银行的存款准备金是有息的。

表10-2　金融机构法定存款准备金率情况(截至2021年7月15日)

金融机构	法定存款准备金率
大型银行	10.5%
中型银行	8.5%
小型银行	5.5%

(资料来源：金融界网站)

从对我国存款准备金利率及其对银行经营活动的影响分析可见，由于银行对企业的贷款存在信用风险，而在中央银行的准备金存款无信用风险，如中央银行按照市场利率支付存款准备金利息，将导致银行"惜贷"而把资金大量存入中央银行，从而不利于中央银行货币政策的有效实施。更好的做法是按照低于市场存款利率的水平支付银行存款准备金利息。这既考虑了商业银行的利益，又不至于鼓励其"惜贷"。这正是我国目前的做法。

(二) 中央银行贷款

1. 再贴现

1) 再贴现政策的含义

再贴现政策是指中央银行通过提高或降低再贴现率的办法，影响商业银行等存款货币机构从中央银行获得的再贴现贷款和超额准备金，达到增加或减少货币供给量，实现货币政策目标的一种政策措施。再贴现政策一般包括两方面的内容：一是再贴现率的调整；二是规定向中央银行申请再贴现票据的资格。

再贴现政策是由历史上较早出现的再贴现业务发展而来的。早期的再贴现业务是一种纯粹的信用业务。商业银行通过将其持有的未到期的商业票据拿到中央银行办理再贴现，以获得一定数量的资金，解决暂时的资金短缺问题。随着中央银行职能的不断完善和调节宏观经济作用的日益加强，再贴现业务逐步演化为一种调节货币供给总量的货币政策工具。

再贴现率的高低及其变动影响到中央银行的货币政策效应，因此必须谨慎对待。中央银行的决策机构通常定期举行会议研究并决定再贷款利率及再贴现率，比如，中国人民银行决定于2020年7月1日起下调再贷款、再贴现利率，详细情况见表10-3。

表10-3　再贷款、再贴现利率(2020年7月1日起)

贷款种类	贷款期限	利率
支农再贷款、支小再贷款	三个月	1.95%
	六个月	2.15%
	一年	2.25%
再贴现		2%
金融稳定再贷款		1.75%
	延期期间	3.77%

(资料来源：中国人民银行官网)

人民银行系统要把再贷款再贴现快速精准落实到位，为企业有序复工复产提供低成本、普惠性的资金支持，切实解决企业复工复产面临的债务偿还、资金周转和扩大融资等迫切问题。增加再贷款再贴现专用额度是统筹推进疫情防控和经济社会发展，切实解决企业复工复产迫切问题的重要举措。再贷款再贴现资金要向重点领域、行业和地区倾斜，在现有支持领域基础上，重点支持复工复产、脱贫攻坚、春耕备耕、禽畜养殖、外贸行业等资金需求，并加大对受疫情影响较大的旅游娱乐、住宿餐饮、交通运输等行业以及对防疫重点地区的支持力度。

2) 再贴现政策的作用

(1) 再贴现率的升降会影响商业银行等存款货币机构的准备金和资金成本，从而影响它们的贷款量和货币供给量。当再贴现率提高时，商业银行等存款货币机构从中央银行贴现窗口借款的成本上升，因而将减少其贴现贷款，使商业银行的准备金相应缩减。如果准备金不足，商业银行就只能收缩对客户的贷款和投资规模，从而也就缩减了市场的货币供应量，随着市场货币量的缩减，银根紧缩，市场利率也相应上升，社会对货币的需求也相应减少。与此相反，当中央银行降低再贴现利率时，商业银行向中央银行借款或贴现的资金成本降低，借款比较容易，这就会增加向中央银行的借款或贴现，商业银行的准备金相应增加。商业银行准备金相对充裕时，放款有利可图，会扩大对客户的贷款和投资规模，从而导致市场货币供应量增加，市场利率相应降低，社会对货币的需求也会相应增加。因此，中央银行通过调整再贴现率间接地干预了商业银行的融资政策，使其改变放款和投资活动，可以影响或干预商业银行的准备金及市场银根松紧。

(2) 再贴现政策对调整信贷结构有一定效果。中央银行通过再贴现政策不仅能够影响货币供给总量的增减，而且还可以调整信贷结构，使之与产业政策相适应。其方法有两种：一是中央银行可以规定再贴现票据的种类，决定何种票据具有再贴现资格，从而影响商业银行的资金投向；二是对再贴现的票据实行差别再贴现率。如中央银行对再贴现票据按国家政策进行分组，对各组票据规定不同的再贴现率，从而影响各种再贴现票据的再贴现数量，使货币供给结构与中央银行的政策意图相符合。

(3) 再贴现率的升降可产生货币政策变动方向和力度的告示作用，从而影响公众预期。当再贴现率提高时，意味着中央银行将实行较为紧缩的货币政策，反之则意味着中央银行将实行较为宽松的货币政策。这对于引导公众预期具有重要作用。

(4) 防止金融恐慌。除了作为影响基础货币和货币供给总量的一种工具外，再贴现还具有防止金融恐慌的作用。在发生银行危机的时候，再贴现是中央银行向商业银行系统提供信贷资金的一种特别有效的方法。通过该渠道，资金可以立刻被送到急需它们的银行手里。再贴现是中央银行作为最后贷款人而发挥作用的主要形式。在1930—1933年间的金融危机中，美联储没有很好地利用贴现工具防止恐慌的发生和蔓延。而此后，它吸取该教训，在1974年拯救陷入困境的富兰克林国民银行和大陆伊利诺斯国民银行，以及1987年防止黑色星期一股市风潮可能引发的金融恐慌方面，利用其再贴现工具发挥了重要的作用。

3) 再贴现的优缺点

再贴现政策最大的优点是中央银行可利用它来履行最后贷款人的职责，并在一定程度上体现中央银行的政策意图，既可以调节货币总量，又可以调节信贷结构。但它同样存在着一定的局限性。

(1) 调整贴现率的告示效应是相对的，有时并不能准确反映中央银行货币政策的意图。如果市场利率相对于再贴现率正在上升，则再贴现贷款将增加。这时即使中央银行并无紧缩意图，但为了控制再贴现贷款规模和调节基础货币的结构，它也会提高再贴现率以使其保持与市场利率变动的一致。但这可能被公众误认为是中央银行正在转向紧缩性货币政策的信号。这时，告示效应带来的可能并非有助于中央银行货币政策意图的正确表示。更好的办法可能是直接向公众宣布中央银行的货币政策意图。

(2) 当中央银行把再贴现率定在一个特定水平上时，市场利率与再贴现率中间的利差将随市场利率的变化而发生较大的波动。这些波动可能导致再贴现贷款规模乃至货币供给量发生非政策意图的较大波动。

(3) 利用再贴现率的调整来控制货币供给量的主动权并不完全在中央银行。中央银行能够调整再贴现率，但不能强迫商业银行借款。相对于公开市场业务，再贴现政策的效果更难控制，再贴现率也不能经常反复变动，缺乏灵活性。

由于再贴现政策存在着上述局限性，货币学派的代表人物弗里德曼和其他一些经济学家建议，中央银行应该取消这项政策工具，以建立更为有效的货币控制。但大多数经济学家并不支持该建议，他们认为再贴现政策仍然具有重要的作用。

另一种建议则主张贴现率与市场利率挂钩。这种建议得到美国许多专业经济学家的支持，但美联储明确表示反对。美联储认为再贴现率的调整仍应该根据市场状况来进行，此项政策仍是一种较好的货币政策工具。

2014年以后，中国人民银行采用再贴现政策工具的频率相对较低。

2. 再贷款

再贷款是指中央银行对金融机构的贷款，是中央银行调控基础货币的渠道之一。中央银行通过适时调整再贷款的总量及利率，吞吐基础货币，促进实现货币信贷总量调控目标，合理引导资金流向和信贷投向。

自1984年人民银行专门行使中央银行职能以来，再贷款一直是我国中央银行的重要货币政策工具。近年来，为适应金融宏观调控方式由直接调控转向间接调控，再贷款所占基础货币的比重逐步下降，结构和投向发生重要变化。新增再贷款主要用于促进信贷结构调整，引导扩大县域和"三农"信贷投放。

(三) 公开市场业务

公开市场业务也称公开市场操作，是指中央银行在金融市场买进或卖出有价证券，以改变商业银行等存款货币机构的准备金，进而影响货币供给量和利率，实现货币政策目标的一种政策措施。中国公开市场操作包括人民币操作和外汇操作两部分。外汇公开市场操作于1994年3月启动，人民币公开市场操作于1998年5月26日恢复交易，规模逐步扩大。1999年以来，公开市场操作发展较快，目前已成为中国人民银行货币政策日常操作的主要工具之一，比如2021年1月至10月，公开市场业务交易几乎每个工作日都在进行操作，这对于调节银行体系流动性水平、引导货币市场利率走势、促进货币供应量合理增长发挥了积极的作用。

中国人民银行从1998年开始建立公开市场业务一级交易商制度，选择了一批能够承担大额债券交易的商业银行作为公开市场业务的交易对象。2004年建立了公开市场业务一级交易商年度考评调整机制，为择优筛选央行合格交易对手和平稳开展公开市场操作提供了有力的制度保障。一级交易商的机构类别也从商业银行扩展至证券公司等其他金融机构，2020年一级交易商49家。

1. 公开市场业务的作用

公开市场业务通常具有以下3个方面的作用。

(1) 调控存款货币银行的准备金和货币供给量。中央银行通过在金融市场买进或卖出有价证券，可直接增加或减少商业银行等存款货币机构的超额储备水平，从而影响存款货币银行的贷款规模和货币供给总量。

(2) 影响利率水平和利率结构。中央银行通过在公开市场买卖有价证券可从两个渠道影响利率水平。当中央银行买进有价证券时，一方面，证券需求增加，证券价格上升，影响市场利率；另一方面，商业银行储备增加，货币供给增加，影响利率。当中央银行卖出有价证券时，利率的变化方向相反。此外，中央银行在公开市场买卖不同期限的有价证券，可直接改变市场中不同期限证券的供求平衡状况，从而使利率结构发生变化。

(3) 与再贴现政策配合使用，可以改善货币政策效果。当中央银行提高再贴现率时，如果商业银行持有较多超额储备而不依赖中央银行贷款，使紧缩性货币政策难以奏效。这时，中央银行若以公开市场业务相配合，在公开市场卖出证券，则商业银行的储备必然减少，紧缩政策目标得以实现。

2. 公开市场业务的政策目的

公开市场操作的政策目的有两个。

(1) 维持既定的货币政策，又可称为保卫性目标。除了中央银行的公开市场业务外，影响存款货币银行储备的还有许多其他因素，如公众持有通货数量的改变等。这些因素并非中央银行能够直接控制，因此，要避免这些因素变动对存款货币银行储备水平和货币供给总量的影响，中央银行必须预测这些因素的变化，并采取相应的公开市场业务来抵消其变化的影响，以保持存款货币银行储备水平的稳定和既定货币政策目标的实现。在此目标下，公开市场操作的任务是：通过及时、准确的短期操作，以保证既定货币政策目标的实现。

(2) 实现货币政策的转变，又可称为主动性目标。当中央银行货币政策方向和力度发生变化时，可通过公开市场业务来实现其转变。在此目标下，其任务是通过连续、同向操作，买入或卖出有价债券，增加或减少商业银行的储备总量和货币供给总量，达到实施扩张或紧缩的货币政策目标。

3. 公开市场业务的优点

与其他货币政策工具相比，公开市场业务具有以下优点。

(1) 公开市场业务的主动权完全掌握在中央银行手中，其操作规模大小完全受中央银行自己控制，而不像再贴现贷款规模不完全受中央银行控制。

(2) 公开市场业务可以灵活精巧地进行，用较小的规模和步骤进行操作，可以较为准确地达到政策目标，不会像存款准备金政策那样对经济产生过于猛烈的冲击。

(3) 公开市场业务可以进行经常性、连续性的操作，具有较强的伸缩性，是中央银行进行日常性调节的较为理想的工具。

(4) 公开市场业务具有极强的可逆转性，当中央银行在公开市场操作中发现错误时，可立即逆向使用该工具以纠正其错误。而其他货币政策工具则不能迅速逆转。

(5) 公开市场业务可迅速地操作。当中央银行决定要改变银行储备和基础货币时，只要向公开市场交易商发出购买或出售的指令，交易便可很快执行。

正是由于公开市场业务存在着许多优点，它已成为大多数国家中央银行经常使用的货币政策工具。在多数发达国家，公开市场操作是中央银行吞吐基础货币、调节市场流动性的主要货币政策工具，通过中央银行与市场交易对手进行有价证券和外汇交易，实现货币政策调控目标。部分国家和地区中央银行公开市场操作开展情况如表10-4所示。

4. 公开市场业务的局限性

(1) 公开市场操作较为细微，技术性较强，政策意图的告示作用较弱。

(2) 需要以较为发达的有价证券市场为前提。如果市场发育程度不够，或者交易工具太少等都将制约公开市场业务的效果。

表10-4　部分国家和地区中央银行公开市场操作开展情况

国家(或地区)	启用时间(年)	交易工具	交易方式
英格兰银行	1694	商业票据、政府债券	买卖、回购
美国联邦储备系统	1920	政府债券	回购、买卖
加拿大银行	1935	政府债券	买卖、回购
法兰西银行	1930	货币市场债券、国债	买卖、回购
瑞士国民银行	1930	银行债券	买卖
澳大利亚储备银行	1950	政府债券	回购
德意志联邦银行	1955	政府债券、票据	回购、买卖
韩国银行	1961	政府债券、货币稳定债券、外汇、基金债券	回购、发行
日本银行	1962	政府债券、票据、大额可转让存单	回购、买卖
菲律宾中央银行	1970	国债、中央银行债券	回购、买卖
巴西中央银行	1970	政府指数债券、中央银行债券	买卖、回购
墨西哥银行	1978	国债	买卖、回购
泰国银行	1979	政府债券、中央银行债券	回购、发行
印度尼西亚银行	1984	中央银行存单、银行承兑汇票	回购、买卖
新西兰储备银行	1986	政府债券、中央银行债券	回购、发行
马来西亚银行	1987	政府债券、中央银行债券	回购、发行
新加坡金融管理局	1980	国债	发行、回购
斯里兰卡中央银行	1984	中央银行债券、国债	发行、回购
埃及中央银行	1980	国债	发行、回购
阿根廷中央银行	1980	国债	买卖、回购
印度储备银行	1980	国债	买卖、回购
波兰国民银行	1990	中央银行债券、国债	发行、买卖、回购
俄罗斯中央银行	1994	国债	买卖、回购、逆回购
中国人民银行	1994	外汇、国债	买卖、回购、逆回购
中国香港特区金融管理局	1990	外汇基金票据	买卖

(资料来源：中国人民银行，1994—1996公开市场业务年报)

5. 公开市场业务的具体操作

(1) 公开市场业务的操作计划。公开市场业务具体实施，是通过公开市场操作室来完成的。为实现公开市场业务的操作目标，公开市场操作室必须首先确定公开市场操作量并制订操作计划。公开市场操作量根据中央银行的货币政策意图和存款货币银行的储备状况来确定。

(2) 公开市场业务的操作方式。公开市场操作有两种基本方式：一是长期性储备调节，为改变商业银行等存款货币机构的储备水平而使用；二是临时性储备调节，为抵消其他因素的影响，维持商业银行等存款货币机构的储备水平而使用。两种操作工具的特点及其影响如表10-5所示。

(3) 公开市场业务的操作对象。中央银行的公开市场操作是与政府债券一级交易商进行的。在政府债券市场上，有众多的证券交易商，但中央银行只在其中选择部分一级交易商作为交易对象。选择交易对象的标准主要有：一是该金融机构的资本与其掌握的头寸相比，是否充足；二是该金融机构的业务量是否具有一定规模，是否一直是市场比较活跃的报价行：三是该金融机构是否有较强的管理能力。

表10-5　公开市场操作方式的比较

公开市场操作		对储备的影响	特点
长期性操作	购入债券	长期性增加	(1) 长期内的储备调节
	售出债券	长期性减少	(2) 单向性的储备调节
			(3) 用于货币政策重大变化
临时性操作	购买—回购协议	临时性增加	(1) 短期内的储备调节
	售出—购回协议	临时性减少	(2) 双向性的储备调节
			(3) 用于维持既定货币政策

(4) 公开市场业务的交易方式。从交易品种看，中国人民银行公开市场业务债券交易主要包括：回购交易、现券交易和发行中央银行票据。其中回购交易分为正回购和逆回购两种。正回购为中国人民银行向一级交易商卖出有价证券，并约定在未来特定日期买回有价证券的交易行为，正回购为央行从市场收回流动性的操作，正回购到期则为央行向市场投放流动性的操作；逆回购为中国人民银行向一级交易商购买有价证券，并约定在未来特定日期将有价证券卖给一级交易商的交易行为，逆回购为央行向市场上投放流动性的操作，逆回购到期则为央行从市场收回流动性的操作。回购业务一般采取底价利率招标进行。现券交易分为现券买断和现券卖断两种，前者为央行直接从二级市场买入债券，一次性地投放基础货币；后者为央行直接卖出持有债券，一次性地回笼基础货币。中央银行票据是中央银行为调节商业银行超额准备金而向商业银行发行的短期债务凭证，央行通过发行央行票据可以回笼基础货币，央行票据到期则体现为投放基础货币。

(5) 公开市场业务的操作过程。公开市场操作过程是按一定程序进行的。通常美联储公开市场操作室每天的操作流程见表10-6。

表10-6　美联储公开市场操作室每天的操作流程

时间	活动清单
08：30	收集经济金融信息，观察市场反应
09：00	与公开市场交易商讨论市场发展情况
10：30	与财政部电话联系，取得政策的协调一致
10：45	确定一天操作方案
11：15	与公开市场委员会代表行例行电话会议
11：40	与交易商联系，宣布公开市场操作
17：00	操作情况交流与检查

我国公开市场操作国债回购的操作过程如下。①每次操作前，中国人民银行操作室公布5个方面的信息：回购的种类、回购债券的品种、回购期限的档次、回购数量总额、回购底价利率。②各交易商在规定的时间内向公开市场操作室投标。在同一交易日，每个交易商对公开市场操作室发布的每一招标书的投标次数不得超过3次。③公开市场操作室根据公平、公正的市场原则确定各交易商的投标是否中标。

公开市场操作室在该交易日内向中标的一级交易商发出回购中标通知书。回购中标通知书即为回购成交确认书。若回购双方对回购中标通知书内容无异议，将与国债回购主协议一起构成买卖双方确认交易条款的法律依据；若由于技术性原因而引起回购双方对中标通知书内容发生争议，双方必须次日上午之前针对有争议部分进行重新核实确认或纠正。回购双方必须在次日(遇节假日顺延)进行清算和交割。

此外,在公开市场业务中还包括中央银行发行票据业务、央行票据互换工具(CBS)业务和短期流动性调节工具(SLO)交易业务。中央银行票据(Central Bank Bill)定义前面已有陈述,其实质是中央银行债券,之所以叫"中央银行票据",是为了突出其短期性特点(从已发行的央行票据来看,期限最短的3个月,最长的也只有3年)。央行票据互换工具(CBS)是为提高银行永续债的流动性,由中国人民银行决定创设的工具,公开市场业务一级交易商可以使用持有的合格银行发行的永续债从人民银行换入央行票据。短期流动性调节工具(SLO),是公开市场常规操作的必要补充,在银行体系流动性出现临时性波动时相机使用,公开市场短期流动性调节工具以7天期以内短期逆回购或正回购为主,也有隔夜等超短期品种,作为指引市场基准利率的努力,为利率市场化进程打下更好基础,但未作为优先的常规性制度安排。

(四) 常备借贷便利(SLF)

从国际经验看,中央银行通常综合运用常备借贷便利和公开市场操作两大类货币政策工具管理流动性。常备借贷便利的主要特点:①由金融机构主动发起,金融机构可根据自身流动性需求申请常备借贷便利;②常备借贷便利是中央银行与金融机构"一对一"交易,针对性强;③常备借贷便利的交易对手覆盖面广,通常覆盖存款金融机构。

全球大多数中央银行具备借贷便利类的货币政策工具,但名称各异,如美联储的贴现窗口、欧洲央行的边际贷款便利、英格兰银行的操作性常备便利、日本银行的补充贷款便利、加拿大央行的常备流动性便利、新加坡金管局的常备贷款便利,以及新兴市场经济体中俄罗斯央行的担保贷款、印度储备银行的边际常备便利、韩国央行的流动性调整贷款、马来西亚央行的抵押贷款等。借鉴国际经验,中国人民银行于2013年年初创设了常备借贷便利(Standing Lending Facility,SLF)。

常备借贷便利是中国人民银行正常的流动性供给渠道,主要功能是满足金融机构期限较长的大额流动性需求。对象主要为政策性银行和全国性商业银行。期限为1~3个月。利率水平根据货币政策调控、引导市场利率的需要等综合确定。常备借贷便利以抵押方式发放,合格抵押品包括高信用评级的债券类资产及优质信贷资产等。

为满足金融机构临时性流动性需求,2021年1月,人民银行对金融机构开展常备借贷便利操作共376.7亿元,其中隔夜期110亿元,7天期215亿元,1个月期51.7亿元。常备借贷便利利率发挥了利率走廊上限的作用,有利于维护货币市场利率平稳运行,隔夜、7天、1个月常备借贷便利利率分别为3.05%、3.2%、3.55%。期末常备借贷便利余额为331.7亿元。

(五) 中期借贷便利(MLF)

当前银行体系流动性管理不仅面临来自资本流动变化、财政支出变化及资本市场IPO等多方面的影响,同时也承担着完善价格型调控框架、引导市场利率水平等多方面的任务。为保持银行体系流动性总体平稳适度,支持货币信贷合理增长,中央银行需要根据流动性需求的期限、主体和用途不断丰富和完善工具组合,以进一步提高调控的灵活性、针对性和有效性。2014年9月,中国人民银行创设了中期借贷便利(Medium-term Lending Facility,MLF)。

中期借贷便利是中央银行提供中期基础货币的货币政策工具,对象为符合宏观审慎管理要求的商业银行、政策性银行。中期借贷便利采取质押方式发放,金融机构提供国债、央行票据、政策性金融债、高等级信用债等优质债券作为合格质押品。中期借贷便利利率发挥中期政策利率的作用,通过调节向金融机构中期融资的成本来对金融机构的资产负债表和市场预期产生影响，引导其向符合国家政策导向的实体经济部门提供低成本资金，促进降低社会融资成本。2018年6月为进一步加大对小微企业、绿色经济等领域的支持力度，并促进信用债市场健康发展，中国人民银行决定适当扩大中期借贷便利(MLF)担保品范围。新纳入中期借贷便利担保品范围的有：不低于AA级的小微企业、绿色和"三农"金融债券，AA+、AA级公司信用类债券(优先接受涉及小微企业、绿色经济的债券)，优质的小微企业贷款和绿色贷款。

以2021年9月为例，为维护银行体系流动性合理充裕，结合金融机构流动性需求，人民银行对金融机构开展中期借贷便利操作共6 000亿元，期限1年，利率为2.95%。期末中期借贷便利余额为50 000亿元。

(六) 抵押补充贷款(PSL)

为贯彻支持国家开发银行加大对"棚户区改造"重点项目的信贷支持力度，2014年4月，中国人民银行创设抵押补充贷款(Pledged Supplemental Lending，PSL)，为开发性金融支持棚改提供长期稳定、成本适当的资金来源。抵押补充贷款是为支持国民经济重点领域、薄弱环节和社会事业发展而对金融机构提供的期限较长的大额融资。抵押补充贷款采取质押方式发放，合格抵押品包括高等级债券资产和优质信贷资产。

截至2021年1月，中国人民银行对国家开发银行、中国进出口银行、中国农业发展银行发放的抵押补充贷款期末余额为32 350亿元。

此外，为了配合公开市场操作，中国人民银行也创立了临时流动性便利(TLF)和临时准备金动用安排(CRA)两类短期金融工具。临时流动性便利(TLF)是央行为在现金投放中占比高的五家大型商业银行提供的临时流动性支持，操作期限28天，资金成本与同期限公开市场操作利率大致相同。这一操作可通过市场机制更有效地实现流动性的传导。为满足春节前商业银行因现金大量投放而产生的临时流动性需求，促进货币市场平稳运行，支持金融机构做好春节前后的各项金融服务，中国人民银行决定建立"临时准备金动用安排"。在现金投放中占比较高的全国性商业银行在春节期间存在临时流动性缺口时，可临时使用不超过两个百分点的法定存款准备金，使用期限为30天。

三、选择性货币政策工具

选择性货币政策工具，是指中央银行针对某些特殊的经济领域或特殊用途的信贷而采用的信用调节工具。其主要有：消费者信用控制、证券市场信用控制和不动产信用控制等。

(一) 消费者信用控制

消费者信用控制，是指中央银行对消费者不动产以外的耐用消费品分期购买或贷款的管理措施。目的在于影响消费者对耐用消费品有支付能力的需求。

在消费过度膨胀时，可对消费者信用采取一些必要的处理措施，如：①规定分期购买耐用消费品首期付款的最低限额，这一方面降低了该类商品信贷的最高贷款额，另一方面则限制了那些缺乏现金支付首期付款的消费；②规定消费信贷的最长期限，从而提高每期还款金额，限制平均收入水平和目前收入水平较低的人群的消费；③规定可用消费信贷购买的耐用消费品种类，也就限制了消费信贷的规模。该类措施在消费膨胀时能够有效地控制消费信用的膨胀，许多国家在严重通货膨胀时期都采用过。相反，在经济衰退、消费萎缩时，则应放宽甚至取消这些限制措施，以提高消费者对耐用消费品的购买能力，刺激消费的回升。

(二) 证券市场信用控制

证券市场信用控制，是指中央银行对有价证券的交易，规定应支付的保证金限额，目的在于限制用借款购买有价证券的比重。它是对证券市场的贷款量实施控制的一项特殊措施，在美国货币政策史上最早出现，目前继续使用。

中央银行规定保证金限额的目的：一方面是控制证券市场的信贷资金的需求，稳定证券市场价格；另一方面则是调节信贷供给结构，通过限制大量资金流入证券市场，使较多的资金用于生产和流通领域。我国改革开放以来，证券市场从无到有，发展迅速，但也出现了大量信贷资金流入股市、债市和期货市场，导致证券市场过热，出现金融资产泡沫的不良运行状况。为解决该问题，我国实行了证券业和银行业分业经营的管理体制，采取一系列措施限制信贷资金流入股市，限制证券经纪公司向客户透支炒股等，对于我国金融市场的稳定，抑制金融泡沫，避免金融危机发挥了重要作用。

(三) 不动产信用控制

不动产信用控制，是指中央银行对商业银行等金融机构向客户提供不动产抵押贷款的管理措施。其主要是规定贷款的最高限额、贷款的最长期限和第一次付现的最低金额等。采取这些措施的目的主要在于限制房地产投机，抑制房地产泡沫。美国在第二次世界大战和朝鲜战争时期，为了确保经济资源尽量用于战争，特设置W规则限制消费信用，X规则限制不动产信用。

我国在20世纪90年代初期也出现了房地产过热的情况，各行各业、各种资金大量流向房地产投机，形成大量的房地产泡沫。为了限制房地产投机，国家采取了一系列措施限制信贷资金向房地产的过度流入，对抑制房地产泡沫发挥了一定的作用。而在20世纪90年代后期，为了有效地扩大内需，刺激经济增长，抵消亚洲金融危机和世界经济衰退的不利影响，国家则采取了一系列措施放开房地产信贷限制，特别是住房信贷限制，既配合了住房分配货币化改革的需要，又推动了住房消费和房地产业的发展。2007年房产价格上涨过快，对全面物价上涨起了推波助澜的作用，国家采取各种办法控制房价，包括提高第二套住房贷款的首付比例等方法。

(四) 优惠利率

优惠利率是指中央银行对国家拟重点发展的某些部门、行业和产品规定较低的利率，以鼓励其发展，有利于国民经济产业结构和产品结构的调整和升级换代。优惠利率主要配合国民经济产业政策使用。如对急需发展的基础产业、能源产业、新技术、新材料的生产，出口创汇企业的产品的生产等，给予较低的优惠利率，提供资金方面的支持。

实行优惠利率有两种方式：其一，中央银行对这些需要重点扶持发展的行业、企业和产品规定较低的贷款利率，由商业银行执行；其二，中央银行对这些行业和企业的票据规定较低的再贴现率，引导商业银行的资金投向和投量。优惠利率多为发展中国家所采用。我国在此方面也使用较多。

四、其他货币政策工具

(一) 直接信用控制

直接信用控制，是指中央银行从质和量两个方面以行政命令或其他方式对金融机构尤其是商业银行的信用活动进行直接控制。其手段包括利率最高限额、信用配额、流动性比率管理和直接干预等。

1. 利率控制

规定存贷款利率或最高限额是最常用的直接信用管制工具。如在1980年以前，美国的Q条例和M条例，规定活期存款不准付息，定期存款及储蓄存款不得超过最高利率限额等。其目的在于防止商业银行用提高利率的办法在吸收存款方面进行过度竞争，以及为获取高利进行风险存贷活动。

我国在计划经济时期执行严格的利率管制。随着金融改革的逐步深化，中央银行对利率的管制逐步放松，但目前仍然实行计划为主的利率管理体制。我国的利率有3个层次：第一层次为中央银行基准利率，即中国人民银行对金融机构的存贷款利率(包括准备金存款利率、对金融机构贷款利率、再贴现率利率等)；第二层次为金融机构法定存款和贷款利率(包括储蓄存款利率、企事业单位存款利率、大额可转让定期存款利率、各种贷款利率等)；第三层次为金融市场利率，主要为银行间拆借市场利率。由于实行以计划利率为主的管理体制，中央银行在规定基准利率的同时，也规定金融机构的存贷款利率及浮动幅度。金融市场利率则由市场决定，但也受到计划利率的影响。中央银行通过对计划利率的控制，基本控制了整个社会的资金利率水平，从而通过对计划利率的调整，即可实现对社会资金供求和社会经济活动的调节。我国中央银行从20世纪80年代中期开始运用利率调整来调节经济，20世纪90年代后更加注重利率工具的使用，在实施"适度从紧"的货币政策、抑制通货膨胀和保持经济的稳定增长方面发挥了积极作用。

以计划为主的利率管理体制虽然使中央银行对利率的控制较为直接和迅速，但它也存在许多弊端，突出的就是，利率随资金供求变化自动调整的作用得不到正常的发挥，计划利率很难准确地反映资金市场的供求状况。随着我国金融体制改革的逐步深化和金融市场的逐步发育和完善，利率市场化将是一种必然趋势。

2. 信用配额管理

信用配额管理就是中央银行根据金融市场的供求状况和经济发展的需要，分别对各个商业银行的信用规模加以分配和控制，从而实现其对整个信用规模的控制。信用配额管理是一种计划控制手段，在资金供给相对紧张的大多数发展中国家相当广泛地被采用。它也是我国计划经济时期和从计划经济向市场经济转轨初期主要的信用控制手段。但是，随着社会经济从计划经济向市场经济的逐步转变，金融市场的逐步发展，金融工具的逐步增加，信用规模控制的作用已大大降低。1998年1月1日，中国人民银行取消对国有商业银行的贷款规模限额控制，只对国有商业银行按年(季)下达贷款增量的指导性计划，实行"计划指导、自求平衡、比例管理、间接调控"的信贷资金管理体制。中央银行对货币供给总量的控制转变为通过对基础货币的调控来实现。

3. 流动性比率管理和直接干预

规定商业银行的流动性比率，也是限制信用扩张的直接管制措施之一。流动性比率是指流动资产与存款的比率。规定的流动比率越高，商业银行能够发放的贷款特别是长期贷款的数量就越少，因而可以起到限制信用扩张的作用。此外，提高流动性比率还具有降低商业银行经营风险的作用。由于流动性与营利性的矛盾，过高的流动性比率也不利于商业银行的经营。

直接干预则是指中央银行直接对商业银行的信贷业务、放款范围等加以干预。例如，对业务经营不当的商业银行拒绝再贴现或采取高于一般利率的惩罚性利率，直接干预商业银行对存款的吸收等。

(二) 间接信用指导

中央银行还可通过道义劝告和窗口指导的方式对信用变动方向和重点实施间接指导。

所谓道义劝告，是指中央银行利用其声望和地位，对商业银行和其他金融机构经常发出通告、指示或与各金融机构的负责人进行面谈，交流信息，解释政策意图，使商业银行和其他金融机构自动采取相应措施来贯彻中央银行的政策。这不仅在西方国家采用，在我国也较多地采用，如各种工作会议、"吹风会议"等。这对于各金融机构正确地理解中央银行的货币政策意图，正确地贯彻和实施货币政策都具有积极的意义。

窗口指导则是中央银行根据产业行情、物价趋势和金融市场动向，规定商业银行的贷款重点投向和贷款变动数量等。这些规定虽然没有法律强制力，但其作用有时也很大。窗口指导曾一度是日本银行货币政策的主要工具。我国在取消贷款规模控制以后，更加注重窗口指导的作用，在1998年国家就颁发了产业投资指导政策，以指导商业银行的贷款方向。此外，还定期(按年和季)对国有商业银行下达贷款增量的指导性计划，引导其贷款规模控制。

间接信用指导的优点是较为灵活，但其发挥作用的大小，取决于中央银行在金融体系中是否具有较高的地位、较高的威望和控制信用的足够的法律权力和手段。我国在从计划经济向社会主义市场经济转轨过程中，宏观调控方式逐步从以直接控制手段为主向以间接调控手段为主转变，道义劝告和窗口指导具有重要作用。

第三节　货币政策的传导机制

一、货币政策传导机制的一般模式

货币政策传导机制是中央银行运用货币政策工具影响中介指标，进而最终实现既定政策目标的传导途径与作用机理。

货币政策传导途径一般有3个基本环节，其顺序是：①从中央银行到商业银行等金融机构和金融市场。中央银行的货币政策工具操作，首先影响的是商业银行等金融机构的准备金、融资成本、信用能力和行为，以及金融市场上货币供给与需求的状况。②从商业银行等金融机构和金融市场到企业、居民等非金融部门的各类经济行为主体。商业银行等金融机构根据中央银行的政策操作调整自己的行为，从而对各类经济行为主体的消费、储蓄、投资等经济活动产生影响。③从非金融部门经济行为主体到社会各经济变量，包括总支出量、总产出量、物价、就业等。

金融市场在整个货币的传导过程中发挥着极其重要的作用。首先，中央银行主要通过市场实施货币政策工具，商业银行等金融机构通过市场了解中央银行货币政策的调控意图；其次，企业、居民等非金融部门经济行为主体通过市场利率的变化，接受金融机构对资金供应的调节进而影响其投资与消费行为；最后，社会各经济变量的变化也通过市场反馈信息，影响中央银行、各金融机构的行为。

有些基本的东西可以被视为公认的：①货币数量增加后，对金融市场上的利率会产生影响，同时对股票价格或债券价格也会产生影响；②正是由于利率或股票价格、债券价格的变化，企业家的投资热情和个人的消费欲望及现实支出就会改变；③当投资和消费发生变化后，国民生产总值自然会发生相应变化。因此，可以得到一个货币政策传导机制的一般模式，如图10-2所示。

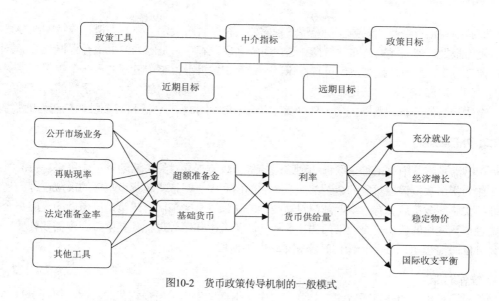

图10-2 货币政策传导机制的一般模式

二、货币政策时滞

货币政策能否取得预期的效果，固然与中央银行决策的正确与否、与作为政策传导体的商业银行对中央银行政策的配合程度等有关，但也往往受制于货币政策自身传导机制是否顺畅，这就是通常所说的"货币政策的作用时滞"问题，也就是指货币政策从制定到实现其全部效力所经过的时间的间隔。影响时滞长短的因素有：中央银行决策程序、货币政策工具运作方式、信息渠道的通畅程度、金融市场发达程度、人们心理预期的形成方式等。

有些西方学者认为不宜采用货币政策作为维持经济增长的主要政策的一个重要理由，是货币政策效果的滞后。货币政策的滞后效应，简而言之，就是指从需要制定货币政策，到这一政策最终发生作用，其中每一个环节都需要占用一定的时间，常被称之为"货币政策的作用时滞"。就总体过程而言，货币政策时滞可分为内部时滞和外部时滞。

(一) 内部时滞

内部时滞是指作为货币政策操作主体的中央银行从制定政策到采取行动所需要的时间。当经济形势发生变化，中央银行认识到应当调整货币政策到着手制定政策再到实施政策，每一步都需要耗费一定的时间。内部时滞又可以细分为认识时滞和决策时滞两段。

1. 认识时滞

认识时滞是指从确有实行某种政策的需要，到货币当局认识到存在这种需要所需耗费的时间。譬如说通货膨胀已经开始，客观上需要实行紧缩银根的政策。但中央银行要认识到有实行这种政策的必要，需要一定的观察、分析和判断的时间。这段时滞之所以存在，主要有两个原因：一是搜集各种信息资料需要耗费一定的时间；二是对各种复杂的社会经济现象进行综合性分析，做出客观的、符合实际的判断也需要耗费一定的时间。

2. 决策时滞

决策时滞是制定货币政策的时滞，即从认识到需要改变货币政策，到提出一种新的政策所需耗费的时间。中央银行一旦认识到客观经济过程需要实行某种政策，就要着手拟订政策实施方案，并按规定程序报批，然后才能公布、贯彻。这段时滞之所以存在，是因为中央银行根据经济形势研究对策，拟订方案，并对所提方案做可行性论证，最后审定批准，整个过程的每一个步骤都需要耗费一定的时间。这部分时滞的长短，取决于中央银行对作为决策依据的各种信息资料的占有程度和对经济、金融形势的分析、判断能力，体现着中央银行决策水平的高低和对金融调控能力的强弱。

(二) 外部时滞

外部时滞是指从中央银行采取行动到采用的货币政策工具对经济活动发生作用所耗费的时间，这也是作为货币政策调控对象的金融部门及企业部门对中央银行实施货币政策的反应过程。当中央银行开始实施新政策后会有：金融部门对新政策的认识—金融部门对政策措施所做的反应—企业部门对金融形势变化的认识—企业部门的决策—新政策发生作用等过程，其中每一步需要耗费一定的时间。外部时滞也可以细分为操作时滞和市场时滞两段。

1. 操作时滞

操作时滞是指从调整货币政策工具到其对中介指标发生作用所需耗费的时间。银行一旦调整政策工具的操作方向或力度，就会通过操作变量的反应，传导到中介变量。这段时滞之所以存在，是因为在实施货币政策的过程中，无论使用何种政策工具，都要通过操作变量的变动来影响中介变量而产生效果。而政策是否能够生效，主要取决于商业银行及其他金融机构对中央银行政策的态度、对政策工具的反应能力以及金融市场对央行政策的敏感程度。

2. 市场时滞

市场时滞是指从中介变量发生反应到其对目标变量产生作用所需耗费的时间。货币政策要通过利息率的变动，经由投资的利率弹性产生效应；或者通过货币供应量的变动，经由消费的收入弹性产生效应。不仅企业部门对利率的变动、私人部门对货币收入的变动做出反应有一个滞后过程，而且投资或消费的实现也有一个滞后过程。各种政策工具对中介变量的作用力度大小不等，社会经济过程对中央银行的宏观金融调控措施的反应也是具有弹性的。因此，中介变量的变动是否最终能够对目标变量发生作用，还取决于调控对象的反应程度。

外部时滞的长短，主要取决于政策的操作力度和金融部门、企业部门对政策工具的弹性大小。外部时滞较为客观，不像内部时滞那样可由中央银行掌握，它是由社会经济结构与产业结构、金融部门和企业部门的行为等多种因素综合决定的复杂变量。因此，中央银行对这段时滞很难进行实质性的控制。

第四节　货币政策效应

一、货币政策的效果检验

考核政策实施效果是一项重要的研究工作。在实际工作中，常使用一些标志来进行分析、判断。这类标志，就是指用来表明经济现象某种特征的数量指标，其具有两方面的含义：一是它必须是宏观经济运行状况的自身特征，是国民经济是否恢复或保持均衡的基本表现形式；二是它必须是可以计量的因素，通过不同数据的对比分析，可以反映出宏观经济运行过程是否保持均衡或不均衡的程度。以中央银行为主体，按内部效应(中介变量对政策工具操作的反应)和外部效应(目标变量对中介变量的反应)划分，货币政策的效果检验指标可分为外部效应指标和内部效应指标两类。

(一) 外部效应指标

1. 反映总体社会经济状况的指标

货币政策主要为解决经济增长、就业和国际收支等宏观经济问题服务。因此，利用一组国民经济发展比例和效益指标，可以考核货币政策对解决宏观经济问题、实现预期经济目标的效果。具体使用的指标主要有3个。①国内生产总值(GDP)指数和国民生产总值(GNP)指数。这两个按不变价格编制的总量指数反映了一国在一定时期内的经济增长状况。②失业率。失业率在一定程度上可以反映经济增长的潜力。③国际收支状况。它反映一定时期内的对外经济关系和对外经济依存程度，可从《国际收支平衡表》中看出大致状况。

2. 反映通货膨胀程度的指标

在不兑现的信用货币制度下，物价水平波动的主要原因在于货币供给过多。过多投放货币，必然引起物价上涨。因此，利用物价水平指标，可以直接考核通货膨胀程度。具体使用的指标主要有居民消费价格指数、商品零售价格指数、农业生产资料价格指数、农产品生产价格指数、工业生产者出厂价格指数、工业生产者购进价格指数、固定资产投资价格指数、国民生产总值平减指数等。

(二) 内部效应指标

1. 反映货币供给数量及结构变化的指标

货币政策操作变量的调整是否有效，取决于中介变量，主要是货币供应量是否发生相对应的变化。反映货币供给数量及结构变化的指标主要有两个。①货币供应量增长率。货币供应量增长率指标是反映在一定时期内货币供应量增量变动情况的相对数指标，包含M_0、M_1和M_2 3个层次。通过不同时期的货币供应量增长率的比较分析，可考核货币政策操作变量对中介变量的实施效果。②货币供应量结构比率。这主要是指M_0占M_1的比重和M_1占M_2的比重。M_0和M_1体现着现实的社会购买力，M_2还包括了一部分储蓄性质的潜在的或未来的社会购买力。很明显，有效需求过度问题在于现实社会购买力过剩，主要与M_1的增长率过高有关。

2. 反映币值情况的指标

货币供给的数量变化，总是会体现在货币的币值上。如果货币供给过度，引起物价上涨，单位货币所能购买的商品或劳务减少。因此，货币的币值能够通过商品的物价水平变动情况反映出来。反映货币币值变动的指标主要是货币购买力指数。在不兑现的信用货币制度下，货币的币值主要是指每单位货币能够在一定的价格水平下买到包含多少价值量的商品或劳务，即通常所说的"货币购买力"。货币购买力指数是反映不同时期同一货币购买商品、支付劳务费用等能力的相对数指标，也就是指单位货币的币值。它一般用物价指数的倒数来衡量。

$$货币购买力指数 = \frac{1}{物价指数}$$

二、货币政策的有效性

(一) 货币政策与经济增长

研究货币政策的有效性，主要是针对最终目标而言的。就货币政策与经济增长的关系而言，二者之间是非常紧密的。许多研究方法证明，货币能够系统地影响产出，即货币与产出之间存在着稳定的联系。

产出的增长要受到来自两个方面因素的制约：一是货币投资因素；二是物资积累因素。即增加投资、实现产出增长，不仅取决于追加的货币资金数量，而且还要受到可供追加的物质资源能力的约束。然而，货币投资和物资积累的对应关系又不是绝对的。由于商品的价值运动和使用价值运动相分离，使总需求与总供给即使在总量上相平衡，但因时空结构上的差异，出现某些货币持有者暂时没有购买商品的愿望或者市场上暂时缺乏其所需要的商品，而将其所持有的货币储蓄起来，形成经济过程中社会购买力的"漏出"现象，使相应价值的商品在流通领域中沉淀下来。此时，增加货币供给、扩大社会购买力，可以刺激需求，以满足资金匮乏者的投资欲望，使沉淀商品充分运转，物质资源得到充分利用，并在运动中使价值增值。因此，从这个意义上讲，货币能够对潜在的社会购买力和沉淀的商品资源产生"返归"效应而影响产出。

在当代经济生活中，上述现象体现为储蓄与投资的关系。而投资与储蓄又往往反映为相互独立的行为：储蓄表现为积累货币资本的行为，投资则表现为使用所积累货币资本的行为。这就产生了这样两个问题：一是到底有多少储蓄会被用来投资？二是用于投资的货币资本有无相对应的实物储蓄？因此，储蓄与投资的对立不仅由货币资金的供求关系体现，而且还由社会总供给与总需求的数量与结构关系决定。储蓄与投资相互独立，使得储蓄与投资并不一定相均衡，既可能出现剩余储蓄，也可以实现超储蓄投资。从储蓄与投资的对立统一关系意义上讲，货币对实物经济的影响程度取决于这样两个条件：存在剩余实物资源和剩余货币储蓄。

(二) 货币政策与其他宏观经济政策的配合

货币政策与其他宏观经济政策的协调配合问题，主要是指货币政策与财政政策的关系问题。在当代，各国都将货币政策和财政政策作为调控宏观经济的主要手段。要使国家对宏观经济的调控能够获得预期效果，存在着财政政策与货币政策的协调与配合问题。因此，将对货币政策与财政政策的综合考察作为研究政策有效性问题的重点，同时也讨论货币政策与收入政策和产业政策等其他宏观经济政策的关系问题。

1. 货币政策与财政政策的配合

财政政策与货币政策同属于国家干预社会经济生活的工具，它们共同作用于一国的宏观经济方面，它们之间存在着相互配合的要求。因此，尽管它们的实施和操作应当是相互独立的，但所产生的效应却是相互交叉的，并且存在着作用机制复合的可能性。而财政政策与货币政策的协调与配合，就寓于这两大政策的复合效应之中。研究财政政策与货币政策的最佳配合问题，首先要求厘清这两大政策的关系。

财政政策与货币政策的共性表现在这样3个方面：一是这两大政策作用于同一个经济范围，即本国的宏观经济方面；二是这两大政策均由国家制定；三是最终目标一致。

财政政策与货币政策的区别也表现在3个方面。一是政策的实施者不同。财政政策是由政府财政部门具体实施，而货币政策则由中央银行具体实施。尽管某些西方国家的中央银行在名义上归属于财政部领导，但其中绝大多数在实施货币政策方面由中央银行独立操作。二是作用过程不同。财政政策的直接对象是国民收入再分配过程，以改变国民收入再分配的数量和结构为初步目标，进而影响整个社会经济生活。货币政策的直接对象是货币运动过程，以调控货币供给的结构和数量为初步目标，进而影响整个社会经济生活。三是政策工具不同。财政政策所使用的工具一般与政府的收支活动相关，主要是税收和政府支出及转移性支付等。货币政策使用的工具通常与中央银行的货币管理业务活动相关，主要是存款准备率、再贴现率或中央银行贷款利率、公开市场业务等。

由此可见，财政政策与货币政策出自同一个决策者却由不同机构具体实施；为达到同一个目标却又经过不同的作用过程；作用于同一个经济范围却又使用不同的政策工具。财政政策与货币政策的共性，决定了它们之间必须密切配合的客观要求；财政政策与货币政策的区别，又导致了它们之间在实施过程中发生偏差的可能性。于是就产生了如何协调这两类政策的问题。

从逻辑上看，财政政策与货币政策有4种配合模式：①紧缩的财政政策与紧缩的货币政策的配合，即通常所说的"双紧"政策；②宽松的财政政策与宽松的货币政策的配合，即通常所说的"双松"政策；③紧缩的财政政策与宽松的货币政策的配合，即通常所说的"紧财政、松货币"政策；④宽松的财政政策与紧缩的货币政策的配合，即通常所说的"松财政、紧货币"政策。

其中"双紧"和"双松"政策，反映着财政政策与货币政策的目标侧重点保持一致；"一松一紧"的政策，反映着财政政策与货币政策在总体要求一致的前提下，政策目标侧重点不同。这4种配合模式，对于政策的作用方向的不同组合，会产生不同的政策效应。

下面可以就财政政策与货币政策的联合机制来讨论不同政策配合模式的效应问题。

(1) 财政政策通过可支配收入和消费支出、投资支出两条渠道，对国民收入产生影响；而货币政策则要通过利率和物价水平的变动，引起投资的变化来影响国民收入。

(2) 货币政策通过货币供应量这一中介变量的变动，直接作用于物价水平，而财政政策则要通过社会购买力和国民收入的共同作用，才对物价水平发生影响。国民收入的内生性，决定了财政政策对物价水平的作用是间接的、滞后的。

(3) "双紧"或"双松"政策的特点是财政政策与货币政策的工具变量调整的方向是一致的，各中介变量均能按两类政策的共同机制对国民收入和物价水平发生作用。因此，这类政策配合模式的作用力度强，变量间的摩擦力小，一旦调整政策，很快能产生效应，并带有较强的惯性。

(4) "一松一紧"的政策，其特点是财政政策与货币政策的工具变量调整的方向是相反的，使变量间产生出相互抗衡的摩擦力。然而，由于投资支出这类共同变量的变动方向不明确，因此，这类政策配合模式，两类政策往往只能分别对自身能够直接影响的变量产生效应，并且在实施过程中功能损耗较大，作用力度较弱，但政策效应比较稳定，且不带有很大惯性。

2. 货币政策与收入政策和产业政策的配合

除与财政政策的协调配合之外，货币政策的实施还需要与其他宏观调控政策进行配合。

(1) 与收入政策的协调与配合。收入政策主要是为了调节社会有效需求以及保证收入分配相对公平而采取的强制性或非强制性的工资管理等方面的政策。收入政策既有总量的概念，也含有结构因素。

在总量方面，收入政策通过控制名义工资和其他收入的增长率，调节消费需求，进而影响物价水平和经济增长速度等宏观经济问题。在结构方面，收入政策通过调整国民收入初次分配与再分配的比例结构，使社会各阶层的收入水平相对合理，调节消费与积累、政府储蓄与私人储蓄等比例关系，改变投资规模，进而影响投资结构、投资效率和经济增长速度等宏观经济问题。

收入政策可被认为是从微观经济领域入手而作用于宏观经济方面的国家政策。在稳定物价和启动经济增长问题上，它与货币政策相辅相成，因而两者需要密切配合。

(2) 货币政策与产业政策的协调与配合。产业政策是国家为了促进国民经济的稳定协调发展，对某些产业、行业、企业进行一定形式的扶持或限制的政策。由于市场机制不能解决资源有效配置的所有问题，虽然它在微观领域，在促进提高生产效率等方面比较有效，但在经济结构调整、产业升级换代等方面作用比较小，表现出相当的盲目性和无序性。市场经济的自由发展会出现垄断，垄断会破坏合理的产业组织结构，影响市场机制在微观领域配置资源功能的发挥，因此，在运用财政政策、货币政策等进行宏观总量调控时，还应该发挥产业政策的作用，调整宏观和微观领域。

产业政策从调整生产结构入手，改善供给结构，属于供给管理政策，它与需求管理政策相互配合，实现总供给和总需求的积极平衡。

本 章 小 结

1. 货币政策是指中央银行为实现一定的经济目标，运用各种工具调节和控制货币供给量，进而影响宏观经济的方针和措施的总和。

2. 货币政策包括政策目标、实现目标的政策工具、监测和控制目标实现的各种操作指标和中介指标、政策传导机制和政策效果等基本内容。

3. 货币政策的最终目标包括币值稳定、经济增长、充分就业、国际收支平衡。

4. 货币政策中介指标一般有利率、货币供应量、超额准备金和基础货币等。

5. 一般性货币政策工具是对货币供给总量或信用总量进行调节和控制的政策工具，主要包括法定存款准备金政策、中央银行贷款和公开市场业务三大政策工具，俗称"三大法宝"。

6. 选择性货币政策工具主要有：消费者信用控制、证券市场信用控制和不动产信用控制等。

7. 其他政策工具包括直接信用控制，其手段包括利率最高限额、信用配额、流动性比率管理和直接干预等；间接信用指导，通过道义劝告和窗口指导的方式进行。

8. 货币政策与其他宏观经济政策的协调配合问题，主要是指货币政策与财政政策的关系问题。此外，货币政策与收入政策和产业政策的配合也很重要。

习 题

一、单项选择题

1. 下列(　　)不是货币政策的最终目标。
   A. 充分就业　　　　　　　　　　　B. 经济增长
   C. 物价稳定　　　　　　　　　　　D. 国际收支顺差

2. 货币政策四大目标之间存在矛盾，任何一个国家要想同时实现是很困难的，但其中(　　)经常是一致的。
   A. 充分就业与经济增长　　　　　　B. 经济增长与国际收支平衡
   C. 物价稳定与经济增长　　　　　　D. 物价稳定与充分就业

3. 菲利普斯曲线反映( )之间此消彼长的关系。

    A. 通货膨胀率与失业率   B. 经济增长与失业率

    C. 通货紧缩与经济增长   D. 通货膨胀与经济增长

4. 1995年我国以法律形式确定我国中央银行的最终目标是( )。

    A. 以经济增长为首要目标   B. 以币值稳定为主要目标

    C. 保持物价稳定，并以此促进经济增长   D. 保持币值稳定，并以此促进经济增长

5. 目前，西方各国运用较多而且十分灵活有效的货币政策工具为( )。

    A. 法定存款准备金   B. 再贴现政策

    C. 公开市场业务   D. 窗口指导

6. 下列货币政策操作中，引起货币供应量增加的是( )。

    A. 提高法定存款准备金率   B. 提高再贴现率

    C. 降低再贴现率   D. 中央银行卖出债券

7. 中央银行降低法定存款准备金率时，商业银行( )。

    A. 可贷资金量减少   B. 可贷资金量增加

    C. 可贷资金量不受影响   D. 可贷资金量不确定

8. 一般来说，中央银行提高再贴现率时，会使商业银行( )。

    A. 提高贷款利率   B. 降低贷款利率

    C. 贷款利率升降不确定   D. 贷款利率不受影响

9. 中央银行在公开市场上大量抛售有价证券，意味着货币政策( )。

    A. 放松   B. 收紧

    C. 不变   D. 不一定

10. ( )不是通过直接影响基础货币变动实现调控的货币政策工具。

    A. 法定存款准备金政策   B. 公开市场业务

    C. 再贴现政策   D. 都不是

11. 货币政策时滞即( )。

    A. 内部时滞   B. 外部时滞

    C. 货币政策制定过程   D. 货币政策制定、实施等的时间过程

二、多项选择题

1. 中央银行的间接信用指导工具由( )等组成。

    A. 道义劝告   B. 窗口指导

    C. 利率控制   D. 信用配额管理

    E. 公开市场业务

2. 货币政策时滞中的内部时滞可分为( )。

    A. 决策时滞   B. 认识时滞

    C. 行政时滞   D. 作用时滞

    E. 控制时滞

3. 货币学派货币政策传导机制涉及( )等相关要素。

    A. 准备金   B. 货币供应量

    C. 金融资产   D. 价格

    E. 名义国民收入

4. 货币政策中介目标选择标准有( )。

    A. 相关性   B. 可控性

    C. 可测性   D. 流动性

    E. 安全性

5. 紧缩的货币政策实施的手段主要包括( )。

    A. 提高法定存款准备金率   B. 提高存贷款利率

    C. 提高再贴现率   D. 央行出售政府债券

    E. 增加公开市场的货币投放

6. 宽松的货币政策主要包括( )。

    A. 提高存款准备金率   B. 降低存款准备金率

    C. 降低贴现率   D. 中央银行在公开市场上卖出证券

    E. 中央银行在公开市场上买入证券

7. 货币政策中介指标中的近期指标是( )。

    A. 利率   B. 货币供应量

    C. 汇率   D. 基础货币

    E. 超额储备

8. 我国中央银行公开市场操作的对象主要包括( )。

    A. 国债   B. 中央银行票据

    C. 政策性金融债券   D. 股票

    E. 可转换债券

9. 基础货币包括( )。

    A. 流通中现金   B. 法定准备金

    C. 超额准备金   D. 中央银行发行的债券

    E. 中央银行自有资本

10. 影响货币政策效应的主要因素是( )。

    A. 货币政策时滞   B. 货币流通速度

    C. 政治经济体制   D. 微观主体预期

    E. 金融创新

三、判断正误题

1. 任何一个国家要想同时实现货币政策所有目标是很困难的，因此，各国一般都选择一到两个目标作为货币政策的主要目标。   ( )

2. 币值稳定与物价稳定是同一个概念。   ( )

3. 公开市场业务是发达国家最常用的，也是最强有力的货币政策工具。   ( )

4. 中央银行在公开市场上买进证券，只是等额地投放基础货币，而不是等额地投放货币供应量。   ( )

5. 从技术上讲，中央银行创造基础货币的量可以是无限的。   ( )

6. 金融创新提高了货币供应量作为中介指标的可测性、可控性和相关性。   ( )

7. 再贴现是中央银行与商业企业之间办理的票据贴现业务。   ( )

8. 根据菲利普斯曲线，货币工资变动率与失业率存在比较稳定的此增彼减的关系。   ( )

9. 选择性的货币政策工具通常可在不影响货币供应总量的条件下，影响银行体系的资金投向和不同贷款的利率。　　　　　　　　　　　　　　　　　　　　　　　　　（　　）

四、简答题

1. 中央银行选择货币政策中介目标的依据主要有哪些？
2. 简述货币政策最终目标及含义。
3. 简述货币政策工具主要有哪些？其各自的优缺点是什么？
4. 简述货币政策传导机制的一般模式。

五、论述题

1. 西方国家货币政策的最终目标有哪几个？中央银行在同一时间实行同一种货币政策能否同时达到这些最终目标？为什么？
2. 在通货紧缩情况下，如何运用一般性货币政策解决这一问题？
3. 为什么在宏观调控中，货币政策和财政政策必须配合运用？试结合我国的实际情况进行分析。

案 例 分 析

案例一　用好金融支持政策　推动疫情防控和经济社会发展

2020年第10期《求是》杂志刊发中国人民银行行长易纲的文章《用好金融支持政策　推动疫情防控和经济社会发展》，以下为全文。

金融是经济的血脉，是社会生活不可或缺的基础服务。新冠肺炎疫情的出现，叠加经济处于下行周期，对我国经济金融运行产生较大影响。以习近平同志为核心的党中央对统筹推进疫情防控和经济社会发展工作做出了一系列决策部署。按照习近平总书记的重要指示批示精神和中央应对新冠肺炎疫情工作领导小组、国务院联防联控机制、国务院金融稳定发展委员会的部署要求，中国人民银行坚持以人民为中心，以服务实体经济为根本，认真履行国务院金融稳定发展委员会办公室职责，牵头金融部门坚决落实党中央、国务院各项决策部署，为打赢疫情防控阻击战和推动经济社会发展提供有力支撑。

一、为疫情防控和金融市场平稳运行营造良好的货币金融环境

这次新冠肺炎疫情，是中华人民共和国成立以来在我国发生的传播速度最快、感染范围最广、防控难度最大的一次重大突发公共卫生事件，对中国经济和金融也是一次冲击、一次大考。面对异常严峻复杂的局面，中国人民银行按照党中央关于"稳健的货币政策要更加注重灵活适度"的要求，果断采取多种措施，加强货币政策逆周期调节，保持金融体系流动性合理充裕，稳定社会预期，坚定不移支持金融市场在2020年2月3日如期开市，释放了坚决打赢疫情防控阻击战的必胜信念和强烈信号。

一是总量上，超预期投放流动性。在2020年1月6日下调金融机构存款准备金率0.5个百分点、释放长期资金8 000多亿元基础上，2月3日金融市场开市当天和2月4日累计开展1.7万亿元逆回购操作，3月、4月两次定向降准分别释放长期资金5 500亿元、4 000亿元，同时还运用常备借贷便利、

再贷款、再贴现等多种货币政策工具，确保金融市场流动性合理充裕。

二是价格上，有序引导货币、信贷等金融市场利率下行。2020年以来，公开市场逆回购操作和中期借贷便利中标利率各下行30个基点，1年期贷款市场报价利率(LPR)也下行30个基点。4月末，10年期国债利率为2.5%，较上年高点下降0.9个百分点；1年期国债收益率只有1.1%左右，处历史低位。

目前看，前期采取的一系列逆周期货币政策调节工作取得了积极成效。一是货币信贷和社会融资规模保持合理较快增长，企业融资成本下降。2020年前4个月，人民币贷款增加8.8万亿元，同比多增1.97万亿元；社会融资规模增量为14.19万亿元，同比多增3.91万亿元；4月末，广义货币M2同比增长11.1%，比上年同期高2.6个百分点，在春节因素叠加疫情对经济增速有较大影响情况下，体现了强化逆周期调节。2020年2月至4月，在低成本专项再贷款政策、财政贴息、商业银行贷款市场报价利率下行等因素作用下，企业贷款利率明显下降，特别是，一季度五家大型银行新发放普惠小微贷款平均利率为4.4%，较2019年全年平均值下降0.3个百分点。二是金融市场如期开市，股市、汇市等都经受住了考验。股市在2月3日开市当天下跌后企稳回升，极大地增强了市场信心。2月下旬以来，全球主要股指大幅波动，恐慌情绪蔓延，我国A股市场也出现了一定程度下跌，但总体稳健运行，波动幅度明显小于世界其他主要经济体。人民币兑美元汇率双向浮动，从年初到5月10日，累计贬值不到2%，市场预期稳定。此外，货币、债券、票据、黄金等各金融市场也都如期开市，运行总体平稳。

在严峻复杂形势下，我们顶住市场压力，坚持金融市场如期开市，体现了党中央坚定维护市场规则的决心，也表明中国金融市场日益走向成熟，得到了市场参与者的充分肯定和国际货币基金组织(IMF)等机构的积极评价。

二、为疫情防控紧急提供特殊高效金融服务

围绕疫情防控大局，中国人民银行及时开通各类金融服务"绿色通道"，确保基础金融服务不间断，全力支持医用物资和生活必需品生产。2020年2月1日，联合财政部、银保监会、证监会、外汇局印发《关于进一步强化金融支持防控新型冠状病毒感染肺炎疫情的通知》，出台5个方面、30条金融支持措施，着力做好对疫情防控生产企业提供优惠利率的信贷支持，为受疫情影响较大的地区、行业、企业和居民提供差异化的优惠金融政策。

(1) 为重要医用、生活物资生产企业提供优惠利率的信贷支持，满足"保供"企业资金需求。

财政、金融、产业政策协同发力，中国人民银行提供3 000亿元低成本专项再贷款资金，会同国家发展改革委员会、工信部对重点保障企业实行名单制管理，财政给予贴息，审计部门全程监督，确保专项再贷款资金使用到抗击疫情最需要的企业。同时，各商业银行主动对接名单内企业，加快信贷投放进度，争取做到"应贷尽贷、应贷快贷"，贷款利率为最新1年期贷款市场报价利率(LPR)减100个基点。截至2020年5月9日，9家全国性银行和10省市地方法人金融机构向7 151家重点企业累计发放优惠贷款2 727亿元，加权平均利率为2.5%，财政给予50%贴息后，企业实际融资成本仅约为1.25%，大幅低于5%左右的企业贷款平均利率水平，有效满足了"保供"企业资金需求。

(2) 开设疫情防控资金汇划"绿色通道"，保障资金汇划不受影响。

为保障疫情防控应急货款、境内外社会各界捐赠物资的大额资金汇划需求，中国人民银行在节假日期间开通"绿色通道"。2020年1月24日至5月10日，中国人民银行大小额支付系统累计受理湖北省防疫工作的1 000万元以上的专项支付8 153笔，金额5 494亿元；累计通过"绿色通道"开立抗击疫情相关单位银行账户14 632户。及时启动疫情防控应对预案，确保商业银行小额支付及微信、

支付宝等移动支付业务持续稳定。引导清算机构、商业银行、非银行支付机构减免手续费，15家全国性商业银行对抗击疫情捐赠款业务一律免收手续费。

(3) 及时办理疫情防控国库资金紧急拨款，保障防控资金需要。

拨付国库资金是中国人民银行经理国库的法定职责，在抗击疫情非常时期，中国人民银行国库系统进一步提高政府资金拨付效率，与疫情"赛跑"。截至2020年5月10日，国库部门累计为各级财政部门办理疫情防控资金拨款141 042笔、金额1 148亿元；其中，2 200笔、447.7亿元为中央和省级财政支持地方政府抗击疫情的专项补助资金，有力保障了各地卫生健康委、定点医院、社区卫生服务中心、医院建设施工单位等方面资金需要。

(4) 建立外汇业务"绿色通道"，保障疫情防控物资贸易。

疫情发生后，医护治疗、隔离防疫、消毒杀菌等物资贸易增加，对提升外汇服务便捷性提出了迫切需求。对此，中国人民银行指导外汇管理局对疫情防控物资进口简化购付汇业务流程，组织银行开辟相关业务"绿色通道"，对国际捐款简化入账结汇手续，允许银行直接办理资金入账结汇。对企业办理的与疫情防控相关的资本项目收入结汇支付业务，由银行对资金使用真实性进行事后检查，企业无须向银行事前、逐笔提交单证材料。对因疫情防控需要借用更多外债的企业，取消限额要求，拓宽了企业融资渠道。

(5) 做好疫情期间征信服务，切实保障公众征信权益。

对因新冠肺炎住院治疗或隔离人员、疫情防控需要隔离观察人员、参加疫情防控工作人员以及受疫情影响暂时失去收入来源人员"四类人群"，要求金融机构在信贷政策上予以适当倾斜，灵活调整住房按揭、信用卡等个人信贷还款安排，合理延后还款期限；疫情防控期间个人贷款、信用卡透支发生逾期的，不视为违约，不进入违约客户名单；对疫情期间因企业不便还款发生逾期的，不纳入征信失信记录。

(6) 支持企业扩大债券融资规模，降低债券融资成本。

为使企业发债融资不受疫情影响，中国人民银行建立债券发行"绿色通道"，延长债券额度的有效期，合理调整信息披露时间限制，及时调整政策，支持线上办理业务。对募集资金主要用于疫情防控以及疫情较重地区企业发行的公司信用类债券，降低服务收费标准；在此基础上，对湖北省发行人企业会员2020年前3个月的会费减半收取。截至2020年4月底，已累计支持发行疫情防控专项债券388只、3 993亿元。

三、积极应对疫情冲击，全力落实"六保"任务

中国人民银行坚决落实党中央、国务院决策部署，根据疫情防控和经济金融形势变化，全面做好金融支持统筹推进疫情防控和经济社会发展工作，特别是加大"六稳"工作力度，落实"六保"任务，把做好"六保"作为"六稳"工作的着力点，重点做好金融支持稳企业保就业工作。

(1) 按照市场化、法治化原则加大对中小微企业复工复产金融支持力度。

我国约有2 000万个小微企业法人，占市场法人主体的90%以上。此外，还有8 000万以上的个体工商户。解决好中小微企业复工复产中面临的融资问题，不仅是一个重要的经济金融问题，更是一个重要的就业和民生问题。2020年2月25日，经国务院常务会议研究，中国人民银行出台了金融支持中小微企业复工复产的政策举措，努力实现2020年小微企业融资"增量、降价、提质、扩面"的总体目标。

一是提供再贷款再贴现支持1.8万亿元。除设立3 000亿元专项再贷款支持防疫保供外，增加5 000亿元再贷款再贴现额度，支持地方法人银行向中小微企业复工复产发放优惠利率贷款；面

向中小银行增加1万亿元再贷款再贴现额度，以优惠利率向量大面广的中小微企业提供贷款，预计将覆盖200多万户企业。中国人民银行将支农、支小再贷款利率由2.75%下调至2.5%，商业银行使用中国人民银行资金发放的贷款利率不高于4.55%。截至2020年5月7日，金融机构累计发放优惠利率贷款共7 052亿元。

二是支持政策性银行增加3 500亿元民营小微企业专项信贷额度，2020年6月底前全部落实到位。调增政策性银行全年信贷计划6 000亿元。3家政策性银行按照保本微利的原则，实际发放的贷款利率应有明显下降。

三是引导金融机构增加3 000亿元低息贷款，定向支持受疫情影响较大的个体工商户。鼓励国有大行加大对小微企业信贷投放力度，力争上半年普惠性小微企业贷款余额同比增速不低于30%，利率比2019年有明显下降。

四是加大债券融资支持力度。建立特殊时期发债"绿色通道"，2020年1至4月，公司信用类债券共发行4.6万亿元，同比增长46%；民营企业发债约2 700亿元，发行量创近年新高。引导公司信用类债券全年净融资比上年多增1万亿元。支持金融机构全年发行3 000亿元小微金融债券。

五是推动核心企业和国有大行等与应收账款融资平台对接。2020年一季度，中小微企业通过应收账款融资平台融资1 568亿元，力争全年促进中小微企业通过应收账款融资8 000亿元。

此外，还配合银保监会等部门，鼓励金融机构根据企业申请，按照市场化、法治化原则，对符合条件、流动性暂时遇到困难的中小微企业(包括个体工商户)贷款本金和利息给予临时性延期偿还安排。对于本金，2020年1月25日以来到期的，还本日期最长延至2020年6月30日；对于利息，2020年1月25日至6月30日需支付的，最长也可延至2020年6月30日计收，并免收罚息。截至2020年4月15日，银行机构已对超过1万亿元贷款本息实施延期还款。其中，延期贷款本金还款60.4万户、9 637.1亿元，延期贷款利息偿付51.9万户、481.5亿元。

(2) 积极稳妥解决企业复工复产面临的债务偿还、资金周转和扩大融资等迫切问题。

中国人民银行会同有关部门，创新完善金融支持方式，推动金融机构为防疫重点地区单列信贷规模，为受疫情影响较大的行业、企业提供专项信贷额度；督促金融机构加大企业贷款展期、续贷力度并大幅简化手续，适当减免贷款利息，适度扩大纯信用贷款发放范围，防止企业资金链断裂等问题；对受疫情影响较大的行业，以及有发展前景但受疫情影响暂遇困难的企业，要求商业银行不得盲目抽贷、断贷、压贷。

(3) 加大重点行业和薄弱环节支持力度。

从长远看，应对疫情对经济金融影响的关键在于按照新发展理念要求，坚持推动经济高质量发展，持续推进转型升级和结构性调整。对此，中国人民银行大力优化金融资源配置，组织银行机构通过调整区域融资政策、内部资金转移定价等方式，加大对疫情影响严重地区和重点企业的金融投放，特别是对旅游娱乐、住宿餐饮、交通运输等受疫情影响严重的行业，以及脱贫攻坚、民生就业等重点领域和薄弱环节，落实落细各种优惠政策，畅通融资渠道，降低融资成本，切实提升服务质量和效率。同时，组织银行机构加大对先进制造业、高新技术制造业、新兴产业的信贷支持力度，增加制造业中长期贷款，引导更多优质资源流入经济高质量发展的关键领域。

四、持续深化金融改革和扩大开放

用好金融支持政策，既要顾眼前，还要惠长远。中国人民银行继续推进金融供给侧结构性改革，在不断提高金融风险防范化解能力的同时，使金融改革的步伐越迈越快，把金融开放的大门越开越大。

(1) 深化利率市场化改革。

利率是最重要的金融要素价格。中国人民银行分别于2013年7月和2015年10月放开贷款和存款利率管制，利率市场化改革取得重大突破。2019年推出由商业银行报出贷款市场报价利率(LPR)以来，利率市场化程度进一步提高，市场利率持续下行。目前，90%以上新发放贷款已将LPR作为定价基准。2020年3月1日启动存量浮动利率贷款定价基准转换工作后，进一步疏通货币政策传导机制，打破贷款利率隐性下限，引导利率下行，减轻企业和居民利息负担。2020年3月份，企业贷款平均利率为4.82%，较LPR改革前的2019年7月份下降0.5个百分点。

(2) 推进重点区域重点领域金融改革和对外开放。

2020年2月14日，中国人民银行联合银保监会、证监会、外汇局和上海市政府出台了《关于进一步加快推进上海国际金融中心建设和金融支持长三角一体化发展的意见》，提出了30条具体措施，对标国际最高标准，体现高质量发展要求，推动上海成为金融改革开放排头兵，并为探索全面落实准入前国民待遇加负面清单管理制度的金融开放模式做好准备。5月7日，明确并简化境外机构投资者境内证券期货投资资金管理要求，取消合格境外机构投资者(QFII)和人民币合格境外机构投资者(RQFII)境内证券投资额度管理要求、取消托管人数量限制等，进一步便利境外投资者参与我国金融市场。

(3) 持续推进防范化解重大金融风险攻坚战。

防范化解重大风险是党的十九大确定的三大攻坚战之一，是决胜全面建成小康社会的重大举措。2020年，中国人民银行继续认真履行国务院金融稳定发展委员会办公室职责，一方面，稳妥有序推进重点领域金融风险处置；另一方面，继续加快防范化解金融风险制度建设。3月5日，中国人民银行联合国家发展改革委、财政部、银保监会、证监会、外汇局印发《统筹监管金融基础设施工作方案》，统一金融基础设施监管标准，健全准入管理，推动形成布局合理、治理有效、先进可靠、富有弹性的金融基础设施体系。支持试点商业银行和部分保险机构参与中国金融期货交易所国债期货交易，进一步满足银行保险机构风险管理需求，丰富市场投资者结构。

(4) 进一步加强国际金融合作。

为创造有利的国际环境，疫情发生以来，中国人民银行在国际场合主动发声，积极与国际货币基金组织(IMF)等沟通，及时回应国际关注。2020年3月2日，协调"一带一路"银行间常态化合作机制(BRBR)发布《支持中国等国家抗击新冠肺炎疫情的倡议》，充分肯定我国抗击疫情的巨大努力和有力措施。在3月4日和4月16日的国际货币基金组织国际货币与金融委员会电话视频会议、3月8日和5月5日国际清算银行(BIS)电话视频会议以及3月23日二十国集团财长和央行行长会议等重要场合，中国人民银行向全球主要国家和经济体介绍我国金融支持疫情防控和有序推进复工复产情况，以及稳定中国及全球供应链的有关工作和成效，增强了国际社会对我国经济发展的信心。

当前，疫情防控阻击战取得重大战略成果，经济社会秩序加快恢复。但是境外疫情扩散蔓延，并对世界经济金融产生重大不利影响，给我国经济发展带来新的挑战。我国经济规模大、韧性足、回旋空间较大，保持经济金融平稳发展大局具有很多有利条件。中国人民银行将按照党中央部署，充分发挥再贷款再贴现、贷款延期还本付息等金融政策的牵引带动作用，疏通传导机制，为稳企业保就业和实体经济发展提供有力支持；加强货币政策逆周期调节，更加注重灵活适度，维护金融市场稳定，推动实现疫情防控和经济社会发展双胜利。

(资料来源：中国人民银行官网)

问题：

1. 根据资料分析中央银行使用了哪些金融政策支持疫情防控和经济社会发展。
2. 疫情防控期间，中国人民银行提供了哪些特殊的金融服务？
3. 为了支持小微企业融资，中央银行对金融机构提供了哪些资金支持？

案例二　完善结构性货币政策工具体系

2020年，中国人民银行坚持金融服务实体经济的根本要求，不断完善结构性货币政策工具体系，创新运用结构性货币政策工具，精准滴灌，有效支持疫情防控和经济社会发展，加大对国民经济重点领域和薄弱环节的支持力度，取得了较好效果。

货币政策既可发挥总量政策功能，也可在支持经济结构调整和转型升级方面发挥重要作用。宏观经济运行中存在摩擦，市场体系面临市场失灵的风险，微观主体在现实中是异质性的，如果货币政策只注意总量，则会造成更大的结构扭曲，总量目标也难以实现。因此通过引入激励相容机制，结构性货币政策有利于提高资金使用效率，促进信贷资源流向更有需求、更有活力的重点领域和薄弱环节，撬动金融资源的社会效益和经济效益，提升社会福利，也有助于实现更好的总量调控效果。中国人民银行长期以来就有实施结构性货币政策工具的成功实践。2008年国际金融危机以来，发达经济体央行逐渐认识到金融市场不完善的现实，多有运用结构性货币政策工具的实践，如欧央行推出的定向长期再融资操作(TLTRO)、英国央行推出的融资换贷款计划(FLS)。

2020年以来，人民银行加大了结构性货币政策工具运用力度。一是进一步完善"三档两优"存款准备金框架。3月16日实施普惠金融定向降准，释放长期资金约5 500亿元用于支持发放普惠金融领域贷款。4月3日宣布针对农村商业银行等中小金融机构和仅在本省级行政区域内经营的城市商业银行实施降准，释放长期资金约4 000 亿元。二是为应对疫情冲击，先后出台3 000亿元专项再贷款、5 000亿元和1万亿元普惠性再贷款、再贴现政策。截至6月末，3 000亿元专项再贷款和5 000亿元再贷款、再贴现政策已基本执行完毕。其中，3 000亿元专项再贷款支持有关银行向7 597家全国性和地方性重点企业累计发放优惠贷款2 834亿元，5 000亿元再贷款、再贴现政策支持地方法人银行向 59万家企业累计发放优惠利率贷款4 983亿元。1万亿元再贷款、再贴现政策有序衔接，截至7月27 日，累计发放优惠利率贷款4 573亿元，支持企业和农户78万户，户均贷款59万元。三是创新两个直达实体经济的货币政策工具。为鼓励地方法人银行缓解中小微企业贷款的还本付息压力，创设了普惠小微企业贷款延期支持工具，提供400亿元再贷款资金，预计可支持地方法人银行对普惠小微企业延期贷款本金约3.7万亿元；为缓解小微企业缺乏抵押担保的痛点，提高小微企业信用贷款比重，创设了普惠小微企业信用贷款支持计划，提供4 000亿元再贷款资金，预计可带动地方法人银行新发放普惠小微企业信用贷款约1万亿元。近期，人民银行对地方法人银行于2020年3月1日至5 月31日发放的符合条件的信用贷款开展了首次信用贷款支持计划操作，涉及全国的1 170家地方法人银行、39万家小微企业。符合条件的信用贷款本金709亿元，贷款加权平均期限为13.6个月，加权平均利率为6.76%。首次信用贷款支持计划共向地方法人银行提供资金支持270亿元，近期即将开展贷款延期支持工具的首次利率互换操作。

实践证明，结构性货币政策行之有效，发挥了三个方面的功能。一是建立对金融机构的正向激励机制。通过设计激励相容机制，使得流动性投放发挥促进银行信贷结构调整的功能，有效引导金融机构行为，应对重大疫情等突发事件冲击，加大金融对实体经济重点领域的支持力度。二是建立优化金融机构信贷的"报销"机制。通过向金融机构提供低成本的资金，采取部分或全部报销的方式，引导金融机构加大对国民经济重点领域和薄弱环节的信贷支持。三是发挥利率引导作用。通过发挥结构性货币政策工具的利率引导作用，加强中央银行对利率的有效引导，降低社会融资成本。2020年以来，中小微企业融资"量增、价降、面扩"。6月末普惠小微贷款余额同比增长26.5%，增速比上年年末高3.4个百分点；6月企业贷款平均利率为4.64%，较上年12月下降0.48个百分点；普惠小微贷款已支持2 964万户的小微经营主体，同比增长21.8%。

下一阶段，人民银行将进一步有效发挥结构性货币政策工具的精准滴灌作用，提高政策的"直达性"，引导金融机构加大对实体经济特别是小微企业、民营企业的支持力度，全力支持做好"六稳""六保"工作，促进金融与实体经济良性循环。

(资料来源：中国货币政策执行报告2020年第二季度)

问题：
1. 根据资料说明结构性货币政策工具的构成。
2. 简述结构性货币政策工具的功能。

案例三　坚守币值稳定目标　实施稳健货币政策

2019年第23期《求是》杂志刊发中国人民银行行长易纲的文章《坚守币值稳定目标　实施稳健货币政策》，以下为全文。

"金融活，经济活；金融稳，经济稳""保持经济平稳健康发展，一定要把金融搞好"，习近平总书记要求充分认识金融在经济发展和社会生活中的重要地位和作用，扎扎实实把金融工作做好。党的十九届四中全会提出，坚持和完善社会主义基本经济制度，推动经济高质量发展，要"加强资本市场基础制度建设，健全具有高度适应性、竞争力、普惠性的现代金融体系，有效防范化解金融风险"。

货币是金融体系的血液，我国货币政策是国家制度和国家治理体系的重要组成部分。货币政策与每一家企业、每一个家庭息息相关，关乎大家手中的"票子"，关乎广大人民群众的切身利益。"千招万招，管不住货币都是无用之招。"站在新时代的历史方位，无论是坚持和完善中国特色社会主义制度、推进国家治理体系和治理能力现代化，还是把我国制度优势更好转化为国家治理效能、在推动经济高质量发展中牢牢把握我国发展的重要战略机遇期，都要求我们坚守币值稳定目标，实施稳健货币政策。

一、从历史演进看货币政策的本源和目标

"发展金融业需要学习借鉴外国有益经验，但必须立足国情，从我国实际出发，准确把握我国金融发展特点和规律，不能照抄照搬"，习近平总书记深刻指出要深化对国际国内金融形势的认识，正确把握金融本质。

从全球范围看，20世纪"大萧条"以来货币政策大致经历了三个阶段的演进。

第一个阶段是20世纪80年代以前，货币政策目标比较多，主要是刺激经济增长，最终出现了严重的"滞胀"。以凯恩斯为代表的经济学家认为，经济增长(失业下降)与物价上涨之间有稳定的相关性，也就是说只要容忍较高的通货膨胀，就可以换来较高的经济增长。因此，当时的货币政策目标较多，且更多侧重于经济增长。但是，发达经济体依靠货币刺激实现高增长的做法并不成功。20世纪70年代，美国等发达国家出现了众所周知的"滞胀"问题，也就是经济停滞和高通胀同时发生，当时美国物价年均涨幅超过10%，企业倒闭、银行破产和失业率都创出第二次世界大

战后的新高。

第二个阶段是20世纪80年代至2008年国际金融危机，反通胀成为货币政策的主要目标，经济增长较快，但忽视了金融稳定。这一时期，保持物价稳定成为货币政策的主要或唯一目标。总体来看，货币政策在反通胀方面取得显著效果，加之经济全球化和科技进步改善了经济供给面，全球性的高通胀得到有效缓解，主要发达经济体迎来了低通胀、高增长的"大缓和"时代。但是，中央银行在盯住价格稳定的同时，忽视了金融稳定。在2008年国际金融危机爆发前，虽然一些发达国家物价指数相当稳定，但大宗商品和资产价格大幅飙升，系统性风险累积。因盯住低通胀而形成的宽松货币条件，也在一定程度上助推了资产泡沫和金融风险。这些都成为引发国际金融危机的重要因素。

第三个阶段是2008年国际金融危机以来，全球着力完善金融监管框架并强化宏观审慎管理，货币政策再次转向刺激经济增长，但超宽松货币政策效果面临新的挑战。国际金融危机爆发以来，主要发达经济体实施了空前的货币刺激，从降息等常规货币政策，到零利率、量化宽松、前瞻性指引乃至负利率等非常规货币政策。这些政策有力对冲危机冲击，防止了经济和价格出现螺旋式下行，不过从中长期看也可能会延缓经济内在的调整进程，加剧结构性问题。近些年，主要发达经济体利率下行速度明显快于经济增速和通胀的下行，降息和量化宽松政策的效果呈边际递减的态势。由于主要发达经济体债务高企、增长动力不足、通缩压力挥之不去，非常规货币政策正趋于"常态化"。

为什么发达国家这些非常规货币政策的效果不及预期呢？一是经济增长趋势等基本面是由重要经济结构性变量决定的。比如，人口老龄化将导致潜在经济增长和生产率增长减缓，储蓄增加、消费和价格水平降低；技术进步也会导致价格水平下降，经济全球化的程度对劳动力成本下降也有重要影响。但这些因素都不是货币政策和低利率所能改变的。若因宽松货币政策而降低改革和调整的动力，反而会延误问题的解决。二是在缺乏增长点的情况下，央行给银行体系提供流动性，但商业银行资金贷不出去，容易流向资产市场。放松货币条件总体上有利于资产持有者，超宽松的货币政策可能加剧财富分化，固化结构扭曲，使危机调整的过程更长。三是零利率和负利率政策会使利差收窄，挤压银行体系，弱化银行货币供给的动力。

货币政策的效果很大程度上取决于对预期的引导和把控，这也是中央银行可信度的重要体现。目前，世界上很多国家央行把盯住通货膨胀目标作为货币政策的锚，用于引导社会公众的预期。多数发达国家把2%作为通货膨胀目标，有些发展中国家的目标比2%高一些，比如3%或4%。如果受上述基本面因素影响，某国长期通货膨胀的客观和真实走势是1%，而中央银行为引导预期把通胀目标定为2%，并通过宽松货币政策进行引导，则其结果肯定是事倍功半的。正确的做法是，各国中央银行根据本国的实际情况来确定通胀目标，从1%到4%可能都是合理的选择区间。比如，发达国家和人口老龄化经济体最优的通胀目标可能是1%或1.5%，发展中国家和人口年轻化经济体可选择3%或4%，有些持续高通胀的经济体还可以把通胀目标定得更高一些，比如超过4%。货币政策(比如对通胀目标的确定)可以在一定程度上稳定和引导社会公众的预期，但前提是这种引导离经济基本面所决定的趋势不远，这样的货币政策才是符合实际和有效的。

上述货币政策框架演进的过程，也是人类社会对货币政策不断探索和深化认识的过程。每个历史阶段的时代背景不同，面临的主要矛盾也不同，货币政策总体来看发挥了重要作用，但有时不够及时、有力，有时又会走得"过远"，关键是要明确职责、定位和目标，既不畏手畏脚，也不大手大脚。

改革开放以来，在发展社会主义市场经济的过程中，我们从中国实际出发，坚持货币政策保持币值稳定这一本质属性，为改革发展稳定营造适宜的货币金融环境，同时与其他政策形成有效配合，取得了重要的规律性认识。

一是货币政策需要关注经济增长，又不能过度刺激经济增长。从世界历史上看，货币政策曾被用作追求经济增长的手段，甚至希望通过容忍高一点的通胀来换取更高一些的经济增长。但实践表明，这样的想法难以实现，甚至会出现"滞胀"的后果。货币政策短期看似乎只影响需求，但中长期则会影响供给和经济结构，过度使用有可能留下复杂的"后遗症"。应根据实际情况把握好政策目标和政策力度。

二是坚守币值稳定这个根本目标，同时中央银行也要强化金融稳定目标，把保持币值稳定和维护金融稳定更好地结合起来。保持币值稳定，并由此为经济增长营造适宜的货币环境，是货币政策的根本目标。要根据形势发展，探索更为科学合理地确定和衡量价格水平的方式、方法。当前，我国金融体系和资产市场规模巨大，且容易产生顺周期波动。因此，必须强化宏观审慎政策，更好地维护金融体系稳定。

三是货币政策不能单打独斗，需要与其他政策相互配合，"几家抬"形成合力。要实现经济的持续健康发展，不同政策之间的协调配合至关重要。面对经济金融问题，关键是找准病根，对症下药。要深刻认识货币政策传导机制可能发生的变化。货币政策的主要功能是保持短期的需求平衡，避免经济大起大落，而经济增长根本上取决于结构调整和技术进步。

二、新时代我国货币政策的使命与担当

中国特色社会主义进入新时代，我国经济也由高速增长阶段转向高质量发展阶段。我国发展仍处于并将长期处于重要战略机遇期，长期向好的基本面没有变化。切实维护好我国发展重要战略机遇期，就金融工作而言，就是要按照习近平总书记所强调的，要回归本源，服从服务于经济社会发展，并把防止发生系统性金融风险作为金融工作的永恒主题。为此，货币政策要找准时代使命、履行时代担当。

一是坚持以人民为中心的发展思想。评判和衡量货币政策，根本上是要看其是否有利于最广大人民群众的利益。守护好老百姓手里的钱，保持币值稳定，并以此促进经济增长，是货币政策的使命。不能让老百姓手中的票子变"毛"了，不值钱了。适当的货币条件可以促进财富增长，不适当的货币条件可能加剧财富分化和金融风险，甚至引发社会性问题。应当看到，保持正的利率，保持正常的、向上倾斜的收益率曲线，总体上有利于为经济主体提供正向激励，符合中国人储蓄有息的传统文化，有利于适度储蓄，有利于经济社会的可持续发展。在世界经济可能处在长期下行调整期的环境下，要做好"中长跑"的准备，尽量长时间保持正常的货币政策，以维护长期发展的重要战略机遇期，维护广大人民群众的根本利益。

二是坚持推动高质量发展。当前，我国经济周期性和结构性问题相互叠加，但主要是结构性矛盾和发展方式上的问题。为此，我国经济发展的核心是发展方式的转变和经济结构的调整优化。结构调整优化是走向高质量发展的必由之路，要尊重经济规律，不能简单以GDP增长论英雄。就货币政策而言，要适应经济发展阶段和结构调整过程中经济增长速度的变化，把握好总量政策的取向和力度。政策过紧，会加剧总需求收缩和经济下行；政策过松，又可能固化结构扭曲，推高债务并积累风险。在供给侧结构性改革过程中，传统上作为总量政策的货币政策，也可以在引导结构调整优化方面发挥积极作用，增强政策的针对性和有效性。同时，过多使用结构性政策也可能会导致总量出问题。这就要求，货币政策始终保持松紧适度，加强预调微调，为高质量发展营造适宜的货币环境。

三是要坚持服务实体经济，防范化解系统性金融风险。当前，货币政策更好地服务实体经济，就是要着力于深化金融供给侧结构性改革，完善激励相容机制，抑制金融脱实向虚，引导金融资源更多流向实体经济尤其是薄弱环节。在经济结构调整过程中，前期积累的风险难免会水落石出。在可能引发系统性风险的关键点上，中央银行要精准发力，履行最后贷款人职责，打好防范化解重大风险攻坚战，守住不发生系统性金融风险的底线。同时，要强化宏观审慎政策，压实各方面责任，共同发挥好在防控系统性风险中的支柱性作用。在经济结构调整和去杠杆、防风险过程中，小微企业和民营企业受到的阶段性影响较大，融资难问题比较突出，需要采取综合措施切实加大对小微企业和民营经济的支持，增强经济内生增长动力。

三、把握好实施稳健货币政策的着力点

习近平总书记深刻指出，"要深化对金融本质和规律的认识，立足中国实际，走出中国特色金融发展之路"。中国人民银行将坚持服务实体经济，防范金融风险，实施好稳健的货币政策，着力为供给侧结构性改革和高质量发展营造适宜的货币金融环境。

一是总量适度，在经济由高速增长转向高质量发展过程中，把握好总量政策的取向和力度。近年来，我国GDP增速从10%左右逐步降至2019年前三季度的6.2%，同期广义货币(M2)增速从13%左右降至8.4%，社会融资规模增速从15%左右降至10.8%。货币政策根据形势变化适时适度调整，总体保持稳健。2016年，我国经济企稳，同时金融市场加杠杆和资金空转问题较多，中国人民银行实施稳健中性货币政策，在促进经济平稳运行的同时有效抑制了债务膨胀。2018年以来，针对内外部因素"几碰头"导致的信用收缩问题，中国人民银行及时出手、主动作为，先后七次降低存款准备金率，大幅增加中长期流动性供应，保持流动性合理充裕，有效对冲了信用收缩压力，稳定了市场预期。货币政策较好平衡了稳增长、调结构、防风险之间的关系。下一阶段，要继续实施稳健的货币政策，保持货币条件与潜在产出和物价稳定的要求相匹配，实施好逆周期调节，保持流动性合理充裕，松紧适度，继续营造适宜的货币环境。

二是精准滴灌，引导优化流动性和信贷结构，支持经济重点领域和薄弱环节。近年来，中国人民银行不断创新和丰富结构性货币政策工具，创设中期借贷便利、常备借贷便利、支农支小再贷款等，运用定向降准，发挥好宏观审慎评估的逆周期调节和结构引导作用，优化流动性的结构和布局。2018年以来，针对信用收缩过程中小微企业尤其是民营企业遇到的融资困难，注重以市场化、法治化方式疏通货币政策传导，在促进信贷、债券、股权融资方面"三箭齐发"，增加再贷款再贴现为小微企业和民营企业提供长期稳定资金，推出民营企业债券融资支持工具，研究创设民营企业股权融资支持工具，金融部门对小微、民营企业的支持力度明显加大。下一阶段，要继续合理运用好结构性货币政策工具，并根据需要创设和完善政策工具，疏通货币政策传导，补短板、强弱项，支持经济结构调整优化。

三是协同发力，健全货币政策和宏观审慎政策双支柱调控框架，把保持币值稳定和维护金融稳定更好地结合起来。强化宏观审慎政策是国际金融危机后金融管理改革重要的全球共识。货币政策主要针对整体经济和总量问题，侧重于经济和物价水平的稳定；宏观审慎政策则可直接和集中作用于金融体系或某个金融市场，抑制金融顺周期波动，防范跨市场的风险传染，侧重于维护金融稳定。两者可以相互补充和强化，形成两个支柱。我国在宏观审慎管理方面有较好的条件和基础，国际金融危机后又在全球率先进行实践和探索。2011年，中国人民银行开始实施差别准备金动态调整机制，引导信贷回归常态，防范信贷过快增长可能引发的风险。之后，升级为宏观审慎评估体系，更全面和多维度地对金融机构的稳健性进行评估和引导，并从以往仅盯住贷款扩展为广义信贷，还

将表外理财纳入广义信贷范畴考核。考虑到跨境资本流动容易产生顺周期波动，建立了跨境资本流动宏观审慎管理框架，通过市场化手段进行逆周期调控，防范资本大进大出冲击宏观稳定。坚持"房子是用来住的、不是用来炒的"的定位，按照因城施策原则，加强对房地产金融市场的宏观审慎管理，强化对房地产整体融资状况的监测，综合运用多种工具对房地产融资进行逆周期调节。目前，中国人民银行已建立起宏观审慎管理的专职部门，正在强化对系统重要性金融机构和金融控股集团的宏观审慎管理，未来还将逐步拓展宏观审慎管理的覆盖面，完善宏观审慎管理的组织架构，更好地防范和化解金融风险。

四是深化改革，强化市场化的利率形成、传导和调控机制，优化金融资源配置。利率是资金的价格，利率杠杆是市场化配置金融资源的基础。近年来，我国利率市场化改革稳步推进，管制利率逐步放开，有利于推动货币政策向价格型调控为主逐步转型。利率市场化改革在"放得开"的同时也更加注重"形得成"和"调得了"。近年来，中国人民银行持续在7天回购利率上进行操作，释放政策信号，构建和完善利率走廊机制，发挥常备借贷便利利率作为利率走廊上限的作用。建立公开市场每日操作常态化机制，进一步稳定市场预期。从近年来的情况看，央行操作利率向债券利率、贷款利率的传导效率逐步提升，市场主体对利率的变化更为敏感。目前，正在稳步推动管制利率和市场利率"两轨合一轨"，进一步疏通市场化的货币政策传导机制。2019年8月，推出新的贷款市场报价利率形成机制，贷款市场报价利率按中期借贷便利利率加点形成，通过市场化改革打破贷款利率隐性下限，推动降低贷款实际利率。以银行永续债为突破口补充资本，提升银行可持续支持实体经济能力。针对银行发行永续债面临的法律、监管、会计等多方障碍，中国人民银行与中国银保监会、财政部、国家税务总局、全国人大常委会法工委等部门沟通，并向巴塞尔银行监管委员会征询确认，提出了应对之策。2019年1月，首单银行永续债成功发行，截至9月末已发行4 550亿元，银行预期明显改善，社会信用收缩压力得到缓解。

五是促进内外均衡，完善市场化的人民币汇率形成机制，保持人民币汇率在合理均衡水平上的基本稳定。在经济全球化和开放宏观经济格局下，灵活的汇率机制是应对外部冲击、实现内外均衡的稳定器。近年来，中国人民银行进一步强化以市场供求为基础，参考一篮子货币进行调节的机制，逐步形成了市场化的人民币对美元汇率中间价形成机制。同时，推动外汇市场发展，完善外汇市场自律机制。汇率市场化改革取得显著成效，国际收支更趋平衡，中国人民银行已退出常态化干预，人民币汇率的市场化水平和弹性显著提高，在国际货币体系中保持了稳定地位。需要强调的是，人民币汇率是由市场供求决定的，我们不将汇率工具化，也绝不搞"以邻为壑"的竞争性贬值。下一阶段，中国人民银行将继续推动人民币汇率市场化形成机制改革，保持汇率弹性，并在市场出现顺周期苗头时实施必要的宏观审慎管理，保持人民币汇率在合理均衡水平上的基本稳定。

当前，我们面临的内外部形势复杂多变，机遇和挑战并存。从国际上看，金融危机后主要发达经济体实施空前宽松的货币政策，在"零利率"状态附近难以退出，非常规货币政策被迫"常态化"。分析美、欧、日发达国家和主要发展中国家的货币政策在未来几年的取向，可做出如下判断：未来几年，还能够继续保持正常货币政策的主要经济体，将成为全球经济的亮点和市场所羡慕的地方。中国经济增速仍处于合理区间，通货膨胀整体上也保持在较温和水平，加之我们有社会主义市场经济的制度优势，应尽量长时间保持正常的货币政策。即使世界主要经济体的货币政策向零利率方向趋近，我们也应坚持稳中求进、精准发力，不搞竞争性的零利率或量化宽松政策，始终坚守好货币政策维护币值稳定和保护最广大人民群众福祉的初心使命。同时，应主动作为，继续坚持以供给侧结构性改革为主线，不断健全金融宏观调控机制，更加重视发挥积极财政政策在优化结构、减税降费方面的重要作用，形成供给体系、需求体系和金融体系相互支撑的三角框架，保持中国经济平稳健康发展的良好态势。

(资料来源：中国人民银行官网)

问题：

1. 我国实行"坚守币值稳定目标，实施稳健货币政策"的货币政策目标，请说明原因。
2. 实施稳健货币政策的着力点包括哪些方面？

第十一章

外汇与国际收支

开放经济条件下，随着全球经济和金融的一体化，国家间的商品、劳务、技术、资金等方面的往来金额极大，必然涉及在国际交流中采用何种货币支付，本国货币与外国货币之间的兑换比率等问题。作为微观经济主体，要熟练掌握外汇市场、汇率等方面的金融知识。

第一节　外汇与外汇市场

一、外汇

(一) 外汇的概念

外汇(Foreign Exchange)的含义有两种：一种是动态的含义，一种是静态的含义。动态的外汇是国际汇兑的简称，是指经过银行等金融机构把一国货币换成另一国货币的活动和行为。静态的外汇则是指以外币表示的用于国际结算的支付手段。按照我国2008年8月1日修正的《中华人民共和国外汇管理条例》规定，外汇是指下列以外币表示的可以用作国际清偿的支付手段和资产：①外币现钞，包括纸币、铸币；②外币支付凭证或者支付工具，包括票据、银行存款凭证、银行卡等；③外币有价证券，包括债券、股票等；④特别提款权；⑤其他外汇资产。以上是通常所使用的外汇概念，此外尚有一种广义的外汇概念。国际货币基金组织(IMF)曾对外汇做出如下解释："货币行政当局(中央银行、货币管理机构、外汇平准基金组织及财政部)以银行存款、国库券、长短期政府债券等形式所保有的在国际收支逆差时可以使用的债权。其中包括由中央银行及政府间协议而发行的在市场上不流通的债券，而不管它是用债务国还是债权国的货币表示的。"按此定义，外汇不限于外币资产，还延伸到可用于国际结算的本币形式资产。不过，并不是任何本币形式的资产都具有这一性质。具有这一性质的只限于：①这种本币形式的资产，必须是经过中央银行和政府官方或具有官方职能的机构、企业所签协议而形成的；②这种本币形式的资产，是用以偿付双方国际收支逆差的。它在市场上不得流通，一般也不能转换成第三国货币，不具有自由兑换的性质。

(二) 外汇的特点

由于外汇是用于国际结算，清偿不同国家间的债权债务，便于国家间资金的转移和实现各国货币购买力的工具和手段，所以它必然有以下特点。

(1) 国际性，即外汇必须是国际上普遍能接受的外币资产。

(2) 可兑换性，即外汇必须能够自由兑换成其他外币资产或支付手段。

(3) 可偿性，即外汇表示的资产债权在国外保证得到偿付。如空头支票或被拒付的债权都不是外汇。

(三) 外汇的种类

根据不同的区分标准，外汇可以区分为不同的种类。

1. 按外汇是否可以自由兑换分为自由外汇和记账外汇

自由外汇是指不需要经过货币发行国的批准，就可以随时自由兑换成其他国家(或地区)的货币，用以向对方或第三国办理支付的外国货币及其支付手段，如美元、英镑、日元、欧元等。这些货币发行国基本上取消了外汇管制，持有这些货币，可以自由兑换成其他国家的货币或者对第三国进行支付。

记账外汇又称双边外汇、协定外汇或清算外汇，指必须经过货币发行国的批准，否则不能自由兑换成其他国家的货币或对第三国进行支付的外汇。例如，我国与某些发展中国家和俄罗斯等一些国家的进出口贸易，为了节省双方的自由外汇，签订双边支付协定，采用记账外汇办理清算。

2. 按外汇的来源和用途分为贸易外汇和非贸易外汇

贸易外汇是指通过商品的进出口贸易所收付的外汇。贸易外汇包括进出口贸易货款及其从属费用(运费、保险费、广告宣传费等)，是一国外汇收支的主要项目。

非贸易外汇是指贸易外汇以外的一切外汇，即一切非来源于或用于进出口贸易的外汇，如劳务外汇、旅游外汇、捐赠和援助外汇、侨汇及投资收益汇回等，在一国外汇收支中也占有重要地位。

3. 按外汇交割期限的不同分为即期外汇和远期外汇

即期外汇也称现汇，是指在即期外汇买卖交易中按当天汇率成交的外汇，原则上买卖双方须在成交日当天或在成交日后的两个营业日内办理交割。

远期外汇是指外汇买卖双方按照合同约定，在未来某一日期办理交割的外汇，又称为期汇。

二、外汇市场

(一) 外汇市场的概念和构成

国际支付中要求进行各种货币的兑换，这种需求导致了外汇市场的产生。所谓外汇市场(Foreign Exchange Market)，是指由各种经营外汇业务的机构和个人聚集在一起进行国家间的外汇买卖的活动和交易场所，简而言之，是经营外汇买卖的交易场所和交易网络。外汇市场有两种，即有形市场和无形市场。有形市场，也叫具体市场，是指外汇交易在固定场所、固定时间内，交易双方面对面进行交易的场所。无形市场，也叫抽象市场，是指外汇交易双方利用电话、电报、电传等通信设备进行交易，而无固定场所，也无固定时间，而是24小时都可进行交易。目前外汇交易中，绝大多数交易都是在无形市场上进行的。

外汇市场的参与者主要有外汇银行、外汇经纪人、中央银行和其他客户。目前世界上比较大的外汇市场有30多个，其中最重要的有伦敦、纽约、东京、苏黎世、中国香港地区、巴黎和法兰克福外汇市场等。外汇市场的结构和交易流程如图11-1和图11-2所示。

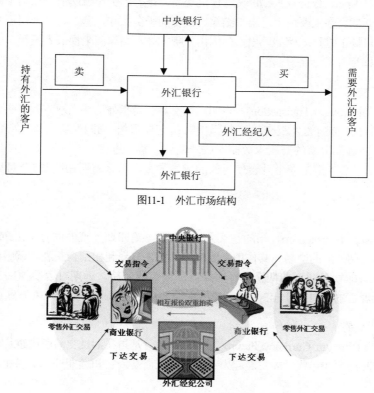

图11-1　外汇市场结构

图11-2　外汇市场交易流程

(二) 外汇交易

外汇交易是指在外汇市场上进行各种外汇买卖的活动。通常交易的货币主要是美元、欧元、英镑、日元、加拿大元等，其中美元的交易量最大。2002年后，欧洲联盟各国的货币逐步退出市场，由欧元来代替，欧元也成为外汇市场上的主要交易对象。外汇市场进行交易时通常要用到各个币种的代码，表11-1列出了主要货币的代码。

表11-1　主要货币的标准代码

货币名称	代码	货币名称	代码
美元	USD	人民币	CNY
英镑	GBP	港元	HKD
欧元	EUR	澳门元	MOP
日元	JPY	韩元	KRW
瑞士法郎	CHF	泰铢	THB
澳大利亚元	AUD	墨西哥比索	MXN
新西兰元	NZD	马来西亚林吉特	MYT
加拿大元	CAD	丹麦克朗	DKK

外汇市场上的外汇交易主要有以下几种。

1. 即期外汇交易

即期外汇交易(Sport Transaction)，又称现汇交易，是外汇买卖成交后，在两个营业日内办理交割的外汇业务。即期交易主要用于进出口结算、银行间平衡头寸、套汇、个人用汇和侨汇等，这些都须在即期外汇市场上进行。例如，出口商因出口赚的外汇结算回来换成人民币，个人出境以人民币购外汇等均属即期外汇业务。

2. 远期外汇交易

远期外汇交易(Forward Transaction)，也叫期汇交易，是指外汇买卖双方签订买卖协议，并约定在未来某一时间进行交割的外汇交易。其作用有：套期保值、投机等。远期外汇汇率是在即期汇率的基础上加减远期汇率的升贴水数而形成。例如，某一进口商有一宗引进设备业务，付款期在3个月后，由于担心外汇汇率上升会使付款的成本加大，那么就要做购买3个月后交割的远期外汇交易。

3. 掉期交易

掉期交易(Swap Transaction)，指的是买入(或卖出)一笔即期外汇的同时卖出(或买入)相同金额的同一种货币的远期外汇的交易。其作用主要有：保值、与套利相结合获利、调整银行资金期限结构等。掉期交易有即期对即期掉期交易、即期对远期掉期交易、远期对远期掉期交易等类型。例如，在买进美元现汇的同时，卖出3个月美元的期汇，从而转移此间美元汇率下跌而承担的风险。

4. 外汇期货交易

外汇期货交易(Foreign Currency Future Transaction)，是指在期货交易所内进行买卖外汇期货合约的交易。这是20世纪70年代后才发展起来的新型外汇交易。它和远期外汇交易相比，有许多不同的特点。

(1) 外汇期货交易必须在交易所内进行；而远期交易则在场内外都可以进行。

(2) 外汇期货交易合同是标准化的；而远期交易的合同却是非标准化的，一切由双方协议来决定。

(3) 外汇期货交易的汇率形成方式为公开竞价产生；而远期交易的汇率却是在即期汇率的基础上加减升贴水数而得。

(4) 外汇期货交易必须缴纳保证金；而远期外汇交易则一般不需要。

(5) 外汇期货交易必须通过外汇经纪人进行；而远期外汇交易则有无经纪人都可以。

(6) 外汇期货交易由专门的清算机构每日对未平仓者的盈亏状况进行清算；而远期外汇交易到期进行结算。

(7) 外汇期货交易的参与者中绝大部分(98%以上)都通过买卖平仓终止交割义务；而远期外汇交易大多数要在交割日进行现汇交割。外汇期货交易的最大作用就是套期保值，同时也可投机获利，即通过买空卖空交易获取差价。

5. 外汇期权交易

前述外汇业务中，不管是远期外汇交易还是外汇期货交易，都有一个共同的缺点，就是在避免汇率风险时也消除了从汇率波动中获利的可能性。而外汇期权交易恰好弥补了前两者的不足，它既能避免汇率波动所带来的损失，又能保留从汇率波动中获利的机会。

外汇期权交易(Foreign Currency Option Transaction)，是指外汇期权合约购买者向出售者付出一定比例的期权费后，即可在有效期内享有按协定价格和金额履行或放弃买卖某种外币权利的交易行为。这是一种期汇交易权利的买卖，也是一项新兴的外汇业务，1982年12月诞生于美国费城股票交易所。从其作用来看有保值性和投机性两种。例如某一日本出口企业出口价值1 000万美元的货物，一个月之后收回外汇。假定该出口企业签订的卖出一个月期的1 000万美元的合同，合同中规定的汇率为1美元＝100日元，但合同到期执行时，市场的实际汇率为1美元＝102日元，那么该出口企业将损失2 000万日元，如果出口商购买一个外汇期权合同，它就可以放弃原来所签订的外汇交易合同，从而按1美元＝102日元交易。

6. 套汇交易

套汇交易是指套汇者利用两个或两个以上外汇市场上某些货币的汇率差异进行外汇买卖，从中套取差价利润的行为。

套汇交易分为直接套汇和间接套汇两类。直接套汇也称两角套汇，是指利用两个不同地点的外汇市场上某些货币之间的汇率差异，在两个市场上同时买卖同一货币，赚取差价的行为。间接套汇也称三角套汇，是指利用3个不同地点的外汇市场上的汇率差异，同时在3个市场上贱买贵卖，从中赚取汇率差价的行为。

7. 套利交易

套利交易也叫利息套汇，是指两个不同国家的金融市场短期利率高低不同时，投资者将资金从利率较低的国家调往利率较高的国家，以赚取利差收益的外汇交易。

套利交易分为抛补套利和不抛补套利两类。抛补套利是指套利者把资金从低利率国家转向高利率国家的同时，在外汇市场上卖出高利率货币的远期，以避免汇率风险。不抛补套利是指套利者单纯把资金从低利率国家转向高利率国家，从中赚取利差的行为。

第二节　汇率

一、汇率及汇率制度

汇率(Exchange Rate)指的是两国货币之间折算的比率，或者说是以一国货币单位表示的另一国货币单位的价格，因此汇率也叫汇价。

(一) 汇率的标价方法

汇率的标价方法取决于以哪种货币作为标准进行折算。目前在国际上有以下3种标价方法。

1. 直接标价法

直接标价法是指以一定单位的外国货币作为标准折算成若干数量的本国货币来表示。这种标价法是用本币来标出单位外币的价格，所以也称为价格标价法或应付标价法。在直接标价法下的外国货币数额固定不变，本国货币的数额随汇率的高低而变化。一定单位的外国货币折算成的本国货币增多，说明外国货币汇率上升，即外币升值或本币贬值。反之，说明外币汇率下跌，即外币贬值或本币升值。世界上除了英美以外的绝大多数国家都采用这种标价法。例如，某日我国对外公布的美元对人民币汇率为USD1＝CNY6.230 0。这里6.230 0元人民币就是1美元的价格，表示要获得1美元，需付出6.230 0元人民币。

如图11-3、图11-4、图11-5所示为直接标价法的内涵以及汇率升降的含义(以东京市场为例)。

基础货币(外币)　　　　标价货币(本币)

USD1＝JPY105.0 0

图11-3　直接标价法图示(东京市场)

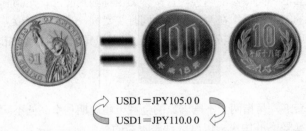

USD1＝JPY105.0 0
USD1＝JPY110.0 0

图11-4　直接标价法下，美元升值日元贬值(即外汇汇率上升、本币汇率下降)(东京市场)

USD1＝JPY105.0 0
USD1＝JPY100.0 0

图11-5　直接标价法下，美元贬值日元升值(即外汇汇率下降、本币汇率上升)(东京市场)

2. 间接标价法

间接标价法是指以一定单位的本国货币作为标准折算成若干数量的外国货币来表示。在这种标价法中本币是标准货币，即用外币来标出单位本币的价格，所以也称之为应收标价法或数量标价法。在间接标价法下，本币数额固定不变，外币数额随汇率高低而变化。如果一定单位本币所兑换的外币数量增多了，则说明本币汇率上升而外币汇率下跌，即本币升值，外币相对贬值；反之，则说明本币贬值，外币升值。目前，英国、美国、澳大利亚、新西兰、爱尔兰采用这种标价法。例如，某一天在伦敦外汇市场上，美元的牌价为GBP1＝USD1.399 8。这里1.399 8美元就是1英镑的价格，表示收入1.399 8美元方可支付1英镑。

如图11-6、图11-7、图11-8所示为间接标价法的内涵以及汇率升降的含义(以美国市场为例)。

基础货币(本币)　　　　标价货币(外币)

USD1＝JPY105.0 0

图11-6　间接标价法(美国市场)

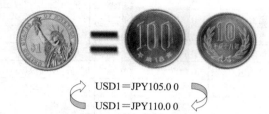

USD1＝JPY105.0 0

USD1＝JPY110.0 0

图11-7　间接标价法下，美元升值日元贬值(即本币汇率上升、外汇汇率下降)(美国市场)

USD1＝JPY105.0 0

USD1＝JPY100.0 0

图11-8　间接标价法下，美元贬值日元升值(即本币汇率下降、外汇汇率上升)(美国市场)

3. 美元标价法

美元标价法是指以一定单位的美元为标准折算成若干数量的其他国家货币来表示。在这种标价法下美元的数额固定不变，其他国家货币的数额随着汇率的高低而变化。"二战"后，美元成为世界上最主要的清算和储备货币，随着欧洲货币市场的兴起，国际金融市场上的外汇交易量猛增，为便于在国家间进行外汇交易，银行间的报价均习惯采用美元标价法。再比如出口商出口货物不管用哪种货币报价，最终都要折合成美元进行统计。表11-2列出了各种货币对美元的折算率。

表11-2　各种货币对美元折算率表——2021年1月29日

	货币名称	货币单位	对美元折算率		货币名称	货币单位	对美元折算率
AED	阿联酋迪拉姆	1迪拉姆	0.272 151	MKD	马其顿第纳尔	1第纳尔	0.019 697
ALL	阿尔巴尼亚列克	1列克	0.009 790	MMK	缅甸缅元	1元	0.000 752
AOA	安哥拉宽扎	1宽扎	0.001 525	MNT	蒙古图格里克	1图格里克	0.000 352
ARS	阿根廷比索	1比索	0.011 474	MOP	澳门元	1元	0.125 133
AUD	澳元	1元	0.767 235	MUR	毛里求斯卢比	1卢比	0.025 253
BAM	波黑马克	1马克	0.617 551	MVR	马尔代夫卢非亚	1卢非亚	0.064 683
BGN	保加利亚列维	1列维	0.619 291	MWK	马拉维克瓦查	1克瓦查	0.001 293
BHD	巴林第纳尔	1第纳尔	2.652 133	MXN	墨西哥比索	1比索	0.049 387
BND	文莱元	1元	0.752 021	MYR	马来西亚林吉特	1林吉特	0.247 047
BOB	玻利维亚诺	1玻利维亚诺	0.144 613	NGN	尼日利亚奈拉	1奈拉	0.002 623
BRL	巴西雷亚尔	1雷亚尔	0.183 780	NOK	挪威克朗	1克朗	0.116 220

(续表)

	货币名称	货币单位	对美元折算率		货币名称	货币单位	对美元折算率
BWP	博茨瓦纳普拉	1普拉	0.090 900	NPR	尼泊尔卢比	1卢比	0.008 557
BYR	白俄罗斯卢布	1卢布	0.381 709	NZD	新西兰元	1元	0.717 180
CAD	加元	1元	0.779 830	OMR	阿曼里亚尔	1里亚尔	2.597 335
CHF	瑞士法郎	1法郎	1.125 006	PEN	秘鲁索尔	1索尔	0.274 461
CLP	智利比索	1比索	0.001 359	PHP	菲律宾比索	1比索	0.020 801
CNY	人民币元	1元	0.154 538	PKR	巴基斯坦卢比	1卢比	0.006 232
COP	哥伦比亚比索	1比索	0.000 281	PLN	波兰兹罗提	1兹罗提	0.266 739
CZK	捷克克朗	1克朗	0.046 472	PYG	巴拉圭瓜拉尼	1瓜拉尼	0.000 144
DKK	丹麦克朗	1克朗	0.162 894	QAR	卡塔尔里亚尔	1里亚尔	0.274 593
DZD	阿尔及利亚第纳尔	1第纳尔	0.007 533	RON	罗马尼亚列伊	1列伊	0.248 345
EGP	埃及镑	1镑	0.063 654	RSD	塞尔维亚第纳尔	1第纳尔	0.010 299
EUR	欧元	1欧元	1.211 640	RUB	俄罗斯卢布	1卢布	0.013 120
GBP	英镑	1英镑	1.371 803	SAR	沙特里亚尔	1里亚尔	0.266 495
GHS	加纳塞地	1赛地	0.171 821	SDG	新苏丹镑	1镑	0.018 140
GYD	圭亚那元	1元	0.004 788	SDR	特别提款权	1特别提款权	1.438 660
HKD	港元	1元	0.128 981	SEK	瑞典克朗	1克朗	0.119 834
HRK	克罗地亚库纳	1库纳	0.160 054	SGD	新加坡元	1元	0.752 229
HUF	匈牙利福林	1福林	0.003 376	SLL	塞拉利昂利昂	1利昂	0.000 098
IDR	印度尼西亚卢比	1卢比	0.000 071	SRD	苏里南元	1元	0.070 651
ILS	以色列谢客尔	1谢客尔	0.304 650	SSP	南苏丹镑	1镑	0.005 677
INR	印度卢比	1卢比	0.013 713	SYP	叙利亚镑	1镑	0.000 795
IQD	伊拉克第纳尔	1第纳尔	0.000 685	THB	泰铢	1铢	0.033 318
IRR	伊朗里亚尔	1里亚尔	0.000 024	TND	突尼斯第纳尔	1第纳尔	0.371 368
ISK	冰岛克朗	1克朗	0.007 760	TRY	土耳其里拉	1里拉	0.136 042
JOD	约旦第纳尔	1第纳尔	1.410 437	TWD	中国台湾元	1元	0.035 707
JPY	日元	1元	0.009 585	TZS	坦桑尼亚先令	1先令	0.000 431
KES	肯尼亚先令	1先令	0.009 079	UAH	乌克兰格里夫那	1格里夫那	0.035 511
KRW	韩元	1元	0.000 896	UGX	乌干达先令	1先令	0.000 271
KWD	科威特第纳尔	1第纳尔	3.302 728	UYU	乌拉圭比索	1比索	0.023 694
KZT	哈萨克斯坦坚戈	1坚戈	0.002 357	UZS	乌兹别克斯坦苏姆	1苏姆	0.000 095
LAK	老挝基普	1基普	0.000 107	VEF	委内瑞拉博利瓦	1博利瓦	0.000 004
LBP	黎巴嫩镑	1镑	0.000 661	VND	越南盾	1盾	0.000 043
LKR	斯里兰卡卢比	1卢比	0.005 195	XAF	刚果中非共同体法郎	1法郎	0.001 830
LYD	利比亚第纳尔	1第纳尔	0.224 150	YER	也门里亚尔	1里亚尔	0.003 968
MAD	摩洛哥迪拉姆	1迪拉姆	0.111 504	ZAR	南非兰特	1兰特	0.065 750
MDL	摩尔多瓦列伊	1列伊	0.058 087	ZMW	赞比亚克瓦查	1克瓦查	0.046 685

注: 1. 本表仅供计划、统计使用。

2. 人民币对美元折算率根据每月最后一个交易日中间价计算,其他货币对美元折算率根据当日上午9时国际外汇市场相应货币对美元汇率计算确定。

(资料来源: 国家外汇管理局)

(二) 汇率制度

汇率制度大体可分两类：固定汇率制度和浮动汇率制度。

固定汇率制度是第二次世界大战后较长时期所实行的一种汇率制度。"二战"后，在美国倡导下召开了国际金融会议，成立了国际货币基金组织(IMF)。当时许多资本主义国家参加了国际货币基金组织，该组织规定：美元与黄金挂钩，其他国家货币与美元挂钩，并与美元建立固定比价；有关国家货币汇率只能在一定幅度内波动，超过规定的上、下限，该国中央银行有义务进行干预，使汇率保持在规定的幅度内。在此之前的金本位制度下的汇率也是固定汇率制，可当时的固定汇率是以各国金属货币的实际黄金含量为基础而自然形成的固定汇率，其波动幅度被限制在黄金输送点之内，所以各国无须承担干预汇率的义务。

浮动汇率制度则是在1971年和1973年美元连续两次贬值，固定汇率制度难以继续维持之后，多数国家改行的一种制度。浮动汇率制度是各国对汇率波动不加限制，听其随市场供求关系的变化而涨跌的汇率制度。在这种汇率制度下各国中央银行只是根据需要，自由选择是否进行干预以及把汇价维持在什么样的水平上。在实际经济生活中，政府不进行任何有目的的干预是少有的，通常或多或少要加以适度调节。方式可以是直接参与外汇市场活动进行买卖外汇，或是通过调整国内利率水平等手段进行间接调节。这种情况被称为管理浮动。管理浮动汇率在各个国家都有具体的、不同的特点或形式，主要有以下几种。

(1) 单独浮动(Independently Floating)，即一国货币不与其他国家的货币发生固定联系，其汇率根据外汇市场的供求自动调整，如美国、日本、加拿大等多个国家的货币实行单独浮动。

(2) 联合浮动(Join Floating)，又称共同浮动或集体浮动，是指国家或地区集团成员国之间实行固定汇率，同时对非成员国货币实行联合升降的浮动汇率。如欧洲联盟曾采取这种汇率制。

(3) 实行盯住政策(Pegging Policy)的浮动汇率制，即确保本国货币和某种货币的汇率固定不变，随着这一货币汇率的变动而与其他货币之间保持浮动汇率的汇率制度。盯住汇率制可分为盯住单一货币浮动和盯住合成货币浮动。目前，盯住单一货币的国家有50多个，其中盯住美元的就有30多个国家和地区，盯住合成货币的国家和地区有40多个，其中大部分为盯住"一篮子货币"，还有少数为盯住特别提款权。

(4) 按一套指标调整汇率的制度。在这种汇率制度下，一国货币随着选定的经济指标体系的变动而不断调整对其他货币之间的汇率。

(三) 汇率的种类

1. 从银行买卖外汇的角度划分为买入汇率、卖出汇率以及中间汇率

买入汇率(Buying Rate)也称买入价，是外汇银行向同业或客户买入外汇时使用的价格。卖出汇率(Selling Rate)也称卖出价，是银行向同业或客户卖出外汇时使用的汇率。中间汇率也称中间价，是买入汇率和卖出汇率的平均数。

2. 按外汇管制的程度划分为官方汇率和市场汇率

官方汇率又称法定汇率，是指在外汇管制较严格的国家，由政府授权的官方机构制定并公布的汇率。市场汇率是指在外汇管制较宽松的国家的自由外汇市场上买卖外汇的价格。

3. 按外汇交易中支付方式的不同分为电汇汇率、信汇汇率和票汇汇率

电汇汇率(电汇价)是指银行卖出外汇时用电信方式通知境外联行或代理行付款的外汇汇率。信

汇汇率(信汇价)是指银行卖出外汇时用信函方式通知境外联行或代理行付款的外汇汇率。票汇汇率(票汇价)是指银行买卖即期汇票的汇率。电汇汇率是一国的基本汇率。

4. 按外汇交易的交割时间分为即期汇率和远期汇率

即期汇率(现汇汇率)是指外汇买卖双方在外汇买卖成交后的两个营业日内办理交割的汇率。远期汇率(期汇汇率)是指外汇买卖双方成交后,约定在将来某一时间进行交割的汇率。

5. 按制定汇率的角度不同分为基准汇率和交叉汇率

基准汇率是指一国货币与某一种国际上被普遍接受的关键货币的比价。交叉汇率(套算汇率)指两种货币之间的汇率通过第三种货币计算出来的汇率。多数情况下,一国货币和美元之间的汇率为基准汇率,一国货币与其他货币的汇率通常借助于基准汇率进行换算。

6. 按汇率制度的不同分为固定汇率和浮动汇率

固定汇率是指一国货币与外币的比价基本固定,并且汇率的波动被限制在一定的范围内的汇率。浮动汇率是指根据市场供求变化而自发形成的汇率。目前世界上多数国家采用浮动汇率。

二、汇率变动的影响因素

(一) 国际收支

国际收支是一国对外经济活动的综合反映,其收支差额直接影响外汇市场上的供求关系,并在很大程度上决定了汇率的基本走势和实际水平。

当一个国家的国际收支出现逆差时,其外汇供给就会相对减少,这就会引起外汇汇率上升;当国际收支出现顺差时,其外汇供给就会相对增加,就会引起外汇汇率下降。从外汇需求方面考察,当该国的国际收支出现逆差时,该国对外汇的需求相对增加,导致外汇汇率上升;当该国的国际收支出现顺差时,该国的外汇需求相对减少,导致外汇汇率下降。从以上分析可以得出:一国的国际收支出现顺差,就会引起外国对该国货币需求的增长与外国货币供应的增加,进而引起外汇的汇率下降或该国货币的汇率上升。反之,一国的国际收支出现逆差,就会增加该国的外汇需求和本国货币的供给,进而引起外汇的汇率上升或该国货币的汇率下降。

(二) 通货膨胀率差异

通货膨胀是影响汇率变动的一个长期、主要而又有规律性的因素。在纸币流通条件下,两国货币之间的比率,从根本上说是根据其所代表的价值量的对比关系来决定的。因此,在一国发生通货膨胀的情况下,该国货币所代表的价值量就会减少,其实际购买力也就下降,对外比价也会下跌。当然,如果对方国家也发生了通货膨胀,并且幅度恰好一致,两者就会相互抵消,两国货币间的名义汇率可以不受影响,然而这种情况非常少见。一般来说,两国通货膨胀率是不一样的,通货膨胀率高的国家,货币汇率下跌;通货膨胀率低的国家,货币汇率上升。

(三) 利率差异

利率是金融资产的价格。在开放经济条件下,利率的变化通过作用于短期资本流出流入而影响汇率的变化。当一国提高利率水平或本国的利率水平高于外国利率时,意味着本国金融资产的收益率更高,对投资者更具有吸引力,则资金流入增加,对本国货币的需求增加,本国货币汇率趋于上涨；相反，当一国降低利率水平或本国的利率水平低于外国利率时，就意味着本国金融资产的收益率降低，则资金流出增加，对外国货币的需求增加，外汇汇率上升，本国货币汇率趋于下降。这里所说的利率差异，是指实际利率差异。在西方国家，实际利率一般是指长期政府债券利率与通货膨胀率的差额。

(四) 经济增长率差异

经济增长率与汇率之间的关系相对比较复杂。当一国经济增长率提高时，一方面反映该国经济实力增强，其货币在国际外汇市场上的地位提高，从而使该国货币汇率有上升趋势；另一方面，由于经济高速增长，该国国民收入增加，从而促使该国进口需求上涨，如果该国出口不变的话，那么就会使该国国际收支经常项目产生逆差，最终导致本币汇率下降。但如果该国经济是以出口导向型为主，那么经济的增长就意味着出口的增加，使经常项目产生顺差，最终导致本币汇率上升。

(五) 市场心理预期

影响人们心理预期的因素主要有3个方面：一是与外汇买卖和汇率变动相关的数据资料信息；二是来自电视、电台等的经济新闻和政治新闻；三是社会上人们相互传播未经证实的消息。这些因素都会通过影响外汇市场交易者的心理预期进而影响汇率。有时虚假的经济新闻或者信息也会导致汇率的变动。

当市场预计某种货币趋跌时，交易者会大量抛售该货币，造成该货币汇率下浮的事实；反之，当人们预计某种货币趋于坚挺时，又会大量买进该货币，使其汇率上扬。由于公众预期具有投机性和分散性的特点，加剧了汇率短期波动的振荡。

(六) 中央银行干预

不论是在固定汇率制度下，还是在浮动汇率制度下，中央银行都会被动地或主动地干预外汇市场，稳定外汇汇率，以避免汇率波动对经济造成不利影响，实现自己的政策目标。这种通过干预直接影响外汇市场供求的情况，虽无法从根本上改变汇率的长期走势，但对汇率的短期走向会有一定的影响。固定汇率制度在第二次世界大战后被维持了25年之久，足以显示中央银行干预的成效。特别是20世纪80年代以来，西方主要国家在管理浮动汇率制度的基础上进行联合干预，更使得中央银行成为外汇市场上影响汇率的不可忽视的力量。

综上所述，在浮动汇率制下，一国汇率受通货膨胀程度、利率水平、国际收支状况、经济增长、宏观经济政策、心理预期、突发事件等国内经济因素和世界经济形势的影响而频繁波动。

三、汇率变动对经济的影响

汇率作为宏观经济的重要变量和国民经济的重要杠杆，其变动对国内外经济有着广泛而深远的影响。

(一) 汇率变动对世界经济的影响

汇率变动对世界经济的影响主要表现在3个方面：①对国际贸易的影响。汇率稳定有利于国际贸易的发展，而汇率不稳，则会使进出口商无法准确折算进出口贸易的成本与收益，增加国际贸易风险，影响国际贸易总量的增长和扩大。②对资本流动的影响。汇率稳定能够确保国外投资者获得预期利润，减少投资的汇率风险，促进资本输出/入的发展，而汇率不稳往往使资本在国家间频繁流动，增强国际游资的投机性，不利于世界经济的稳定发展。③对国际关系的影响。汇率不稳，往往加剧国家间的矛盾。如20世纪80年代初期至中期美元坚挺，一路攀升，加重了拉美等发展中国家的外债还本付息负担，最终爆发了债务危机，从而加剧了债务国与债权国之间的矛盾。另外，由于汇率的升降，直接影响相关国家的外贸与资本流向、流量，因此一些国家操纵市场汇率，进行所谓的"外汇倾销"，这必然会招致有关国家的反对和报复，从而加剧这些国家的矛盾与斗争。

(二) 汇率变动对国内经济的影响

汇率变动对国内经济的影响是多方面的，影响的广度和深度受一国的对外开放程度、经济结构、外汇和资本管制宽严等因素的制约，具有不确定性，必须具体情况具体分析。一般来说，汇率变动对国内经济的影响主要表现在以下几个方面。

1. 对进出口贸易收支的影响

如果本币汇率下浮，在进出口商品需求弹性较高，以及存在闲置资源用于出口品和进口替代品的生产的情况下，由于以外币表示的出口商品价格下降和以本币表示的进口商品价格上升，将使出口增加和进口减少，从而改善进出口贸易收支状况。反之，如果本币汇率上浮，通过"相对价格效应"将会抑制出口，鼓励进口，扩大贸易收支逆差，影响贸易收支的改善。

2. 对物价水平的影响

如果本币汇率下浮，由于"相对价格效应"的作用，出口增加，进口减少，将使国内商品供应减少，通货膨胀压力加大。另一方面，进口价格上涨，从货币工资机制来讲，会推动生活费用的上涨，导致名义工资的提高。从生产成本机制来讲，会使以进口商品为原材料的产品成本增加，这两者既有可能诱发货币投放的增加，又有可能形成成本推进型通货膨胀，从而使国内的物价水平上升。反之，如果本币汇率上浮，则进口供给增加，进口成本降低，使进口商品和以进口原料生产的商品价格下降，进而推动国内整体物价水平下降。

3. 对资本流动的影响

汇率变动主要影响以保值或追求短期收益为目的的短期资本的流动，而对长期投资资本的流动影响不大。如果本币贬值，外汇汇率上浮，则短期资本为了避免所持有本币资产的价值相对下降而带来的损失，会纷纷逃往其他货币坚挺或汇率稳定的国家。如果本币升值，则意味着以本币表示的各种资产价值增加，短期资本为了投机获利或保值而流入国内。大规模的短期资本流动，不管是流出国外，还是流入国内，对国内经济、国际收支都将产生不利的影响。

4. 对外汇储备的影响

汇率变动主要是影响外汇储备的数量和实际价值的变动。当本币汇率下浮时，出口增加，进口减少，外汇收入增多，外汇支出减少，外汇储备相应增加，但汇率下跌又会引起资本外流，减少外汇储备；当本币汇率上浮时，出口减少，进口增加，会减少本国外汇收入，增加外汇支出，但同时又会使保值性和投机性资本流入，增加外汇储备。因此，汇率变动对外汇储备数量增减变动的影响取决于进出口外汇收支变化与资本项目收支变化的对比情况。另外，目前世界各国所持有国际储备的绝大部分是外汇储备，如果储备货币汇率发生变动，必然影响到一国国际储备的实际价值，从而造成外汇储备的风险损失或风险收益。

5. 对国内就业水平和收入的影响

传统理论认为本币汇率下浮对经济的影响具有扩张效应，在乘数作用下，通过增加出口，增加进口替代品的生产，使国民收入得到多倍增长，并提高国内就业水平。本币汇率上调，则会使出口减少，进口增加，减少国内总需求，抑制生产发展，从而导致国民收入水平和就业水平下降。

6. 对产业结构的影响

本币汇率的上浮或下浮，可以说是一种税负行为，本币汇率下浮是对出口的一种补贴，对进口的一种征税，而本币汇率上浮则正好相反。当本币汇率下浮时，通过"税负效应"，一方面引起出口增加，使生产出口商品的企业和部门收益增加，导致资源由其他部门向该类部门转移；另一方面使进口减少，国内需求转移到同类的商品上，使生产进口替代品的部门收益增加，引起资源的再分配。当本币汇率上浮时，"税负效应"则使稀缺资源从出口部门和生产进口替代品部门转移到其他部门上。因此，汇率的变化，使资源在各部门之间重新分配，从而导致产业结构的变化。

四、人民币汇率问题

人民币汇率，就是中华人民共和国的货币兑换其他国家的货币的比例，也叫人民币汇价。现行的人民币汇率主要是人民币与发达国家货币之间的管理浮动汇率，其中以人民币对美元的汇率为基础汇率，人民币与其他货币之间的汇率通过各自与美元的汇率套算出来。人民币汇率在1994年以前一直由国家外汇管理局制定并公布，1994年1月1日人民币汇率并轨以后，实施以市场供求为基础的单一的、有管理的浮动汇率制。自2005年7月21日起，中国开始实行以市场供求为基础、参考一篮子货币进行调节、有管理的浮动汇率制度，保持人民币汇率弹性，发挥汇率调节宏观经济和国际收支自动稳定器的作用。注重预期引导，保持人民币汇率在合理均衡水平上的基本稳定，具体包括3个方面的内容：一是以市场供求为基础的汇率浮动，发挥汇率的价格信号作用；二是根据经常项目主要是贸易平衡状况动态调节汇率浮动幅度，发挥"有管理"的优势；三是参考一篮子货币，即从一篮子货币的角度看汇率，不片面地关注人民币与某个单一货币的双边汇率。中国人民银行根据前一日银行间外汇市场形成的价格，公布人民币对美元等主要货币的汇率，各银行以此为依据，在中国人民银行规定的浮动幅度内自行挂牌。

第三节 国际收支

一、国际收支及国际收支平衡表概述

(一) 国际收支的概念

在国际交往中一般要进行货币收付，因此过去常将一国在一定时期内同其他国家和地区进行经济、政治、文化等往来所发生的货币收支总和，称之为国际收支。在国际收支中通常是使用外汇，所以国际收支实际上又是指一定时期内外汇收支的总和，这是属于狭义的概念。随着国际交往在规模和范围上的扩展，上述概念已不能完全反映国家间交易的全貌，也不能满足分析的需要，因而许多国家采用拓宽了内涵的广义国际收支概念，即国际收支(Balance of Payment)是特定时期内的一种统计报表，它反映：①一国与他国之间的商品、服务等交易行为；②该国所持有的货币黄金、特别提款权的变化，以及与他国之间的债权债务关系的变化；③凡不需偿还的单方转移项目和相应的科目，即会计上必须用来平衡的尚未抵消的交易。目前，国际货币基金组织即采用这一概念。

(二) 国际收支平衡表

为全面反映国际收支状况，各国都要编制国际收支平衡表。国际收支平衡表按复式簿记原理编制，把全部对外经济交易活动划分为借方、贷方和差额三栏，分别反映一定时期内各项对外经济活动的发生额。一切收入项目，商品、服务和资产的减少，负债的增加，记入平衡表的贷方；一切支出项目，商品、服务和资产的增加，负债的减少，记入平衡表的借方。由于每笔经济交易同时记入有关项目的借方和贷方，数额相等，因此国际收支平衡表的借方总额与贷方总额总量是相等的。各国国际收支平衡表的格式基本相同，所列项目略有差异。表11-3是国际货币基金组织公布的通行国际收支平衡表简表。

表11-3 国际货币基金组织公布的国际收支平衡表简表

账户	贷方	借方
1. 经常账户		
A. 货物和服务		
B. 初次收入		
C. 二次收入		
2. 资本和金融账户		
A. 资本账户		
(1) 非生产非金融资产的取得/处置		
(2) 资本转移		
B. 金融账户		
(1) 直接投资		
(2) 证券投资		
(3) 金融衍生产品(储备除外)和雇员认股权		
(4) 其他投资		
(5) 储备资产		
3. 净误差与遗漏		

(三) 国际收支项目

表11-3中列出国际收支的具体项目，每个项目各反映不同性质的收支。根据国际货币基金组织编制的第六版《国际收支和国际投资头寸手册》，国际收支平衡表的标准组成包括三大账户：经常账户、资本和金融账户、错误与遗漏账户(即净误差与遗漏)。

1. 经常账户

经常账户又称往来账户，记录的是一个国家(或地区)与其他国家(或地区)之间实际资源的转移，是国际收支平衡表中最基本、最重要的账户，具体包括货物、服务、初次收入和二次收入。

(1) 货物和服务账户。货物和服务账户列示属于生产活动成果的交易项目。该账户的侧重点是居民与非居民之间货物和服务的交换环节。货物为有形的生产性项目，对其可建立所有者权益，且其经济所有权可以通过交易由一机构单位转移至另一机构单位。它们可以用来满足住户或社会的需求，或者用来生产其他货物或服务。这是经常账户和整个国际收支平衡表中最重要的项目。服务是改变消费单位条件或促进产品或金融资产交换的生产活动成果，服务一般不是可以单独对其建立所有者权益的项目，服务通常无法与其生产分离开来。

(2) 初次收入账户。初次收入账户显示的是居民与非居民机构单位之间的初次收入流量。初次收入反映的是机构单位因其对生产过程所做的贡献或向其他机构单位提供金融资产和出租自然资源而获得的回报。

(3) 二次收入账户。二次收入账户表示居民与非居民之间的经常转移。各种不同类型的经常转移计入本账户，表明其在经济体间收入分配过程中的作用。转移可以为现金或实物。

2. 资本和金融账户

资本和金融账户是对一国资产所有权在国家间转移的行为进行记录的账户，反映了国际资本流动。

(1) 资本账户。资本账户表述居民与非居民之间的应收和应付资本转移；居民与非居民之间非生产非金融资产的取得和处置。

(2) 金融账户。金融账户记录涉及金融资产与负债以及发生于居民与非居民之间的交易。金融账户显示的是金融资产和负债的获得和处置净额。金融账户交易列在国际收支中，由于它们对资产和负债存量有影响，所以也列在完整的国际投资头寸表中。按照职能类别，分为直接投资、证券投资、金融衍生产品(储备除外)和雇员认股权、其他投资以及储备资产5类。

3. 净误差与遗漏

由于统计资料来源不一、资料不全、资料本身错漏、记录时间不同，以及一些人为因素(如虚报出口)等原因，一国国际收支平衡表会不可避免地出现借方与贷方金额不相等的现象，这就需要人为设立一个平衡账户——错误与遗漏账户(净误差与遗漏)。

从2015年起，国家外汇管理局按照国际货币基金组织最新国际标准《国际收支和国际投资头寸手册》(第六版)编制和发布国际收支平衡表。与之前相比，主要变化：一是将储备资产纳入金融账户统计，并在金融账户下增设"非储备性质的金融账户"，与原金融项目包含的内容基本一致；二是项目归属变化，如将经常账户下的转手买卖从原服务贸易调整至货物贸易统计，将加工服务(包括来料加工和出料加工)从原货物贸易调整至服务贸易等；三是项目名称和细项分类有所调整，如将经常项目、资本项目和金融项目等重新命名为经常账户、资本账户和金融账户，将收益和经常转移重新命名为初次收入和二次收入等；四是借方项目用负值表示。

二、国际收支失衡与调节

(一) 国际收支平衡标准

按复式簿记原理编制的国际收支平衡表，它的平衡或者说均衡只是形式上的。实际上，一国国际收支常常出现失衡状况，或是支大于收(逆差)，或是收大于支(顺差)，存在差额。问题是怎样判断一国国际收支是平衡还是不平衡？

国际上通行的方法是将国际收支平衡表上各个项目，区分为两种不同性质的交易：自主性交易和调节性交易。前者是指企业、单位和个人由于自身的需要而进行的交易，如货物和服务的输出入、赠予、侨民汇款和长期资本流出入，包括经常账户、资本和金融账户中的长期资本收支。调节性交易则是指在自主性交易产生不平衡时所进行的用以调节收支的弥补性交易，如向国外银行和国际金融机构借用短期资本、进口商取得分期付款的权利以及动用国际储备等，包括资本和金融账户中短期资本流动和储备资产项目的变动。可见两种交易引起的外汇收支最明显的区别在于：自主性交易系由商业经营、单方面支付和投资的需要所引起，与国际收支其他项目的大小无关；而调节性交易则是因为国际收支其他项目出现差额需要去弥补，才相应采取的一种交易。通常判断一国国际收支是否平衡，主要是看其自主性交易是否平衡。如果一国国际收支不必依靠调节性交易而通过自主性交易就能实现基本平衡，是真正的平衡；反之，如果自主性交易收支出现差额，必须通过调节性交易来维持收支平衡，则为国际收支失衡。

(二) 国际收支失衡的原因

国际收支失衡的原因是多种多样的，因国、因时而异。概括说来，主要有以下几种。

1. 受经济结构制约

各国由于地理环境、资源分布、技术水平、劳动生产率等经济条件的不同，形成了各自的经济布局和产业结构，从而形成各自的进出口商品结构。当国家间对某些商品的生产和需求发生变化时，如果一国不能相应地调整其生产结构和出口商品结构，则会引起贸易和国际收支的失衡。

2. 受物价和币值的影响

从国内说，如果一国发生通货膨胀，国内物价上涨，本国货币币值下跌，其出口商品成本随之提高，出口商品在国际市场上的竞争力减弱；而进口商品在汇率不变情况下，价格相对较低，引起进口增加，其结果是国际贸易和国际收支状况恶化。从国际市场说，市场上大宗商品价格发生变动，也会直接影响到该商品主要进出口国家的国际收支状况。

3. 受汇率变化的影响

其他条件不变的前提下，当一国货币的汇率，也即本币的对外币值发生变化时，如本币汇率升高，则不利于出口，会刺激进口，这是造成国际收支逆差的因素。如本国货币对外币值不变，而其他与本国处于竞争地位的国家的货币对外贬值，则对方国家的出口竞争力加强并使本国出口遭遇困难，这也有可能促成国际收支失衡。

4. 受利率变化的影响

一般情况下，利率降低时，或资本流入减少，或资本流出增加。即使一国利率没有变动而他国发生了变动，如提高了利率，也会给利率没有变动的国家的国际收支带来不利的影响。

5. 受经济周期性变化的影响

经济发展存在着周期性，经济周期的不同阶段对国际收支有不同的影响。繁荣时期，由于生产的高涨，进口大幅度增加，经常项目可能出现逆差，外汇储备相应下降。如果繁荣的经济促成了出口的增加，则经常项目就会呈现顺差，外汇储备相应上升。而在萧条时期，随着生产下降，一般说来，会导致国际收支恶化。

上述影响因素相互作用，往往引起连锁反应，可能是不同影响因素所发生效应的叠加，也可能是不同影响因素所发生效应的相互冲抵。当不利因素大于有利因素时，国际收支的失衡就不可避免。

(三) 国际收支失衡的调节

一国国际收支如果经常出现失衡而且收支差额较大，特别是发生长期性逆差，必然要进行调节。各国根据各自收支失衡的特点，采取相应的调节措施，一般有以下主要调节方式。

(1) 采取贸易保护措施。通过采取经济的、行政的手段，鼓励出口，抑制进口，缩减贸易逆差。例如，以财政减税或出口退税方式就能达到刺激出口的目的。

(2) 调整汇率以调节国际收支差额。在国际收支出现逆差时，降低本币汇率，有利于刺激出口，抑制进口，改善国际收支状况；反之，在国际收支有大量顺差时，则促使本币汇率上浮，以减少出口，增加进口，缩小顺差。

(3) 调整利率以影响资本的流出入。中央银行提高贴现率，带动市场利率的上升，可以起到吸引外资流入的作用，缓和国际收支逆差；反之，降低利率，则可抑制资本流入，促进资本流出，达到纠正国际收支顺差的目的。

(4) 利用政府信贷和国际金融机构的贷款来调节国际收支。政府间信贷可以是短期的，即由两国或数国中央银行签订短期信贷协议，提供短期贷款支持；也可以是事先安排的，即在各国中央银行之间签订"互惠信贷协议"，在需要时提供贷款支持。

(5) 实行外汇管理。对外汇收支与汇率实行直接的行政性干预以改善国际收支。诸如规定外汇收入全部或大部分卖给国家，对外汇支出进行某种限制，等等。

三、国际收支对国内经济的影响

国际收支与国内经济有着广泛的联系，这里从货币流通、资金收支和社会总供求3个方面来分析。

(一) 国际收支对货币流通的影响

国际收支在多数情况下表现为外汇收支，其本身就是一种独立的货币收支过程。但是它与国内货币流通有着密切联系。

一般来说，外汇收入引起人民币货币供应增加，因为企业、单位和个人收入外汇，除允许在指定银行开立现汇账户外，都必须结汇给银行，由银行付给相应的人民币；外汇支出则会减少人民币货币供应量，因为企业、单位和个人所需外汇，要按国家允许范围，以人民币向银行购汇。

外汇收支对人民币流通的影响因素主要有以下两点。

(1) 外汇储备状况。如果某一时期出现外汇收支顺差，外汇储备增加，则导致人民币供应增加；反之，结果相反。

(2) 人民币汇率水平。如果人民币汇率下降，则同样的外汇收入就要多供应人民币；反之，结果相反。

还应指出，外汇储备增加要占用人民币，而这项占用属于人民银行的资金运用项目，也就是说由此供应出的人民币具有基础货币性质，有可能派生出更多的货币供应量。因此，在对外开放日益扩大的情况下，考虑人民币流通时必须分析外汇收支的因素。

(二) 国际收支对资金收支的影响

国际收支所形成的外汇资金收支，与人民币资金收支也是相互交织的。下面分析贸易收支和资本收支与人民币资金收支的联系。

1. 贸易收支与人民币资金收支

贸易、劳务收支的实质，是国内商品、劳务的转换，完成这种转换需要借助两种货币形态：外汇资金和人民币资金。

从出口创汇看，组织出口商品生产和收购，必须先垫支人民币资金。这些先垫支的人民币资金来源，部分由企业自筹，相当部分由财政和银行提供。财政和银行都要提供一定的投资资金，其中流动资金则主要靠银行提供贷款。因此，贸易外汇收入实际是人民币资金的转化形态。

从进口用汇看，企业单位首先要用人民币资金向国家银行购汇，用以支付进口款项和费用；然后商品进口后在国内销售，又恢复到人民币资金形态。企业单位购汇的人民币资金来源，可能是自筹的，也可能是财政和银行提供的。

2. 资本收支与人民币资金收支

资本项目收支反映外汇资金的流入流出。目前，我国资本项目收支主要表现为利用外资，这里围绕利用外资来讨论其与人民币资金的联系。

首先，利用外资建设某一项目，国内常需配套人民币资金。这通常包括两方面的配套：一是建设项目内部的配套，即利用外资主要是引进关键性设备和专有技术。至于相关的土建工程、辅助车间、国内能生产的配套设备，则需要人民币资金来解决，习惯称之为小配套。二是大配套，即为了配合引进一个大项目，在进行项目内配套外，还要进行有关的生产、交通、商业、生活设施等城市建设方面的新建或扩建，为此也需要大量人民币投资。这都需要财政和银行提供资金。同时项目投产后，还需要提供人民币流动资金。

其次，在直接投资形式的"三资"企业中，也需要国内提供流动资金贷款和技术改造贷款。

再次，从利用外资的还本付息看，也需要人民币资金。利用外资还本付息方式大体可分两大类型：一是要求在项目投产前还本付息，显然这必须另筹资金来源。在企业资金有限的情况下，常需要财政或银行给予支持。二是在项目投产后还本付息。企业投产后有了销售收入，自然有了还本付息的资金来源，但还要看企业销售收入经过各种扣除后有多少利润。如果企业资金利润率较低，在还款期内其利润收入尚不足以满足还本付息的需要，同样也需要另筹资金来源，还少不了财政和银行的支持。

(三) 国际收支对社会总供求的影响

一般说来，社会总需求是由投资需求和消费需求构成的，社会总供给是由生产资料供给和消费资料供给构成的。在开放经济中，社会总供求不仅取决于国内各经济部门，还取决于对外部门。在存在商品、劳务进出口和资本的国际流动的条件下，它们对社会总供求的影响是：商品进口可以增加社会总供给量，出口则表示相应减少社会总供给量；资本流入，增加投资需求，资本流出则相当于减少投资需求。将这些列入社会总供求，则社会总供求的内容为

总需求＝投资需求＋消费需求＋国外资本流入－国内资本流出
总供给＝生产资料供给＋消费资料供给＋商品、劳务进口－商品、劳务出口

社会总供求可表示为

投资需求＋消费需求＋国外资本流入－国内资本流出
＝生产资料供给＋消费资料供给＋商品、劳务进口－商品、劳务出口

这意味着平衡社会总供求不仅可以通过调节国内生产和消费的比例来实现，还可以通过对国际

收支中各项目的调节来实现。在国内总需求大于总供给时，适当安排贸易逆差，以吸收外资来平衡，就有利于缓和国内供求矛盾和资金不足，为发展经济提供稳定环境。

第四节　国际储备

一、国际储备的概念和形式

(一) 国际储备的概念

国际储备是一国货币当局准备用于弥补国际收支逆差，维持本币汇率稳定和对外应急支付的各种形式的资产。

国际储备和国际清偿能力不能等同。国际清偿能力除包括各种形式的国际储备外，还包括一国在国际上筹措资金的能力。因此，国际储备仅是一国现有的对外清偿能力，而国际清偿能力是现有的对外清偿能力和潜在的对外清偿能力的总和。我国2011—2020年年末外汇储备情况如图11-9和图11-10所示。2014年年末外汇储备38 430.18亿美元是我国近几年的上限，之后整体上呈现下降趋势。

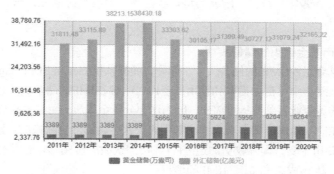

图11-9　2011—2020年年末国家黄金外汇储备

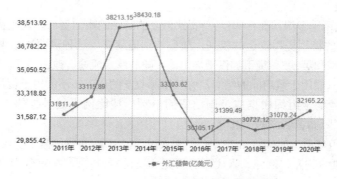

图11-10　2011—2020年年末国家外汇储备趋势

(二) 国际储备的形式

国际储备形式随历史的发展而发展。"二战"前黄金与可兑换为黄金的外汇构成各国的国际储备。目前，国际储备的形式有4种。

1. 黄金储备

黄金储备是指一国货币当局持有的货币性黄金。截至2020年12月，全球官方黄金储备共计35 196.9公吨，占人类已开采黄金总量的五分之一左右。

黄金作为一种价值实体，它是一种重要的国际储备资产，每个国家都持有一定数量的黄金储备。可是从其在整个储备资产中的地位来看，它却不是主要的，因为一国若持有太多的黄金储备，则其数量不但不能保证增加(即黄金不会生息)，并要支出大量的管理费，而且其价格也并不总是稳定的。

2. 外汇储备

外汇储备是一国货币当局持有的对外流动性资产，其主要形式为国外银行存款和外国政府债券。

外汇储备由各种能充当储备货币的资产构成。储备货币必须具备3个特征：①必须是可兑换货币；②必须为各国普遍接受；③币值相对稳定。"一战"前，英镑是最主要的储备货币。20世纪30年代美元崛起，与英镑共享主要储备货币的权利。"二战"后，美元成了各国外汇储备中最主要的储备货币。20世纪60年代开始，美元地位下降，马克、日元的储备货币地位上升，从而形成储备货币多元化的局面。1999年1月1日，欧元问世，各国当时纷纷看好欧元，欧元成为目前第二位储备货币。

3. 在国际货币基金组织的储备头寸

在国际货币基金组织(IMF)的储备头寸，亦称普通提款权(General Drawing Rights)，是指成员国在IMF的普通资金账户中可自由提取和使用的资产。一国在IMF的储备头寸包括：①成员国向IMF认缴份额中25%的黄金或可兑换货币部分。因为这部分资金成员国可自由提用，故可成为一国国际储备资产。②IMF向其他成员国提供的本国货币的贷款。这部分贷款构成一国对IMF的债权，该国可无条件地提取并用于支付国际收支的逆差(各成员国认缴的份额75%是用本币缴纳的)。③IMF向一国借款的净额，也构成该成员国对IMF的债权。

4. 特别提款权

SDRs是国际货币基金组织在1969年9月正式创立的特殊的账面资产、账面货币，是在普通提款权以外配给成员国的特别提用资金的权利，故称特别提款权。这种账面货币当时由美元、德国马克、日元、法国法郎和英镑5种货币加权平均定值。随着欧元流通，改由美元、欧元、日元、英镑4种货币加权定值。只能用于政府间的结算，弥补国际收支的逆差，不能用于贸易和非贸易方面的支付。SDRs的分配是基金组织根据成员国出资的份额，按比例无偿进行的，已分配而未使用的SDRs，成为一国国际储备资产的一部分。

2016年9月30日(华盛顿时间)，IMF宣布纳入人民币的SDRs新货币篮子于10月1日正式生效。新的SDRs货币篮子包含美元、欧元、人民币、日元和英镑5种货币，权重分别为41.73%、30.93%、10.92%、8.33%和8.09%，对应的货币数量分别为0.582 52、0.386 71、1.017 4、11.900、0.085 946。IMF每周计算SDRs利率，并于当年10月7日公布首次使用人民币代表性利率，即3个月国债收益率计算的新SDRs利率。人民币纳入SDRs是人民币国际化的里程碑，是对中国经济发展成就和金融业改革开放成果的肯定，有助于增强SDRs的代表性、稳定性和吸引力，也有利于国际货币体系改革向前推进。

二、国际储备的作用

(一) 调节国际收支的缓冲器

一国国际收支出现短期的逆差，可用本国的国际储备来平衡，而不用采取调整国内经济或进出口贸易的措施来纠正，不致影响国内经济的发展。

(二) 维护一国币值的保证

国际储备可作为干预资产，被一国货币当局用来干预外汇市场，以将本国货币的汇率维持在政府希望的水平上。充裕的国际储备是支持和加强本国货币信誉的物质基础。

(三) 向外借债还债的信用保证

国际储备是衡量一国对外资信的重要指标。国际储备可以作为一国向外借款的保证、偿还外债的保证，可以提高一国的资信，便于对外筹资，降低融资成本。

三、国际储备的管理

国际储备管理分三个方面：国际储备水平管理，以求储备水平适度；国际储备结构管理，以求储备结构合理；国际储备经营管理，以求储备保值增值。

(一) 国际储备水平的管理

一国持有的国际储备，实际上是将可利用的实际资源储备起来，放弃和牺牲利用它们的机会，是一种经济效益的损失。所以国际储备的数量并不是越多越好，而是适度为宜。一国保持多大的国际储备量为适度，是国际储备水平管理的重要任务。从现实看，各国并没有统一的标准，因为一个国家在不同的发展阶段，或不同国家在相同发展阶段，对国际储备的需求都不会相同。因此，国际储备的绝对量不能说明国际储备的适宜度，国际储备的量化指标必须通过与相关指标的对比来说明。一般说来，决定一国储备水平的主要因素有以下几点。

1. 对外贸易状况

一个对外贸易依赖程度较高的国家，需要的国际储备较多；反之，较少。一个在贸易条件上处于不利地位，其出口商品又缺乏竞争力的国家，需要的国际储备较多；反之，较少。国际上普遍认为，一国持有的国际储备应能满足其3个月的进口需要。按此计算，储备额对进口的比率为25%左右。这就是所谓的储备进口比率法。该法的优点是简明易行，所以被世界各国及国际组织广泛采用。

2. 借用外国资金的能力

一国借用外国资金的能力越强，其国际储备水平可适当偏低；反之，应适当偏高。

3. 直接管制程度

一国外汇管制越严，需要的储备就越少；管制放松，需要的储备就越多。

4. 汇率制度与外汇政策

实行固定汇率制度和稳定汇率政策的国情下，对国际储备的需求量较大；汇率自由浮动的国情下，对储备的需求量较小。

5. 货币的国际地位

一国货币如果可以作为储备货币，可通过增加本币对外负债来弥补国际收支逆差，而不需要较多的储备；反之，则需要较多的储备。

(二) 国际储备结构的管理

一国储备资产除了水平上适度外，还须结构合理，这样才能做到流动性(或称变现性)、收益性、安全性兼顾。合理的国际储备结构，是指国际储备资产的最佳构成，即各种储备资产之间以及外汇储备的各种储备货币之间的最优比例关系。

1. 黄金储备、外汇储备、普通提款权和特别提款权的结构管理

现实生活中，除黄金储备外，变现性和收益性往往是互相排斥的。比如，变现性很高的国外银行活期存款的收益率很低，甚至为零，而外国政府长期债券收益较高，变现性却较低。如何在变现性与收益性之间权衡，二者兼顾，是黄金储备、外汇储备、普通提款权和特别提款权结构管理的主要目标。世界上由于各国国情不同，有的国家强调收益性，有的国家强调变现性，但是由于国际储备的作用主要是用于弥补国际收支的逆差，所以多数国家的货币当局更重视变现性。

目前，西方国家的一些经济学家或货币当局，将储备资产划分为三级：一级储备资产流动性最强，收益性最低；二级储备资产流动性次之，收益性高于一级储备；三级储备资产流动性最差，收益性最高。例如，银行活期存款、短期存款、短期政府债券为一级储备资产，中期政府债券为二级储备资产，长期公债券为三级储备资产。由于普通提款权和特别提款权使用上的特点，可分别把它们视为一级储备和二级储备。至于黄金储备，由于只有在金价有利，外汇储备利率较高时，各国货币当局才肯将其卖为储备货币，故可视为三级储备。如何安排三级储备资产的结构，在保持适度流动性的前提下，尽可能多地获得收益是国际储备结构管理的一个任务。

2. 各种储备货币的结构管理

由于普通提款权和特别提款权的多少都取决于成员国向基金组织缴纳的份额，其数量受基金组织的控制，不能随意变更，其内在构成也较为简单，所以国际储备结构管理的重点是外汇储备中各种储备货币的结构管理。

浮动汇率制度下，汇率的经常波动给外汇储备带来了贬值的风险。当然另一方面持有外汇储备资产还有一定的利息(银行存款、证券投资)，所以储备货币外汇资产收益率等于价格变化率加名义利率。在储备货币的选择和应用上，优先考虑的是安全保值，同时兼顾流动性和收益性。这是储备货币结构管理的难点之所在。通常采用的办法是：注意将储备货币的结构同贸易赤字的货币结构保持一致，同清偿外债支付本息的货币结构保持一致，同干预市场所需用的货币结构保持一致，同时注意各种储备货币汇率、利率变化的现状与趋势，进行适当的抛补。

(三) 国际储备经营管理

妥善做好流动性管理，积极有效应对全球负利率加剧和国际金融市场大幅震荡等外部风险冲击，加强流动性管理，外汇储备规模稳中有升。持续提升投资运营能力，加强前瞻性、全局性研究，持续优化货币资产结构，动态调整投资策略，完善风险管理框架，实现资产风险和收益的平

衡。稳妥审慎推进多元化运用，坚持商业化原则拓展外汇储备多元化运用，创新业务模式，深化履行出资人职责，推动股权投资机构完善公司治理，统筹管理多元化运用风险。不断提升外汇储备运营管理水平，完善外汇储备经营管理体制机制，以自主研发推进提升信息化水平和运营能力，强化综合服务支持，加强人才队伍建设，保障经营管理高效运行。

本 章 小 结

1. 外汇是指以外币表示的可以用作国际清偿的支付手段和资产，包括：外币现钞、外币支付凭证或者支付工具、外币有价证券、特别提款权、其他外汇资产等。

2. 外汇市场的交易主要有：即期外汇交易、远期外汇交易、掉期交易、外汇期货交易、外汇期权交易。

3. 外汇汇率指的是两国货币之间折算的比率，或者说是以一国货币单位表示的另一国货币单位的价格，因此汇率也叫汇价。

4. 汇率的标价方法有直接标价法、间接标价法、美元标价法。

5. 汇率制度大体可分两类：固定汇率制度和浮动汇率制度。

6. 汇率变动对国内经济的影响：对进出口贸易收支的影响，对物价水平的影响，对资本流动的影响，对国际储备的影响，对国内就业水平和收入的影响，对产业结构的影响。

7. 国际收支平衡表的标准组成包括三大账户：经常账户、资本和金融账户、错误与遗漏账户(净误差与遗漏)。

8. 国际收支失衡的原因主要是：受经济结构制约，受物价和币值的影响，受汇率变化的影响，受利率变化的影响，受经济周期性变化的影响。

9. 国际储备是一国货币当局准备用于弥补国际收支逆差，维持本币汇率稳定和对外应急支付的各种形式的资产。

10. 国际储备的主要形式有：黄金储备、外汇储备、在国际货币基金组织的储备头寸、特别提款权。

习 题

一、单项选择题

1. 下列选项中，说法错误的是(　　)。
    A. 外汇必须以外币表示
    B. 用作外汇的货币必须具有充分的可兑换性
    C. 外汇是一种金融资产
    D. 用作外汇的货币无须具有充分的可兑换性
2. 在美国，美元对英镑按(　　)计价。
    A. 直接标价法　　　　　　　　　B. 间接标价法
    C. 美元标价法　　　　　　　　　D. 应收标价法

3. 以整数单位的外国货币为标准，折算为若干数额的本国货币的标价法是(　　)。

    A. 直接标价法　　　　　　　　　　　　B. 间接标价法

    C. 美元标价法　　　　　　　　　　　　D. 应收标价法

4. 在直接标价法下，一定单位的外币折算的本国货币增多，说明本币汇率(　　)。

    A. 上升　　　　　　　　　　　　　　　B. 下降

    C. 不变　　　　　　　　　　　　　　　D. 不确定

5. 在间接标价法下，汇率数值的上下波动与相应的外币的价值变动在方向上(　　)，而与本币的价值变动在方向上(　　)。

    A. 一致，相反　　　　　　　　　　　　B. 相反，一致

    C. 无关系　　　　　　　　　　　　　　D. 不确定

6. 本币贬值对进出口的影响为(　　)。

    A. 促进进口，促进出口　　　　　　　　B. 促进出口，抑制进口

    C. 抑制出口，抑制进口　　　　　　　　D. 抑制出口，促进进口

7. 通常情况下，一国的利率水平较高，则会导致(　　)。

    A. 本币汇率上升，外币汇率上升　　　　B. 本币汇率上升，外币汇率下降

    C. 本币汇率下降，外币汇率上升　　　　D. 本币汇率下降，外币汇率下降

8. 通常情况下，一国国际收支发生顺差时，外汇汇率就会(　　)。

    A. 上升　　　　　　　　　　　　　　　B. 下降

    C. 不变　　　　　　　　　　　　　　　D. 不确定

9. 一国价格水平上涨，会导致国际收支(　　)，该国的货币汇率(　　)。

    A. 顺差，上升　　　　　　　　　　　　B. 顺差，下降

    C. 逆差，上升　　　　　　　　　　　　D. 逆差，下降

10. 各国中央银行往往在外汇市场通过买卖外汇对汇率进行干预，当外汇汇率(　　)时，卖出外币，回笼本币。

    A. 过高　　　　　　　　　　　　　　　B. 过低

    C. 不一定　　　　　　　　　　　　　　D. 都不是

二、多项选择题

1. 按外汇交易中支付方式的不同分为(　　)。

    A. 电汇汇率　　　　　　　　　　　　　B. 信汇汇率

    C. 票汇汇率　　　　　　　　　　　　　D. 远期汇率

    E. 即期汇率

2. 我国的国际储备资产包括(　　)。

    A. 黄金　　　　　　　　　　　　　　　B. 外汇

    C. 特别提款权　　　　　　　　　　　　D. 基金组织头寸

    E. 白银

3. 作为国际支付手段的外汇，必须具备的基本特征有(　　)。

    A. 国际性　　　　　　　　　　　　　　B. 自由兑换性

    C. 可偿付性　　　　　　　　　　　　　D. 收益性

    E. 不可得性

4. 直接标价法和间接标价法的区别主要有( )。
    A. 使用的标准货币不同   B. 汇率波动所表现的货币不同
    C. 实行的国家不同   D. 买入卖出汇率标示的位置不同
    E. 没有实质性区别

5. 按照布雷顿森林货币体系的规定，两个挂钩是指( )。
    A. 美元同黄金挂钩   B. 英镑同黄金挂钩
    C. 各国货币之间相互挂钩   D. 各国货币同美元挂钩
    E. 欧元同黄金挂钩

6. 属于固定汇率制的国际货币体系有( )。
    A. 国际金本位制   B. 布雷顿森林体系
    C. 牙买加体系   D. 以上都是
    E. 以上都不是

7. 一国国际储备的增减，主要依靠( )的增减。
    A. 黄金储备   B. 外汇储备
    C. 贵金属储备   D. 普通提款权
    E. 特别提款权

三、判断正误题

1. 从各国的政府行为来看，提高利率往往成为稳定本国货币汇率，防止其大幅度下跌的重要手段。 ( )

2. 直接标价法和间接标价法之间存在着一种倒数关系。 ( )

3. 以整数单位的外国货币为标准，折算为若干数额的本国货币的标价法是间接标价法。 ( )

4. 在直接标价法下，一定单位的外币折算的本国货币增多，说明本币汇率上升。 ( )

5. 在间接标价法下，一定数额的本币兑换成更多的外汇，说明本币汇率下降。 ( )

6. 国际收支顺差越大越好。 ( )

7. 黄金储备是一国国际储备的重要组成部分，它可以直接用于对外支付。 ( )

8. 汇率直接标价法是以本国货币为单位货币，以外国货币作为计价货币。 ( )

四、简答题

1. 什么是外汇？其基本特征有哪些？
2. 简述影响汇率变动的主要因素。
3. 简述外汇交易的主要种类。
4. 简述决定一国储备水平的主要因素。
5. 简述汇率变动对经济有哪些影响？
6. 简述国际收支平衡表的账户构成。
7. 简述国际储备资产的形式。
8. 简述国际储备的作用。

五、论述题

1. 分析人民币加入特别提款权货币篮子的影响及意义。

2. 结合所学内容谈谈你对国际收支失衡的原因、影响及调节对策的理解。

案 例 分 析

案例一 走向更加市场化的人民币汇率形成机制

自 1994 年开始，人民币汇率形成机制不断向着越来越市场化的方向改革，逐步形成了以市场供求为基础、参考一篮子货币进行调节、有管理的浮动汇率制度，汇率市场化水平不断提高，市场在汇率形成中发挥了决定性作用。近几年来，这一汇率制度经受住了多轮冲击的考验。人民币汇率形成机制改革将继续坚持市场化方向，优化金融资源配置，增强汇率弹性，注重预期引导，在一般均衡的框架下实现人民币汇率在合理均衡水平上的基本稳定。

一、当前人民币汇率形成机制特点

一是人民银行退出常态化干预，人民币汇率主要由市场决定。近两年来，人民银行通过加大市场决定汇率的力度，大幅减少外汇干预，在发挥汇率价格信号作用的同时，提高了资源配置效率。

二是人民币汇率双向浮动。2019 年到 2020 年三季度，人民币对美元汇率中间价在 427 个交易日中有 216 个交易日升值、211 个交易日贬值。近期人民币有所升值，主要是我国经济基本面良好的体现，我国率先控制了疫情，率先实现复工复产和经济恢复正增长，出口增长较快，境外主体持续增持人民币资产。总体来看，人民币仍是双向浮动的。

三是人民币汇率形成机制经受住了多轮冲击考验，汇率弹性增强，较好发挥了宏观经济和国际收支自动稳定器的作用。2020 年前 9 个月，人民币对美元汇率年化波动率为 4.25%，与国际主要货币基本相当。截至 9 月末，人民币对美元汇率较年初升值 2.4%，衡量人民币对一篮子货币的中国外汇交易中心(CFETS)指数升值 3.3%，升值幅度比较适中，同期欧元、日元对美元汇率分别升值约 4.5%和 3%。

四是社会预期平稳，外汇市场运行有序。近年来，尽管外部环境更趋复杂，但人民银行加强预期引导，外汇市场预期保持平稳，中间价、在岸价、离岸价实现"三价合一"，避免了汇率超调对宏观经济的冲击。外汇市场深度逐步提升，市场承受冲击能力明显增强，银行结售汇基本平衡，市场供求保持稳定。

五是市场化的人民币汇率促进了内部均衡和外部均衡的平衡。随着人民币汇率弹性增强，货币政策自主性提高，人民银行主要根据国内经济形势实施稳健的货币政策，避免了内部均衡和外部均衡的目标冲突。在此基础上，人民币汇率有序调整，合理反映了外汇市场供求变化，实现了国际收支的自主平衡，促进了内外部均衡。2021年上半年经常项目呈现顺差，资本项目呈现逆差，跨境资本双向流动特征明显。一方面，境外资本流入增多，改善了境内资产的持有人结构。另一方面，资本自主流出增多，主因是境内银行等主体自主增加境外资产，境内主体提高了境外资产占比。这种格局是健康的。

二、坚持更加市场化的人民币汇率形成机制

人民币汇率形成机制改革将继续坚持市场在人民币汇率形成中起决定性作用，优化金融资源配置。

一是坚持以市场供求为基础、参考一篮子货币进行调节、有管理的浮动汇率制度。作为一个新兴经济体，有管理的浮动汇率制度是当前合适的汇率制度安排。继续坚持让市场供求决定汇率水平，不进行外汇市场常态化干预。与此同时，我国的贸易和投资结构日趋多元化，主要贸易和投资伙伴的汇率水平变动都将影响我国的国际收支和内外部均衡，继续参考一篮子货币能有效增强汇率对宏观经济的调节作用和指示意义。

二是继续增强人民币汇率弹性，更好发挥汇率调节宏观经济和国际收支自动稳定器的作用。当今国际环境更趋复杂，国际金融市场波动明显，投资者对预期变动比较敏感，一些消息面的冲击容易引发市场大幅震荡。只有增强人民币汇率弹性，才能帮助对冲外部不稳定性不确定性的冲击，保持货币政策自主性。同时要注重预期引导，为外汇市场的有序运行和人民币汇率在合理均衡水平上的基本稳定创造条件。

三是加强外汇市场管理。由于外汇市场异质性预期特征明显，预期变化更容易形成羊群效应，对汇率走势形成较大影响。要充分发挥外汇市场自律机制作用，要求金融机构保持"风险中性"，加强对企业进行外汇衍生品交易的真实性审核，防止部分企业脱离实需、加杠杆炒汇、投机套利行为带来金融机构的信用风险。

四是把握好内外部均衡的平衡，在一般均衡的框架下实现人民币汇率在合理均衡水平上的基本稳定。人民币汇率是联系实体经济部门和金融部门、国内经济和国外经济、国内金融市场和国际金融市场的重要纽带，是协调好本外币政策、处理好内外部均衡的关键支点。我国是超大体量的新兴经济体，货币政策制定和实施必须以我为主，市场化的汇率有助于提高货币政策自主性，促进经济内部均衡和外部均衡的平衡，进而在一般均衡的框架下实现人民币汇率在合理均衡水平上的基本稳定。

(资料来源：中国人民银行官网，2021年第三季度中国货币政策执行报告)

问题：

1. 简述目前人民币汇率形成机制及特点。
2. 简述人民币汇率形成机制未来改革方向。

案例二 中国国际收支基本状况

2019年，我国经常账户、非储备性质的金融账户均呈现小幅顺差。其中，2019年，我国经常账户顺差1 413亿美元，与GDP之比为1.0%，非储备性质的金融账户顺差378亿美元。

一、经常账户呈现顺差

(1) 货物贸易顺差扩大。按国际收支统计口径，2019年，我国货物贸易出口23 990亿美元，较上年下降1%，进口19 737亿美元，下降2%；货物贸易顺差4 253亿美元，增长8%。

(2) 服务贸易逆差收窄。2019年，服务贸易收入2 444亿美元，较上年增长5%；支出5 055亿美元，下降4%；逆差2 611亿美元，下降11%。其中，运输项目逆差590亿美元，下降12%；旅行项目逆差2 188亿美元，下降8%。

(3) 初次收入逆差收窄。2019年，初次收入项下收入2 358亿美元，较上年下降5%；支出2 688亿美元，下降17%；逆差330亿美元，下降56%。其中，雇员报酬顺差31亿美元，上年为顺差82亿美元；投资收益逆差372亿美元，收窄56%。从投资收益看，我国对外投资的收益为2 198亿美元，下降3%；外国来华投资的利润利息、股息红利等合计2 570亿美元，下降18%。

(4) 二次收入差额由逆转顺。2019年，二次收入项下收入259亿美元，较上年下降7%；支出157 亿美元，下降48%；顺差103亿美元，2018年为逆差24亿美元。

二、非储备性质的金融账户呈现顺差

(1) 直接投资延续顺差。按国际收支统计口径，2019年，直接投资顺差581亿美元，保持相对稳定的顺差格局。我国对外直接投资(资产净增加)977亿美元，较上年下降32%；境外对我国直接投资(负债净增加)1 558亿美元，下降34%，其中资本金形式的股权投资增长11%。

(2) 证券投资继续呈现顺差。2019年，证券投资顺差579亿美元，已连续3年保持顺差。我国对外证券投资(资产净增加)894亿美元，较上年增长67%；境外对我国证券投资(负债净增加)1 474亿美元，小幅下降8%，其中境外对我国债券投资增长3%。

(3) 其他投资逆差有所增加。2019年，贷款、贸易信贷等其他投资逆差759亿美元，上年为逆差204亿美元。其中，我国对外的其他投资净流出(资产净增加)323亿美元，较上年减少77%；境外对我国的其他投资净流出(负债净减少)437亿美元，上年为净流入1 214亿美元。

三、储备资产保持相对稳定

2019年，因交易形成的储备资产(剔除汇率、价格等非交易价值变动影响)减少193亿美元。其中，交易形成的外汇储备下降198亿美元。综合考虑交易、汇率折算、资产价格变动等因素后，截至2019年年末，我国外汇储备余额为31 079亿美元，较2018年年末增加352亿美元。

(资料来源：国家外汇管理局年报)

问题：
1. 中国国际收支顺差贡献率高的项目有哪些？
2. 收集资料试分析近年中国国际收支变动趋势。

第十二章

金融与经济发展

2008年金融危机和经济危机席卷全球，从中可以看出金融与经济联系的紧密度。发达国家经济发展的历程也表明金融是现代经济的核心，金融稳定经济就稳定。而发展中国家的经济金融实践也证明，金融发展滞后、金融压抑等是制约经济发展的重要因素。同时，金融危机也揭示了发达国家金融自由化带来的严重问题。因此，处理好经济与金融的关系，是金融健康发展和实现经济增长的重要保证。

第一节　金融发展与经济增长

在第二次世界大战后的最初二十年里，人们并没有将金融政策视为促进经济稳定与经济增长的重要工具，西方主流经济发展理论与金融理论基本上是相互脱离的，它们侧重分析各种实物因素，如资本、劳动力、技术及自然资源在经济发展中的作用，而忽视了金融因素的作用。20世纪60年代，以戈德·史密斯为代表的一批经济学家肯定了金融发展对于一国经济增长不可或缺的作用。20世纪70年代，罗纳德·麦金农(Ronald Mckinnon)的《经济发展中的货币与资本》和爱德华·肖(Edward Shaw)的《经济发展中的金融深化》，有力地证明了金融部门与经济发展之间存在着密切的关联；他们还指出，由于发展中国家存在广泛的"金融压抑"现象，阻碍了金融的发展，从而制约了经济增长，所以发展中国家应将以金融自由化为内容的金融改革作为发展政策的核心。自此，发展中国家先后进行了以金融深化或金融发展为目标的金融体制改革。同时，发达国家也相继放松金融管制，一场在全球范围内的金融自由化运动迅速兴起。

从总体上看，金融自由化运动逐步打破了束缚在金融业上的种种陈规，金融业获得了长足的进步，推动了这些国家的经济增长。但是，某些发展中国家的金融自由化运动也出现了许多问题。20世纪80年代至今，金融危机频繁爆发，先后发生了拉美债务危机、墨西哥金融危机、东南亚金融危机等，迫使人们从理论和实践上重新认识金融深化(自由化)—金融发展—经济增长的逻辑关系。

一、金融发展的含义

金融发展，作为一个专用术语，按照戈德·史密斯的解释，是指金融结构的变化，金融结构包括金融工具的结构和金融机构的结构两个方面。一个社会的金融体系是由众多的金融工具、金融机构组成的。不同类型的金融工具与金融机构组合，构成不同特征的金融结构。有的国家金融体系中的金融工具种类多、数量大、流动性强；同时，金融机构的规模大、数量多、服务范围广，具有较强的竞争实力。有的国家金融工具种类少、数量不多、流动性也差；同时，金融机构的种类少、规模不大、服务范围有限、服务效率低下。一般来说，金融工具的数量、种类、先进程度，以及金融机构的数量、种类、效率等的综合，形成具有不同发展程度的金融结构。因此，金融发展程度越高，金融工具和金融机构的数量、种类就越多，金融服务的效率就越高。

二、衡量金融发展的基本指标

根据金融发展的定义衡量金融发展程度，实际上是衡量金融结构的状态。另外，因为金融发展与经济增长之间存在正向关系，所以衡量金融发展的指标基本上可以分为两类：一是金融内部结构指标，二是金融发展状态与经济增长的相互关系指标。

(一) 金融内部结构指标

戈德·史密斯提出了许多金融结构指标，具体如下。

(1) 主要金融资产(如短期债券、长期债券和股票等)占全部金融资产的比重。

(2) 金融机构发行的金融工具与非金融机构发行的金融工具之比率，该比率是衡量金融机构化程度的尺度。

(3) 在非金融机构发行的主要金融工具中金融机构持有的份额，该比率更详尽地衡量了金融机构化程度。

(4) 主要金融机构(如中央银行、商业银行、储蓄机构及保险组织)的相对规模。

(5) 同类金融机构资产之和与全部金融机构总资产的比率，该比率称为分层比率，它衡量金融机构间的相关程度。

(6) 主要非金融部门的内源融资和外部融资的相对规模。

(7) 在外部融资方面，不同金融工具在已发行的各类债券和股票中所占的比重，如国内部门(主要是国内金融机构)和外国贷款人在各类债券和股票中的相对规模。

(二) 金融发展与经济增长的相互关系指标

1. 金融相关率

在对不同国家金融结构进行比较时，可能遇到统计数字不全的困难。为此，戈德·史密斯提出把金融相关率作为金融比较的工具。该指标由于简单、实用、合理而被广泛使用。

所谓金融相关率，是指某一时期一国全部金融资产的价值与该国经济活动总量的比值。它是衡量金融上层结构规模的最广泛尺度。金融资产包括：非金融部门发行的金融工具(即股票、债券及各种信贷凭证)；金融部门(即中央银行、商业银行、清算机构、保险组织、二级金融交易中介)发行的金融工具(如通货与活期存款、居民储蓄、保险单等)和国外部门的金融工具等。在实际统计时，常用国民生产总值或国内生产总值来表示经济活动总量。

2. 货币化率

货币化率是指一国通过货币进行商品与服务交换的价值占国民生产总值的比重，主要用来衡量一国的货币化程度。随着商品经济的发展，使用货币作为商品与服务交换媒介的范围越来越广。对于这种现象，可称为社会的货币化程度不断提高。由于货币是金融资产的一个重要部分，所以货币化率是反映一个社会的金融发展程度的重要指标。在使用货币化率指标时，要注意使用的是哪个层次的货币统计量。

随着金融深化和货币化过程进展，发达国家的货币化率呈现倒U形，有一个峰值后再趋于平稳。我国还处于上升阶段，高货币化率并不能说明我国的金融市场发达。中国货币化率高的原因是各种生产要素资本化的过程扩大了基础货币的投放，并通过货币乘数的作用进一步放大了 M_2。

除了以上提到的指标外，还可以根据研究的实际需要构造适宜的金融发展指标进行实证分析。例如，用流动性负债比率即金融体系的负债(现金＋银行与非银行金融机构的活期存款以及有息负债)与GDP的比值来衡量金融深度，该指标与金融相关率类似，反映了整个金融中介部门的规模；用私人信贷比率即分配给私人部门的信贷与国内总信贷的比率，以及通过金融中介分配给私人部门的信贷与GDP的比率来衡量信贷在私人部门与公共部门之间的分配；用股票市场成交量比率(即股票成交量/GDP)以及股票的换手率(即股票成交量/流通股本)来衡量股票市场的发展程度；等等。

在衡量金融发展的程度时，需要区别质和量两个方面。金融效率的提高、金融结构的优化、金融风险的降低等反映了金融发展质量的提高，这些指标的发展通过便利经济交易、降低交易成本、管理风险等加速资本积累和技术创新来促进经济增长；相反，单纯的金融数量扩张并不一定能产生上述作用，从而促进经济增长，当金融体系的脆弱性累积到一定程度、出现金融危机时，金融对经济的反作用就暴露出来。

三、金融发展与经济增长的实证检验

戈德·史密斯在《金融结构与金融发展》一书中，详尽地研究了截至1963年近100年内30多个国家的金融发展状况，得出了以下主要规律。

(1) 从纵向看，在一国的经济发展过程中，金融资产的增长比国民财富的增长更为迅速。因此，金融相关比率有提高的趋势。但金融相关率的提高并不是无止境的，一旦经济发展到一定水平，金融相关比率的变动即趋于稳定。

(2) 从横向看，经济欠发达国家的金融相关率比欧洲与北美国家的金融相关率低得多。20世纪60年代初期，欠发达国家的金融相关率通常在1/3～2/3，而美国与西欧国家在19世纪末期已经达到并超过这一水平。这也体现了两类国家在金融发展上的差别。

(3) 金融相关率还受到一国经济结构的基本特征，如生产集中程度、财富分配状况、投资能力、储蓄倾向等的影响。这些特征反映在非金融部门发行的债权和股权证券的市值与国民生产总值的比率中。该比率越高，说明储蓄与投资的分离程度越高。

(4) 在大多数国家中，金融机构在金融资产的发行与持有上所占的份额随经济的发展而显著提高。

(5) 从直接融资的内部结构来看，随着金融机构的发展，债权比股权增长更快(许多国家限制金融机构持有股票)，而且长期债权投资的增长快于短期债权投资。金融机构持有大部分债权，而公司股票则主要由个人持有。发达国家股权投资与债权投资的比率高于不发达国家，而且发达国家金融机构持有的股票份额高于不发达国家,并有继续增长的趋势。

(6) 随着金融的发展,银行资产占金融机构全部资产的比重趋于下降,非银行金融机构的资产占有的比重相应提高。目前在一些发达国家,非银行金融机构的金融资产总额已超过银行的资产总额。货币化比率最初上升,继而停止上升或下降。

(7) 金融发达国家的融资成本(主要包括利息和其他费用)明显低于不发达国家的水平。不过,自19世纪中期以来,西欧与北美国家并未出现融资成本长期下降的趋势。

戈德·史密斯等人的研究开创了用定量方法描述金融发展之先河,揭示了各国金融发展的规律性。不过,戈德·史密斯并没有明确得出金融发展与经济增长之间的正向或负向关系,他只是从数据分析中得出大多数国家的经济发展与金融发展大致平行的结论,而对于金融因素是否促进了经济的加速增长,或者金融发展是否反映了经济增长,戈德·史密斯谨慎地认为尚无把握建立因果机制。

20世纪90年代以后涌现的许多实证研究,为金融发展促进经济增长的观点提供了有力的支持。比如,金和列文(King and Levine,1993)研究了77个国家1960—1989年的状况,发现金融发展与经济增长存在显著的正相关关系,1960年以后的30年内,人均GDP增长率、人均资本增长率和人均生产率增长率与金融深度指标都存在显著的正相关关系。鉴于资本市场的重要性,列文和泽维斯(Levine and Zervos)研究了41个国家1976—1993年股票市场与长期经济增长的关系,数据分析说明股票市场的发展与经济增长是正相关关系。

第二节 金融压抑与经济增长

一、金融压抑的含义

所谓金融压抑,是指市场机制作用没有得到充分发挥的发展中国家所存在的金融管制过多、利率限制、信贷配额以及金融资产单调等现象。也就是金融市场发展不够、金融商品较少、居民储蓄率高。表现为利率管制,实行选择性的信贷政策,对金融机构进行严格管理以及人为高估本国汇率,提升本国币值等。

金融压抑理论是由美国著名经济学家麦金农首创。在《经济发展中的货币和资本》一书中,麦金农从金融制度绩效的角度强调"金融压抑"对经济发展的负面影响。他尖锐地指出,正是政府对金融的过度管理才抑制了储蓄的增长并导致资源配置的低效率,并提出了废除金融管制、实现金融自由化的政策建议。麦金农认为,传统的货币理论基础只适用于发达国家,而对发展中国家货币金融问题的研究,必须分析发展中国家货币金融制度的特点。由于发达国家与发展中国家的市场存在着重大差别,因此,适用于发达国家的货币理论并不一定适用于发展中国家。

二、发展中国家普遍存在金融压抑现象

(一) 发展中国家普遍存在金融压抑现象的表现

与发达国家相比,发展中国家的金融体制显得很落后,从金融结构的角度来考察,主要表现在5个方面。

(1) 发展中国家的金融工具形式单一，规模有限；而发达国家的金融工具则种类丰富，规模庞大。

(2) 发展中国家的金融体系存在着明显的二元结构，即以大城市和经济发达地区为中心的以现代大银行为代表的现代部门和以落后的农村为中心的以钱庄、当铺为代表的传统部门。

(3) 发展中国家的金融机构单一，商业银行在金融活动中居于绝对的主导地位，非银行金融机构则极不发达，金融机构的专业化程度极低，金融效率低下；而发达国家的金融机构体系却错综复杂、功能全面。

(4) 发展中国家的直接融资市场极其落后，并且主要是作为政府融资的工具而存在，企业的资金来源主要靠自我积累和银行贷款。

(5) 由于发展中国家对金融资产的价格实行严格的管制，致使金融资产价格严重扭曲，因此无法反映资源的相对稀缺性。具体表现是压低实际利率，高估本国货币的币值。

麦金农和爱德华·肖等人将发展中国家存在的上述现象概括为金融压抑，即发展中国家的金融资产、金融机构形式单一，存在过多的金融管制(包括利率限制、信贷配额以及汇率和资本流动管制等)、金融效率低下的现象。

(二) 导致金融压抑的政策原因

金融压抑现象虽然与发展中国家落后的客观经济现实有关，但发展中国家政府所实行的金融压抑政策是更重要的原因。发展中国家的政府希望积极推动经济发展，但由于经济发展水平低、税收体制落后、外汇资金短缺、政府财力薄弱，为获得资金实现政府的发展战略，政府常常不得不对存贷款利率、汇率、信贷规模和投向、资本流动、金融业的准入等实行全方位的限制和干预。这种压抑性的金融政策主要体现在以下几个方面。

(1) 通过规定存贷款利率和实施通货膨胀人为地压低实际利率。为了降低公共部门的融资成本，阻止私有部门同公共部门竞争资金，发展中国家通常以设定存贷款利率上限的方式来压低利率水平；同时由于发展中国家政府常常不得不依靠通货膨胀政策来弥补巨大的财政赤字，所以通货膨胀率往往居高不下。其结果是，发展中国家的实际利率通常很低，有时甚至是负数。这一结果严重脱离了发展中国家资金稀缺的现实。过低的实际利率使得持有货币(这里指广义货币M_2)的实际收益十分低下，从而降低了人们对实际货币的需求，金融资产的实际规模也就无法得到扩展。

(2) 采取信贷配给的方式来分配稀缺的信贷资金。由于利率低下导致储蓄减少、投资膨胀，发展中国家通常面临着巨大的资金缺口，在这种情形下实行选择性或部门性的信贷政策，引导资金流向政府偏好的部门和企业，为此不惜分割金融市场、限制金融市场的发展。这些为政府所偏好的企业，通常并不具有非常理想的投资收益率，而大多是享有特权的国有企业和具有官方背景的私有企业。由此导致的一个直接后果是，资金的分配效率十分低下。

(3) 对金融机构实施严格的控制。这种控制包括：对金融机构实施很高的法定准备金率和流动性要求，以便于政府有效地集中资金；严格限制金融机构的资金流向；严格限制某些种类的金融机构的发展；实施金融机构的国有化等。政府倾向于鼓励那些能够从中获取巨大铸币收益的金融机构和金融工具的发展，抑制其他金融机构和金融工具发展。货币和银行系统往往受到偏爱和保护，因为通过储备要求及强制性持有政府债券，政府可以无息或低息为公共部门融资。对私有证券因为不便于从中收取铸币税，政府则借助于交易税、印花税及资本利得税等多种形式对其进行抑制。这些控制造成的直接后果是，金融机构的成本高昂、效率低下，金融机构种类单一、专业化程度低。

(4) 人为高估本币的汇率。发展中国家为了降低进口机器设备的成本，常常人为地高估本币的汇率，使其严重偏离均衡的汇率水平。但是这一政策的结果是使发展中国家陷入了更为严重的外汇短缺困境。过高的本币汇率不仅使发展中国家本来就比较弱的产品国际竞争力更弱，而且使进口需求高涨。其结果是，发展中国家不得不实行全面的外汇管制，对稀缺的外汇资源进行行政性分配。

显然，发展中国家的金融压抑政策更加深了其金融压抑的严重程度。

三、中央集中计划体制国家的金融压抑

中央集中计划体制国家的金融也处于被抑制的状态。在中央集中计划体制的国家，普遍存在的情况是金融资产单一，银行业完全由国家垄断，金融业的价格和数量管制同时存在。不但利率、汇率受到严格管制，信贷资金的规模和投向也是受管制的，基本上不存在规范意义上的金融市场。其之所以出现这种情况，并不是因为这类国家的经济发展水平低到几乎不需要金融调节的程度，而是由其选择的体制所决定。中央计划高度集中、统一地分配资源必然排斥市场机制在配置资源方面的作用。相应地，其对金融的发展也无客观要求。

从1979年以前中国的经济体制模式可看出以下特点。

(1) 在经济增长机制中，起决定性作用的不是需求的拉动作用而是供给要素的计划分配。货币的作用是充当交易的媒介和记账手段，没有进一步发挥作用的根据。

(2) 在资金积累方式上，形成了单一的国家统一积累途径。在很长的一段时期内，甚至连企业的固定资产折旧也绝大部分上缴财政。财政分配成为主要分配方式，金融再分配的可能性极小。

(3) 在微观经济主体的行为中，企业的活动被限定在完成和超额完成计划的范围之内，没有多少自主经营的余地；居民家庭由于收入水平较低，没有多少储蓄，当然也没有资产选择行为；地方政府的经济职能也是制订计划和督促企业完成计划，在统收统支的制度下，它们也没有多大的独立财权。

在这种情况下，金融行业处于被压抑的不发达状态则是很自然的事情。

四、金融压抑对经济增长的阻碍

发展中国家的金融压抑政策扭曲了金融资产的价格，这种政策虽然在既定的通货膨胀率和名义利率下为政府赤字融通了资金，但对经济效率的损害也是相当大的。

(一) 利率管制对经济增长的副作用

人为压低利率的消极作用主要表现在4个方面：①低利率促使人们更关心现期消费，忽视未来消费，扭曲了公众对资金的时间偏好，从而导致储蓄水平低于社会最优水平，较低的储蓄使投资也低于最优水平，最终损害经济增长率。②低利率使潜在的资金供给者不去正规的金融中介机构存款，而是直接从事收益可能较低的投资，这就降低了整个经济体系的效率。③政府管制的金融中介可能因地方性的、不受政府管制的、非正规的地下的信贷市场的兴起而被削弱竞争力。④由于资金成本较低，银行借款人会投资于资本密集的项目。因为利率较低，收益较低的项目也会产生利润，这就产生了对贷款的超额需求，为避免信贷扩张发生通货膨胀，政府和银行不得不在实行利率压制政策的同时，实施行政性信贷配给。一方面寻租和腐败行为难以避免，另一方面由于逆向选择的结果，整个银行体系的资产质量都会下降，投资效率降低。

利率管制不但阻碍了发展中国家的经济增长，发达国家存在的利率管制也产生了一些消极影

响。20世纪60年代末期以后，通货膨胀率上升使市场利率提高，因为银行存款利率受到利率上限的管制，市场利率与银行存款利率的差距拉大，导致西方某些发达国家的银行体系出现了"脱媒"现象。美国在1966年、1969年、1973—1974年、1978—1979年曾4次发生银行存款大量流失、信用收缩的"脱媒"危机。

(二) 外汇管制对经济增长的副作用

发展中国家对外汇市场进行管制，通过官定汇率高估本币币值和低估外币币值，可以达到降低进口成本的目的，但如果在这些国家能以较低的官定汇率获得外汇的只是一些享受特权的机构和阶层，那么外汇的供不应求不仅不能使国民受益，反而会助长黑市交易活动。此外，由于本币币值高估，出口受到了极大损失，导致外汇资金更加稀缺，国际收支状况恶化。与此同时，一些持有官方执照的进口商利用所享受的特权赚取超额利润。在许多发展中国家实行进口替代政策的情况下，更容易引起重视重工业和轻视农业、轻工业的后果。

(三) 其他金融压抑政策对经济增长的副作用

除了扭曲金融领域的价格之外，金融压抑的其他方面对经济增长也具有负面影响。例如，政府对银行信贷业务的过多行政干预，容易形成大量不良贷款，一方面降低了金融的效率，另一方面又产生了潜在的金融风险，给金融安全以及宏观经济的稳定发展带来隐患。一旦实施金融自由化政策，潜在的金融风险很容易突然转化成现实的金融风波乃至金融危机。这说明以往实行的金融压抑政策所产生的后果有可能为日后金融自由化埋下隐患。在20世纪70年代拉美国家进行金融自由化时，由于经济波动加剧，许多私营企业发生了财务困难，致使一些银行濒临破产。为此，一些国家采取扩张信用的措施以拯救银行。但这些措施实施的同时又造成了宏观经济的不稳定，如通货膨胀的加剧。亚洲国家包括日本、韩国等的银行体系中的大量呆账在1997年亚洲金融危机中暴露出来，纷纷出现大银行倒闭的金融危机，对国内经济产生了巨大冲击。

20世纪70年代以来，一些经济学家对金融压抑的负效应做了大量的实证研究，他们通过分析金融压抑对储蓄和产出增长的短期和长期影响发现，金融压抑对储蓄率、投资率、出口和产出增长率都有显著的抑制效应。

第三节　金融自由化与经济增长

一、金融自由化的本质和内容

金融自由化也称"金融深化"，是"金融压抑"的对称，主张改革金融制度，改革政府对金融的过度干预，放松对金融机构和金融市场的限制，增强国内的筹资功能以改变对外资的过度依赖，放松对利率和汇率的管制使之市场化，从而使利率能反映资金供求，汇率能反映外汇供求，促进国内储蓄率的提高，最终达到抑制通货膨胀、刺激经济增长的目的。

"金融自由化"理论是美国经济学家罗纳德·麦金农和爱德华·肖在20世纪70年代，针对当时发展中国家普遍存在的金融市场不完全、资本市场严重扭曲和患有政府对金融的"干预综合征"，影响经济发展的状况首次提出的。金融自由化有引发金融脆弱性的可能。严格意义上讲，金融自由化的真正含义是放松管制，其核心内容包括以下几个方面。

(一) 放松利率管制

由政府维持的官定利率人为造成的资金供求的均衡价格与官定价格之间存在着巨大差距。由于官定利率大大低于潜在起作用的供求均衡利率，因此，在信贷分配上出现了大量的官商勾结、以权谋私等问题。为了消除这一弊病，不少发展中国家解除了对利率的管制，更多的国家则是对利率采取了较为灵活的管理方式。

(二) 缩减指导性信贷计划

在实施金融自由化之前，许多发展中国家的政府都对信贷分配实施指导性计划管理；在政府影响力较强的国家中，这些所谓的指导性信贷计划实际上起着指令性计划的作用。这种对金融活动的人为干预，效果大多都很差。正因为这一点，许多发展中国家在20世纪70年代中期缩减了指导性信贷计划，而阿根廷、智利和乌拉圭三国完全取消了指导性信贷计划。

(三) 减少金融机构的审批限制，促进金融同业竞争

在发展中国家，一方面是金融机构数量不足，另一方面是存在着本国和外国银行登记注册中的各种障碍。不允许自由进入金融行业，势必造成金融垄断，金融垄断派生的不合理信贷分配和僵化的利率必然造成金融运行的低效率。许多发展中国家的政府认识到了这一点，从而将减少进入金融行业的障碍作为金融改革的一个重要内容，促进了金融同业的竞争。

(四) 发行直接融资工具，活跃证券市场

在放开利率管制、鼓励金融机构间竞争的同时，实行金融自由化的国家无不积极发展证券市场。具体内容是：增加可流通金融工具的发行数量，培育证券一级市场和二级市场，完善有关的证券管理法规，适时对外开放证券市场。

(五) 放松对汇率和资本流动的限制

相对于其他金融自由化措施，汇率和资本账户的开放进度要缓慢得多。由于发展中国家管制汇率往往高估本国货币，一旦放开，可能出现本币的大幅度贬值，进口依赖较强的国家会引发严重的通货膨胀。因此，不少国家对汇率的放松持相对谨慎的态度，一般采取的是分阶段、逐步放开的方法。开放资本账户就是实现资本项目可自由兑换。据国际货币基金组织统计，实现经常项目下货币自由兑换的成员国数目，1970年只有35个，占国际货币基金组织成员国总数的30%，到1997年初增加到137个，相应比重提高到76%，而所有工业化国家在1995年初就都实现了资本项目下的货币自由兑换。

二、金融自由化对经济增长的促进作用

麦金农和爱德华·肖认为，金融压抑政策所带来的金融萎缩严重制约了发展中国家的经济增长，使得发展中国家陷入金融萎缩和经济萎缩的恶性循环。他们认为，发展中国家必须解除对金融资产价格的不适当管制，通过实施金融自由化政策来促进金融部门自身的发展，进而促进经济增长，才能打破这一恶性循环。对金融自由化促进经济增长，爱德华·肖和麦金农分别提出了各自的理论说明。

(一) 爱德华·肖关于金融自由化对经济增长起促进作用的理论分析

爱德华·肖认为以取消利率和汇率管制为主的金融自由化政策会给经济增长带来一系列的正面效应。

1. 储蓄效应

取消利率管制后，随着储蓄实际收益率(实际利率)的上升，以及金融资产的多元化，私人部门储蓄的积极性将提高，将使国内私人储蓄率上升。国内利率高于国际金融市场利率，在放松资本管制的条件下，还会吸引大量的外资流入，使国外部门的储蓄增加。

2. 投资效应

取消利率管制后，利率将作为一种有效的相对价格引导着资源的配置。随着储蓄效应和金融中介的发展，投资规模和投资效率都将提高。一方面，金融中介的发展使得企业能在更大范围内更方便地获得融资；另一方面，实施金融自由化后，政府对资金的行政性分配减少，信贷资金更多地流向高收益的投资项目，使社会的投资效率得以提高。

3. 就业效应

落后经济中的失业，在某种程度上是金融压抑的结果。由低利率造成的低储蓄本来就不能为生产提供足够的资金，更为糟糕的是，由于利率的人为压低，这些和劳动力相比本来就十分稀缺的资金往往又被大量投资于资本密集型产业，从而使失业状况更为严重。金融自由化则有助于缓解这一状况。

4. 收入分配效应

金融自由化及其相关的政策，有助于促进收入分配的公平。金融自由化可以通过提高就业率而增加工资收入的份额，还会减少拥有特权的少数进口商、银行借款者和资源消费者的垄断收入。此外，金融自由化带来的资本积累还有助于改变落后经济中普遍存在的以压低农产品价格的形式进行的对农民的变相剥夺，在许多发展中国家，这种剥夺往往是积累工业化所需资本的重要方式。

5. 稳定效应

金融自由化还有利于就业和产出的稳定增长。其原因之一是，通过采取适宜的金融自由化政策，国内储蓄流量和国际收支状况都可以得到改善，从而使本国经济对国际贸易、国际信贷与国际援助等方面的波动就可以有较强的承受能力。其原因之二是，由于金融自由化导致储蓄增加，有利于改善财政收支，减少财政对通货膨胀税的过度依赖，从而使稳定的货币政策成为可能。

6. 减少因政府干预带来的效率损失和贪污腐败

在利率管制和汇率管制的条件下，常常伴有信贷和外汇的配给政策，这些繁杂的政策管理措施不仅效率低下，而且为政府实权部门的贪污腐败创造了条件，而取消各项管制的金融自由化政策则有利于铲除腐败的部分根源。

(二) 麦金农关于金融自由化对经济增长起促进作用的理论分析

麦金农从金融自由化的导管效应和替代效应来解释金融自由化对经济增长的促进作用。

1. 货币与实物资本的互补性假说

传统理论一般认为，货币和实物资本作为两种不同的财富持有形式，是相互竞争的替代品。麦金农根据以下两个假设前提提出了货币与实物资本的互补性假说。

(1) 发展中国家的金融市场不发达，所有经济单位都必须依靠自我积累来筹集投资所需的资金，即所有的经济单位只限于内源融资。

(2) 投资具有不可分割性，因为投资必须达到一定规模后才能获得收益，所以投资者必须是在具有相应规模的资源以后才进行一次性的投资，而不可能进行零星的、不连续的投资。

在经济单位仅限于内源融资的前提下，投资的不可分割性使得潜在的投资者必须为其投资积累足够的资金余额。因此，对实物资本需求越高的经济主体，其货币需求也越大。在此情况下，货币和实物资本就是互补品，而不是传统理论中所说的替代品。

2. 发展中国家的货币需求函数

根据货币与实物资本的互补性假说，麦金农提出了以下适用于欠发达国家的货币需求函数

$$\frac{M_d}{P} = L\left(Y, \ \frac{I}{Y}, \ d - \pi^e\right)$$

式中：$\frac{M_d}{P}$ 为实际货币需求，M_d 是名义货币存量(指广义货币，包括定期存款、储蓄存款、活期存款及流通中的通货等)，P 是价格水平，Y 代表收入，I 为投资，$\frac{I}{Y}$ 为投资占收入的比，d 为各类存款利率的加权平均数，π^e 为预期的未来通货膨胀率，$(d - \pi^e)$ 为货币的实际收益率。

在各变量中，$\frac{I}{Y}$ 与实际货币需求是正相关关系，这一关系体现了发展中国家货币与实物资本的互补性假说。因为在经济相对落后的发展中国家，资本市场极为落后，间接融资的机能也比较薄弱。因此，众多的小企业要进行投资和技术改造，只有通过内源融资，即依靠自身积累资金的办法来解决。在投资不可细分的情况下，投资者在投资前必须积累很大一部分资金。计划投资规模越大，所需积累的实际资金余额就越多。因此，$\frac{I}{Y}$ 对货币需求不仅影响很大，而且是正相关关系。

麦金农着重强调货币存款的实际收益率 $(d - \pi^e)$，认为它与货币需求之间存在正相关关系。这是因为，由于发展中国家普遍存在利率压制和通货膨胀，在严重的利率压制和通货膨胀的情况下，货币存款的实际利率 $(d - \pi^e)$ 往往为负数，这制约了货币需求，当然也就制约了金融部门的发展；如果采取适当的金融自由化政策，使货币存款的实际利率 $(d - \pi^e)$ 提高，并转为正值，持有货币的实际收益转为正值，就会引致实际货币积累不断增长，货币需求增加。

3. 金融自由化的导管效应和替代效应

麦金农不但根据货币和实物资本的互补性提出了发展中国家的货币需求函数，而且还得出了投资和存款货币的实际利率在一定条件下呈正相关关系的结论，其函数表达式为

$$\frac{I}{Y} = f(r, \ d - \pi^e)$$

式中：r 是实物资本的平均回报率，它与投资需求呈正相关关系，这与传统理论没有什么不同。而且货币存款的实际利率 $(d - \pi^e)$ 也可能对投资有正向的影响。当存款货币的实际利率低于投资的实际回报率 r 时，由于货币需求 M_2 与货币存款的实际利率呈正相关关系，实际利率的上升，增强了人们以货币的形式进行内部储蓄的意愿。在投资不可细分的假设下，内部储蓄的增加，导致内源融资

型投资上升。麦金农将货币存款的实际利率对投资的这种正向影响称作货币的"导管效应"——货币在一定条件下是资本积累的一个导管，而不是实物资本的替代资产。

不过，当货币存款的实际利率超过实物资本的平均回报率r以后，经济主体将持有货币，而不愿进行投资，货币与实物资本之间传统的资产替代效应依然存在。在货币存款的实际利率($d-\pi^e$)较低时，导管效应比较明显，因而投资将随实际利率的上升而增加；但是当货币存款的实际利率上升到超过实物资本的平均回报率r的水平之后，资产替代效应将超过导管效应而居于主导地位，此时投资将随着利率的上升而减少。

麦金农用图12-1表示货币存款的实际利率与投资的这种关系。

假设某发展中国家处于金融压抑状态，由于人为压低利率与通货膨胀并存，实际利率为负，在图12-1中用A点表示，那么，通过实施适当的金融自由化政策，存款的实际利率提高，在小于实物资本的平均回报率r的范围内，导管效应发挥作用，投资将增加；显然，如果存款实际利率超过了实物资本的平均回报率r，货币的资产替代效应发挥作用，投资反而下降。

上述爱德华·肖和麦金农的金融深化理论基本上可以视为互相补充而不是对立的。两种理论从不同侧面揭示了金融深化对经济增长的促进作用，政策结论是相同的，那就是发展中国家要采取促进金融深化的金融自由化政策，减少政府干预。这一观点在一定程度上促成了开始于20世纪70年代中期，并且在20世纪80年代发展成为一股强劲浪潮的发展中国家的金融自由化改革。不过，除了发展中国家之外，发达国家也一直在进行金融自由化改革，减少对金融业的管制。

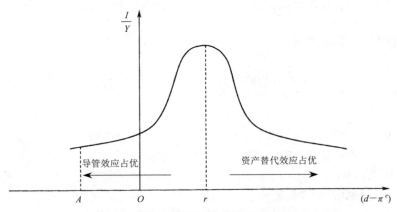

图12-1　发展中国家货币的导管效应与资产替代效应的关系

三、20世纪70年代若干发展中国家的金融自由化改革

阿根廷、智利和乌拉圭这3个国家在20世纪70年代中期实施了金融自由化改革试点。它们的改革措施主要有4项：①取消对利率和资金流动的控制；②取消指导性信贷计划；③对国有银行实行私有化政策；④减少本国银行和外国银行登记注册的各种障碍。

其中，阿根廷一共进行过两次较大规模的金融自由化改革。第一次是在20世纪70年代末和80年代初，主要措施包括实施利率自由化、业务范围自由化、机构准入自由化和资本项目自由化。在改革的前几年，阿根廷实现了经济增长，国民经济的地位也大幅度提升，但到了后期，改革弊端越来越明显。一方面，阿根廷举债发展的策略导致阿根廷外债数量逐渐增加；另一方面，20世纪70年代末阿根廷经济的衰退引发了银行危机。20世纪80年代初，拉美各国爆发严重的债务危机，这让本已身陷债务危机中的阿根廷雪上加霜，金融自由化面临巨大的挑战。阿根廷的第二次金融自由化始于20世纪90年代，与第一次相比较，第二次自由化的范围更广，改革程度也更加深入，除延续了第一次金融自由化改革的措施外，第二次改革的重点是货币制度改革和国有银行私有化。第二次金融自由化使阿根廷的国民经济状况出现较大起色，通货膨胀率由四位数降到一位数。阿根廷的自由化得到了美国的支持和盛赞，在国际上甚至被誉为"阿根廷奇迹"。然而，20世纪90年代末，阿根廷的货币局制度的局限性开始显现，加之国际环境变得不利，阿根廷经济再次陷入困境，并在2001年爆发了举世瞩目的金融危机。2015年，随着毛里西奥·马克里(Mauricio Macri)的上台，新自由主义再次成为阿根廷政府的经济政策的理论基础。马克里一上台后便开始实行市场化改革，为阿根廷2018年货币危机埋下了祸根。阿根廷从20世纪70年代的第一次金融自由化改革到如今引发的2018年货币危机，数次金融改革的经验都没有使阿根廷逃离爆发经济危机的怪圈。这印证了新自由主义指导下的金融自由化改革的复杂性，同时也预示着，盲目地进行金融开放，一味听从国际货币基金组织的指挥，必然会使阿根廷经济变得越来越糟。

韩国在20世纪60年代和70年代，一直奉行较严格的金融管制政策。在很长一段时期内，利率经常被控制在一个较低的水平上。在信贷分配总额中，有1/3以上由政府指令支配。从20世纪80年代初期开始，韩国政府采取了金融改革政策，其措施主要有：①对非银行金融机构进一步取消管制；②放松对新成立金融机构的审批管理；③大部分政府所有的商业银行实现了私有化；④政府取消了优惠贷款利率；⑤不再提出带有干预性的任何指导性信贷计划；⑥允许金融机构拓宽服务范围；⑦自1988年下半年开始，在存款利率依然受到控制的同时对大部分贷款利率已全部放开。

四、金融自由化的实际效果

金融自由化对经济增长的促进作用虽然在理论上早有说明，但实证检验的结果不是十分一致。

(一) 储蓄效应

根据爱德华·肖的观点，在推进金融自由化进程中采取的解除利率管制等措施能够提高储蓄水平。有些研究认为存在储蓄效应，而另一些研究则认为不存在。例如，马克斯韦尔·J.弗莱对16个亚洲发展中国家1961—1983年间国民储蓄函数的研究发现，实际存款利率与储蓄显著正相关；而艾尔伯特·乔文尼尼研究了7个亚洲发展中国家20世纪60年代和70年代的数据，没有发现实际利率的储蓄效应。对于中国而言，金融业曾经长期不发达，处于金融压抑状态，20世纪80年代金融改革以来，利率管制等金融管制措施一直存在，但储蓄率远高于发达国家和大部分发展中国家。这一现象显然不能简单地用金融压抑理论来解释。除了利率之外，一国的储蓄水平还受其他许多因素的影响，如对未来收入和支出预期的不确定性，以及流动性约束等。收支预期不确定性的增加，倾向于提高储蓄水平；当流动性约束很严重时(如在金融压抑的情况下，信贷不发达，个人的重大消费和企业的投资必须依靠自身的积累)，一般会提高储蓄水平。

(二) 投资效应

投资效应包含两个方面：一是规模效应，指投资规模随金融自由化过程的推进而扩展；二是效率效应，指金融自由化导致投资效率提高。对于规模效应的实证检验有不同的结果，有的实证检验说明提高存款利率有助于资本积累、扩大投资数量；还有的实证检验得出相反的结果，实际利率与投资之间存在明显的负相关关系。对于利率自由化的投资效率效应的检验则比较一致，一般认为金融自由化有助于提高投资效率。

(三) 金融深化效应

金融深化，是指经济发展过程中金融结构的优化、金融效率的提高。对于金融自由化进程是否促进了金融深化这一问题的实证研究结果是高度一致的。若以货币化比率来衡量，绝大多数国家在开始金融自由化进程以后金融都深化了。其他指标，如私人投资所占比重、股票市场价值、上市公司数量、银行部门提供的信贷占GDP的比重等也显示金融自由化对金融深化具有促进作用。

(四) 经济增长效应

金融自由化政策能促进经济增长。对发展中国家20世纪60年代初到80年代末这段时期的大量的实证研究表明，实际利率与实际经济增长率之间存在显著的正相关关系。一般来说，实际利率为正值的国家，经济增长率较高；实际利率为负值的国家，经济增长率较低，甚至为负值。

总体看来，金融自由化政策的确从各种渠道产生了促进经济增长的良性作用。实证研究中存在的一些争议只是说明了正确评价金融自由化效果的复杂性，因为在各国实施金融自由化的同时，还伴有其他经济改革措施，如财政、税收、外贸、私有化等方面的改革，各国的具体国情千差万别，要准确地判断金融自由化对经济增长的作用是困难的，但显然不能全盘否认金融自由化的作用。

五、金融自由化与金融危机

金融自由化在促进经济增长方面的确取得了一些成就，但是在全球金融自由化进程中，不断涌现的金融危机使人们不得不重新审视金融自由化政策。

(一) 金融危机的含义和分类

1. 金融危机的含义

金融危机的内涵很丰富，至今还没有一个准确定义。从形成角度而言，金融危机是金融风险大规模积聚爆发的结果。西方一些学者认为，金融危机是指由于信用基础破坏而导致的整个金融体系的动荡和混乱。我国的一些学者认为，金融危机指起始于一国或一个地区乃至整个国际金融市场或金融系统的动荡超出金融监管部门的控制能力，造成金融制度混乱，进而对整个经济造成严重破坏的过程。这个定义从宏观层面出发，对金融危机的爆发进行了定性描述，同时将金融危机的影响延伸到经济部门。

2. 金融危机的分类

按不同标准，金融危机可有不同分类。

(1) 按金融危机发生的区域，可分为地区性、全国性、国际性和全球性的金融危机。

(2) 按照金融危机发生的领域不同，可分为银行危机、货币危机、股市危机。

(3) 国际货币基金组织曾经在《世界经济展望1998》中指出，金融危机可以分为货币危机、银行危机、系统性金融危机和外债危机四大类。

(二) 金融危机的特点

1. 突发性

纵观历史上屡屡发生的金融危机，发生得都非常突然，虽然其中也有先知先觉的人士，但人们毕竟把它当作一种"不切实际"的预期，并没有引起应有的重视。比如，在东南亚金融危机爆发之前，国际上就有经济学家警告人们当心"亚洲奇迹"将要破灭，然而当时并没有多少人相信这一论断。从本质上而言，金融危机突然爆发往往缘于金融风险的突发性。当金融风险在量上积聚时，只要数量上没有突破一个临界点，就不会发生根本性变化，然而当金融风险、金融隐患不断积聚，就可能"牵一发而动全身"，即使小小的外在压力也会导致金融危机大规模爆发。东南亚金融危机的突然爆发就充分证实了这一点。

2. 可预测性

金融危机从本质上来说是金融风险积聚爆发的结果，虽然具有突发性，但是它并不是没有规律可循，而是可预测的。因为从风险管理角度分析，风险是可以衡量和预测的，因此可以通过量化风险来判断发生金融危机的可能性，从而在一定程度上预测金融危机。当然，金融危机不可能被准确无误地预测，什么时候发生、发生程度有多大，只能在一定置信度范围内预测。金融危机的可预测性是预测与防范金融危机的逻辑基础，因此对金融危机可预测性需要我们进行重点认识和研究。

3. 传染性

金融危机的传染性主要表现在两个方面：一是货币危机、银行危机与股市危机之间的传染，可以简单称之为金融危机种属传染；二是金融危机在国与国、国与地区或者地区与地区之间传染，可以简单称之为金融危机地理传染。金融危机种属传染与地理传染之间具有交叉性，即一国国内的股市危机可能会导致世界另一个国家发生银行危机，也可能是相反。

金融危机的种属传染既可能是股市危机导致货币危机或银行危机，也可能是货币危机导致了银行危机或股市危机。在经济的实际运行过程中，由于直接融资与间接融资、外汇市场与股票市场等之间的联系越来越紧密，其间并没有不可逾越的鸿沟，因此危机发生往往并不仅仅限于局部，而是呈现出全局性趋势。例如，20世纪30年代，美国首先发生股市危机，然后迅速发生了银行危机、美元危机，到后来通过金融危机地理传染，德国、法国、英国等国也相继发生了危机，最终酿成了政治危机以致世界战争。

金融危机的地理传染可以通过贸易关系或资金融通关系传递给其他国家，导致其他国家也发生危机。例如，1997年泰国、马来西亚、印度尼西亚、菲律宾、韩国等发生金融危机，危机通过贸易关系、资金融通关系波及新加坡、日本等国家，我国也受到了一定程度的影响。

(三) 金融自由化与金融危机的联系

从20世纪80年代开始，发展中国家发生3次金融危机。1982年，以墨西哥政府宣布不能偿还外债为先导，爆发了拉美国家的债务危机；1994年，墨西哥政府宣布比索贬值，引发了以拉美国家为先导的新兴市场国家的货币危机和资本市场危机；1997年，从泰国开始，又形成一轮与1994年金融危机类似的，但主要波及区域为东南亚、东北亚国家的金融危机。

细观3次金融危机，可以发现共有6处相同点：①危机爆发的国家均处于经济快速增长时期。②这些国家的资本市场对外开放程度均很高，以利于大量吸引外资。③存在不同程度的经常项目下赤字。如墨西哥1994年经常项目下的赤字达到294亿美元，相当于1990年的4倍。泰国1995年经常项目下赤字达到135亿美元，相当于1990年的两倍。④有大量外资流入，流入方式以银行贷款及其他债权投资为主，直接投资数量不大，如1990—1994年墨西哥的外资流入共950亿美元，其中外国直接投资只占25%。⑤均实行盯住美元的固定汇率制度，完全放开经常项目、部分或全部放开资本项目的货币兑换。⑥银行资产质量存在较大问题，银行体系承受风险的能力较弱。事实上，这些共同的特征都对金融危机的爆发产生作用。这些因素中，大部分涉及金融自由化改革的内容，这使人们将金融危机与金融自由化联系在一起。

许多研究认为金融危机与金融自由化有关。艾思利·德默·格昆特(Asli Demirguc Kunt)和恩瑞卡·笛特拉齐亚克(Enrica Detragiache)在《金融自由化和金融脆弱性》一文中，以1980—1995年间包括发达国家和发展中国家的53个国家为样本，分析了金融自由化与金融脆弱性(简单来讲，金融脆弱性是指金融业容易失败的特性，也被称作"金融内在脆弱性")的关系。结果发现，金融脆弱性受多种因素的影响，包括宏观经济衰退、失误的宏观经济政策以及国际收支危机等，但金融自由化因素对金融稳定具有独立的负面影响。

(四) 金融自由化引发金融危机的原因分析

概括起来，金融自由化主要从以下几个方面强化了金融体系的潜在风险。

1. 利率自由化后，利率水平的急剧变动会增加金融体系的潜在风险

首先，当实际利率上升到接近甚至超过实际资产的投资收益率时，投资需求减少，投资规模缩减；在信息不对称条件下，银行贷款利率提高还会产生逆向选择问题，即厌恶风险的借款人回避高利率，不去贷款或减少贷款需求，而偏好风险的借款人则不顾高利率成本，他们更多地成为银行的借款人，导致银行错过了优质客户，选择了劣质客户，贷款项目的风险因而提高。

其次，放开存款利率后，存款机构之间的竞争抬高了存款利率，使银行的筹资成本上升。如果贷款利率没有上升相同的幅度，存贷款利差将缩小，会减弱银行的盈利能力，诱使银行自身从事高收益高风险的项目，这也增加了银行的潜在风险。

再次，在金融自由化的开始阶段，利率的急剧上升会吸引大量外资流入，使外债增加，当出现国际收支恶化、外汇市场信心丧失时，国际资本抽逃、货币贬值将使一些金融机构无法偿还外债而破产。如果在政府财政赤字过多的情况下放开利率，则无疑会加大政府的利息负担，使财政赤字进一步增大，受政府债券市场容量以及税收收入的限制，为了弥补财政赤字，政府仍不能摆脱向银行借款的融资方法，结果是财政赤字货币化，可能导致通货膨胀。

最后，利率的波动加剧，对金融机构的资产负债管理提出了更高的要求，而处于金融压抑状态的金融机构可能在金融自由化的开始阶段不能适应这种变化，缺少有效防范利率风险的措施，使金融风险进一步增加。

2. 盯住汇率制度与开放资本市场之间孕育着风险

20世纪90年代以来的金融危机大多与国际资本在各国资本市场之间的移动有关。国际游资进出一国资本市场的难易程度取决于该国汇率管制的严格程度和资本市场对外开放的程度。在外汇方面，发展中国家在金融自由化的改革中，无不在一定程度上放开汇率的管制，如墨西哥与泰国均实现了经常项目下和资本项目下的货币自由兑换。但出于多方面的考虑，大多采取与美元挂钩的汇率制度。盯住美元的汇率政策要求政府将本国货币对美元的汇率保持在一个相对窄的范围内波动。当出现外部冲击时，政府必须运用外汇储备以维持汇率稳定。在资本市场方面，发展中国家为了加快国内经济的发展，均设法吸引外资，包括提高资本市场对外开放的程度，减少对国际资本流动的限制。泰国和墨西哥的金融自由化改革几乎完全排除了资本流动的障碍，使大量的国际资本可以自由进出该国的资本市场。但是由此带来的问题是，一旦由于某种原因使国际游资大规模撤离，将会给政府维持盯住汇率制度带来很大困难，严重冲击外汇储备量。在这种时候，政府或者放弃盯住汇率制度，任其自由浮动，或者采取强有力措施，增强限制外国资本自由进出本国资本市场的程度。无

论哪一种方法，均会给本国经济的稳定增长及其吸引外资的能力带来一定时期的不良影响。例如泰国，在1997年上半年泰铢连续贬值，泰国中央银行动用大量外汇仍无法稳住币值后，不得不于1997年7月2日宣布放弃与美元挂钩的汇率制度，实行自由浮动。消息传出后，泰铢立即贬值20%，之后又下挫至50%。泰铢大幅度贬值不仅导致本国金融恐慌，而且迅速殃及东南亚各国。

3. 放松金融机构准入和监管松弛，增加了金融自由化过程中金融业的风险

放松金融机构准入包括放宽本国金融机构的开业限制和允许外资金融机构准入两个方面，这些措施加剧了金融业的竞争，降低了相应金融业的进入壁垒，从而使银行执照的特许权价值降低，银行管理风险的动力相应降低。如果在金融自由化过程中，缺乏足够的谨慎监管和监督措施，银行就可能通过各种途径从事高风险的业务，加大金融体系的潜在风险。艾思利·德默格·昆特和恩瑞卡·笛特拉齐亚克分析了80个国家1988—1995年的银行财务数据，说明金融自由化降低了银行特许权价值，从而加大了银行的脆弱性。

4. 一些银行类金融机构积累的大量不良资产降低了它们抵御风险的能力

这些金融机构积累的大量不良资产暴露在金融自由化过程所形成的巨大风险之下，导致一些金融机构破产，同时也给宏观经济的稳定和发展带来消极影响。发展中国家甚至包括一些发达国家，由于政府长期对银行信贷业务实行行政干预，形成了大量不良贷款。虽然在政府的保护措施下，对银行流动性的威胁只是潜在的，一旦实行银行私有化，问题暴露，潜在的金融风险很容易突然转化成现实的金融风波乃至金融危机。在20世纪70年代拉美国家进行金融自由化时，由于经济波动加剧，许多私营企业发生财务困难，致使一些银行濒临破产。为此，一些国家采取扩张信贷的措施以拯救银行，但这些措施实施的同时又造成了宏观经济的不稳定，如通货膨胀的加剧。

亚洲国家以日本和韩国为典型，日本与韩国在第二次世界大战后均采取了政府直接干预银行贷款，以扶植企业、调整产业结构的经济政策。因此，两国的银行均有大量累积的呆坏账。从20世纪80年代开始，两国均实施金融自由化的改革，政府对银行的干预减弱，对银行的保护程度也相应减弱。尽管政府采取了一些措施，如拨付资金冲抵呆账，但历史遗留的问题不可能彻底解决。这一时期两国经济正处于高增长、低物价的黄金时期，银行对贷款中的新增呆账并未予以足够的重视，以致相当数量的贷款投入房地产。20世纪90年代初，日本经济增长速度减慢，经济泡沫破灭，银行呆账问题日益明显。紧随其后，1997年，韩国银行的呆账问题也受到了世人的关注。当东南亚金融危机袭来并翻转北上之际，日本、韩国无不为脆弱的银行体系所累，纷纷出现了大银行倒闭的金融危机，对国内经济产生了巨大冲击。

六、发展中国家金融自由化改革的经验和教训

发展中国家金融自由化改革的进展状况是相当不平衡的。在已经进行的改革中，既有成功的经验，也有失败的教训。世界银行的一份报告总结的主要教训有以下几点。

(1) 以金融自由化为基本内容的改革一定要有稳定的宏观经济背景。在那些宏观经济不稳定的国家里，实行金融自由化政策，高的通货膨胀率容易导致高利率和实际汇率大幅度浮动，从而使得资金出现不规则的流动，进而引起许多企业和银行的破产。只有首先创造稳定的宏观经济环境，金融改革才能避免上述种种经济不安定状况的出现。

(2) 金融自由化改革必须与价格改革或自由定价机制相配合。假如一国的价格仍然是保护价格或管制价格，在这种价格信号扭曲的条件下实行金融自由化，资金流动就会被错误的价格信号所误

导，结果出现新的资源配置结构失调。

(3) 金融自由化改革并不是要完全取消政府的直接干预，而是改变直接干预的方式。具体来说，就是要以法律和规章的干预取代人为的行政干预。从一些发展中国家金融改革的经验看，改革的一项主要内容就是放松对金融体系的管制。但在放松管制的过程中若不注意建立一套适合本国国情的谨慎的管理制度，就会在信贷的分配方面出现失控或营私舞弊等现象，情况严重时会致使许多银行丧失清偿能力而面临破产威胁。

(4) 政府当局在推行金融自由化改革和价格改革政策时，必须预先判断出相对价格变动对不同集团利益的影响，并出于公平原则和政治均衡要求的考虑，适当采用经济补偿手段。金融自由化措施实行后，利率和汇率变动会引起各行业和企业集团利益关系的变动。这种相对价格和利益的调整虽然从长期来看是完全必要的，不过政府当局也应该采取一些可行的过渡性措施，以减轻社会震荡。

经历过金融自由化和金融危机的起伏跌宕之后，人们应该认识到，关于只要实行金融自由化即可使发展中国家金融压抑所导致的成堆问题得以解决的论断，是过分简单化、理想化了的。广大发展中国家在金融自由化的大趋势中，一方面不能因循守旧、自我封闭，以致在国际金融大舞台上处于被淘汰的地位；另一方面，金融自由化的路该如何走，要十分冷静地审时度势。在认识到自身经济运行的微观基础、市场条件、国家财力、法制环境等同发达国家存在巨大差距的情况下，不能盲目、简单地照抄、照搬发达国家的具体做法。

七、中国的金融安全和金融改革

(一) 中国金融未出现危机之谜

早在亚洲金融危机爆发之前，国内国际就对中国金融的稳定存在疑问。时任国际货币基金组织总裁的康德苏认为，最值得警觉的是中国，可能出现最大的银行倒闭风波。依据金融危机的扩散理论，中国似乎难逃亚洲金融危机之难。然而，中国却承受住了此次冲击，成为亚洲诸经济体中唯一一个安然度过危机的新兴市场国家。对此，国内外有着各种各样的解释。例如，中国在亚洲金融危机中幸免于难的防火墙是资本项目没有开放；中国特有的金融结构，虽然效率问题突出，但抗击外部冲击能力较强；国家综合债务水平尚在可承受范围之内等。事实上，最根本的并且长期起到作用的应是中国经济活力，它为国民经济的稳定增长和我国在国际经济舞台上的表现奠定了基础。

十年后，当2008年美国次贷危机再次扰乱全球经济、金融运行的时候，中国金融依然稳定有序，令世人惊羡，这和中国金融领域的几个重要特征不无关系。首先，在最近若干年金融开放实践中，中国非常值得肯定的是对金融市场开放持肯定态度并对资本项目实行了极其审慎的态度，特别是对资本项目中的许多细项仍然实施了严格的策略。这从根本上避免了国际游资冲击中国经济金融体系的可能，使得外国资本只能采取入股并购等长期稳定的方式进入中国。其次，中国的衍生产品市场发育不足，无论是从交易品种还是交易规模上看，都无法和国际金融市场上的情况相提并论。再次，中国"一委一行两会"以及财政部对国有及国有控股大型金融机构的监管和监督较为严格也是一个不可忽略的积极因素。事实上，1997年亚洲金融危机之后，中国金融监管部门便对银行系统特别是那些对全局性金融安全具有至关重要意义的大型银行进行了财务重组、国家注资、股份制改造、上市融资等一系列改革动作，使得中国金融体系的系统性风险大幅降低。此外，在最近十多年的经济发展中，中国决策层在宏观经济决策上也没有出现明显的失误，因此消除了实体经济剧烈波动可能诱发信用经济危机的现实基础。最后，超大规模的外汇储备也使中国经济能够更为从容面对外来的冲击。

(二) 推进金融改革，维护金融安全

成功规避两次全球性金融危机的中国金融绝非完美无缺，中国离不开金融改革。金融改革的终极目标，是实体经济结构自动升级和资源配置提升，建立一套市场化的自动调节机制，同时在市场化机制作用日益强大之时保持适当的政府干预空间，防止各种内生性和外部输入性的不安全因素冲击经济金融的平稳运行。

就经济背景而言，中国是从集中计划经济模式向市场经济模式转轨的，这一特点决定了中国的金融改革必然具有持续、浩大和艰巨的特征。这里仅简要介绍一下改革的主要内容。

(1) 金融机构多元化。其中包括对产权制度的触动、二级银行体制的建立与完善、分设政策性金融机构以及允许外资金融机构进入等。

(2) 金融业务沿着多样化、国际化的轨迹，极大地突破了传统体制下过分简单而又受到颇多限制的存、放、汇模式。目前，银行的个人贷款及其他零售业务在逐渐兴起。

(3) 金融工具的多样化，极大地丰富了投资手段，打破了银行单一的融资格局。

(4) 培育和发展金融市场。债券市场、股票市场、保险市场以及真正意义上的同业拆借市场等资本市场和货币市场经历了从无到有、从小到大、从极为幼稚走向比较成熟的发展阶段。

(5) 推动利率市场化。起步于允许利率的一定浮动及差别利率，率先在同业拆借市场、国债市场建立起由资金供求关系决定利率的机制。加入世界贸易组织后，人民银行明确提出了在3年内基本实现利率市场化的改革目标，基本步骤是先外币，后本币；先贷款，后存款；先农村，后城市；先批发，后零售。2000年9月，中央银行开始下放外币贷款利率和大额外币存款利率的自主定价权，从而拉开了我国利率市场化新一轮改革的序幕。

(6) 汇率方面，已建立起以市场供求为基础、单一的、有管理的浮动汇率制及全国统一的外汇交易市场。汇率形成机制将朝着更有弹性的方向发展。

(7) 构建符合市场机制要求的信贷资金管理体制，特别是取消对国有商业银行的信贷规模控制，全面推行资产负债比例管理及风险管理。

(8) 建立金融宏观调控机制，更多地运用间接货币政策工具调节金融变量；构建现代规范的金融监管体系，监管职能在逐步完善。

(9) 金融立法建设取得了长足进展，颁布了《中华人民共和国中国人民银行法》《中华人民共和国商业银行法》《中华人民共和国票据法》《中华人民共和国保险法》《中华人民共和国银行业监督管理法》，以及一系列相应的金融法规与规章制度。

(10) 建立了广泛的、多层次的国际金融联系，顺应金融全球化的总趋势。

加入世界贸易组织后，已经逐步放开外资金融机构的市场准入限制，直至完全放开，并全部给予国民待遇。

由此可见，中国的金融改革是全方位的系统工程。已有的改革成果并非都是一步到位的，其中有过程、有波折，甚至有反复，还有相当一部分改革尚未到位或远未到位，而已进行的改革仍要接受未来实践的检验。

前面提到的发展中国家金融自由化改革的教训，中国在金融改革过程中也都不同程度地遇到过，尽管引发的具体原因有所不同，如通货膨胀、银行不良债权、企业债务危机等。另外，基于我国特定的历史情况及体制上的原因，也还存在诸如乱设金融机构、乱集资、账外经营、变相提高利率、企业逃废银行债务等问题。尽管这些并不是由金融改革引发的，但它毕竟发生在不断继续深化

金融改革的过程之中，因此必须引起重视。

总结中国金融改革的经验，应该肯定循序渐进、与整体经济改革配套推进的基本思路是符合当今中国国情的，应该继续坚持。联系到亚洲金融危机对我国的启示，在中国今后的金融改革中如何处理好事关全局的利率改革、汇率改革、资本市场开放，以及外资金融机构的市场准入等问题，均应在上述指导思想下进行通盘考虑而不是孤立的考虑与安排。

本 章 小 结

1. 金融发展能够促进经济增长。衡量金融发展的指标有多种，大致可分为金融内部结构指标和金融发展与经济增长相互关系指标两类。对许多国家的实证分析表明，金融发展与经济增长之间确实存在正相关关系。

2. 金融压抑阻碍经济的增长。发展中国家和中央集中计划体制国家普遍存在金融压抑现象。麦金农和爱德华·肖分析了金融压抑对经济增长的阻碍作用及其原因。

3. 金融自由化对经济增长具有一定的促进作用，但是在某些条件下也有可能产生负面影响。根据麦金农和爱德华·肖的理论分析，金融自由化政策具有一系列正面效应，如储蓄效应、投资效应、就业效应、收入分配效应、稳定效应等。

4. 无论是发展中国家还是发达国家，金融自由化的主要内容都是放松金融管制，促进金融业的竞争。然而发展中国家的金融自由化过程又增加了其自身金融体系的脆弱性，甚至导致了金融危机的爆发。金融自由化的经验和教训是多方面的，它们对于我国的金融改革有着积极的借鉴意义。

习 题

一、单项选择题

1. 戈德·史密斯的解释，金融发展是指(　　)。
   A. 金融机构数量增加　　　　　　　　B. 金融工具多样化
   C. 金融效率提高　　　　　　　　　　D. 金融结构的变化

2. 货币化率是社会的货币化程度，它是指(　　)。
   A. 金融资产总额与实物资产总额的比重
   B. 一定经济范围内通过货币进行商品与服务交换的价值占GNP的比重
   C. 一定时期内社会金融活动总量与经济活动总量的比值
   D. 各经济部门拥有的金融资产与负债的总额

3. 中央集中计划体制国家金融处于被压抑状态的主要原因是(　　)。
   A. 体制因素　　　　　　　　　　　　B. 经济发展水平低
   C. 金融资产单调　　　　　　　　　　D. 资金积累困难

4. 金融压抑论与金融深化论解释的是(　　)。
   A. 金融发展与经济发展的关系　　　　B. 金融发展与金融政策的关系
   C. 经济政策与经济发展的关系　　　　D. 金融政策与经济发展的关系

5. 利率弹性和金融资产的吸引力是衡量一个国家( )程度的标准之一。

    A. 金融抑制   B. 金融约束

    C. 经济货币化   D. 金融深化

6. 金融压抑论认为在经济相对落后的发展中国家，企业投资主要依赖( )。

    A. 内源型融资   B. 外源型融资

    C. 直接融资   D. 间接融资

二、多项选择题

1. 金融压抑的表现有( )。

    A. 金融管制   B. 利率限制

    C. 信贷配额   D. 金融资产单调

    E. 金融体系不健全

2. 金融发展对经济发展的作用体现在( )。

    A. 有助于资本积累   B. 有助于提高资源的使用效率

    C. 有助于提高金融资产储蓄比例   D. 有助于劳动力充分流动

    E. 基本没有帮助

3. 金融自由化的代表性人物有( )。

    A. 雷蒙德   B. 戈德·史密斯

    C. E. S. 肖   D. R. I. 麦金农

    E. 莱恩斯

4. 金融压抑战略对经济发展和经济成长的负效应主要表现在( )。

    A. 负收入效应   B. 负储蓄效应

    C. 负投资效应   D. 负就业效应

    E. 无影响

5. 金融自由化的主要内容有( )。

    A. 放松利率管制   B. 发行直接融资工具

    C. 放松汇率限制   D. 缩减指导性信贷计划

    E. 加强利率管制

三、判断正误题

1. 金融相关率是衡量金融上层结构规模的最广泛尺度。   ( )

2. 金融压抑现象虽然与发展中国家落后的客观经济现实有关，但发展中国家政府所实行的金融压抑政策是更重要的原因。   ( )

3. 实行"金融抑制"的国家往往采用高于通货膨胀率的名义利率及低估本币的汇率。( )

4. 金融创新降低了金融机构的证券资产比重。   ( )

5. 金融创新强化了法定存款准备金政策的作用。   ( )

四、简答题

1. 简述金融自由化的内容。

2. 简述金融自由化引发金融危机的原因。

3. 简述金融自由化的效应分析。

4. 如何理解金融压抑对经济的阻碍？

5. 简述金融自由化对经济增长的促进作用。

五、论述题

1. 简述发展中国家金融自由化改革的经验和教训。

2. 简述金融发展与经济发展的关系。

案 例 分 析

案例一　美国"次贷风波"的原因及启示

危机在爆发的时候往往显得十分突然，但是引发危机的原因，却往往是在蕴含着风险的繁荣阶段就积累下来的，美国的次贷风波就是如此。

从20世纪80年代末、90年代初以来，美国房地产经历了长达十几年的繁荣。住房销售量不断创下新纪录，房价也以每年增幅超过10%的速度攀升。从经济增长的动力看，2000年美国纳斯达克股市泡沫破灭之后，美联储一直保持相对宽松的货币环境，刺激了房地产市场的繁荣，现在看来，也常常被批评为"用一个泡沫，替代了另一个泡沫"。正因如此，在主流的金融机构都对次贷风波不以为然的时候，在任期间一直保持宽松货币政策的格林斯潘，则一直强调次贷风波很可能演化扩大为更大范围的金融危机，可见他对于这种泡沫之间的替代是有清醒认识的。

美国次级按揭贷款证券危机是如何引发的？危机爆发的路径如何延续？

实际上，10年前，美国家庭拥有的房地产资产总值不超过8万亿美元，约占家庭资产总额的40%；到了2005年年底，美国家庭房地产资产总值已升至21.6万亿美元，在家庭财产中的比例提高到56%。这种房地产价格的持续上升，掩盖了次贷证券化中的一系列深层次的问题，如风险评估能力的缺乏、证券化资产的流动性不足等，在房地产价格持续上扬的时期，这些问题都不容易暴露。

但是，所谓水落才能石出，从2006年中期开始，美国房地产市场开始降温，房地产的价格出现下滑。2006年9月，新房中间价比上年同期下降9.7%，创下近36年来的最大跌幅。这就使得原来在房价上扬时期掩盖的问题日益清晰地暴露出来。雷曼兄弟公司发布的一份报告称，2006年获得次级抵押贷款的美国人中，约有30%无法及时还贷，全国约有220万人可能因为最终无力还贷而失去住房。受此影响，近几个月已有约20家贷款机构和抵押贷款经纪公司破产。

从具体的成因看，可以大致归结为以下几个方面。

首先，衍生工具的快速发展，促使了风险承担者的分散化，全球化的金融市场加大了这种风险的传染性和冲击力。美国金融界经常有人拿当前的次贷风波与20世纪80年代的储蓄贷款机构的破产类比。在储蓄贷款机构的风波中，风险的爆发点是确定的，这就是那些经营不善的储蓄贷款机构；损失也是基本可以衡量的，基本就是这些特定机构在房地产领域的贷款；风险可能传染的范围也是大致可以确定的，就是参与相关的储蓄贷款业务的机构。因此，在这样一个传统意义上的金融风险处置中，其对金融市场的冲击是有限的，是可以测算的。

与此形成鲜明对照的是，次贷风波中的风险承担者几乎是全球化的——从美国到欧洲，以及包括中国在内的新兴市场；风险损失的衡量也不是确定的，这一方面是因为证券化的次贷分布在不同的金融机构中，目前大型的金融机构基本上已经评估并披露了自身在次贷领域的损失，但是许多中小金融机构可能还不知道评估自身在次贷业务领域的损失；同时因为证券化的次贷流动性不足，也使得这种评估变得困难。市场担心不确定性，而次贷恰恰在诸多环节有着很大的不确定性，这可以说是次贷引起如此大的市场冲击的根本原因之一。

其次，房地产价格持续上扬条件下快速扩张的房地产信贷，累积了风险的隐患。在住房信贷规模扩张的过程中，因为市场竞争的关系，或者以金融创新的名义，往往会降低住房消费者的市场准入标准，让一些无资格或没有偿还能力的消费者进入住房信贷市场。一些次级贷款金融公司纷纷降低"门槛"，甚至推出"零首付""零文件"等贷款方式，不查收入、不查资产，贷款人可以在没有资金、无须提供任何有关偿还能力证明的情况下购房。

第三，低利率环境下的快速信贷扩张，加上独特的利率结构设计，也使得客观评估次贷偿还能力的难度加大。次级抵押贷款利率往往在一定的年限之后随着市场浮动，一旦市场风向发生改变，这些贷款可能会变成高危品种。原先在房地产价格不断攀升的时候，贷款者可以通过卖房还贷。如今房价不断下跌，而利息反倒有增无减，越来越多的次级抵押贷款者已经不堪重负。

美国次贷风波中首当其冲遭遇打击的就是银行业，重视住房抵押贷款背后隐藏的风险是当前中国商业银行特别应该关注的问题。在房地产市场整体上升的时期，住房抵押贷款对商业银行而言是优质资产，贷款收益率相对较高、违约率较低，一旦出现违约还可以通过拍卖抵押房地产获得补偿。目前房地产抵押贷款在中国商业银行的资产中占有相当大比重，也是贷款收入的主要来源之一。根据新巴塞尔资本协议，商业银行为房地产抵押贷款计提的风险拨备是较低的。然而一旦房地产市场价格普遍下降和抵押贷款利率上升的局面同时出现，购房者还款违约率将会大幅上升，拍卖后的房地产价值可能低于抵押贷款的本息总额甚至本金，这将导致商业银行的坏账比率显著上升，对商业银行的营利性和资本充足率造成冲击。然而中国房地产市场近期内出现价格普遍下降的可能性不大，但是从长远看银行系统抵押贷款发放风险亦不可忽视，必须在现阶段实施严格的贷款条件和贷款审核制度。

事实上，本次美国次贷危机的源头就是美国房地产金融机构在市场繁荣时期放松了贷款条件，推出了前松后紧的贷款产品。中国商业银行应该充分重视美国次贷危机的教训，第一应该严格保证首付政策的执行，适度提高贷款首付的比率，杜绝出现零首付的现象；第二应该采取严格的贷前信用审核，避免出现虚假按揭的现象。

（资料来源：中证网，http://www.cs.com.cn，2008年04月02日；贵州财经学院，货币银行学，精品课程展示网站，http://210.40.80.25:8082/Article_Show.asp?ArticleID= 1101&ClassID = 1)

问题：
1. 结合美国次贷危机的原因，分析金融自由化的优缺点。
2. 围绕次级贷款的启示，说明如何规避风险。

案例二 2019年普惠金融发展总体情况

2019年，人民银行持续大力推动普惠金融发展，发挥定向降准、再贷款再贴现等结构性货币政策工具作用，强化小微企业信贷政策引导，深入推进金融精准扶贫，持续提升农村金融服务水平，督促和指导金融系统加大金融资源向小微企业和农村、贫困地区的倾斜力度；深入推进贷款市场报价利率(LPR)改革，疏通利率传导机制，促进贷款实际利率特别是小微企业贷款利率明显下降；推动出台《金融科技发展规划(2019—2021年)》，启动金融科技创新监管试点，鼓励开展数字普惠金融创新探索；持续深化农村支付服务环境建设，开展移动支付便民工程建设；批设苏州小微企业数字征信实验区，创新探索小微企业征信服务；强化金融消费权益保护和金融教育，规范金融营销宣传行为，切实保护金融消费者长远和根本利益；经国务院批准，在浙江省宁波市、福建省宁德市和龙岩市设立普惠金融改革试验区，为我国发展普惠金融探索新经验。

　　总体而言，从普惠金融指标数据看，2019年我国普惠金融发展取得了良好成效。普惠金融指标体系共包含使用情况、可得性、质量三大维度共21类51项指标，从供需两侧反映普惠金融发展情况，其中8个指标(拥有活跃账户的成年人比例，使用电子支付的成年人比例，购买投资理财产品的成年人比例，成年人个人未偿还贷款笔数，在银行有贷款的成年人比例，在银行以外的机构、平台获得过借款的成年人比例，金融知识，金融行为)通过问卷调查采集。主要指标呈现如下特点。

　　一是金融服务使用程度稳步加深。银行结算账户和银行卡人均拥有量较快增长，活跃使用账户拥有率有所上升；电子支付普及率继续提升，超八成成年人使用电子支付，移动支付业务量快速增加，非银行支付机构网络支付业务较快增长，呈现笔数多、笔均金额小的特点；购买投资理财产品成年人比例小幅增加，近一半的成年人购买过投资理财产品，城乡差距仍较为明显，投资理财意识有待进一步提升；普惠小微贷款增长迅速，总体呈现"量增、面扩、价降"态势；建档立卡贫困人口贷款覆盖面稳步扩大。

　　二是金融服务可得性持续改善。银行网点乡镇覆盖率、助农取款服务点村级行政区覆盖率继续提升，边远地区金融服务可得性不断改善，数字渠道在增强可得性方面愈加重要，人均银行网点数、ATM 机具、POS 机具数有所下降。

　　三是金融服务质量不断提升。金融消费权益保护制度和机制建设不断深化，金融消费者长远和根本利益得到更多关注，国民金融素养稳步提升；农户信用贷款比例有所增加；金融信用信息基础数据库收录的自然人数和企业数稳步增长，以多维度数据集成、共享为特征的中小企业信用体系建设取得明显成效。

　　(资料来源：中国普惠金融指标分析报告(2019年))

　　问题：
　　1. 分析发展普惠金融对解决发展中国家金融压抑问题的意义。
　　2. 简述普惠金融发展主要指标的总体表现。

参考答案

第一章

一、单项选择题

1. A	2. A	3. C	4. C	5. B
6. B	7. C	8. A	9. C	10. A

二、多项选择题

1. AB	2. ABE	3. ABCD	4. ABCE	5. ABDE
6. BCD	7. ABE			

三、判断正误题

1. 对	2. 错	3. 错	4. 对	5. 对
6. 错	7. 对	8. 错	9. 对	

注：其他类型题答案略去，请参见教材。

第二章

一、单项选择题

1. C	2. A	3. B	4. D	5. C
6. B	7. C			

二、多项选择题

1. BD	2. ABD	3. BD	4. ABD	5. AB
6. AD	7. BD	8. ABC		

三、判断正误题

1. 错	2. 错	3. 错	4. 对	5. 错
6. 错	7. 错			

注：其他类型题答案略去，请参见教材。

第三章

一、单项选择题

1. C	2. C	3. B	4. B	5. B
6. A	7. B			

二、多项选择题

1. CD   2. ABC   3. BCD   4. AC

三、判断正误题

1. 对	2. 对	3. 错	4. 错	5. 错
6. 错	7. 错			

注：其他类型题答案略去，请参见教材。

第四章

一、单项选择题

1. A	2. B	3. C	4. C	5. C	6. D
7. D	8. A	9. A	10. D	11. B	12. C

二、多项选择题

1. ABCDE	2. ABCD	3. ABCDE	4. ABC	5. ABCDE	6. ABCDE
7. ABCD	8. AB	9. AB	10. ABCDE	11. BD	12. ABD

三、判断正误题

1. 错	2. 错	3. 错	4. 对	5. 对
6. 对	7. 对	8. 错	9. 对	10. 错

注：其他类型题答案略去，请参见教材。

第五章

一、单项选择题

1. C	2. A	3. D	4. D	5. B
6. B	7. C	8. C	9. C	10. B

二、多项选择题

1. ABCD	2. AB	3. CDE	4. CDE	5. ABCDE	6. ABC
7. ABC	8. CDE	9. BCD	10. CD	11. ABD	

三、判断正误题

1. 错	2. 对	3. 对	4. 错	5. 错
6. 错	7. 对	8. 错		

注：其他类型题答案略去，请参见教材。

第六章

一、单项选择题

1. B	2. A	3. A	4. A	5. D
6. A	7. A	8. A		

二、多项选择题

1. ABCD	2. BE	3. AB	4. ACD	5. ACD
6. ABC	7. AD	8. ABCD	9. ACD	10. AD

三、判断正误题

1. 对	2. 错	3. 错	4. 错	5. 错
6. 错	7. 对			

注：其他类型题答案略去，请参见教材。

第七章

一、单项选择题

1. D	2. D	3. C	4. B	5. A
6. B	7. C	8. D		

二、多项选择题

1. ABCD	2. BCE	3. ABC	4. ACD	5. CD	6. ABD

三、判断正误题

1. 对	2. 错	3. 对	4. 对	5. 错
6. 错	7. 对	8. 错	9. 对	

注：其他类型题答案略去，请参见教材。

第八章

一、单项选择题

1. A	2. B	3. C	4. B	5. A
6. B	7. A	8. D	9. C	10. C

二、多项选择题

1. ACD	2. ADE	3. ABCDE	4. ACE	5. CDE
6. BC	7. BCD			

三、判断正误题

1. 错	2. 错	3. 错	4. 对	5. 对	6. 对

注：其他类型题答案略去，请参见教材。

第九章

一、单项选择题

1. A	2. C	3. A	4. C	5. A	6. D
7. A	8. D	9. D	10. D	11. B	

二、多项选择题

1. ABD	2. ABCDE	3. ABCD	4. DE	5. BCE	6. BCDE
7. AE	8. ABCD	9. BCE	10. BCDE		

三、判断正误题

1. 对	2. 错	3. 对	4. 对	5. 对	6. 对
7. 错	8. 对	9. 错	10. 错	11. 错	12. 对
13. 对	14. 对	15. 错	16. 错		

注：其他类型题答案略去，请参见教材。

第十章

一、单项选择题

1. D	2. A	3. A	4. D	5. C
6. C	7. B	8. A	9. B	10. C
11. D				

二、多项选择题

1. AB	2. AB	3. ABCDE	4. ABC	5. ABCD
6. BCE	7. DE	8. ABC	9. ABC	10. ABCDE

三、判断正误题

1. 对	2. 错	3. 错	4. 对	5. 对
6. 错	7. 错	8. 错	9. 对	

注：其他类型题答案略去，请参见教材。

第十一章

一、单项选择题

1. D   2. A   3. A   4. B   5. B
6. B   7. B   8. B   9. D   10. A

二、多项选择题

1. ABC   2. ABCD   3. ABC   4. ABCD   5. AD
6. AB   7. AB

三、判断正误题

1. 对   2. 对   3. 错   4. 错   5. 错
6. 错   7. 错   8. 错

注：其他类型题答案略去，请参见教材。

第十二章

一、单项选择题

1. D   2. B   3. A   4. D   5. D
6. A

二、多项选择题

1. ABCD   2. ABC   3. CD   4. ABCD   5. ABCD

三、判断正误题

1. 对   2. 对   3. 错   4. 错   5. 错
注：其他类型题答案略去，请参见教材。

参考文献

[1] 黄达. 货币银行学[M]. 北京：中国人民大学出版社，1999.

[2] 易纲，海闻. 货币银行学[M]. 上海：上海人民出版社，1999.

[3] 姚遂，李健. 货币银行学[M]. 北京：中国金融出版社，1999.

[4] 龙玮娟，郑道平. 货币银行学[M]. 北京：中国金融出版社，1997.

[5] 杨德勇. 货币银行学[M]. 呼和浩特：内蒙古人民出版社，1998.

[6] 张贵乐，艾洪德. 货币银行学教程[M]. 大连：东北财经大学出版社，1996.

[7] 王松奇. 金融学[M]. 北京：中国金融出版社，2000.

[8] 黄达. 宏观调控与货币供给[M]. 北京：中国人民大学出版社，1999.

[9] 李杨，王松奇. 中国金融理论前沿[M]. 北京：社会科学文献出版社，2000.

[10] 李振仲. 通货紧缩的理论与现实[M]. 北京：中国经济出版社，2000.

[11] 王广谦. 中央银行学[M]. 北京：高等教育出版社，1999.

[12] 张亦春. 金融市场学[M]. 北京：高等教育出版社，1999.

[13] 钱荣堃. 国际金融[M]. 成都：四川人民出版社，1994.

[14] 戴国强. 货币银行学[M]. 北京：高等教育出版社，2005.

[15] 戴国强. 货币银行学[M]. 上海：上海财经大学出版社，2001.

[16] 陈湛匀，王小群. 中国金融市场[M]. 上海：上海社会科学院出版社，1998.

[17] 万解秋. 货币银行学通论[M]. 上海：复旦大学出版社，2001.

[18] 姚长辉. 货币银行学[M]. 北京：北京大学出版社，2002.

[19] 周战地，许树信. 金融学教程[M]. 北京：中国金融出版社，1998.

[20] 朱元，沈锦昶. 金融市场概论[M]. 成都：西南财经大学出版社，1997.

[21] 黄达. 金融学[M]. 北京：中国人民大学出版社，2004.

[22] 霍文文. 金融市场学教程[M]. 上海：复旦大学出版社，2005.

[23] 徐英富. 货币银行学[M]. 北京：机械工业出版社，2007.

[24] 姚长辉. 货币银行学[M]. 北京：机械工业出版社，2006.

[25] 张尚学. 货币银行学[M]. 北京：高等教育出版社，2007.

[26] 武康平. 货币银行学[M]. 北京：清华大学出版社，2006.

[27] [美]Scott Besley. 金融学原理[M]. 北京：机械工业出版社，2005.

[28] 张维. 金融市场学[M]. 北京：科学出版社，2007.

[29] 李扬征. 国际金融学[M]. 北京：科学出版社，2005.

[30] 宿玉海. 国际金融学[M]. 北京：科学出版社，2006.

[31] 康书生. 货币银行学[M]. 北京：高等教育出版社，2007.

[32] 朱青. 财政金融学教程[M]. 北京：中国人民大学出版社，2007.

[33] 陈雨露. 国际金融[M]. 北京：中国人民大学出版社，2006.

[34] 史建平. 商业银行管理[M]. 北京：北京大学出版社，2007.

[35] 唐国正，刘力. 金融学案例[M]. 北京：北京大学出版社，2007.

[36] 曹凤岐. 金融市场与金融机构[M]. 北京：北京大学出版社，2006.

[37] 罗建朝. 货币银行学[M]. 北京：清华大学出版社，2007.

[38] 史建平. 金融市场学[M]. 北京：清华大学出版社，2007.

[39] 郑鸣. 商业银行管理学[M]. 北京：清华大学出版社，2007.

[40] 龚明华. 现代商业银行业务与经营[M]. 北京：中国人民大学出版社，2006.

[41] 刘肖原. 中央银行学教程[M]. 北京：中国人民大学出版社，2007.

[42] 杨德勇. 金融中介学教程[M]. 北京：中国人民大学出版社，2007.

[43] 郑道平. 货币银行学原理[M]. 北京：中国金融出版社，2009.

[44] 迟国泰. 国际金融[M]. 5版. 大连：大连理工大学出版社，2011.

[45] 谢群，王立荣，李玉曼. 国际金融[M]. 北京：经济科学出版社，2010.

[46] 潘淑娟. 货币银行学[M]. 北京：中国财政经济出版社，2008.

[47] 盖锐，孙晓娟. 金融学[M]. 2版. 北京：清华大学出版社，2012.

[48] 刘建波. 金融学概论[M]. 2版. 北京：清华大学出版社，2011.

[49] 胡庆康. 现代货币银行学教程[M]. 5版. 上海：复旦大学出版社，2014.

[50] 政府工作报告. 2015—2021.

[51] 货币政策执行报告. 2015—2021.

[52] 金融统计数据报告. 2015—2021.

[53] 金融稳定报告. 2015—2021.

[54] 中国区域金融市场发展报告. 2015—2021.

[55] 中国支付体系发展报告. 2015—2021.

[56] 国家外汇管理局年报. 2015—2021.